Vereinbarungen über die Arbeitnehmermitwirkung nach dem Recht der Europäischen Union

Studien zum Arbeitsrecht und zur Arbeitsrechtsvergleichung

Herausgegeben von Manfred Weiss, Bernd Waas und Spiros Simitis

Band 29

Zur Qualitätssicherung und Peer Review der vorliegenden Publikation

Die Qualität der in dieser Reihe erscheinenden Arbeiten wird vor der Publikation durch einen Herausgeber der Reihe geprüft.

Notes on the quality assurance and peer review of this publication

Prior to publication, the quality of the work published in this series is reviewed by one of the editors of the series.

Willem Schulte

Vereinbarungen über die Arbeitnehmermitwirkung nach dem Recht der Europäischen Union

Strukturprinzipien eines neuen Kollektivvertragstypus

PL ACADEMIC RESEARCH

Bibliografische Information der Deutschen Nationalbibliothek
Die Deutsche Nationalbibliothek verzeichnet diese Publikation in der Deutschen Nationalbibliografie; detaillierte bibliografische Daten sind im Internet über http://dnb.d-nb.de abrufbar.

Zugl.: Jena, Univ., Diss., 2015

27
ISSN 1615-4606
ISBN 978-3-631-67133-7 (Print)
E-ISBN 978-3-653-06470-4 (E-Book)
DOI 10.3726/978-3-653-06470-4

PL Academic Research ist ein Imprint der Peter Lang GmbH.

Peter Lang – Frankfurt am Main · Bern · Bruxelles · New York · Oxford · Warszawa · Wien

Diese Publikation wurde begutachtet.

www.peterlang.com

Meinen Eltern

Vorwort

Die vorliegende Arbeit wurde von der Rechtswissenschaftlichen Fakultät der Friedrich-Schiller-Universität Jena im Wintersemester 2015/2016 als Dissertation angenommen. Sie befindet sich im Wesentlichen auf dem Stand September 2015.

Mein besonderer Dank gilt meinem Doktorvater, Herrn Professor Dr. *Achim Seifert*, für seine zuverlässige und gewissenhafte Betreuung, vor allem durch die stetige Gesprächsbereitschaft und die zahlreichen Denkanstöße, aber auch für die äußerst zügige Erstellung des Erstgutachtens. Herrn Professor Dr. *Walter Bayer* danke ich für die schnelle Anfertigung des Zweitgutachtens.

Danken möchte ich auch Herrn Professor *Simon Deakin* für seine Einladung zu einem dreimonatigen Forschungsaufenthalt an der University of Cambridge und die intensive Betreuung in dieser Zeit. Dank gebührt auch Herrn *Michael Stollt* für seine Einladung zum European Trade Union Institute in Brüssel und die dortigen interessanten Einblicke in die Praxis.

Der *Stiftung der Deutschen Wirtschaft* danke ich für die Gewährung eines Promotionsstipendiums, welches die Erstellung der Arbeit wesentlich erleichtert hat.

Gewidmet ist diese Arbeit meinen Eltern, *Margot* und Dr. *Helmut Schulte*, ohne die mir Studium und Promotion nicht möglich gewesen wären. Mein persönlicher Dank gilt auch *Friederike Niemeyer* für ihre wertvolle Unterstützung sowie Dr. *Philipp Scholz* für die prägenden Jahre in Jena.

Hamburg, im Dezember 2015

Willem Schulte

Gliederung

A. Einleitung

„Heureka! Es ist so weit, wahrlich: Es ist gelungen!“[1] – mit diesen Worten beschreibt *Lutter* das „Wunder von Nizza“[2], welches dem „Dreißigjährigen Krieg um die Mitbestimmung“[3] ein Ende gesetzt und die Europäische Aktiengesellschaft (SE) ermöglicht hat. Tatsächlich war es die von Mitgliedstaat zu Mitgliedstaat höchst unterschiedliche Ausgestaltung der Mitbestimmung, die das Gesetzgebungsverfahren zur Sackgasse machte. Wendepunkt war die Verständigung auf „Vereinbarungen mit Auffanglösung“, ein Modell, das zuvor bereits in vergleichbarer Weise den Streit um Europäische Betriebsräte (EBR) beendet und anschließend der Europäischen Genossenschaft (SCE) und grenzüberschreitenden Verschmelzungen von Kapitalgesellschaften den Weg bereitet hat. Unzählige Kommentierungen, Dissertationen, Aufsätze und Festschriftenbeiträge beschäftigen sich seither mit dieser Thematik – gleichwohl gelten deren Grundlagen noch immer als ungeklärt.

Die anfängliche Euphorie ist zumindest aus arbeitsrechtlicher Sicht nicht ganz nachzuvollziehen, schließlich wurde der „Dreißigjährige Krieg“ in keinem der Fälle beendet, sondern besteht als *frozen conflict* fort. Die Einigung besteht in der Nichteinigung, die Lösung des Konflikts wurde schlicht auf eine andere Ebene verschoben: Es soll nunmehr auf Unternehmensebene verhandelt werden, wie unternehmerische Freiheit auf der einen Seite und Selbstbestimmung der Arbeitnehmer sowie Demokratisierung und Machtkontrolle im Unternehmen auf der anderen Seite auszugleichen sind. Autonomie in diesem Bereich ruft angesichts des Macht- und Interessengefälles zwischen Arbeitnehmer- und Arbeitgeberseite augenblicklich Bedenken hervor. Der Gesetzgeber kommt diesen entgegen, indem er auf das Verhandlungsverfahren und die Vereinbarung an verschiedenen Stellen Zwang ausübt. Für die Mitbestimmung haben die Mitgliedstaaten von dem vorgenannten Verhältnis der Prinzipien ganz eigene Vorstellungen, welche man auch als „nationale Mitbestimmungskultur“ bezeichnen mag, und stellen diese unter Denkmalschutz. Die Beteiligungsvereinbarung bewegt sich also zwischen Autonomie und Zwang wie kein anderer Vertragstyp; das Verhältnis macht sie so besonders, vor allem aber so schwer greifbar und es ist der Urkonflikt vieler Problemstellungen. Wer schon nicht weiß, inwiefern die Autonomie ein tragendes Prinzip der Vereinbarung ist, kann weder die Anwendbarkeit von Normen bestimmen, welche die Autonomie mit anderen Prinzipien ausgleichen, noch kann er Rechtswirkung oder Auslegungsgrundsätze ermitteln. Wer die Rolle des Gesetzgebers bei Zustandekommen der Vereinbarung nicht kennt, kann keine Aussage über die Geltung von Grundrechten oder die Folgen von Mängeln treffen. Die Verschiebung der Regelung

---

1 *Lutter*, BB 2002, 1.

2 *Hirte*, NZG 2002, 1f.

3 *Schwarz*, ZIP 2001, 1847.

auf Unternehmensebene eröffnet daneben einen weiteren Problemkreis. Da der Gesetzgeber nicht mehr unmittelbar selbst tätig wird, ist die demokratische Legitimationskette gerissen. Arbeitnehmermitwirkung betrifft jedoch auch Personen, welche nicht an der Vereinbarung beteiligt sind, sodass der Frage nach einer Legitimation durch diese Dritten eine besondere Bedeutung zukommt. Diese Frage ist zumindest auf Arbeitnehmerseite umso interessanter, als dass der Gesetzgeber bei der Zusammensetzung der Vertretungsgremien auch andere Faktoren als deren Legitimation im Blick hatte. Diese Fragestellung strahlt auf unterschiedlichste Probleme aus, beispielsweise auf die Rechtswirkung der Vereinbarung, ihre Grenzen oder die Möglichkeit transnationaler Unternehmensvereinbarungen.

Diese beispielhaft aufgerissenen Konfliktfelder mit ihren weitreichenden Konsequenzen zeigen die grundlegenden Unterschiede gegenüber bestehenden (Kollektiv-) Vertragstypen. Ziel dieser Arbeit ist zunächst, die grundlegenden Strukturprinzipien dieses neuen Vertragstypen zu erkennen und auf Grundlage dessen seine rechtliche Behandlung einzuordnen. Viele rechtswissenschaftliche Fragestellungen können ohne Gewissheit über die grundlegenden Zusammenhänge nicht zufriedenstellend gelöst werden. Dazu erfolgt die Untersuchung in mehreren Schritten: Zunächst werden die historische Entwicklung, Kompetenzgrundlage und das anzuwendende Vertragsstatut betrachtet sowie Aussagen zu der Regelungstechnik und der allgemeinen Interessenlage getroffen (B.). Sodann erfolgt eine Auseinandersetzung mit den Parteien der Vereinbarung (C.) und dem Verhandlungsverfahren (D. I.), bevor die Beteiligungsvereinbarung selbst in das Zentrum der Betrachtung rückt (D. II.). Dort wird zunächst das Zustandekommen der Vereinbarung beleuchtet. Anschließend wird der Autonomie der Parteien und ihren Grenzen, der Rechtsnatur und Rechtswirkung der Vereinbarung sowie ihrer Auslegung besondere Aufmerksamkeit geschenkt. Sodann werden die Folgen von Mängeln betrachtet, gefolgt von einer Erörterung der Möglichkeiten von Änderung, Anpassung und Neuverhandlung. Abschließend wird die Beendigung und Nachwirkung der Vereinbarung diskutiert.

Vor allem aber sucht die Arbeit nach *allgemeinen* Strukturprinzipien, welche für die vier Rechtsakte gleichermaßen gelten. Dieses Ziel rechtfertigt sich durch die Parallelen der Rechtsakte, welche nicht zufällig entstanden sind, sondern sich historisch durch Nachbildungen und Anpassungen erklären lassen. Der Nutzen einer Bestimmung solcher Prinzipien liegt zunächst in der Effizienz der rechtswissenschaftlichen Diskussion, denn derzeit betrachtet die Literatur die Rechtsakte überwiegend isoliert voneinander.[4] Dadurch wird in einigen Bereichen nicht nur

4 Siehe die Dissertationen für das Recht der **SE**: *Forst*, Die Beteiligungsvereinbarung nach § 21 SEBG; *Hoops*, Die Mitbestimmungsvereinbarung in der Europäischen Aktiengesellschaft; *Koch*, Die Beteiligung von Arbeitnehmervertretern an Aufsichtsrats- und Verwaltungsratsausschüssen einer Europäischen Aktiengesellschaft; *Linden*, Die Mitbestimmungsvereinbarung der dualistisch verfassten Societas Europaea (SE); *Scheibe*, Die Mitbestimmung der Arbeitnehmer in der SE unter besonderer Berücksichtigung des monistischen Systems. Für den **EBR**: *Eckhoff*, Der Europäische Betriebsrat; *Schlinkhoff*, Der Europäische Betriebsrat kraft Vereinbarung.

unnötiger Mehraufwand betrieben, sondern man gelangt teilweise in der schwer zu greifenden Materie ohne erkennbaren Grund zu unterschiedlichen Ergebnissen, während gleichzeitig verallgemeinerungswürdige Ideen und Vorschläge verkümmern. Daneben würden allgemeine Prinzipien wahrscheinlich auch für zukünftige Rechtsakte Bedeutung entfalten: Es ist nicht davon auszugehen, dass der Unionsgesetzgeber einheitliche Mitwirkungsstandards schaffen, sondern die nationalen Mitwirkungskulturen nach wie vor unberührt lassen und deshalb dem Modell der Verhandlungen mit Auffanglösung Vorrang gewähren wird. Schließlich ist der zur Ermittlung von allgemeinen Prinzipien notwendige weite und vergleichende Blick selbst dann lohnenswert, wenn er lediglich Unterschiede aufdeckt, da sich der Inhalt einiger Vorschriften erst aus einem Vergleich ergibt.

In einem Exkurs werden die Auswirkungen der Erkenntnisse auf die unvorhergesehene Entwicklung transnationaler Unternehmensvereinbarungen dargelegt. In der Praxis überschreitet vor allem der EBR seine ursprünglich vom Gesetzgeber vorgesehene Rolle, indem er als Verhandlungspartner tätig wird und selbst Vereinbarungen, beispielsweise zu Restrukturierungen, abschließt. Da die abschließenden Arbeitnehmervertretungsgremien ihre Legitimation sowie ihre Befugnisse direkt aus der Beteiligungsvereinbarung ableiten, erwächst dieser eine tragende Rolle. Die gewonnenen Strukturprinzipien wirken sich unmittelbar auf Möglichkeit, Geltungskraft und Grenzen der transnationalen Unternehmensvereinbarung aus.

Abschließend werden Vorschläge *de lege ferenda* entwickelt. Dabei wird insbesondere berücksichtigt, inwiefern der auf europäischer Ebene gefundene Kompromiss die unterschiedlichen Interessen der Mitgliedstaaten tatsächlich auszugleichen vermag, ob sich Interessen mittlerweile geändert haben, welche Probleme der Kompromiss aufwirft und wie sich diese durch andere Wege vermeiden lassen.

Gegenstand der Arbeit ist die Untersuchung der Rechtslage in Deutschland, gleichwohl wird stets von den Richtlinienbestimmungen ausgegangen.

B. Grundlagen

I. Die historische Entwicklung der Beteiligungsvereinbarung

Die Möglichkeit der Vereinbarung über Mitwirkungsrechte hat sich über Jahrzehnte entwickelt. Dieser Prozess muss nachvollzogen werden, um das Vereinbarungsmodell verstehen zu können. Zuerst soll daher ein Blick auf die Entwicklung der Vereinbarungslösung geworfen werden, wobei der europäischen Geschichte besondere Aufmerksamkeit geschenkt wird.

1. Historische Entwicklung auf europäischer Ebene

Der europäische Gesetzgeber hat sich bislang an vier Stellen für die Möglichkeit einer Vereinbarung über die Mitwirkungsrechte der Arbeitnehmer entschieden. Konkret ist dies in den Richtlinien 2009/38/EG über die Einsetzung eines Europäischen Betriebsrats oder die Schaffung eines Verfahrens zur Unterrichtung und Anhörung der Arbeitnehmer in gemeinschaftsweit operierenden Unternehmen und Unternehmensgruppen (EBR-RL), 2001/86/EG zur Ergänzung des Statuts der Europäischen Gesellschaft hinsichtlich der Beteiligung der Arbeitnehmer (SE-RL), 2003/72/EG zur Ergänzung des Statuts der Europäischen Genossenschaft hinsichtlich der Beteiligung der Arbeitnehmer (SCE-RL) sowie 2005/56/EG über die Verschmelzung von Kapitalgesellschaften aus verschiedenen Mitgliedstaaten (GV-RL) geschehen.

Zunächst wird geklärt, weshalb der europäische Gesetzgeber überhaupt im Bereich der grenzüberschreitenden Arbeitnehmermitwirkung tätig geworden ist, um dann einen näheren Blick auf die Entwicklung der Vereinbarungsmodelle in den Richtlinien zu werfen. Auf diese Weise sollen die Motive des Gesetzgebers für eine Vereinbarungslösung bestimmt werden.

a) Anstoß für ein Tätigwerden des europäischen Gesetzgebers

Die jeweiligen Richtlinien enthalten unterschiedliche Ansatzpunkte, aufgrund derer sich der europäische Gesetzgeber zu einer grenzüberschreitenden Regelung der Mitwirkungsfrage entschlossen hat. Die Mitwirkung durch den EBR soll ein Problem lösen, welches das Zusammenwachsen Europas durch die Vollendung des Binnenmarktes nach sich zieht.[5] Die dadurch zunehmende Internationalisierung von Unternehmen und ihre grenzüberschreitenden Tätigkeiten sorgen dafür, dass Entscheidungen, die von Unternehmen mit Sitz im Ausland getroffen werden und die sich im Inland auswirken, grundsätzlich nicht den inländischen Mitwirkungsregeln

5 *Beckedahl*, Der Europäische Betriebsrat, S. 246; *Weiss*, ZRP 1992, 422 (423).

unterliegen.[6] Das drohende Leerlaufen der innerstaatlichen Regelungen und die damit verbundene Möglichkeit der Unternehmen, die Arbeitnehmer der ausländischen Tochtergesellschaften vor vollendete Tatsachen zu stellen, war Anstoß für Überlegungen zu einer grenzüberschreitenden Information und Anhörung durch einen EBR.[7]

Im Rahmen der SE-RL bzw. SCE-RL stellt sich die Lage anders dar. Anstoß war hier das aus den Gesichtspunkten der Effizienz, Transparenz und eingesparten Transaktionskosten erwachsende wirtschaftliche Bedürfnis nach einer grenzüberschreitenden Gesellschaftsform[8], die aber nicht ohne Regelung der Arbeitnehmermitwirkung geschaffen werden konnte.[9] Die Mitwirkung wurde hier nicht geregelt, um wie beim EBR neue Probleme durch neue Standards zu lösen, sondern um eine Umgehung bereits geschaffener Standards zu verhindern. Ähnliches gilt für die GV-RL. Zwar unterliegt hier die entstehende Gesellschaft dem Recht des Mitgliedstaats, in dem sich ihr Sitz befindet. Es bestand jedoch die Sorge, dass der Sitz einer verschmolzenen Gesellschaft in einem Mitgliedstaat liegt, der keine oder geringere Beteiligungsrechte kennt.[10] Somit ist der europäische Gesetzgeber auch hier tätig geworden, um eine Umgehung bereits geschaffener Standards zu verhindern.

b) Die Entwicklung der einzelnen Richtlinien

Die Darstellung der Entwicklung beschränkt sich angesichts des beträchtlichen Umfangs auf Grundzüge. Ausführlich werden nur die Entwicklungen betrachtet, die für die Entwicklung des Vereinbarungsmodells von Bedeutung sind.

aa) EBR-RL

(1) Entwicklung vor „Entdeckung" des Vereinbarungsmodells

Der EBR hat schon früh Erwähnung in der Diskussion über die Arbeitnehmermitwirkung auf Gemeinschaftsebene gefunden. In einem „Vorschlag einer Verordnung des Rates über das Statut Europäische Aktiengesellschaft" von 1970[11] wurde er erstmalig in den Art. 100ff. genannt und war stark am deutschen Recht angelehnt.[12] Die Europäische Aktiengesellschaft hat aber in Form diesen Statuts keine Zustimmung gefunden, sodass sich zunächst auch kein EBR schaffen lies.[13]

---

6 *Blanke*, Einl. EBRG Rn. 3; *Däubler*, in: Däubler/Kittner/Klebe/Wedde, Vorbem. EBRG Rn. 1; *Klinkhammer/Welslau*, AuR 1994, 326 (327); *Eckhoff*, Der europäische Betriebsrat, S. 71ff.; *Schlachter*, RdA 1993, 313 (325f.).

7 *Däubler*, in: Däubler/Kittner/Klebe/Wedde, Vorbem. EBRG Rn. 1.

8 *Hopt*, ZIP 1998, 96 (99f.); *Weiss*, NZA 1998, 177 (181).

9 Vgl. Davignon-Abschlussberichts Nr. 9, abgedruckt in BR-Drs. 572/97 vom 6.8.1997.

10 Siehe die Begründung zum Entwurf von 2003, Ratsdokument 15305/03 v.20.11.2003 (3.3).

11 ABlEG C 124 v. 10.10.1970, S. 1ff.

12 *Däubler*, in: Däubler/Kittner/Klebe/Wedde, Vorbem. EBRG Rn. 4.

13 *Däubler*, in: Däubler/Kittner/Klebe/Wedde, Vorbem. EBRG Rn. 4; *Eckhoff*, Der Europäische Betriebsrat, S. 105. Zum Entwurf von 1970 und den Gründen siehe unten, B. I. 1. b) bb) (1) (b).

Ein erster „herausgelöster“ Versuch zur Unterrichtung und Anhörung der Arbeitnehmer ohne gesellschaftsrechtlichen Zusammenhang fand 1980 durch die sogenannte Vredeling-Richtlinie statt.[14] Auch wenn diese Richtlinie sowie ihr geänderter Vorschlag von 1983[15] keine Errichtung eines EBR, sondern ein dezentrales Unterrichtungs- und Anhörungsverfahren vorsahen, werden sie als Vorgänger der später verabschiedeten Richtlinie 94/45/EG bezeichnet.[16] Die Richtlinie scheiterte letztlich am Widerstand der Wirtschaftsverbände und der britischen Regierung.[17] Es wurde kritisiert, dass die sozialen Rahmenbedingungen, die politischen Hintergründe und die einzelnen Mitwirkungsrechte der Arbeitnehmer von Staat zu Staat sehr unterschiedlich ausgeprägt sind und eine Regelung deshalb nicht einheitlich erfolgen könne.[18] Daneben wurde die Rechtsgrundlage des Art. 100 EWGV für nicht ausreichend erachtet[19] und man befürchtete, dass ausländische Investoren abgeschreckt werden könnten[20].

Aufgrund dieser misslichen Lage hat der Rat am 21.7.1986 beschlossen, die Beratungen vorläufig zu unterbrechen.[21] Die Kommission wurde gleichwohl aufgefordert, ihre Arbeit in diesem Bereich im Rahmen des Sozialen Dialogs fortzusetzen.[22]

(2) Entwicklung ab „Entdeckung“ des Vereinbarungsmodells

(a) Der Richtlinienvorschlag von 1990

(aa) Allgemeines

Dieser Aufforderung ist die Kommission nachgekommen und legte 1990, beflügelt von Nr. 17 der kurz zuvor beschlossenen Gemeinschaftscharta der sozialen Grundrechte[23], einen Richtlinienvorschlag „über die Einsetzung Europäischer Betriebsräte zur Information und Konsultation der Arbeitnehmer in gemeinschaftsweit

---

14 ABlEG C 297 v. 15.11.1980, S. 3ff.; benannt nach dem Kommissionsmitglied Hendrik Vredeling.

15 ABlEG C 217 v. 12.8.1983, S. 3ff.

16 *Eckhoff*, Der Europäische Betriebsrat, S. 106; *Goos*, NZA 1994, 776; *Hanau*, RdA 1984, 157.

17 *Blanke*, EBRG, Teil B Einleitung Rn. 19; *Eckhoff*, Der Europäische Betriebsrat, S. 113; ausführlich *Rademacher*, Der Europäische Betriebsrat, S. 41.

18 *Kolvenbach*, DB 1986, 1973 (1977); *Däubler*, in: Däubler/Kittner/Klebe/Wedde, EBRG, Vorbem. Rn. 5; *Lehmann*, RdA 1984, 160 (161); Stellungnahmen BDI v. 27.1.1981, UNICE v. 19.2.1981, ICC v. 7.7.1981, Zusammenfassung bei *Kolvenbach*, DB 1982, 1457 (1461f.); *Schlachter*, RdA 1993, 313 (326); Überblick über die Struktur in Deutschland, Frankreich und Großbritannien bei *Junker*, JZ 1992, 1100 (1103ff.).

19 Stellungnahme UNICE v. 19.2.1981; für eine Anwendung ausführlich *Eckhoff*, der Europäische Betriebsrat, S. 107f.

20 *Kolvenbach*, DB 1986, 1973 (1977); *Lehmann*, RdA 1984, 160 (162).

21 ABlEG C 203 v. 12.8.1986, S. 1.

22 ABlEG C 203 v. 12.8.1986, S. 1; *Blanke*, EBRG, Teil B Einleitung Rn. 19.

23 Vgl. Erwägungsgrund Nr. 1 des Richtlinienvorschlags 1990.

operierenden Unternehmen und Unternehmensgruppen“ vor.[24] Damit wurde erstmals die Etablierung eines EBR ohne gesellschaftsrechtlichen Zusammenhang versucht, was ein wesentlicher Unterschied[25] zu dem dezentralen Unterrichtungs- und Anhörungsverfahren der Vredeling-Richtlinie war. Rechtsgrundlage sollte auch hier Art. 100 EWGV sein.

(bb) Novum der Vereinbarungslösung

Eine der wichtigsten Neuerungen war die in Art. 5 I EBR-RL-Entwurf 1990 vorgesehene Möglichkeit, die gesamte Ausgestaltung des EBR durch Vereinbarung herbeizuführen. Wenn eine Vereinbarung ausblieb, sollte nach Art. 7 I EBR-RL-Entwurf 1990 eine gesetzliche Auffanglösung greifen. Diese sah die Anwendung der Mindestvorschriften des Mitgliedstaats vor, in dem die zentrale Leitung des Unternehmens bzw. das herrschende Unternehmen einer Unternehmensgruppe ansässig ist.

Die Auffanglösung mit ihrem Verweis auf die nationalen Vorschriften zeigt, dass die Kommission das Problem der unterschiedlichen nationalen Strukturen erkannt hatte und eine einheitliche Lösung nicht mehr in Betracht kommen ließ. Die Kommission hat aber nicht nur auf eine einheitliche, sondern auch auf eine zwingende Regelung verzichtet. Gänzlich neu war die Möglichkeit, dass die Unternehmensleitung mit dem aus Arbeitnehmervertretern bestehenden Besonderen Verhandlungsgremium (BVG) die Arbeitnehmermitwirkung autonom durch Vereinbarung regeln können sollte. Der Richtlinienentwurf gab keinen konkreten Inhalt vor, sondern enthielt in Art. 6 EBR-RL-Entwurf 1990 lediglich einige Gegenstände, zu denen die Vereinbarung Aussagen zu treffen hatte.

Erwägungsgrund Nr. 10[26] besagte, dass auf diese Weise „den jeweiligen Umständen entsprochen“ werden soll. Der Richtlinienentwurf wollte also nicht nur die nationalen Strukturen berücksichtigen, sondern auch die der einzelnen Unternehmen. Es sollte jeweils eine maßgeschneiderte Lösung gefunden werden, um so die praktische Umsetzbarkeit zu erhöhen und dem Flexibilitätsbedürfnis der Arbeitgeber gerecht zu werden.[27] Die Vereinbarung über die Arbeitnehmermitwirkung mit gesetzlicher Auffanglösung hat also in diesem Richtlinienvorschlag von 1990 seine erste Ausprägung gefunden.

---

24 ABlEG C 39 v. 12.12.1990, S. 10ff.

25 Zu weiteren Unterschieden und zum Inhalt des Entwurfs siehe *Kolvenbach*, DB 1991, 805 (805ff.); *Nagel*, AuR 1991, 161 (162f.); *Rademacher*, Der Europäische Betriebsrat, S. 42ff.; *Eckhoff*, Der Europäische Betriebsrat, S. 115ff.

26 ABlEG C 39 v. 12.12.1990, S. 10 (11).

27 *Nagel*, AuR 1991, 161 (165); *Weiss*, ZRP 1992, 422 (424).

(cc) Reaktionen

Die Vereinbarungslösung ist grundsätzlich auf positive Resonanz gestoßen.[28] Der nach Art. 198 EWG anzuhörende Wirtschafts- und Sozialausschuss befürwortete sie ausdrücklich[29] und das Europäische Parlament stimmte dem Vorschlag insgesamt zu, betonte aber Kompetenzstreitigkeit.[30] Keine Zustimmung fand die Vereinbarungslösung auf Arbeitgeberseite – man sprach hier wegen der Einschränkung durch die gesetzliche Auffanglösung von „Scheinverhandlungen mit Zwangscharakter".[31] Auch in den übrigen Punkten lehnten die Arbeitgeberverbände den Richtlinienvorschlag ab.[32] Die Kritik verschob sich nach Wegfall des Problems der unterschiedlichen nationalen Strukturen schwerpunktmäßig auf andere Gründe: Fehlende Kompetenzen, hoher bürokratischer Aufwand, zu hohe Kosten sowie die drohenden Verzögerungen von Entscheidungen sollten den Richtlinienvorschlag nicht hinnehmbar machen.[33]

(dd) Scheitern des Richtlinienvorschlags

Dass es letztendlich nicht zu einer Verabschiedung der Richtlinie kam, lag aber vor allem an dem anhaltenden Widerstand der britischen Regierung.[34] Die Regierung erklärte sogar eine kategorische Ablehnung für alle zukünftigen verbindlichen europäischen Regelungen im Bereich der Arbeitnehmermitwirkung.[35] Obwohl 11 der damals 12 Mitgliedstaaten dem Richtlinienvorschlag grundsätzlich positiv gegenüberstanden, machte diese Blockadesituation aufgrund des Einstimmigkeitserfordernisses nach Art. 100a II EGV eine Verabschiedung des Richtlinienvorschlags von 1990 sowie des Änderungsvorschlags von 1991[36] unmöglich.[37]

---

28 *Junker*, JZ 1992, 1100 (1105f.); *Nagel*, AuR 1991, 161 (165); *Schlachter*, RdA 1993, 313 (326f.).

29 ABlEG C 120 v. 6.5.1991, S. 36.

30 ABlEG C 240 v. 10.7.1991, S. 132.

31 Stellungnahme BDA/BDI v. 15.3.1991, abgedruckt in *Deppe*, Euro-Betriebsräte, S. 209ff.

32 Stellungnahme UNICE v. 7.10.1991, zitiert nach *Weiss*, ZRP 1992, 422 (425), *Nagel*, AuR 1991, 161 (164f.); Stellungnahme BDA/BDI v. 15.3.1991, abgedruckt in *Deppe*, Euro-Betriebsräte, S. 209ff.

33 *Lerche*, EBR, S. 122; Stellungnahme BDI/BDA v. 13.3.1991 – abgedruckt in *Deppe*, Euro-Betriebsräte, S. 209ff; *Gester/Bobke*, in: FS-Gnade, S. 729 (747ff.), mit Nachweisen weiterer Stellungnahmen.

34 *Däubler*, in: Däubler/Kittner/Klebe/Wedde, Vorbem. EBRG Rn. 6; *Eckhoff*, Der Europäische Betriebsrat, S. 119f.; *Hohenstatt*, EuZW 1994, 427 (428); *Blanke*, AuR 2009, 242.

35 *Hauß*, Grenzüberschreitende Betriebsverfassung, S. 263; *Lerche*, EBR, S. 123.

36 ABlEG C 336 v. 31.12.1991, S. 11ff.

37 *Eckhoff*, Der Europäische Betriebsrat, S. 120; *Hauß*, Grenzüberschreitende Betriebsverfassung, S. 263.

(b) Der Weg zur Richtlinie 94/45/EG und ihre Ausweitung

Um dieser Blockadesituation zu entkommen, wurde in Zusammenhang mit dem Maastrichter Vertrag und dem Protokoll über die Sozialpolitik[38] ohne Großbritannien und Nordirland von den übrigen 11 Mitgliedstaaten das Abkommen über die Sozialpolitik[39] beigefügt. Dieses trat mit dem Maastrichter Vertrag am 1.11.1993 in Kraft und sah vor, dass die unterzeichnenden Mitgliedstaaten auch mit ihrer Mehrheit[40] Richtlinien zu weiten Themen der Sozialpolitik erlassen können. Dazu zählt nach Art. 2 I des Abkommens auch die Unterrichtung und Anhörung der Arbeitnehmer.

Auf Grundlage dieses Abkommens[41] wurde am 22.9.1994 die EBR-RL 1994 verabschiedet. Der Vorschlag von 1990 ist Ausgangspunkt für diese Richtlinie und wurde unter der dänischen und belgischen Ratspräsidentschaft weiterentwickelt.[42] Die Arbeitsgruppe „Sozialfragen" des Rates, deren Aufzeichnungen Grundlage für die Beratungen im Ministerrat waren, hatte inmitten zahlreicher Änderungsvorschläge ausdrücklich ein Festhalten an der Vereinbarungslösung empfohlen.[43] Wenn auch die Grundstruktur des Vereinbarungsmodells erhalten geblieben ist, kam es unter der belgischen Ratspräsidentschaft zu Änderungen in ihren Details, die sich in der EBR-RL 1994 niedergeschlagen haben. Beispielsweise wurde den Parteien die Möglichkeit eröffnet, statt der Errichtung eines EBR auch ein dezentrales Informations- und Anhörungsverfahren zu beschließen. Außerdem bestand nun nach Art. 5 V EBR-RL 1994 die Möglichkeit, durch Vereinbarung gänzlich auf eine Unterrichtung und Anhörung zu verzichten.[44] Schließlich wurde in der Richtlinie ein Anreiz geschaffen, noch vor ihrem Inkrafttreten freiwillige Vereinbarungen zu treffen.[45] Nach Art. 13 EBR-RL 1994 wurden die Unternehmen, in denen man solche freiwillige Vereinbarungen beschlossen hatte, von der Richtlinie nur sehr eingeschränkt erfasst.[46] In dieser Möglichkeit wird zum Teil „der unbestreitbare Erfolg der Richtlinie, ihre

38 ABlEG C 191 v. 29.7.1992, S. 90.

39 ABlEG C 191 v. 29.7.1992, S. 91ff.; ausführlich dazu *Rademacher*, Der Europäische Betriebsrat, S. 23ff.

40 Vgl. Art. 2 Abs. 2 Abkommen i.V.m. Art. 189c EUV.

41 Umstritten ist, ob als Rechtsgrundlage Art. 2 Abs. 2 oder Abs. 3 des Abkommens über die Sozialpolitik herangezogen werden muss. Für Abs. 2 (h.M.): *Hohenstatt*, EuZW 1995, 169; *Rademacher*, Der Europäische Betriebsrat, S. 79ff.; für Abs. 3: *Goos*, NZA 1994, 776 (778f.). Der Streit ist aber im Ergebnis ohne Bedeutung, vgl. *Eckhoff*, Der Europäische Betriebsrat, S. 122 Fn. 317.

42 *Rademacher*, Der Europäische Betriebsrat, S. 71ff.; *Hohenstatt*, EuZW 1994, 427 (428).

43 Ratsdokument SN/1598/93, zitiert nach *Rademacher*, Der Europäische Betriebsrat, S. 71.

44 Vgl. Erwägungsgrund Nr. 16; *Hohenstatt*, EuZW 1994, 427 (429); *Eckhoff*, Der Europäische Betriebsrat, S. 123.

45 *Eckhoff*, Der Europäische Betriebsrat, S. 124.

46 Eingehend *Eckert*, Art. 13 der Richtlinie 94/45/EG, S. 30ff.; *Blanke*, AuR 2009, 242 (244).

große Akzeptanz und ihre schnelle Umsetzung"[47] gesehen – so erlauben die freiwilligen Vereinbarungen doch praxisgerechte und individuelle Lösungen.[48]

Die 1997 in Großbritannien gewählte Regierung vertrat nicht mehr die strikte Ablehnung gegen jegliche Maßnahmen der Arbeitnehmermitwirkung auf europäischer Ebene.[49] Am 15.12.1997 wurde daher einstimmig die Richtlinie 97/74/EG auf Grundlage von Art. 100 EGV verabschiedet, die nur eine Ausdehnung der Richtlinie 94/45/EG auf Großbritannien vorsah.[50]

(c) Die Novellierung durch die Richtlinie 09/38/EG

Nach Art. 15 EBR-RL 1994 sollte die Kommission spätestens zum 22.9.1999 die Anwendung der Richtlinie überprüfen und dem Rat gegebenenfalls Änderungen vorschlagen. Der Bericht zur Anwendung der Richtlinie[51] wurde von der Kommission erstellt und im April 2000 an Parlament und Rat übermittelt. In einer Stellungnahme hat das Parlament die Kommission zur Vorlage eines Änderungsvorschlags unter Berücksichtigung weitgehender Ausweitungen aufgefordert.[52] Die Kommission hat das Verfahren zur Revision der Richtlinie im April 2004 offiziell eröffnet[53] und, nachdem Verhandlungen von den nach Art. 15 EBR-RL 1994 anzuhörenden Sozialpartnern im April 2004[54] und im Februar 2008[55] abwechselnd abgelehnt wurden, im Juli 2008 einen längst nicht so weitgehenden Vorschlag über eine Neufassung der Richtlinie[56] vorgelegt. Auf diese Neufassung konnten sich die Sozialpartner im darauf folgenden Monat einigen.[57] Die Richtlinie wurde nach weiteren kleinen Änderungen noch im Dezember 2008 vom Europäischen Parlament und Ministerrat beschlossen und trat zum 6.5.2009 in Kraft.[58] Die EBR-RL 1994 wurde nach Art. 17 EBR-RL 2009 aufgehoben.

---

47 *Heinze*, AG 1997, 289 (292).
48 *Heinze*, AG 1997, 289 (292).
49 *Däubler*, in: Däubler/Kittner/Klebe/Wedde, Vorbem. EBRG, Rn. 9.
50 ABlEG L 10 v. 16.1.1998, S. 22f.
51 KOM(2000), 188 endg.
52 Vgl. im einzelnen *Blanke*, EBRG, Teil B Einleitung Rn. 62.
53 Pressemitteilung IP/04/494 v. 20.4.2004.
54 Siehe zur Eröffnung des Verfahrens Pressemitteilung der Kommission IP/04/494; zur Ablehnung durch die Arbeitgeberseite *Blanke*, AuR 2009, 242 (245); *Blanke*, EBRG, Teil B Einleitung Rn. 65, 68.
55 Siehe zur Eröffnung Dokument C-2008/660 v. 20.2.2008; zur Ablehnung durch den EGB *Blanke*, AuR 2009, 242 (246).
56 Richtlinienvorschlag vom 2.7.2008, KOM(2008), 419 endg.
57 Vgl. den gemeinsamen Brief der Sozialpartner, abrufbar unter http://etuc.org/IMG/pdf_2008-01528-E.pdf; zur Entwicklung ausführlich *Hayen*, AiB 2008, 499 (502f.).
58 *Blanke*, AuR 2009, 242 (246).

Die EBR-RL 2009 behält die Grundstruktur[59] der EBR-RL 1994, aber schafft einige Neuerungen[60], welche auch die Vereinbarungslösung betreffen. So wird die Zusammensetzung des BVG in Art. 5 II b) EBR-RL 2009 neu geregelt.[61] Indem Art. 5 IV EBR-RL 2009 dem BVG ein Tagungsrecht vor und nach den Sitzungen zubilligt, wird die innere Willensbildung des Gremiums gestärkt.[62] Erweitert wird durch Art. 6 II b), c), e), g) EBR-RL 2009 auch der Katalog von Gegenständen, zu denen die Vereinbarung eine Aussage treffen muss.[63] Neu ist auch die in Art. 13 EBR-RL 2009 vorgesehene Neuaufnahme der Verhandlungen bei wesentlichen strukturellen Änderungen.[64] Von hoher praktischer Bedeutung ist Art. 14 I b) EBR-RL 2009. Danach verlieren die nach der EBR-RL 1994 getroffenen Vereinbarungen ihre Wirkung, wenn sie nicht zwischen dem 5.6.2009 und dem 5.6.2011 unterzeichnet oder überarbeitet werden.[65]

Zusammenfassend lässt sich sagen, dass die Neufassung der Richtlinie die Rechte der Arbeitnehmervertreter zwar stärkt[66] aber keine grundlegenden Neuerungen schafft.[67] Die Neuerungen bezüglich des Vereinbarungsmodells, insbesondere die vorgesehene Neuaufnahme von Verhandlungen bei wesentlichen strukturellen Änderungen, werden für dessen Bewertung dennoch von Bedeutung sein.

bb) SE-RL

Noch länger als die Geschichte der EBR-RL ist die der SE-RL, man spricht gar von einem „dreißigjährigen Krieg um die Europäische Aktiengesellschaft“[68]. Grund für diesen langen Prozess war auch hier hauptsächlich das Problem der unterschiedlichen nationalen Strukturen der Arbeitnehmermitwirkung[69]. Zäsur in der Entwicklung waren die Erkenntnisse und Empfehlungen der Davignon-Kommission, die auf der Konzeption des Vereinbarungsmodells der EBR-RL aufbauen.

---

59 *Blanke*, AuR 2009, 242 (243); *Franzen*, AuZA 2010, 180 (181, 189).
60 Umfassend *Franzen*, EuZA 2010, 180 (182ff.); *Blanke*, AuR 2009, 242 (246ff.).
61 *Franzen*, EuZA 2010, 180 (187ff); *Hohenstatt/Kröpelin/Bertke*, NZA 2011, 1313 (1315).
62 *Franzen*, EuZA 2010, 180 (189).
63 Detailliert *Franzen*, EuZA 2010, 180 (189ff.); *Thüsing/Forst*, NZA 2009, 408 (409f.).
64 Über das Merkmal besteht Streit, vgl. *Thüsing/Forst*, NZA 2009, 408 (411f.); *Franzen*, EuZA 2010, 180 (194ff.). Dazu näher unten, D. II. 6. b).
65 Kritisch *Giesen*, NZA 2009, 1174; *Franzen*, EuZA 2010, 180 (193f.).
66 *Giesen*, NZA 2009, 1174; *Franzen*, EuZA 2010, 180 (197); *Giesen*, in: Henssler/Willemsen/Kalb, EBRG Rn. 4a.
67 *Däubler*, in: Däubler/Kittner/Klebe/Wedde, Vorbem. EBRG Rn. 10; *Franzen*, EuZA 2010, 180 (197); *Thüsing/Forst*, NZA 2009, 408 (411).
68 *Hopt*, EuZW 2002, 1.
69 *Kleinmann/Kujath*, in: Manz/Mayer/Schröder, Vorbemerkungen SEBG Rn. 1; *Oetker*, in: Lutter/Hommelhoff/Teichmann, Vor § 1 SEBG Rn. 1; *Hauschka*, AG 1990, 85 (96).

(1) Die Entwicklung vor Einsetzung der Davignon-Kommission

(a) Ausgangspunkt und Hintergrund der Mitwirkungsregelung

Das starke wirtschaftliche Bedürfnis nach einer europäischen Gesellschaftsform hat schon ab 1959 und verstärkt in den sechziger Jahren für Diskussionsstoff gesorgt.[70] Klar war von Beginn an, dass eine neue Gesellschaftsform nicht ohne Regelung der Mitwirkungsfrage geschaffen werden kann. Grund dafür war die Sorge der Mitgliedstaaten, die bereits Mitwirkungssysteme installiert hatten, vor einer „Flucht aus der Mitbestimmung".[71]

(b) Die Entwürfe von 1970 und 1975 sowie ihre Kritik

Der erste Entwurf eines SE-Statuts wurde von der Kommission 1970 vorgelegt.[72] Das Statut betont in den Erwägungsgründen ausdrücklich die Relevanz einer einheitlichen Regelung der Arbeitnehmermitwirkung.[73] Grund dafür war die Befürchtung, dass es im Falle eines Verweises auf die Regelungen der Mitgliedstaaten zu einer Diskriminierung der Arbeitnehmer zwischen den Mitgliedstaaten kommen könnte oder dass Gesellschaften gar ihren Sitz in ein Land mit einem niedrigen Mitbestimmungsniveau verlegen könnten.[74] Diese einheitlichen Vorschriften des Entwurfs sahen die Mitbestimmung im Aufsichtsrat, die Schaffung eines Konzern-Betriebsrats und, wie schon erwähnt, die eines Europäischen Betriebsrats vor. Die Ausgestaltung der Arbeitnehmermitbestimmung im Aufsichtsrat orientierte sich am deutschen Recht, weil dieses als besonders entwickelt galt.[75]

Der anzuhörende Wirtschafts- und Sozialausschuss[76] und die deutsche Arbeitgeberseite[77] befürworteten den Entwurf grundsätzlich und betonten aus Sorge vor Wettbewerbsnachteilen auch die Relevanz einheitlicher Regelungen, forderten aber noch Nachbesserungen. Hingegen verlangten das Europäischen Parlament[78] und die Gewerkschaften[79] eine gleichberechtigte Stellung neben den Anteilseignern. Dem

---

70 Ausführliche Darstellung in *Siems*, in: KK-AktG, Vor Art. 1 SE-VO Rn. 4ff. *Herfs-Röttgen*, NZA 2001, 424; *Kleinmann/Kujath*, in: Manz/Mayer/Schröder, Vorbemerkungen SEBG Rn. 1; *Oetker*, in: Lutter/Hommelhoff/Teichmann, Vor § 1 SEBG Rn. 1.

71 *Hopt*, ZGR 1992, 265 (278); kritisch *Heinze*, ZGR 2002, 66 (69f.).

72 ABlEG C 124 v. 10.10.1970, S. 1ff.

73 ABlEG C 124 v. 10.10.1970, S. 2.

74 Vgl. Stellungnahme WSA, ABlEG C 131 v. 13.12.1972, S. 32 (35).

75 *Herfs-Röttgen*, NZA 2001, 424; *Kleinmann/Kujath*, in: Manz/Mayer/Schröder, Vorbemerkungen SEBG Rn. 2; *Siems*, in: KK-AktG, Vor Art. 1 SE-VO Rn. 12.

76 Stellungnahme WSA, ABlEG C 131 v. 13.12.1972, S. 32 (35f).

77 *Kapschak*, Projekt Europäische Aktiengesellschaft, S. 112.

78 Stellungnahme Europäisches Parlament, ABlEG C 93 v. 7.8.1974, S. 17 (43ff.).

79 Stellungnahme EGB und EBFG v. 4.11.1970, zitiert nach *Hofmann*, Mitbestimmung der Arbeitnehmer, S. 212f.

entsprach die Kommission in weiten Teilen[80] und legte 1975 einen Änderungsvorschlag vor[81].

Neben Streit über gesellschaftsrechtliche Teile war die Uneinigkeit über das Maß der Mitbestimmung ein wesentlicher Grund für das Scheitern des Entwurfs.[82] Einigen Ländern ging die Besetzung des Aufsichtsrats zu einem Drittel mit Arbeitnehmervertretern zu weit, anderen Ländern nicht weit genug.[83] Anders als die Reaktion der deutschen Arbeitgeberseite fielen die der übrigen Arbeitgeberverbände aus: Eine Vertretung der Arbeitnehmer in den Organen der Europäischen Aktiengesellschaft wurde gänzlich abgelehnt.[84] Aufgrund dieser Situation wurden die Beratungen des Ministerrats 1982 eingestellt.[85]

(c) Der dritte Entwurf von 1989 und sein Änderungsvorschlag von 1991

Nach einer längeren Pause legte die Kommission 1989 einen dritten Entwurf vor.[86] Neu daran war zunächst, dass die gesellschaftsrechtlichen Regelungen auf einer anderen Rechtsgrundlage beruhten als die Regelung der Arbeitnehmermitwirkung.[87] Erstere wurden auf Art. 100a EGV und Letztere auf Art. 54 III g) EGV gestützt.

Entsprechend Art. 2 des Entwurfs bezog sich die Regelung über die Arbeitnehmermitwirkung nur noch auf die unternehmerische Mitbestimmung. Die Schaffung eines europäischen Betriebsrats war gänzlich ausgekoppelt und isoliert beraten worden.[88] Auf eine einheitliche Regelung der Arbeitnehmermitwirkung, deren Relevanz im ersten Entwurf noch besonders hervorgehoben wurde, verzichtete man in diesem Richtlinienentwurf und begründete dies mit der „in den Mitgliedstaaten bestehenden Vielfalt an gesetzlichen und gewohnheitsrechtlichen Regelungen der Beteiligung der Arbeitnehmervertreter"[89]. Stattdessen stellte der Entwurf in den Artt. 4 bis 6 verschiedene Mitwirkungsmodelle zur Verfügung[90] und versuchte die Nachteile einer uneinheitlichen Regelung über eine Gleichwertigkeit der

80 *Siems*, in: KK-AktG, Vor Art. 1 SE-VO Rn. 15.
81 Bulletin der EG, Beilage 4/1975, abgedruckt in BT-Drs. VII/7313.
82 *Siems*, in: KK-AktG, Vor Art. 1 SE-VO Rn. 17; *Oetker*, in: Lutter/Hommelhoff/Teichmann, Vor § 1 SEBG Rn. 4; *Herfs-Röttgen*, NZA 2001, 424.
83 *Lutter*, BB 2005, 1; *Siems*, in: KK-AktG, Vor Art. 1 SE-VO Rn. 18.
84 Stellungnahme UNICE v. 12.3.1971, zitiert nach *Hofmann*, Mitbestimmung der Arbeitnehmer, S. 215.
85 *Herfs-Röttgen*, NZA 2001, 424; *Oetker*, in: Lutter/Hommelhoff/Teichmann, Vor § 1 SEBG Rn. 4.
86 ABlEG C 263 v. 16.10.1989, S. 41ff. für die Verordnung; ABlEG C 263 v. 16.10.1989, S. 69ff. für die Richtlinie.
87 Zu den Motiven für diese Aufspaltung *Siems*, in: KK-AktG, Vor Art. 1 SE-VO Rn. 24.
88 Siehe oben, B. I. 1. b) aa) (1).
89 ABlEG C 263 v. 16.10.1989, S. 69 Erwägungsgrund Nr. 3.
90 Diese Modelle beruhen auf den Regelungen in Deutschland, Frankreich, Schweden und den Niederlanden, vgl. *Nagel*, AuR 1990, 205 (208); *Herfs-Röttgen*, NZA 2001, 424 (425); *Siems*, in: KK-AktG, Vor Art. 1 SE-VO Rn. 28.

unterschiedlichen Modelle zu vermeiden. Die Modelle wurden jedoch von der Literatur als nicht gleichwertig bewertet.[91]

Hervorzuheben ist, dass die Wahl des Modells nach Art. 3 I des Entwurfs durch eine Vereinbarung zwischen der Unternehmensleitung und den Arbeitnehmervertretern der Gründungsgesellschaft getroffen werden sollte. Wenn eine solch Vereinbarung nicht zustande kommt, dann sollte die Unternehmensleitung allein über das anzuwendende Modell entscheiden. Auch wenn die Möglichkeiten der Parteien sehr eingeschränkt waren und der Unternehmensleitung die Letztentscheidungsbefugnis zukam, enthielt der Richtlinienentwurf so erste Ansätze einer Autonomie bezüglich der Regelung der Arbeitnehmermitwirkung.

Weiterreichende Autonomie sollten die Parteien erhalten, wenn sie sich auf die als „schwedisches Modell" bezeichnete Ausgestaltungsmöglichkeit des Art. 6 des Entwurfs einigten.[92] Dieses Modell kam dem Vereinbarungsmodell der später beschlossenen Richtlinie 01/86/EG in der Grundkonzeption schon nahe. Es sah vor, dass die Arbeitnehmer oder Arbeitnehmervertreter mit der Unternehmensleitung eine Vereinbarung über die Arbeitnehmermitwirkung treffen, dass dabei ein Mindestinhalt zu wahren ist und dass im Falle des Nichtzustandekommens eine gesetzliche Auffanglösung greift.

Der Wirtschafts- und Sozialausschuss[93] sowie das Europäische Parlament[94] stimmten den Entwurf im Grundsatz zu, verlangten aber einige Änderungen. Diesen Wünschen kam die Kommission weitgehend nach und legte 1991 geänderte Entwürfe der Verordnung[95] und der Richtlinie[96] vor.

Trotz des Verzichts auf eine einheitliche Regelung und der Einführung einer Wahlmöglichkeit scheiterten Verordnung und Richtlinie wieder an der Frage der Mitbestimmung. Mitgliedstaaten mit starken Mitbestimmungsregelungen wie Deutschland fürchteten aufgrund der Ungleichwertigkeit der Modelle eine Umgehung der innerstaatlichen Vorschriften, während sich Mitgliedstaaten ohne Mitbestimmungsregelungen wie Großbritannien auf überhaupt kein Modell festlegen wollten.[97]

(2) Einsetzung und Ergebnisse der Davignon-Kommission

Aufgrund der Problematik um die Frage der Mitbestimmung hat die Kommission im November 1996 die Sachverständigengruppe „European Systems of Workers Involvement" eingesetzt. Die Bezeichnung der Gruppe als Davignon-Gruppe bzw.

---

91 *Oetker*, in: Lutter/Hommelhoff/Teichmann, Vor § 1 SEBG Rn. 6; *Abeltshauser*, AG 1990, 289 (295ff.); *Wißmann*, RdA 1992, 320 (329).

92 Ausführlich *Wißmann*, RdA 1992, 320 (327ff.).

93 ABlEG C 123 v. 21.5.1990, S. 34ff.

94 ABlEG C 48 v. 25.2.1991, S. 72ff.

95 ABlEG C 176 v. 8.7.1991, S. 1ff.

96 ABlEG C 138 v. 29.5.1991, S. 8ff.

97 *Siems*, in: KK-AktG, Vor Art. 1 SE-VO Rn. 33; *Herfs-Röttgen*, NZA 2001, 424 (425).

des Abschlussberichts als Davignon-Bericht lässt sich auf Herrn Etienne Davignon zurückführen, welcher der Vorsitzende der Gruppe war. Die weitere Zusammensetzung[98] der Gruppe war mit Gewerkschafts- sowie Arbeitgebervertretern, Wissenschaftlern und Beratern ausgewogen.[99]

(a) Zusammenhang zur Richtlinie 94/45/EG und Aufgaben der Gruppe

Angesichts der festgefahrenen Situation war es die Aufgabe der Davignon-Gruppe, sich der Beteiligung der Arbeitnehmer in der SE aus einem „neuen Blickwinkel"[100] zu nähern. Damit sind die neuen Erkenntnisse aus der EBR-RL gemeint, mithilfe derer man nach jahrzehntelangem Streit das Gesetzgebungsverfahren beenden konnte.[101] Die in der Richtlinie 94/45/EG gefundene Lösung – gemeint ist die Verhandlungskonzeption – betrachtet die Kommission als „Ideallösung" bzw. ein „Musterbeispiel", jedenfalls aber als „das Mögliche und Machbare" und die „aussichtsreichste Lösung", die „dem ewigen Weiterdebattieren" vorzuziehen sei.[102] Zugleich stand aber fest, dass eine 1:1-Übertragung nicht denkbar ist.[103]

In diesem Sinne sollte die Davignon-Gruppe tätig werden.[104] Sie sollte sich zunächst einen Überblick über die Mitbestimmungsmöglichkeiten in den Unternehmensorganen der Mitgliedstaaten verschaffen und diese Möglichkeiten bewerten. Weiterhin sollte sie auch das vielfach befürchtete Risiko einer Aushöhlung innerstaatlicher Mitwirkungsregelungen beurteilen. Schließlich sollte die Gruppe eine Empfehlung aussprechen, ob die Arbeitnehmermitwirkung besser durch ein Rechtssetzungsverfahren oder den Vorrang von Verhandlungen geregelt werden soll. Falls man sich für Letzteres entscheidet, sollten auch Empfehlungen für die Parteien der Verhandlungen, den Zeitpunkt der Einleitung des Verhandlungsverfahrens sowie Konsequenzen für das Scheitern der Verhandlungen getroffen werden.

(b) „Ein klares Votum für Verhandlungen"

In ihrem Abschlussbericht sprach sich die Davignon-Gruppe klar für eine Verhandlungslösung aus und begründete dieses Ergebnis zunächst über das Ausschlussverfahren: Eine gesetzliche Lösung ist nicht sinnvoll, weil die nationalen Systeme zu

---

98 Genaue Zusammensetzung in Davignon-Abschlussbericht Nr. 25, abgedruckt in BR-Drs. 572/97 vom 6.8.1997.

99 *Siems*, in: KK-AktG, Vor Art. 1 SE-VO Rn. 37.

100 Davignon-Abschlussbericht Nr. 10, Anhang I, abgedruckt in BR-Drs. 572/97 vom 6.8.1997.

101 Vgl. die Mitteilung der Kommission zur Information und Konsultation der Arbeitnehmer, KOM(95) 547, S. 4ff.

102 Mitteilung der Kommission zur Information und Konsultation der Arbeitnehmer, KOM(95) 547, S. 9.

103 Davignon-Abschlussbericht Anhang I, abgedruckt in BR-Drs. 572/97 vom 6.8.1997.

104 Genaue Aufgabenbeschreibung in Davignon-Abschlussbericht Nr. 23, abgedruckt in BR-Drs. 572/97 vom 6.8.1997.

unterschiedlich sind[105], es kein ideales System gibt[106] und es an einer Einigungsbereitschaft mangelt[107]. Unbestritten ist aber auch die Tatsache, dass es diese Gesellschaftsform aufgrund der benannten Sorge vor der „Flucht aus der Mitbestimmung" nicht ohne Regelung der Mitbestimmung geben wird. Ist eine Regelung durch Gesetz nicht möglich, so bleibt als einzige Option eine Regelung durch Vereinbarung – und es liegt die Vermutung nahe, dass die Davignon-Gruppe sich „aus der Not heraus" für die Möglichkeit einer Vereinbarung entschieden hat.

Die Vermutung bewahrheitet sich jedoch nicht ganz, denn die Davignon-Gruppe führte nicht nur Gründe gegen eine gesetzliche Regelung, sondern auch ein Argument für eine Vereinbarungslösung an: Eine durch Vereinbarung getroffene Arbeitnehmermitwirkung ist effizient und eine effiziente Mitwirkung erhöht die Wettbewerbsfähigkeit des Unternehmens.[108] Die Effizienz durch Vereinbarung begründete die Gruppe mit der Anpassungsmöglichkeit an die Mitwirkungstradition im Staat, an das Unternehmen und an den Gründungsmodus der SE sowie mit der Kohärenz zur vorher bestehenden Mitwirkung.[109] Die effektive Arbeitnehmermitwirkung soll die Wettbewerbsfähigkeit des Unternehmens steigern, weil sich die Rolle der Arbeitnehmer so gewandelt hat, dass eine „enge, ständige Beteiligung am Entscheidungsprozess auf allen Unternehmensebenen" notwendig ist.[110]

(c) Die Ausgestaltung der Vereinbarungslösung

Der Davignon-Abschlussbericht setzt den Schwerpunkt auf „abgrenzbare Gedankengänge" und nicht auf einen „juristisch ausgefeilten Text".[111] Die Empfehlungen der Gruppe waren daher nicht sehr konkret, jedoch stellen sie klare Konturen für die Grundkonzeption auf. Empfehlungen werden zum Zeitpunkt und zur Dauer, zum Gegenstand, zur Reichweite sowie zu den Modalitäten und den Partnern der Verhandlungen getroffen.[112] Ebenso wurden Aussagen für den Fall des Nichtzustandekommens einer Vereinbarung getroffen.[113]

Hervorzuheben ist an dieser Stelle[114], dass der Gesichtspunkt der Effizienz die Davignon-Gruppe nicht nur zu der Empfehlung von Verhandlungen statt einer

---

105 Davignon-Abschlussbericht Nr. 40 a), 94 c), abgedruckt in BR-Drs. 572/97 vom 6.8.1997; vgl. auch *Heinze*, AG 1997, 289f., der vier unterscheidende Faktoren benennt.

106 Davignon-Abschlussbericht Nr. 41, abgedruckt in BR-Drs. 572/97 vom 6.8.1997.

107 Davignon-Abschlussbericht Nr. 93, abgedruckt in BR-Drs. 572/97 vom 6.8.1997.

108 Dazu ausführlich unten, B. IV. 1. a) aa) und bb).

109 Davignon-Abschlussbericht Nr. 42, abgedruckt in BR-Drs. 572/97 vom 6.8.1997.

110 Davignon-Abschlussbericht Nr. 17–19, 42, abgedruckt in BR-Drs. 572/97 vom 6.8.1997.

111 Davignon-Abschlussbericht Nr. 94, abgedruckt in BR-Drs. 572/97 vom 6.8.1997.

112 Davignon-Abschlussbericht Nr. 47–69, abgedruckt in BR-Drs. 572/97 vom 6.8.1997.

113 Davignon-Abschlussbericht Nr. 70–88, abgedruckt in BR-Drs. 572/97 vom 6.8.1997.

114 Ausführlich zur gesamten inhaltlichen Ausgestaltung *Heinze*, ZGR 2002, 66 (70ff.); *Heinze*, AG 1997, 289 (291ff.); *Kolvenbach*, NZA 1998, 1323 (1324).

gesetzlichen Lösung bewogen hat, sondern konsequenterweise auch das maßgebende Prinzip bei den Empfehlungen zur Ausgestaltung der Verhandlungskonzeption war. So wurde bezüglich des Vereinbarungsgegenstandes festgehalten, dass „uneingeschränkte Freiheit der Parteien und Verzicht auf Mindestvorschriften“[115] gilt und „eine Einschränkung der Autonomie der Parteien“[116] vermieden werden muss. Auch die verhältnismäßig schwache gesetzliche Auffanglösung – nur ein Fünftel der Sitze im Verwaltungs- bzw. Aufsichtsrat sollten mit Arbeitnehmervertretern besetzt werden[117] – lässt sich vor diesem Hintergrund erklären.[118] Mit ihrem konkreten Vorschlag für eine einheitliche gesetzliche Auffanglösung (sog. Sockelmodell) wandte sich die Davignon-Gruppe auch gegen das zuvor diskutierte Optionsmodell.[119] Eine „Flucht aus der Mitbestimmung“ befürchtete die Davignon-Gruppe indes nicht.[120] Mit dem Gründungsmodus der Umwandlung, bei dem die Gefahr einer Flucht besonders groß ist, hatte sich die Gruppe nicht beschäftigt.[121]

Die Davignon-Gruppe empfahl also die Möglichkeit einer weitreichenden autonomen Gestaltung der Arbeitnehmermitwirkung und eine möglichst geringe Einflussnahme durch den Gesetzgeber. Letzteres hielt sie nicht für notwendig, weil sie an ein Eigeninteresse der Arbeitgeberseite glaubte, dass zusätzlichen Druck nicht erforderlich mache. Die Privatautonomie wäre in diesem Fall das tragende Prinzip der Beteiligungsvereinbarungen gewesen.

(3) Entwicklung nach Einsetzung der Davignon-Kommission

Die Ergebnisse der Davignon-Gruppe waren überwiegend auf positive Resonanz gestoßen.[122] Insgesamt wurde die Arbeit als „richtungweisend“[123] bzw. „entscheidender Anknüpfungspunkt“[124] bezeichnet und stellte in dem langwierigen Gesetzgebungsverfahren jedenfalls eine Zäsur dar, denn die Vereinbarungslösung wurde in ihrer Grundkonzeption allseits anerkannt.

---

115 Davignon-Abschlussbericht Nr. 56, abgedruckt in BR-Drs. 572/97 vom 6.8.1997.

116 Davignon-Abschlussbericht Nr. 57, abgedruckt in BR-Drs. 572/97 vom 6.8.1997.

117 Davignon-Abschlussbericht Nr. 83, abgedruckt in BR-Drs. 572/97 vom 6.8.1997.

118 *Hoops*, Die Mitbestimmungsvereinbarung in der Europäischen Aktiengesellschaft, S. 16.

119 *Heinze*, ZGR 2002, 66 (72); *Siems*, in: KK-AktG, Vor Art. 1 SE-VO Rn. 38.

120 Davignon-Abschlussbericht Nr. 40 g), abgedruckt in BR-Drs. 572/97 vom 6.8.1997.

121 Davignon-Abschlussbericht Nr. 33, 35, abgedruckt in BR-Drs. 572/97 vom 6.8.1997; *Heinze*, ZGR 2002, 69 (71); *Weiss*, NZA 2003, 177 (180).

122 *Reinhard*, Die Sicherung der Unternehmensmitbestimmung durch Vereinbarung, S. 35; *Weiss*, NZA 2003, 177 (181); *Hoops*, Die Mitbestimmungsvereinbarung in der Europäischen Aktiengesellschaft, S. 16.

123 *Kleinsorge*, in: Nagel/Freis/Kleinsorge, Einf SE Rn. 12.

124 *Hoops*, Die Mitbestimmungsvereinbarung in der Europäischen Aktiengesellschaft, S. 16.

Dennoch war das weitere Gesetzgebungsverfahren alles andere als einfach und es gab bis zur Verabschiedung am 8.10.2001 eine Vielzahl von weiteren Entwürfen.[125] Die zentralen Diskussionspunkte waren der Gründungsmodus der Umwandlung und die Ausgestaltung der gesetzlichen Auffanglösung.[126] Beide Probleme sind für das Verständnis der Verhandlungslösung von Bedeutung, denn der Verzicht auf den Gründungsmodus der Umwandlung und die geringe gesetzliche Auffanglösung sind Grundpfeiler in dem austarierten System der Davignon-Gruppe. Anlass für die Streitigkeiten war wieder einmal die Sorge vor der „Flucht aus der Mitbestimmung". Bereits zum ersten Entwurf unter luxemburgischer Präsidentschaft[127] monierten Deutschland, Österreich und Schweden, dass ihnen die Sicherung der Mitbestimmung durch die Auffangregelung zu vage sei.[128] Spanien war indes gänzlich gegen das Eingreifen einer gesetzlichen Auffanglösung im Fall der Gründung durch Verschmelzung.[129]

Somit war selbst im Bereich der gesetzlichen Auffanglösung eine Harmonisierung nicht möglich, sodass im nächsten Entwurf unter britischer Ratspräsidentschaft[130] wieder auf das Optionsmodell zurückgegriffen wurde – eine Abkehr von der klaren Empfehlung der Davignon-Gruppe. Auch mit den geforderten Zweidrittelmehrheit für Unterschreitungen des bestehenden Mitbestimmungsniveaus enthielt der Entwurf weitere Einschränkungen des von der Davignon-Kommission besonders empfohlenen Prinzips der ergebnisoffenen Verhandlungen.[131] Insbesondere gegen das Optionsmodell hat die deutsche Wirtschaft Einwand erhoben: Faktisch werde die weitestgehenden Mitwirkungsregelungen festgeschrieben und man befürchtete, dass deutsche Gesellschaften wegen ihrer „Hypothek" der hohen Mitbestimmung von ausländischen Gesellschaften nicht als Gründungspartner akzeptiert werden.[132] Auf diese Weise würden nur die ausländischen Gesellschaften von einer europäischen Gesellschaftsform profitieren, was für die deutschen Unternehmen einen

---

125 Ausführlich *Kolvenbach*, NZA 1998, 1323 (1324ff.); *Kleinsorge*, in: Nagel/Freis/Kleinsorge, Einf SE Rn. 12ff.; *Oetker*, in: Lutter/Hommelhoff/Teichmann, Vor § 1 SEBG Rn. 9ff.; *Reinhard*, Die Sicherung der Unternehmensmitbestimmung durch Vereinbarung, S. 35ff.

126 *Reinhard*, Die Sicherung der Unternehmensmitbestimmung durch Vereinbarung, S. 35; *Weiss*, NZA 2003, 177 (180).

127 Ratsdokument 10020/97 vom 18.7.1997; siehe dazu *Coen*, EuroAS 9/1997, S. 118f.

128 *Kolvenbach*, NZA 1998, 1323 (1325); FAZ v. 8.10.1997, S. 20: Die Europa-AG entzweit die EU-Partner.

129 Wegen der Schwellenwerte und der sogenannten „Gibraltarfrage", dazu *Heinze*, ZGR 2002, 69 (76f.); *Kolvenbach*, NZA 1998, 1323 (1325); *Kleinsorge*, in: Nagel/Freis/Kleinsorge, Einf SE Rn. 14; *Reinhardt*, Die Sicherung der Unternehmensmitbestimmung durch Vereinbarung, S. 38.

130 Ratsdokument 7391/98 vom 7.4.1998, siehe dazu den Bericht von *Coen*, EuroAS 4/1998, S. 43f.

131 *Heinze*, ZGR 2002, 69 (74).

132 Gemeinsame Presseerklärung der Verbände BDI, BDA, DHIT und GDV vom 16.4.1998, zitiert nach *Heinze*, ZGR 2002, 69 (74).

Wettbewerbsnachteil darstelle. An dieser Frage und an dem anhaltenden Widerstand Spaniens scheiterte der Entwurf, genau wie der darauf folgender Entwurf[133] unter der österreichischen Präsidentschaft.[134] Der Durchbruch gelang erst auf dem Gipfel von Nizza am 8.12.2000. Der Widerstand Spaniens konnte durch finanzielle Zusagen gebrochen werden.[135]

cc) Verschmelzungs-RL

Auch die GV-RL weist eine ähnlich lange Geschichte wie die zuvor behandelten Richtlinien auf. Bereits Art. 220 des EWG-Vertrages von 1957 sah vor, dass die Mitgliedstaaten Verhandlungen einleiten, um die Verschmelzung von Gesellschaften sicherzustellen. Die Beratungen wurden 1965 aufgenommen und bis 1980 fortgeführt, jedoch ohne Ergebnis beendet.[136] 1985 legte die Kommission dann den Entwurf einer Richtlinie „über die grenzüberschreitende Verschmelzung von Aktiengesellschaften" vor.[137] Das Problem der unterschiedlichen Systeme der Arbeitnehmermitwirkung wurde auch hier gesehen.[138] Nach Erwägungsgrund Nr. 5 und Art. 1 III des Entwurfs sollten die Mitgliedstaaten ermächtigt sein, die Anwendung der Richtlinie auf mitbestimmte Gesellschaften auszuschließen. Trotzdem bot das Problem der unterschiedlichen Beteiligungssysteme so viel Streitstoff, dass der Entwurf gar nicht erst in den Rat kam.[139] Hauptsorge war erneut die mögliche „Flucht aus der Mitbestimmung".[140]

Nach Verabschiedung der SE-RL kam auch in das Projekt der grenzüberschreitenden Verschmelzung wieder Bewegung. Die Kommission zog ihren Vorschlag von 1985 zurück und legte 2003 den „Vorschlag für eine Richtlinie des Europäischen Parlaments und des Rates über die Verschmelzung von Kapitalgesellschaften aus verschiedenen Mitgliedstaaten" vor.[141] Die Lösung der Problematik der unterschiedlichen Beteiligungssysteme orientiert sich nach Erwägungsgrund Nr. 11 und Art. 14 des Entwurfs eng an der Regelungstechnik der SE-RL. Am 26.10.2005 konnte die politische Einigung erzielt und die Richtlinie verabschiedet werden.[142] In diesem Zusammenhang ist auch die SEVIC-Entscheidung des EuGH zu beachten, welche grenzüberschreitende gesellschaftsrechtliche Strukturmaßnahmen weitgehend ermöglichte.[143]

---

133 Ratsdokument SN 5251/98.

134 *Heinze*, ZGR 2002, 69 (76).

135 *Oetker*, in: Lutter/Hommelhoff/Teichmann, Vor § 1 SEBG Rn. 11; *Heinze*, ZGR 2002, 69 (76).

136 *Neye*, ZIP 2005, 1893.

137 ABlEG Nr. C 23 v. 25.1.1985, S. 11.

138 *Habersack*, in: Ulmer/Habersack/Henssler, MgVG, Einleitung Rn. 2.

139 *Neye*, ZIP 2005, 1893.

140 Siehe die Begründung zum Entwurf von 2003, Ratsdokument 15305/03 v. 20.11.2003 (3.3).

141 Ratsdokument 15305/03 v. 20.11.2003.

142 ABlEU L 310 v. 25.11.2005, S. 1ff.

143 EuGH, Urteil. v. 13.12.2005, Rs. C-411/03, Slg. 2005, I-10805.

c) Zusammenfassung: Motive des Gesetzgebers

Der Unionsgesetzgeber gibt vor, dass er die Möglichkeit der vereinbarten Arbeitnehmermitwirkung geschaffen hat, damit individuelle Lösungen entwickelt werden können und so die Wettbewerbsfähigkeit der Unternehmen erhöht wird. Dieser Vorteil mag möglich sein.[144] Tatsächlich wäre dem Unionsgesetzgeber eine zwingende Regelung lieber gewesen – eine solche war jedoch nicht erreichbar. Maßgeblicher Beweggrund für die Einführung des Vereinbarungsmodels war dessen Alternativlosigkeit, die sich aus der Unmöglichkeit einer Einigung ergab. Diese ist darauf zurückzuführen, dass die Mitgliedstaaten in dem dreißigjährigen Verhandlungsprozess stets besonders darauf geachtet haben, die bestehenden Mitwirkungskulturen zu wahren und die bereits erreichten Standards nicht zu unterschreiten. Mittlerweile scheint diese Fixierung aufzubrechen. *Reiner Hoffmann*, inzwischen Vorsitzender des DGB, spricht sich beispielsweise dafür aus, nicht zu sehr am deutschen Modell festzuhalten und die Mitbestimmungskulturen in Europa zu akzeptieren.[145]

2. Historische Entwicklung in Deutschland

Auch die Umsetzung der Richtlinien in Deutschland soll kurz betrachtet werden. Insbesondere soll auf Stellungnahmen und Diskussionspunkte zu Gegenständen eingegangen werden, welche sich im späteren Verlauf dieser Arbeit als problematisch erweisen.

a) EBRG

Das Gesetzgebungsverfahren zur Umsetzung der EBR-RL 1994 hat knapp ein Jahr in Anspruch genommen. Nach der Fertigstellung des Referentenentwurfs am 21.12.1995 und der Weiterleitung des geringfügig geänderten Regierungsentwurfs an Bundestag[146] und Bundesrat[147] hat letzterer zahlreiche Änderungsvorschläge[148] erarbeitet, welche jedoch durch die Bundesregierung abgelehnt[149] wurden. Am 28.10.1996 wurde das EBRG schließlich verabschiedet und drei Tage später verkündet. Am 1.11.1996 trat es in Kraft. Die durch Art. 14 I EBR-RL 1994 gesetzte Umsetzungsfrist vom 22.9.1996 wurde damit knapp verfehlt.

Die Änderungsvorschläge des Bundesrats richteten sich vor allem auf eine stärkere Einbeziehung der Gewerkschaftsvertreter. So sollten an den Sitzungen von BVG bzw. EBR und zentraler Leitung auf Antrag Gewerkschaftsvertreter beratend teilnehmen können. Weiterhin sollten Informationspflichten gegenüber vertretenen

---

144 Siehe dazu unten, B. IV. 3.
145 Wirtschaftswoche v. 11.11.2013, S. 10, siehe dazu auch unten, F. I. 2. b).
146 BT-Drs. 13/4520, am 6.5.1996.
147 BR-Drs. 251/96, am 12.4.1996.
148 BT-Drs. 13/5021 S. 1ff., in der Sitzung vom 24.5.1996.
149 BT-Drs. 13/5021 S. 7ff.

Gewerkschaften eingeführt werden. Die Gewerkschaftsseite kritisierte die ihr fehlenden Rechte ebenfalls, begrüßte den Entwurf aber ansonsten grundsätzlich.[150] Auf Arbeitgeberseite wurden hauptsächlich der bürokratische Aufwand und der zentralistische Ansatz kritisiert.[151]

Das EBRG wurde durch das 2. EBRG-ÄnderungsG[152] vom 14.6.2011 angepasst, um den Anforderungen der novellierten Richtlinie gerecht zu werden.[153] Der entsprechende Regierungsentwurf wurde von Gewerkschaftsseite überwiegend begrüßt.[154]

b) SEBG

Auf den am 5.4.2004 vom Bundesministerium der Justiz sowie vom Bundesministerium für Wirtschaft und Arbeit erarbeiteten Referentenentwurf folgte am 26.5.2004 ein Regierungsentwurf[155], der am 28.5.2004 an den Bundesrat weitergeleitet[156] wurde.[157] Am 22.12.2004 wurde das Gesetz beschlossen, am 28.12.2004 verkündet[158] und einen Tag später trat es in Kraft. Das von Art. 14 I SE-RL vorgesehene Fristende des 8.10.2004 wurde damit überschritten.

Die Stellungnahme des Bundesrats vom 9.7.2004 bezog sich auch auf das System der Verhandlungen mit Auffanglösung.[159] Er empfahl, von der Möglichkeit des Art. 7 III SE-RL (sog. „spanische Klausel") Gebrauch zu machen und bei Verschmelzungen keine Auffanglösung im Bereich der Mitbestimmung vorzusehen.[160] Er begründete dies mit der unten[161] erörterten Sorge vor Wettbewerbsnachteilen, gleichzeitig erkannte er das Vorher-Nachher-Prinzip als Grundsatz der Richtlinie an.[162] Allerdings sah er die Mitwirkungsrechte bei Ausbleiben der Auffanglösung nicht in Gefahr, da – sofern von der Möglichkeit des Art. 7 III SE-RL Gebrauch gemacht werde – nach Art. 12 III SE-VO der Abschluss einer Vereinbarung Voraussetzung für die Registrierung der SE sei.[163] Der Bundestag hielt dieser Argumentation entgegen, dass die Anteilseigner so im Falle des Scheiterns der Verhandlungen um ihr

---

150 *Blanke*, EBRG, Einleitung Rn. 27; Schlinkhoff, EBR, S. 15.
151 *Blanke*, EBRG, Einleitung Rn. 27.
152 BGBl I 2011, S. 1050ff.
153 Zur Novellierung der Richtlinie siehe oben, B. I. 1. b) aa) (c).
154 Stellungnahme DGB, abgedruckt in Ausschussdrucksache 17(11)467 v. 30.3.2011.
155 BT-Drs. 15/3405 v. 21.6.2004, ab S. 15 zum SEBG.
156 BR-Drs. 438/04 v. 28.5.2004.
157 Ausführlich zur Entwicklung des SEBG siehe *Hoops*, Mitbestimmungsvereinbarung, S. 18ff.; *Oetker*, in: Lutter/Hommelhoff/Teichmann, SEBG, Vor § 1 Rn. 13ff.
158 BGBl. I 2004, 3675ff.
159 BR-Drs. 438/04 (B) v. 9.7.2004, S. 1ff.
160 BR-Drs. 438/04 (B) v. 9.7.2004, S. 2.
161 Siehe unten B. V. 4.
162 BR-Drs. 438/04 (B) v. 9.7.2004, S. 2.
163 BR-Drs. 438/04 (B) v. 9.7.2004, S. 2.

Letztentscheidungsrecht bezüglich der Gründung einer SE beraubt würden – was der Wettbewerbsfähigkeit deutscher Unternehmen nicht zuträglich sei.[164]

BDA, BDI, GDV, BdB, DAI, und DIHK befürchteten in ihrer Stellungnahme vom 3.5.2004 zum Referentenentwurf ebenfalls Wettbewerbsnachteile[165] und forderten wie schon der Bundesrat, von der Möglichkeit des Art. 7 III SE-RL Gebrauch zu machen.[166] Kritisiert wurde ferner die im Verhältnis zur Größe des BVG linear ansteigende Anzahl der Gewerkschaftsvertreter in diesem Gremium.[167] Desweiteren wurde eine Streichung von § 18 III des Entwurfs verlangt, der die Aufnahme von Neuverhandlungen bei strukturellen Änderungen betraf.[168] Begründet wurden diese beiden wichtigen Kritikpunkte mit fehlenden Vorgaben durch die Richtlinien.

Durch den DGB erntete der Referentenentwurf des SEEG hingegen überwiegend „Lob und Anerkennung"[169]. Ein großer Kritikpunkt lag jedoch in der fehlenden Vertretung von Gewerkschaftsvertretern bei Neuverhandlungen in Folge struktureller Veränderungen.[170]

c) SCEBG

Der Regierungsentwurf[171] wurde am 27.1.2006 an den Bundesrat weitergeleitet.[172] Im Verfahren waren wegen der engen Orientierung[173] am SEBG keine Besonderheiten aufgetreten, sodass das SCEBG am 14.8.2006 vom Bundestag beschlossen und verkündet[174] wurde und am 18.8.2006 in Kraft getreten ist. Die durch Art. 16 I SCE-RL gesetzte Frist wurde damit eingehalten.

---

164 BT-Drs. 15/3656 v. 24.8.2004, S. 8.

165 Zu den Wettbewerbsnachteilen siehe unten, B. V. 4.

166 Stellungnahme BDA, BDI, GDV, BdB, DAI, und DIHK v. 3.5.2004 zum Referentenentwurf SEEG, S. 2, 12.

167 Stellungnahme BDA, BDI, GDV, BdB, DAI, und DIHK v. 3.5.2004 zum Referentenentwurf SEEG, S. 8, dazu siehe auch unten, C. I. 5. b) bb) (2) (b) (aa).

168 Stellungnahme BDA, BDI, GDV, BdB, DAI, und DIHK v. 3.5.2004 zum Referentenentwurf SEEG, S. 10.

169 DGB, Stellungnahme zum Referentenentwurf SEEG v. 25.5.2004, S. 1.

170 DGB, Stellungnahme zum Referentenentwurf SEEG v. 25.5.2004, S. 3, zur Möglichkeit der Umgehung einer Einbeziehung von Gewerkschaftsmitgliedern siehe auch unten, C. I. 5. b) bb) (2) (b) (aa).

171 BT-Drs. 16/1025 v. 23.3.2006.

172 BR-Drs. 71/06 v. 27.1.2006.

173 BT-Drs. 16/1025 v. 23.3.2006, S. 1: „[...]nach dem Vorbild des Parallelprojekts der Europäischen Gesellschaft (SE) [...]".

174 BGBl I 2006, S. 1911ff.

d) MgVG

Der Regierungsentwurf des MgVG wurde am 11.8.2006 an den Bundesrat[175] und am 12.10.2006 an den Bundestag[176] weitergeleitet. Das MgVG wurde am 21.12.2006 im Bundestag beschlossen und am gleichen Tag verkündet[177]. Es trat am 29.12.2006 und damit deutlich vor dem in Art. 19 I GV-RL vorgesehenen Fristende im Dezember 2007 in Kraft.

Der Bundesrat befürchtet in seiner Stellungnahme vom 22.9.2006 wieder Wettbewerbsnachteile für deutsche Unternehmen.[178] Desweiteren wurde die Bemessung der Zahl der Gewerkschaftsvertreter in gleicher Weise bemängelt, wie schon in der Stellungnahme der Arbeitgeberverbände zum Entwurf des SEBG. Die BDA kritisierte ebenfalls die weitreichende Auffangregelung, welche zu Wettbewerbsnachteilen für deutsche Unternehmen führe.[179] In der Anhörung des Sachverständigenausschusses am 6.11.2006 plädierte auch *Thüsing* für eine weniger starke Auffangregelung, damit Anreize für Verhandlungen gesetzt werden.[180] *Hawreliuk* hielt dem entgegen, dass das BVG in Verhandlungen ohne Auffanglösung zu Bittstellern degradiert werde.[181] Diese Stellungnahmen haben in der 2. Beratung zur intensiven Diskussion um Sinn und Unsinn der Auffanglösung geführt.[182] Der DGB begrüßte den Referentenentwurf, insbesondere „die enge Anlehnung [...] an die Regelungen des Gesetzes über die Beteiligung der Arbeitnehmer in der Europäischen Gesellschaft (SEBG)“.[183]

II. Kompetenzgrundlage

Der europäische Gesetzgeber nennt selbst in den Einleitungssätzen der Richtlinien die Kompetenznormen, wird aber nicht besonders konkret. Er stützt sich jeweils „auf den Vertrag zur Gründung der Europäischen Gemeinschaft“ und „insbesondere“ auf eine spezielle Norm. Für die EBR-RL soll dies Art. 137 EGV (jetzt 153 AEUV)

---

175 BR-Drs. 540/06 v. 11.8.2006.

176 BT-Drs. 16/2922 v. 12.10.2006.

177 BGBl I 2006, S., 3332ff.

178 BT-Drs. 16/2922 v. 12.10.2006, Anlage 2, S. 31.

179 Stellungnahme BDA, abgedruckt in Ausschussdrucksache 16(11)429 v. 3.11.2006, S. 6ff., wiedergegeben in BT-Drs. 16/3320 S. 4.

180 *Thüsing* in der Anhörung des Sachverständigenausschuss am 6.11.2006 zum Regierungsentwurf MgVG, wiedergegeben in BT-Drs. 16/3320 S. 5.

181 *Hawreliuk* (IG-Metall) in der Anhörung des Sachverständigenausschuss am 6.11.2006 zum Regierungsentwurf MgVG, wiedergegeben in BT-Drs. 16/3320 S. 5.

182 2. Beratung des Regierungsentwurfs MgVG im Bundestag am 9.11.2006, BT-PlPr 16/63, S. 6175Aff.

183 Stellungnahme des DGB zum Entwurf des MgVG v. 27.6.2006.

sein[184], für die SE-RL und SCE-RL Art. 308 EGV (jetzt 352 AEUV) und für die GV-RL Art. 44 EGV (jetzt Art. 50 AEUV).[185]

1. EBR-RL

Für die EBR-RL bereitet dies keine Probleme, hier wurde mit Art. 153 I e) AEUV, wonach die Union die Tätigkeit der Mitgliedstaaten auf dem Gebiet der Unterrichtung und Anhörung zur Verwirklichung der Ziele des Art. 151 AEUV unterstützen darf, die richtige Kompetenznorm gewählt.[186]

2. SE-RL und SCE-RL

Für die SE-VO[187] und SCE-VO[188] ist Art. 352 AEUV die richtige Kompetenznorm[189], für die SCE-VO wurde dies durch den EuGH[190] geklärt. Fraglich ist jedoch, ob dies auch für die Richtlinien gilt. Teilweise wird dies damit begründet, dass die Richtlinien in Zusammenhang mit den Verordnungen stehen.[191] Ein Zusammenhang zwischen Verordnung und Richtlinie besteht natürlich, die Verordnungen sprechen sogar von einer „untrennbaren Ergänzung“[192]. Um eine Richtlinie auf dieselbe Kompetenznorm zu stützen, auf der die Verordnung beruht, muss sie jedoch integraler Bestandteil sein – der Zweck der Verordnung muss den Zweck der Richtlinie überlagern.[193] Diese Voraussetzung ist nicht gegeben.[194] Darüber hinaus missachtet eine Anwendung des Art. 352 AEUV dessen Funktion. Die Norm besteht für den Fall, in dem ausdrücklich oder implizit verliehene Befugnisse fehlen und ist damit

184 Die EBR-Richtlinie von 1994 hat sich noch auf das Abkommen über die Sozialpolitik gestützt, dazu ausführlich *Schlinkhoff*, EBR kraft Vereinbarung, S. 12f.

185 Im Folgenden werde die Normen des AEUV zitiert.

186 *Benecke*, in: Grabitz/Hilf/Nettesheim, EUV/AEUV, AEUV, Art. 153 Rn. 76ff.; *Rebhahn/Reiner*, in: Schwarze, EU-Kommentar, AEUV, Art. 153 Rn. 50 (bezieht sich zwar auf lit. d, das dürfte aber ein Tippfehler sein).

187 Verordnung (EG) Mr- 2157/2001 des Rates vom 8.10.2001 über das Statut der Europäischen Gesellschaft (SE), ABlEG L 294 v. 10.11.2001, S. 1ff.

188 Verordnung (EG) Nr. 1435/2003 vom 22.7.2013 über das Statut der Europäischen Genossenschaft (SCE), ABlEG L 207 v. 18.8.2003, S. 1ff.

189 Vgl. die Einleitungssätze der Verordnungen, zur SCE-RL.

190 EuGH, Urteil. v. 2.5.2006, Rs. C-436/03, Slg 2006, I-3733-3770.

191 *Forst*, Beteiligungsvereinbarung, S. 83. Er zieht zur Begründung von Art. 308 EGV als Kompetenznorm überdies EuGH, Urteil v. 2.5.2006, Rs. C-436/03, Slg 2006, I-3733-3770 heran. Darin wird jedoch ausschließlich klargestellt, dass Art. 308 EGV die Kompetenz für die SCE-VO ist, nicht aber für die SCE-RL.

192 Erwägungsgrund Nr. 17 SCE-VO, Erwägungsgrund Nr. 19 SE-VO.

193 *Rebhahn/Reiner*, in: Schwarze, EU-Kommentar AEUV, Art. 153 Rn. 52.

194 *Rebhahn/Reiner*, in: Schwarze, EU-Kommentar AEUV, Art. 153 Rn. 52.

eine Auffangkompetenz.[195] Eine ausdrückliche Kompetenz besteht mit Art. 153 I e), f) AEUV. Auch das Europäische Parlament hielt im Rahmen des Gesetzgebungsverfahrens zur SE Art. 153 I e) AEUV für die richtige Grundlage.[196] Es hat sich nur deshalb gegen eine Klage vor dem EuGH entschieden, um den Abschluss des jahrzehntelangen Gesetzgebungsverfahrens nicht an Kompetenzstreitigkeiten scheitern zu lassen.[197]

Auch im Gesetzgebungsverfahren zur SCE schlug das Europäische Parlament vor, die Kompetenzgrundlage auf Art. 153 AEUV zu ändern.[198] Man sprach sich jedoch zugleich gegen eine Anfechtung aus, falls dem Vorschlag nicht gefolgt würde: „Mit einer solchen Anfechtung könnte der Nutzen sowohl der Europäischen Gesellschaft als auch der Europäischen Genossenschaft für das Europäische Sozialmodell als Ganzes aufs Spiel gesetzt werden."[199] Diese Sichtweise hat sich offenbar nicht durchgesetzt, denn das Europäische Parlament hat später vor dem EuGH auf Nichtigerklärung der SCE-VO geklagt. Dieser hat die Klage abgewiesen und Art. 352 AEUV als korrekte Rechtsgrundlage bestätigt.[200] Im konkreten Verfahren ging es jedoch um die Abgrenzung von Art. 95 EGV (jetzt 114 AEUV), sodass schon deshalb keine Schlüsse auf die SCE-RL – für die Art. 153 I e), f) AEUV in Rede steht – gezogen werden können.

Festzuhalten ist, dass nicht Art. 352 AEUV, sondern Art. 153 I e), f) AEUV die richtige Kompetenznorm für die SE-RL und die SCE-RL ist.[201]

3. GV-RL

(a) Allgemein

Die GV-RL unterscheidet sich von der SE-RL und der SCE-RL dadurch, dass sie nicht allein die Arbeitnehmermitwirkung behandelt, sondern die grenzüberschreitende Verschmelzung insgesamt. Durch die Richtlinie wird keine neue Gesellschaftsform

---

195 *Güntzel*, SE-RL, 84; *Geiss*, in: Schwarze, EU-Kommentar, AEUV, Art. 352 Rn. 1f; *Streinz*, in: Streinz, AEUV, Art. 352 Rn. 1.

196 *Kleinsorge*, in: Nagel/Freis/Kleinsorge, Einf SE Rn. 15; *Herfs-Röttgen*, NZA 2002, 358 (359); *Neye*, ZGR 2002, 377 (378); *Oetker*, in: Lutter/Hommelhoff/Teichmann, SEBG, Vor § 1 Rn. 12; Die Problematik ist auf die SCE übertragbar, *Kleinsorge*, in: Nagel/Freis/Kleinsorge, Einf SE Fn. 54.

197 *Kleinsorge*, in: Nagel/Freis/Kleinsorge, Einf SE Rn. 15; *Herfs-Röttgen*, NZA 2002, 358 (359); *Neye*, ZGR 2002, 377 (378); *Oetker*, in: Lutter/Hommelhoff/Teichmann, SEBG, Vor § 1 Rn. 12.

198 Plenarsitzungsdokument A5-0127/2003 endgültig, Änderungsantrag Nr. 1, S. 7, 19f.

199 Plenarsitzungsdokument A5-0127/2003 endgültig, S. 19.

200 EuGH, Urteil v. 2.5.2006, Rs. C-436/03, Slg 2006, I-3733–3770.

201 So auch *Güntzel*, SE-RL, 82ff.; Dafür wohl auch *Benecke*, in: Grabitz/Hilf/Nettesheim, EUV/AEUV, AEUV, Art. 153 Rn. 89f.; *Rebhahn/Reiner*, in: Schwarze, EU-Kommentar, AEUV, Art. 153 Rn. 52.

geschaffen, sondern nur ihre Verschmelzung erleichtert bzw. ermöglicht.[202] Die Gesellschaftsform bestimmt sich nach wie vor nach nationalem Recht.[203] Art. 50 II g) AEUV ist dafür die richtige Kompetenznorm.[204]

(b) Kompetenz für Art. 16 GV-RL

Fraglich ist, ob Art. 50 II g) AEUV auch die richtige Norm für den mitwirkungsrechtlichen Teil in Art. 16 GV-RL ist. Durch Art. 50 II g) AEUV wird der europäische Gesetzgeber ermächtigt, die Schutzbestimmungen bezüglich Gesellschafter und Dritter soweit erforderlich[205] mit dem Ziel einer gleichwertigen Gestaltung zu koordinieren.[206] Dritte sind neben den Kapitalanlegern auch die Arbeitnehmer.[207] Man kann daran zweifeln, dass Zweck des Art. 16 GV-RL eine „gleichwertige" Ausgestaltung der Mitbestimmungsregelungen ist. Zweck des Art. 16 GV-RL ist vielmehr der Schutz erworbener Mitbestimmungsrechte. Das ergibt sich aus Entwurfsbegründungen[208], dem Vorher-Nachher-Prinzip, qualifizierten Mehrheiten bei Mitbestimmungsminderung und der Ausgestaltung der gesetzlichen Auffanglösung. Der europäische Gesetzgeber hat das Ziel verfolgt, die Traditionen in den Mitgliedstaaten möglichst unberührt zu lassen und sich gegen gleichwertige Bestimmungen bekannt. Jedoch wird die Kompetenz aus Art. 50 II g) AEUV teilweise weiter gefasst: Durch Maßnahmen nach Art. 50 II g) AEUV sollen Nachteile für Gesellschafter und Dritte vermieden werden, die durch den auf Grundlage der Niederlassungsfreiheit entstehenden Wettbewerb der nationalen Gesellschaftsrechte zu befürchten sind.[209] Unabhängig davon, dass ein so weites Verständnis durch Auslegung wohl nicht zu ermitteln ist, kann Art. 16 GV-RL auch dann nicht auf Art. 50 II g) AEUV gestützt werden. Durch Art. 16 GV-RL wird dem vermeintlichen Wettbewerb der Rechtsordnungen mangels einheitlicher Standards nicht entgegengewirkt. Die Mitgliedstaaten

---

202 *Hohenstatt/Dzida*, in: Henssler/Willemsen/Kalb, MgVG, Rn. 1.

203 *Habersack*, in: Ulmer/Habersack/Henssler, MgVG, Einleitung Rn. 1.

204 *Bröhmer*, in: Calliess/Ruffert, EUV/AEUV, AEUV, Art. 50 Rn. 12; *Jung*, in: Schwarze, EU-Kommentar, AEUV, Art. 50 Rn. 34; *Müller-Graff*, in: Streinz, AEUV, Art. 50 Rn. 18.

205 Der Bezugspunkt der Erforderlichkeit ist umstritten. Im Kern streitet man sich darum, wie stark der Zusammenhang zwischen der Koordinierungsmaßnahme und dem Abbau von Niederlassungsbeschränkungen sein muss. Die Ansichten reichen von keinen über grundsätzlichen bis hin zu einem notwendigen Zusammenhang. Siehe *Forsthoff*, in: Grabitz/Hilf/Nettesheim, EUV/AEUV, AEUV, Art. 50 Rn. 16.

206 *Forsthoff*, in: Grabitz/Hilf/Nettesheim, EUV/AEUV, AEUV, Art. 50 Rn. 12.

207 *Bröhmer*, in: Calliess/Ruffert, EUV/AEUV, AEUV, Art. 50 Rn. 12; *Forsthoff*, in: Grabitz/Hilf/Nettesheim, EUV/AEUV, AEUV, Art. 50 Rn. 15; *Müller-Graff*, in: Streinz, AEUV, Art. 50 Rn. 17; EuGH Urteil v. 4.12.1997, Rs. C-97/96, Slg 1997, I-6843-6867 „Daihatsu" Rn. 17ff. stellt klar, dass Dritte nicht allein Gläubiger sind.

208 Siehe die Erwägungen zu Art. 14 des Richtlinienvorschlags von 2003, KOM(2003) 703, S. 7.

209 *Bröhmer*, in: Calliess/Ruffert, EUV/AEUV, AEUV, Art. 50 Rn. 12.

können nach wie vor ihre Mitbestimmungsregelungen ändern und so die gesetzliche Auffanglösung ausgestalten. Nur am Rande sei bemerkt, dass auch das Merkmal der Koordinierung problematisch ist. Der europäische Gesetzgeber sieht keine zwingenden Mitbestimmungsvorschriften vor, sondern verschiebt durch das Verhandlungsmodell die tatsächliche Koordinierung auf die unternehmerische Ebene. Ob Koordinierung im Sinne des Art. 50 II g) AEUV dazu ermächtigt ist zumindest fraglich, soll hier aber nicht weiter vertieft werden.

Insgesamt wird man Art. 16 GV-RL trotz der mittelbaren Förderung der Niederlassungsfreiheit nicht auf Art. 50 II g) AEUV stützen können. Gerade angesichts des Zwecks von Art. 16 GV-RL liegt Art. 153 I f) AEUV näher. Sofern man diese Ansicht nicht teilt und Art. 50 II g) AEUV für die richtige Kompetenznorm hält, müsste aufgrund der Abgrenzungsschwierigkeit die Wertung des Art. 153 V AEUV berücksichtigt werden.[210]

4. Ergebnis

Für EBR-RL, SE-RL, SCE-RL sowie Art. 16 GV-RL ist Art. 153 I e) bzw. f) AEUV die korrekte Rechtsgrundlage.

III. Anwendbares Vertragsstatut

Richtlinien und Umsetzungsgesetze gestalten mit der Beteiligungsvereinbarung einen Vertragstypen, ohne Klarheit über das anzuwendende Vertragsstatut zu schaffen.[211] In der Literatur kommt man überwiegend – wenn auch mit unterschiedlichen Begründungen – zu der direkten oder analogen Anwendbarkeit der Rechtsordnung des Mitgliedstaats, in dem sich der Sitz[212] bzw. die zentrale Leitung[213] der Gesellschaft befindet. Hier werden zunächst die Richtlinien nach Hinweisen auf die anzuwendende Rechtsordnung untersucht. Anschließend wird die Anwendbarkeit des *Draft Common Frame of Reference* sowie die Entwicklung eines europäischen Vertragsstatuts abgelehnt. Schließlich erfolgt eine Zuordnung nationaler Vertragsordnungen nach den Vorschriften des Internationalen Privatrechts sowie des Internationalen Gesellschaftsrechts.

---

210 Ob Art. 153 V AEUV innerhalb anderer Kompetenznormen zu berücksichtigen ist, ist umstritten. Jedenfalls hier scheint es anhand des Schutzzwecks geboten. Vgl. zur Problematik *Rieble/Kolbe*, EUZA 2008, 453 (466); *Benecke*, in: Grabitz/Hilf/Nettesheim, EUV/AEUV, AEUV, Art. 153 Rn. 101; *Rebhahn/Reiner*, in: Schwarze, EU-Kommentar, AEUV, Art. 153 Rn. 63.

211 **EBR**: *Horcher*, Internationale betriebliche Vereinbarungen, S. 241.

212 **SE**: *Hoops*, Mitbestimmungsvereinbarung, S. 35.

213 **EBR**: *Blanke*, EBRG, § 17 Rn. 13; *Däubler*, in: Däubler/Kittner/Klebe/Wedde, EBRG, § 17 Rn. 3; *Müller*, EBRG, § 17 Rn. 2; *Däubler*, in: FS-Schaub, 95 (98); *Horcher*, Internationale betriebliche Vereinbarungen, S. 242.

1. Vorgaben des Gesetzgebers

Die EBR-Richtlinie enthält keine Hinweise auf das anzuwendende Vertragsstatut. Für die Vereinbarung nach den Richtlinien zur SE, SCE und zu grenzüberschreitenden Verschmelzungen könnte sich ein Hinweis aus den Artt. 6 SE-RL; 6 SCE-RL bzw. 16 III d) GV-RL i.V.m. 6 SE-RL ergeben. Danach ist „für das Verhandlungsverfahren gemäß den Artikel 3 bis 5 das Recht des Mitgliedstaats anwendbar, in dem die [Gesellschaft] ihren Sitz haben wird". Teilweise wird daraus der Schluss gezogen, dass auch die Vertragsordnung des Sitzstaats heranzuziehen ist.[214] Dagegen ist einzuwenden, dass die Artikel allein das Zustandekommen des BVG, den Inhalt der Vereinbarung und die Dauer des Verfahrens betreffen. Der Verweis auf das innerstaatliche Recht bezieht sich daher nur auf die Vorschriften, welche die Artikel 3 bis 5 umsetzen, nicht aber auf die gesamte innerstaatliche Rechtsordnung.[215] Folglich enthält keine der Richtlinien direkte Hinweise auf das anzuwendende Vertragsstatut.

2. Kein europäisches Vertragsstatut

a) *Draft Common Frame of Reference*

Der *Draft Common Frame of Reference* (DCFR)[216] ist ein von Wissenschaftlern entwickelter Entwurf eines europäischen Vertragsrechts. Es wurde versucht, gemeinsame Definitionen und Prinzipien zu extrahieren und Modellregeln zu entwickeln. Das Regelwerk hat die Phase eines akademischen Entwurfs jedoch noch nicht überschritten. Es erschöpft sich in seiner Funktion als *tool box* für Maßnahmen der Gemeinschaftsorgane, als optionales Regelwerk und höchstens als zusätzliche Rechtsgewinnungsquelle – ihm kommt aber keine normative Kraft zu.[217] Die Regelungen können insofern nicht unmittelbar auf die Beteiligungsvereinbarung angewendet werden.

b) *Zum Vorschlag einer „autonom-europäischen Rechtsgeschäftslehre"*

Forst hält die nationalen Vertragsordnungen für nicht anwendbar, weil zum einen kein ausdrücklicher Verweis besteht und zum anderen die Freizügigkeit der Gesellschaft eingeschränkt würde.[218] Letzterem legt er folgende Überlegung zugrunde:

---

214 **SE**: *Hoops*, Mitbestimmungsvereinbarung, S. 35; *Oetker*, in: Lutter/Hommelhoff/Teichmann, SEBG, § 21 Rn. 15.

215 Für die **SE** wohl auch *Forst*, Beteiligungsvereinbarung, S. 165.

216 Zu Deutsch der „Entwurf eines Gemeinsamen Referenzrahmens" (GRR). Abrufbar unter http://ec.europa.eu/justice/policies/civil/docs/dcfr_outline_edition_en.pdf (Letzter Abruf: 2.7.2014).

217 *Leible*, in: Der Gemeinsame Referenzrahmen, S. 218 (232f.).

218 **SE**: *Forst*, Beteiligungsvereinbarung, S. 165f. In diese Richtung, jedoch ohne Begründung, auch *Rehberg*, in: ZAAR Band 12, § 2 Rn. 20 („[...] wird man Derartiges aus dem Europarecht selbst [...] entwickeln müssen.").

Wenn für den Vertragsschluss das nationale Recht gilt und die Gesellschaft nach Vertragsschluss ihren Sitz in ein Land verlegt, in dem andere Regeln gelten, dann wäre die Vereinbarung unwirksam.[219] Um dieses Problem zu vermeiden, sei für die Beteiligungsvereinbarung durch den EuGH im Zuge der Rechtsfortbildung eine „autonom-europäische Rechtsgeschäftslehre" zu entwickeln, die sich maßgeblich an den Bestimmungen des DCFR ausrichten müsse.[220]

Jedoch weckt schon die Grundannahme Zweifel. *Forst* lässt offen, weshalb ein Sitzwechsel zur nachträglichen Unwirksamkeit der Vereinbarung führen soll und, damit verbunden, weshalb sich die Wirksamkeit der Vereinbarung nicht im Zeitpunkt des Vertragsschlusses beurteilt.[221] Doch der größte Kritikpunkt liegt in dem methodischen Vorgehen. *Forst* fordert, die Rechtsgeschäftslehre im Zuge der Rechtsfortbildung zu entwickeln. Für eine Rechtsfortbildung ist jedoch nur Raum, wenn eine planwidrige Lücke im internen System des Sekundärrechts besteht.[222] Es wird noch gezeigt, dass sich die anzuwendende Vertragsordnung bereits durch die Rom I Verordnung (Rom I-VO) bzw. die Grundsätze des Internationalen Gesellschaftsrechts ergibt.[223] Mangels Lücke ist folglich kein Raum für eine Rechtsfortbildung.

Davon gänzlich abgesehen würde der Ansatz von *Forst* auch nur für die Regelungen über das Zustandekommen der Vereinbarung gelten. Denn nur diese bedürfen der Vereinheitlichung, damit im Falle des Sitzwechsels nicht die von *Forst* befürchtete Unwirksamkeit der Vereinbarung eintritt. Damit legt er nicht schlüssig dar, weshalb eine „autonom-europäische Rechtsgeschäftslehre" auch für Regelungen entwickelt werden muss, welche das Zustandekommen der Vereinbarung nicht betreffen. Dennoch wendet er seine Lehre auch auf solche Regelungen an, weil auf diese Weise „praktikablere Ergebnisse" erzielt würden.[224]

Festzuhalten ist, dass das Ergebnis der Ansicht von *Forst* zweifelsfrei wünschenswert ist. Seiner Begründung kann jedoch nicht gefolgt werden.[225]

---

219 **SE**: *Forst*, Beteiligungsvereinbarung, S. 165f.

220 **SE**: *Forst*, Beteiligungsvereinbarung, S. 166ff. Für eine Entwicklung „aus dem Europarecht selbst" auch *Rehberg*, in: ZAAR Band 12, § 2 Rn. 20.

221 **SE**: Vgl. *Hoops*, Beteiligungsvereinbarung, S. 60: „Eine abgeschlossene Mitbestimmungsvereinbarung gilt im neuen Sitzstaat weiter." So wohl auch *Oechlser*, AG 2005, 373 (376f.).

222 *Neuner*, in: Riesenhuber, Europäische Methodenlehre, § 13 Rn. 30.

223 Siehe dazu unten, B. III. 3. und 4.

224 *Forst*, Beteiligungsvereinbarung, S. 326, etwa Art. II.–1:108 DCFR bei der Teilunwirksamkeit einer Vereinbarung.

225 Ablehnend auch *Oetker*, in: Lutter/Hommelhoff/Teichmann, SEBG, § 21 Rn. 15; ablehnend ohne Begründung *Jacobs*, ZHR 176 (2012), 133 (134).

c) *Ergebnis: (Teilweise) Anwendung der nationalen Vertragsstatuten*

Fest steht somit, dass kein einheitliches europäisches Vertragsstatut besteht. Die Vertragsordnung ergibt sich vielmehr aus nationalem Recht. Allerdings sehen die Richtlinien teilweise vorrangige eigene Rechtsfolgen vor.[226]

3. Internationales Privatrecht

Welche Rechtsordnung anwendbar ist, bestimmt sich nach den Regeln des Internationalen Privatrechts. In Betracht kommt hier die Rom I-VO.

a) *Anwendbarkeit*

Um die Rom I-VO anwenden zu können, muss nach Art. 1 I Rom I-VO ein vertragliches Schuldverhältnis in Zivilsachen mit Verbindung zum Recht verschiedener Staaten vorliegen. Zudem darf keine Bereichsausnahme nach Art. 1 II Rom I-VO eingreifen.

aa) Vertragliches Schuldverhältnis

Mit der Einordnung von normativ wirkenden Kollektivverträgen unter den Begriff des vertraglichen Schuldverhältnisses tut man sich seit jeher schwer.[227] Der Normenvertrag habe eine andere Pflichtenstruktur als übliche schuldrechtliche Verträge,[228] zumindest aber wecke die normschaffende Wirkung Zweifel.[229] Ausgangspunkt der Überlegungen muss sein, dass der Begriff sich nicht nach nationalem Recht, sondern autonom nach Gemeinschaftsrecht bestimmt.[230] Es darf daher nicht innerhalb des im deutschen Recht vorherrschenden Dualismus von normativer und schuldrechtlicher Wirkung gedacht werden.[231]

---

226 So zum Beispiel für den Fall der arglistigen Täuschung. Sie führt wegen des Gebots der vertrauensvollen Zusammenarbeit schon ohne Anfechtung zur Unwirksamkeit der Vereinbarung. Siehe dazu unten, D. II. 5. c) bb).

227 **Tarifvertrag**: Für eine Anwendung von Rom I-VO: *Deinert*, in: FS-Bepler, 75 (83f.); *Hergenröder*, AR Blattei-SD, 1550.15 Rn. 64ff. (124. Lfg. Februar 2004), allerdings zum EGBGB; *Deinert*, Internationales Arbeitsrecht, § 15 Rn. 38; *Magnus*, in: Staudinger, in: Schulze, BGB, Rom I-VO, Art. 1 Rn. 23; *Schlachter*, in: ErfK, Rom I-VO, Rn. 32.

228 **Tarifvertrag**: *Thüsing*, NZA 2003, 1303 (1311), allerdings zum EGBGB.

229 **Tarifvertrag**: *v. Hein*, in: Rauscher, EuZPR/EulPR, Rom I-VO, Art. 8 Rn. 6.

230 *Kieninger*, in: Ferrari/Kieninger/Mankowski, Internationales Vertragsrecht, Rom I-VO, Art. 1 Rn. 5; *Magnus*, in: Staudinger, BGB, Rom I-VO, Art. 1 Rn. 27; *Martiny*, in: MüKo-BGB, Rom I, Art. 1 Rn. 6f.; *Spickhoff*, in: BeckOK-BGB, Rom I-VO, Art. 1 Rn. 21.

231 Diesen Umstand verkennt für die **SE** offenbar *Forst*, Beteiligungsvereinbarung, S. 165, allerdings zu § 30 II EGBGB. Die Norm ist jedoch noch vor Veröffentlichung seiner Dissertation weggefallen.

Ein vertragliches Schuldverhältnis im Sinne des Art. 1 I Rom I-VO besteht, wenn ihm die freiwillige Verpflichtung einer Partei gegenüber einer anderen zugrunde liegt.[232] Das Verständnis ist bewusst weit gefasst[233] und stellt maßgeblich auf die „privatautonome Bereitschaft der Beteiligten, sich binden zu wollen"[234] ab. An anderer Stelle wird dargelegt, dass die Beteiligungsvereinbarung aufgrund der Funktion der Auffanglösung als Blaupause nicht uneingeschränkt freiwillig abgeschlossen wird, jedoch ist zumindest die Entscheidung über das „ob" freiwillig.[235] Da selbst der unter Kontrahierungszwang zustande gekommene Vertrag als Schuldverhältnis im Sinne des Art. 1 I Rom I-VO begriffen wird[236], dürfte sich die Beteiligungsvereinbarung nicht am Merkmal der Freiwilligkeit entzünden. Der Gegenstand der Beteiligungsvereinbarung lässt sich daher unter den Begriff des vertraglichen Schuldverhältnis subsumieren: Sie schafft auf freiwilliger Basis Verpflichtungen, unter anderem zwischen der Unternehmensleitung und dem durch die Beteiligungsvereinbarung gegründeten Arbeitnehmervertretungsorgan.[237]

Allerdings entsteht die Bindung für den Normunterworfenen ohne dessen autonomes Zutun – vermutlich ist dies der ausschlaggebende Grund für die Bedenken einer Subsumtion unter den Begriff des vertraglichen Schuldverhältnisses. Jedoch führt nicht jede heteronome Rechtsetzung zum Ausschluss eines Schuldverhältnisses. Man denke etwa an Verträge, die ein Vertreter im Rahmen seiner gesetzlichen Vertretungsmacht abschließt. Wie noch dargelegt wird, ist eine gesetzliche Vertretungsmacht auch für Fälle der Arbeitnehmervertretung nicht fernliegend. Der maßgebliche Grund für die Anordnung einer normativen Wirkung liegt in dem Schutz der Arbeitnehmer vor Individualabsprachen. Diese Schutzwirkung ist

---

232 Der Begriff ist auf die Rechtsprechung des EuGH zu Art. 5 Nr. 1 und 3 EuGVÜ zurückzuführen, vgl. *Magnus*, in: Staudinger, in: Schulze, BGB, Rom I-VO, Art. 1 Rn. 27; *Martiny*, in: MüKo-BGB, Rom I-VO, Art. 1 Rn. 7; *Spickhoff*, in: BeckOK-BGB, Rom I-VO, Art. 1 Rn. 21.

233 *Kieninger*, in: Ferrari/Kieninger/Mankowski, Internationales Vertragsrecht, Rom I-VO, Art. 1 Rn. 5; *Martiny*, in: MüKo-BGB, Rom I, Art. 1 Rn. 7; *Staudinger*, in: Schulze., BGB, Rom I-VO, Art. 1 Rn. 3.

234 *Staudinger*, in: Schulze, BGB, Rom I-VO, Art. 1 Rn. 3; ähnlich *Magnus*, in: Staudinger, BGB, Rom I-VO, Art. 1 Rn. 29, kritisch in Rn. 33 unter Verweis auf den Kern der Vereinbarung, der „die Schaffung und Übernahme einer besonderen, sonst nicht bestehenden Verpflichtung" sei. Insofern genüge eine „potenziell freiwillig eingegangene Verpflichtung".

235 Siehe oben, B. V. 2.

236 *Kieninger*, in: Ferrari/Kieninger/Mankowski, Internationales Vertragsrecht, Rom I-VO, Art. 1 Rn. 5; *Staudinger*, in: Schulze u. a., BGB, Rom I-VO, Art. 1 Rn. 3.

237 Anderer Ansicht für den **EBR**: *Blanke*, EBRG, § 17 Rn. 13, allerdings zum EGBGB, er wendet jedoch den Gedanken des Art. 27 I EGBGB zur Begründung der Rechtswahlfreiheit heran; *Däubler*, in: Däubler/Kittner/Klebe/Wedde, EBRG, § 17 Rn. 2, der jedenfalls keine „bruchlose" Zuordnung für möglich hält. Seine Parallele zu Tarifvertrag und Betriebsvereinbarung ist nicht richtig. **SE**: *Forst*, Beteiligungsvereinbarung, S. 165.

jedoch unabhängig von dem ursprünglich autonomen Zustandekommen. Es gibt folglich keinen Grund, weshalb ein Vertrag, der durch einen gesetzlichen Vertreter zustande gekommen ist, anders behandelt werden sollte als ein Vertrag, der durch eine normative Wirkung auf Dritte erstreckt wird. Heteronomie führt erst dann zum Ausschluss eines vertraglichen Schuldverhältnisses, wenn es vollständig durch die Anordnung des Gesetzgebers zustande kommt – dann liegt mitunter ein außervertragliches Schuldverhältnis im Sinne von Art. 1 I Rom II-VO vor. So ist die autonome Urheberschaft – in Abgrenzung zur autoritären staatlichen Rechtsetzung – das ausschlaggebende Argument für ein Verständnis der Beteiligungsvereinbarung als schuldrechtlicher Vertrag im Sinne des Art. 1 I Rom I-VO.[238] Vor diesem Hintergrund sind auch die Bedenken haltlos, die auf die Besonderheit der Beteiligungsvereinbarung – keine klassische Austauschbeziehung, sondern Organisation der künftigen Mitwirkung – gestützt werden.[239]

Unabhängig davon bestehen weitere Bedenken. Einige Mitgliedstaaten kennen keine normative Wirkung und selbst wo sie bekannt ist, ist ihre Anordnung für die Beteiligungsvereinbarung nicht selbstverständlich.[240] Wenn man nun zu dem Ergebnis gelangt, dass die Beteiligungsvereinbarung grundsätzlich ein schuldrechtlicher Vertrag im Sinne des Art. 1 I Rom I-VO ist, jedoch nur soweit sie keine normative Wirkung entfaltet, dann wäre die Anwendung der Rom I-VO äußerst kompliziert und vor allem zersplittert.[241] Des Weiteren könnten die Mitgliedstaaten durch eine geschickte Gestaltung der Rechtswirkung die Anwendbarkeit der Rom I-VO beeinflussen. Im schlimmsten Fall könnte auf die Schutzwirkung der normativen Wirkung verzichtet werden, um die durch die Anwendung der Rom I-VO entstehende Rechtssicherheit zu erreichen.

Zusammenfassend lässt sich somit festhalten, dass die Beteiligungsvereinbarung wegen ihrer autonomen Urheberschaft und der bewussten Weite des Begriffs als schuldrechtlicher Vertrag zu verstehen ist. Dieses Ergebnis ist auch praktikabel. Sollte man sich dieser Meinung nicht anschließen, kann eine analoge Anwendung des Art. 4 Rom I-VO in Betracht gezogen werden.[242]

---

238 Vgl. für den **Tarifvertrag**: *Hergenröder*, AR Blattei-SD, 1550.15 Rn. 65, 68 (124. Lfg. Februar 2004), allerdings zum EGBGB; *Deinert*, Internationales Arbeitsrecht, § 15 Rn. 38.

239 Wegen dieser Bedenken für den **EBR** die Anwendbarkeit ablehnend: *Däubler*, in: Däubler/Kittner/Klebe/Wedde, EBRG, § 17 Rn. 2.; *Däubler*, in: FS-Schaub, 95 (98). Siehe zur Qualität als Organisationsvertrag unten D. II. 3. d) ee).

240 Siehe dazu unten, D. II. 3. d) gg).

241 Auf Gründe der Praktikabilität verweist bei Tarifverträgen auch schon *Schlachter*, in: ErfK, Rom I-VO Rn. 32.

242 **Tarifvertrag**: *v. Hein*, in: Rauscher, Rom I-VO, Art. 8 Rn. 6. **EBR**: *Däubler*, in: Däubler/Kittner/Klebe/Wedde, EBRG, § 17 Rn. 3.; *Däubler*, in: FS-Schaub, 95 (98), jedoch beide Male zum EGBGB. **SE**: *Linden*, Mitbestimmungsvereinbarung, S. 18.

bb) Keine Ausnahme nach Art. 1 II Rom I-VO

Fraglich ist jedoch, ob die Beteiligungsvereinbarung einer der Bereichsausnahmen nach Art. 1 II Rom I-VO zuzuordnen ist. Für die Unterrichtung und Anhörung lassen sich keine Ausnahmen finden.

Für die Mitbestimmung kommt jedoch Art. 1 II f) Rom I-VO in Betracht, wonach „Fragen betreffend das Gesellschaftsrecht" auszunehmen sind. Die Norm enthält verschiedene Beispiele, darunter auch „die innere Verfassung". Dazu zählen auch die Vorschriften über die Bestellung und Abberufung der Gesellschaftsorgane.[243] Die Zusammensetzung des Vertretungsorgans ist entsprechend 4 II b) SE-RL, 4 II b) SCE-RL Gegenstand der *essentialia negotii*[244], ebenso kann die Bestellung und Abberufung der Arbeitnehmervertreter geregelt werden. Die Vereinbarung über die Mitbestimmung unterfällt insofern dem Wortlaut nach der Ausnahmevorschrift.[245] Nichts anderes ergibt sich aus dem Zweck der Ausnahme. Das Gesellschaftsrecht wurde vom Anwendungsbereich der Rom I-VO ausgenommen, weil ein eigenes Gesellschaftskollisionsrecht besteht.[246] Danach bestimmt sich die anzuwendende Vertragsordnung nach dem Gründungsstaat der Gesellschaft, womit der Schutz von Gläubigern, Anteilseignern und Staaten bezweckt wird.[247] Dieses Schutzbedürfnis besteht auch im Rahmen der Beteiligungsvereinbarung, sofern durch sie auf die innere Verfassung der Gesellschaft Einfluss genommen wird, denn die Satzung ist an die Bestimmungen der Beteiligungsvereinbarung anzupassen und betrifft insofern ebenfalls Dritte. Wäre die Rom I-VO anwendbar, würde den Parteien entsprechend Art. 3 Rom I-VO ein Wahlrecht hinsichtlich der anzuwendenden Rechtsordnung zukommen.

cc) Ergebnis

Die Beteiligungsvereinbarung hat zwei Nadelöhre zu passieren, um in den Anwendungsbereich der Rom I-VO zu gelangen. Das ist zum einen der Begriff des vertraglichen Schuldverhältnisses und zum anderen die Bereichsausnahme für das Gesellschaftsrecht. Nach der hier vertretenen Ansicht ist die Beteiligungsvereinbarung stets ein schuldrechtlicher Vertrag im Sinne des Art. 1 I Rom I-VO, allerdings greift für die Vereinbarung über die Mitbestimmung in Gesellschaftsorganen die Bereichsausnahme des Art. 1 II f) Rom I-VO.

---

243 *Magnus*, in: Staudinger, BGB, Rom I-VO, Art. 1 Rn. 85; *Martiny*, in: MüKo-BGB, Rom I-VO, Art. 1 Rn. 63.

244 Zur Qualität des Katalogs als *essentialia negotii* siehe unten, D. II 2. c) bb) (3).

245 **SE**: *Linden*, Mitbestimmungsvereinbarung, S. 18.

246 *Kieninger*, in: Ferrari/Kieninger/Mankowski, Internationales Vertragsrecht, Rom I-VO, Art. 1 Rn. 2; *Magnus*, in: Staudinger, BGB, Rom I-VO, Art. 1 Rn. 79; *Martiny*, in: MüKo-BGB, Rom I-VO, Art. 1 Rn. 59; *Staudinger*, in: Schulze u. a., BGB, Rom I-VO, Art. 1 Rn. 10.

247 *Magnus*, in: Staudinger, BGB, Rom I-VO, Art. 1 Rn. 79; *Staudinger*, in: Schulze u. a., BGB, Rom I-VO, Art. 1 Rn. 10.

b) *Anzuwendendes Recht für Fragen der Unterrichtung und Anhörung*

Sofern der Anwendungsbereich eröffnet ist, ergibt sich das anzuwendende Recht aus Art. 4 Rom I-VO. Die Beteiligungsvereinbarung kann keinem der Vertragstypen nach Art. 4 I a) bis h) Rom I-VO zugeordnet werden.

Für diesen Fall sieht Art. 4 II Rom I-VO vor, dass der Vertrag dem Recht des Staats unterliegt, „in dem die Partei, welche die für den Vertrag charakteristische Leistung zu erbringen hat, ihren gewöhnlichen Aufenthalt hat." Doch bereitet schon die Bestimmung der charakteristischen Leistung Schwierigkeiten, weil die Abgrenzung in der Regel an der Geldleistung erfolgt und, sofern dies nicht möglich ist, an den Kriterien „Typizität, Risikotragung und größeres wirtschaftliches Gewicht"[248]. Durch keines der Kriterien kann die charakteristische Leistung der Beteiligungsvereinbarung bestimmt werden. Hinzu kommt, dass der Gegenstand der Vereinbarung kein einmaliger Vorgang ist, sondern ein dauernder und immer wieder auftretender Prozess, der eine Vielzahl von Personen[249] bindet und sich nicht auf einen Mitgliedstaat beschränkt. Art. 4 II Rom I-VO eignet sich somit nicht, um die anzuwendende Rechtsordnung zu bestimmen.

Es bleibt der Auffangtatbestand des Art. 4 IV Rom I-VO. Danach unterliegt der Vertrag dem Recht des Staats, zu dem er die engste Verbindung aufweist.[250] Wann eine solche Verbindung vorliegt, ist nicht näher definiert. Sie ist durch einen Abwägungsprozess zu bestimmen, „der die Umstände in Relation setzt, die eine Verbindung des Vertrages zu den jeweils berührten Rechtsordnungen ergeben. Zwischen diesen Verbindungen ist dann im Weg der Abwägung jene auszuwählen, die sich im Vergleich zu den anderen als die engste darstellt."[251] Die Beteiligungsvereinbarung steht in enger Verbindung zu dem Sitzstaat der Gesellschaft. Denn nach dem Sitz des Unternehmens bzw. der zentralen Leitung[252] bestimmt sich das anzuwendende Umsetzungsgesetz, welches festlegt, wie sich das BVG zusammensetzt und wie das Verfahren abläuft; mithin, wie die Beteiligungsvereinbarung zustande kommt.

c) *Ergebnis*

Im Ergebnis ist der h.M. nur teilweise und auch dort nur mit anderer Begründung zuzustimmen. Für die Beteiligungsvereinbarung über die Unterrichtung und

---

248 *Martiny*, in: MüKo-BGB, Rom I-VO, Art. 4 Rn. 148.

249 Dazu *Magnus*, in: Staudinger, BGB, Rom I-VO, Art. 4 Rn. 145: „Die Feststellung einer charakteristischen Leistung kann auch ausscheiden, wenn mehrere Schuldner in verschiedenen Ländern zur Leistung verpflichtet sind".

250 **EBR**: Im Ergebnis stellt auf den „engsten Bezug" auch ab: *Horcher*, Internationale betriebliche Vereinbarungen, S. 241f.

251 *Magnus*, in: Staudinger, BGB, Rom I-VO, Art. 4 Rn. 142.

252 Vgl. für den **EBR**: *Däubler*, in: Däubler/Kittner/Klebe/Wedde, EBRG, § 17 Rn. 3. Im Ergebnis auch *Horcher*, Internationale betriebliche Vereinbarungen, S. 241f.; *Riesenhuber*, European Employment Law, § 28 Rn. 67.

Anhörung gilt das Recht des Staats, in dem der Sitz bzw. die zentrale Leitung liegt. Zur Begründung können weder die Artt. 30ff. EGBGB noch die Artt. 6 SE-RL, 6 SCE-RL bzw. 16 III d) GV-RL i.V.m. 6 SE-RL herangezogen werden, sondern allein Art. 4 IV Rom I-VO.

4. Vertragsstatut bei Mitbestimmungsvereinbarungen

Wie zuvor gezeigt wurde, ist der Anwendungsbereich der Rom I-VO für die Vereinbarung über die Mitbestimmung nicht eröffnet. Somit ist fraglich, welches Vertragsstatut für die Mitbestimmungsvereinbarung gilt. Mangels weiterer Anhaltspunkte ist auf das Vertragsstatut des Staats zurückzugreifen, dessen Umsetzungsgesetz anzuwenden ist.[253] Die Anwendbarkeit des Umsetzungsgesetzes ergibt sich aus dem zukünftigen Sitz der Gesellschaft.[254] Bei der SE und SCE sprechen dafür auch die Artt. 9 I c) SE-VO; 8 I c) SCE-VO, wonach subsidiär das Aktienrecht des Sitzstaates zur Anwendung gelangt.[255]

5. Freie Rechtswahl

Es wird vertreten, dass die Parteien die anzuwendende Vertragsordnung frei wählen können.[256] Für die Vereinbarung über die Unterrichtung und Anhörung, für welche die Rom I-VO anwendbar ist, ergibt sich dies bereits unmittelbar aus Art. 3 I Rom I-VO.[257] Für Vereinbarungen über die Mitbestimmung wird die freie Rechtswahl teilweise mit der Autonomie der Parteien begründet.[258] Jedoch ist zu bedenken, dass bezüglich der Mitbestimmung die Bereichsausnahme des Art. 1 II f) Rom I-VO bejaht wurde, deren Zweck auch in einer Versagung der freien Rechtswahl liegt.[259] Für die SE und SCE muss beachtet werden, dass die Verordnungen hinsichtlich der Struktur der Gesellschaft, auf die auch die Mitbestimmung einwirken kann, keine freie Rechtswahl ermöglichen.[260]

6. Ergebnis und Einschränkung

Das anzuwendende Vertragsstatut bestimmt sich nach nationalem Recht. Sofern die Beteiligungsvereinbarung Fragen der Unterrichtung und Anhörung behandelt,

---

253 **SE**: *Oetker*, in: Lutter/Hommelhoff/Teichmann, SEBG, § 21 Rn. 15.
254 Artt. 6 SE-RL; 6 SCE-RL bzw. 16 III d) GV-RL i.V.m. 6 SE-RL, dazu bereits oben, B. III. 1.
255 **SE**: *Oetker*, in: Lutter/Hommelhoff/Teichmann, SEBG, § 21 Rn. 15.
256 **EBR**: *Blanke*, EBRG, § 17 Rn. 13; *Müller*, EBRG, § 17 Rn. 2; *Däubler*, in: FS-Schaub, 95 (98f.). **SE**: *Hoops*, Mitbestimmungsvereinbarung, S. 35.
257 **EBR**: *Däubler*, in: FS-Schaub, 95 (98f.) begründet die freie Rechtswahl mit der Autonomie der Parteien.
258 **SE**: *Hoops*, Mitbestimmungsvereinbarung, S. 35.
259 Siehe oben, B. III. 3. a) bb).
260 **SE**: *Oetker*, in: Lutter/Hommelhoff/Teichmann, § 21 Rn. 16.

bestimmt sich die anzuwendende Vertragsordnung entsprechend Art. 4 IV Rom I-VO nach dem Recht des Staats des Sitzes bzw. der zentralen Leitung der Gesellschaft. Betrifft sie hingegen die Mitbestimmung, ist die Rom I-VO nicht anwendbar. Gleichwohl gelangt auch hier das Recht des Staats zur Anwendung, in dem die Gesellschaft ihren Sitz haben wird.

Zu beachten ist allerdings, dass nicht die gesamte Vertragsordnung des entsprechenden Mitgliedstaats unreflektiert übernommen werden kann. Für bestimmte Umstände können schon der Systematik der Richtlinien Rechtsfolgen entnommen werden, die den Bestimmungen der nationalen Vertragsordnungen als *lex specialis* vorgehen.[261]

IV. Die Interessenlage

Voraussetzung einer Vereinbarung ist grundsätzlich, dass beide Parteien am Vereinbarungsgegenstand ein Interesse haben. Eine Partei wird interessiert sein, wenn er ihr objektiv nützlich bzw. sachlich vorteilhaft ist.[262] Folglich ist ein Blick auf die Vor- und Nachteile geboten, wobei natürlich kein „Nullsummenspiel"[263] vorliegen muss. Weiterhin mag es auch Arbeitgeber geben, welche die Mitwirkung der Arbeitnehmer ungeachtet einer Kosten-Nutzen-Analyse wollen. Beispielsweise, weil sie die Idee von Selbstbestimmung und Demokratisierung für unterstützenswert halten.

Der deutsche Gesetzgeber hat die Arbeitnehmermitwirkung früher nicht den Parteien überlassen. Er hat sie selbst durch zwingende Regelungen ausgestaltet, weil er die Arbeitnehmerseite für schützenswert hielt, oder – mit anderen Worten – nicht an ein Interesse auf Arbeitgeberseite geglaubt hat. Es darf bezweifelt werden, dass die nun bestehenden Möglichkeit der Beteiligungsvereinbarung auf eine andere Einschätzung zurückzuführen ist, denn dann wäre die alles überschattende Angst vor der „Flucht aus der Mitbestimmung" mit ihren Ausprägungen in Zwangsmechanismen[264] nicht erklärbar.

Ein Interesse der Parteien lässt sich nicht aus dem insgesamt positiven Nutzen ableiten, welcher der Arbeitnehmermitwirkung zugeschrieben wird.[265] Dieses Ergebnis wurde gefunden, indem die Vorteile und Nachteile auf beiden Seiten gesammelt und gegenübergestellt wurden. Diese Gesamtbetrachtung ist geeignet, um zwingende gesetzliche Regelungen in verfassungsrechtlicher Hinsicht zu überprüfen. Die Tauglichkeit einer Vereinbarungsmöglichkeit setzt aber darüber hinausgehend voraus, dass der Gegenstand für jede Seite mehr Vor- als Nachteile mit sich bringt. Hier soll

261 Zum Beispiel im Falle der arglistigen Täuschung oder im Bereich der Kündigung, dazu unten, D. II. 5. c) bb) und D. II. 7. a) aa).

262 Vgl. § 683 S. 1 BGB, zum Begriff des Interesses: *Gehrlein*, in: BeckOK-BGB, § 683 Rn. 2.

263 **SE**: *Rehberg*, in: Rieble/Junker, Vereinbarte Mitbestimmung in der SE, S. 48f.

264 Dazu ausführlich oben B. V. 2.

265 BVerfG, Urteil v. 2.3.1999, BVerfGE 99, 367–401; BAG, Urteil v. 7.9.1956, BAGE 3, 207.

ganz grundsätzlich beurteilt werden, ob die Chance eines Interesses besteht und eine Vereinbarungslösung im Ansatz sinnvoll ist. Diese Untersuchung ist außerdem von Bedeutung für das Verständnis der Zwangsmechanismen sowie für die Entwicklung von Regelungen *de lege ferenda.*

1. Interesse auf Arbeitgeberseite

a) Mitbestimmung

aa) Erhöhung der Wettbewerbsfähigkeit durch Zufriedenheit

Als Vorteile der Mitbestimmung werden für die Arbeitgeberseite der Betriebsfrieden, die erhöhte Akzeptanz von Entscheidungen durch die Arbeitnehmer, ein wirksames Mittel zur Konfliktreduktion sowie zur Vermeidung von Fehlentscheidungen[266] und – aus all dem resultierend – eine erhöhte Wettbewerbsfähigkeit angeführt.[267] Die Wettbewerbsvorteile werden durch eine von der Hans-Böckler-Stiftung in Auftrag gegebene Studie, die den Forschungsstand nach eigenen Angaben zusammenfasst, weiter aufgeschlüsselt: Mitbestimmung sorge für eine erhöhte Produktivität und Profitabilität, Verbesserung der Produkte, Verringerung der Personalfluktuation und kann für Leistungsanreize sorgen.[268] Diese Aufzählungen finden sich an vielen Stellen und wirken häufig phrasenartig, denn der Zusammenhang zwischen Mitbestimmung und Produktivität erschließt sich nicht unmittelbar. Das Bindeglied sehen einige Studien in der Zufriedenheit der Arbeitnehmer; der Zusammenhang besteht auf einer abstrakten Ebene zwischen Freiheit und Arbeitsfreude.[269]

> *„[...] participation by workers may increase efficiency, on the basis of their increased job satisfaction. By participating, the worker exercises control over his or her job and work environment. Where the worker lacks control this is accompanied by lack of satisfaction and thus affects morale, productivity and efficiency."*[270]

---

266 Unter der Voraussetzung, dass Unternehmensinteressen und Eigentümerinteressen nicht identisch sein müssen, dazu: DGB, Mitbestimmung – ein Gewinn für Deutschland und Europa, S. 8. Vgl. auch für die **SE**: *Köstler*, ZGR 2003, 800 (801).

267 Siehe *v. Hoyningen-Huene*, in: Münchener Handbuch zum Arbeitsrecht, § 210 Rn. 4; *Deakin*, in: Deakin/Morris, Labour Law, S. 980 („[...] much better reconciliation of interests between employers and workers which will be beneficial to the economic well-being of the enterprise."); BAG, Urteil v. 7.9.1956, BAGE 3, 207; BVerfG, Urteil v. 2.3.1999, BVerfGE 99, 367–401.

268 *Jirjahn*, Ökonomische Wirkungen der Mitbestimmung in Deutschland: Ein Update, Arbeitspapier 186 der Hans-Böckler-Stiftung, 2010, abrufbar unter http://www.boeckler.de/pdf/p_arbp_186.pdf (Stand: 27.8.2014).

269 Siehe dazu *Kromka*, Die Politische Meinung, Ausgabe 7/2012 (Nr. 512), 69; *Müller*, WSI Mitteilungen 2005, 554 (557).

270 *Villiers*, European Company Law – Towards Democracy?, S. 35. Siehe auch: *Pateman*, Participation and Democracy Theory, S. 68; *Blumberg*, Industrial Democracy – The Sociology of Participation, Kapitel 2 und 3.

bb) Erhöhung der Wettbewerbsfähigkeit durch Wisseneinbeziehung

Auch die Davignon-Gruppe[271] sah einen Zusammenhang zwischen Mitbestimmung und Wettbewerbsfähigkeit, jedoch aus einem anderen Blickwinkel heraus: Die Rolle der Arbeitnehmer habe sich gewandelt, sie können „nicht einfach als Empfänger von Anweisungen gesehen werden“ sondern müssen eng und ständig an Entscheidungsprozessen auf allen Unternehmensebenen eingebunden werden.[272] Der Zusammenhang zwischen Mitbestimmung und Erhöhung der Wettbewerbsfähigkeit ist danach wesentlich enger. Der deutsche Gesetzgeber scheint sich dieser Sichtweise angeschlossen zu haben.[273]

cc) Nachteile

Die Mitbestimmung schränkt den Arbeitgeber in seiner Entscheidungsfreiheit ein; nach der *Property-Rights-Theorie* würden die Eigeninteressen der Arbeitnehmer wichtige Entscheidungen behindern und Planungen können aus Angst vor Auseinandersetzungen mit den Arbeitnehmervertretern ganz gehemmt werden.[274] Nach dieser Theorie bewirke Mitbestimmung durch die Erweiterung der machtausübenden Gruppe eine Verwässerung von Entscheidungen und ineffiziente Organisationsstrukturen, ferner wird die Trennung von Entscheidung und Risikotragung kritisiert.[275] Die Errichtung einer Arbeitnehmervertretung führt überdies zu immensen Kosten.[276] Arbeitnehmer sind freizustellen, zu schulen und unter Umständen müssen Kosten für Sachverständige und Prozesse getragen werden. Die grenzüberschreitend tätigen Arbeitnehmervertreter verursachen überdies Fahrt-, Sitzungs- und Übersetzungskosten. Allein letztere betragen in einer dreitägigen Sitzung zwischen 30.000 und 50.000 Euro.[277] Teilweise wird auch befürchtet, dass eine starke Mitbestimmung ausländische Investoren abschreckt. Schließlich können Informationen, die der Arbeitgeber geheim halten will oder muss, in die Hände der Arbeitnehmervertreter gelangen.

---

271 Zu der Arbeit und den Ergebnissen der Gruppe siehe oben, B. I. 1. b) bb) (2).

272 **SE**: Davignon-Abschlussbericht Nr. 17–19, 42, abgedruckt in BR-Drs. 572/97 vom 6.8.1997. Vgl. auch, allerdings zum EBRG, BT-Drs. 13/4520, S. 17. Ähnlich auch *Villiers*, European Law – Towards Democracy?, S. 197.

273 BT-Drs. 13/4520, S. 17.

274 Siehe etwa: *Weizäcker*, in: Neumann, Ansprüche, Eigentums- und Verfügungsrechte, S. 146ff. Dazu *Junkes/Sadowski*, in: Frick/Kluge/Streeck, Die wirtschaftlichen Folgen der Mitbestimmung, S. 56ff.; *DGB*, Mitbestimmung – ein Gewinn für Deutschland und Europa, S. 7. Siehe auch *Preis*, Kollektives Arbeitsrecht, S. 479; *v. Hoyningen-Huene*, in: Münchener Handbuch zum Arbeitsrecht, § 210 Rn. 5.

275 Siehe die Darstellung bei *Junkes/Sadowski*, in: Frick/Kluge/Streeck, Die wirtschaftlichen Folgen der Mitbestimmung, S. 56ff. mwN.

276 Die Europäische Kommission schätzt die Kosten für die Einrichtung eines EBR auf 10 Euro pro Arbeitnehmer und Jahr, vgl. BT-Drs. 13/4520, S. 17.

277 **EBR**: *Kotthoff*, Lehrjahre des Europäischen Betriebsrats, S. 126.

Daneben ist festzuhalten, dass die oben ermittelten Vorteile mit Unsicherheiten behaftet sind, weil sie – anders als die Nachteile – nicht unmittelbar eintreten, sondern von einer guten Arbeit der Arbeitnehmervertretung abhängig sind. Eine solche gute Arbeit ist nicht selbstverständlich. Beispielsweise besteht die Möglichkeit von symbolischen Arbeitnehmervertretungen, die als wirkungslose Institution bestehen.[278] Neben dieser passiven Rolle der Vertretung besteht auch die Möglichkeit, dass sie aktiv schädigend wirkt – beispielsweise, indem sie sich von sachfremden Erwägungen lenken lässt[279] oder grundlos Entscheidungen blockiert. Dadurch würden nicht nur die Vorteile entfallen, sondern sich die Nachteile zusätzlich verschärfen.

dd) Wettbewerbsfähigkeit als grundlegendes Prinzip der Mitbestimmung?

Die vorgehende Untersuchung führt zu der Erkenntnis, dass die Wettbewerbsfähigkeit in zwei Beziehungen wirkt. Einerseits kann Mitbestimmung die Produktivität erhöhen und so die Wettbewerbsfähigkeit steigern, andererseits erzeugt sie Kosten und kann Entscheidungen sowie Planungen hemmen und die Wettbewerbsfähigkeit so mindern. Jeder Arbeitgeber mag für sich feststellen, ob sich Mitbestimmung für sein Unternehmen im Ergebnis rentiert oder nicht. Festzuhalten bleibt jedoch: Hält er sie für nicht lohnend, wird er sie wahrscheinlich nicht aus freien Stücken vereinbaren. Empirische Untersuchungen deuten in diese Richtung.[280]

Die Steigerung der Wettbewerbsfähigkeit wird so zur Voraussetzung und gewinnt eine tragende Rolle. Schon heute steht im Zentrum der Verhandlungen häufig die Frage, wie sich die Kosten der Mitbestimmung und der Einfluss (bestimmter) Arbeitnehmervertreter reduzieren lassen, um die Wettbewerbsfähigkeit des Unternehmens zu erhöhen. Die Werte, welche der Mitbestimmung in Deutschland bislang zugrunde lagen, geraten dabei ins Hintertreffen. Mitbestimmung wurde nicht erdacht, um die Wettbewerbsfähigkeit von Unternehmen zu erhöhen, sondern um den Prinzipien Demokratisierung, Machtkontrolle und Selbstbestimmung im Unternehmen zur Geltung zu verhelfen.[281] Wie dargelegt, ist die Erhöhung der Wettbewerbsfähigkeit eine direkte Folge – aber dennoch nur Nebeneffekt – des

---

278 **EBR**: *Jaich*, zfwu 2001, 70 (78, 80) zum EBR, die Gefahr besteht aber bei allen Vertretungen.

279 *Preis*, Kollektives Arbeitsrecht, S. 479.

280 Die Untersuchungen zeigen, dass Mitbestimmung höchst selten vollständig freiwillig vereinbart wird, dazu unten, B. IV. 4. Auch die zunehmende Tendenz, sich gesetzlicher Mitbestimmungsregelungen zu entziehen, deutet auf ein grundsätzliches Desinteresse auf Arbeitgeberseite hin. Nach einer Studie von *Walter Bayer* haben sich in Deutschland bis Juni 2014 insgesamt 94 Unternehmen mit mehr als 500 Arbeitnehmern der Mitbestimmung im Aufsichtsrat durch die Wahl einer ausländischen Rechtsform entzogen, mehr als die Hälfte davon seit 2005. Die Studie wurde nicht veröffentlicht, zitiert nach *Sick*, Mitbestimmungsförderung, S. 6ff., siehe auch http://www.boeckler.de/53045_53057.htm (Stand: 25.08.2015).

281 Siehe *Junker*, NJW 2004, 728. Siehe auch: Mitbestimmung im Unternehmen, Bericht der Sachverständigenkommission zur Auswertung der bisherigen

Prinzips der Selbstbestimmung. Ursprünglich wurde der Freiheit ein höherer Stellenwert als der Wettbewerbsfähigkeit zugeschrieben.[282] Durch das nun gewählte Verhandlungsmodell kann die Wettbewerbsfähigkeit vom Nebeneffekt zu einem grundlegenden Prinzip der Mitbestimmung aufrücken.

Daneben ist auf einen weiteren Effekt zu verweisen. Wer die Steigerung der Wettbewerbsfähigkeit zum Dreh- und Angelpunkt macht, wird die Mitbestimmung schnell als überflüssig betrachten. Wie dargelegt, erhöht sich die Produktivität nicht unmittelbar durch die Mitbestimmung, sondern durch die Zufriedenheit der Arbeitnehmer als Folge der Mitbestimmung. Die Mitbestimmung ist jedoch nur einer von vielen Faktoren, der auf die Zufriedenheit der Arbeitnehmer wirkt – und somit kein exklusives Mittel zur Erhöhung der Wettbewerbsfähigkeit. Ein ähnlicher Effekt kann beispielsweise durch die Gewährung von Sonderprämien,[283] die Abschaffung der Anwesenheitspflicht oder durch Übertragung von mehr Verantwortung[284] erzielt werden. Ähnliches gilt für den Ansatz der Davignon-Kommission: Das Wissen der Arbeitnehmer mag unverzichtbar für einige Unternehmen sein, es kann jedoch auch auf andere Weise als durch Mitbestimmung einbezogen werden.

b) *Unterrichtung und Anhörung*

Für die Mitwirkung der Arbeitnehmer durch Unterrichtung und Anhörung wird man die Vorteile der Mitbestimmung nicht einfach übernehmen können. Unterrichtung und Anhörung bleiben hinter den Mitbestimmungsrechten zurück, sodass konsequenterweise auch die gefundenen unternehmerischen Entscheidungen weniger stark legitimiert sind und weniger stark akzeptiert werden könnten. In der Folge würde auch die Stärkung der Wettbewerbsfähigkeit geringer ausfallen. Im Einzelfall ist das natürlich davon abhängig, wie weit sich der Arbeitgeber durch die Anhörung in seiner Entscheidungsfindung beeinflussen lässt.[285] Für den Ansatzpunkt der Davignon-Gruppe gilt ähnliches: Wenn eine Einbeziehung des Wissens der Arbeitnehmer für den Erhalt der Wettbewerbsfähigkeit nötig ist und der Arbeitgeber sich dem Ergebnis der Anhörung widersetzt, sind Wettbewerbsnachteile möglich.

Erfahrungen mit der Mitbestimmung, BT-Drs. VI/334, 04.02.1970, S. 18ff. (Biedenkopf-Kommission).

282 *Kromka*, Die Politische Meinung, Ausgabe 7/2012 (Nr. 512), 69.

283 Siehe dazu FAZ v. 2./3.5.2015, S. C1 „Mitarbeiter machen Kasse". Dort wird *Thomas Wessel*, Personalvorstand und Arbeitsdirektor von Evonik, zitiert: „Beteiligung [durch Prämien] bedeutet Identifikation, und engagierte, motivierte Mitarbeiter sind eine Voraussetzung für nachhaltigen Unternehmenserfolg".

284 Auf neue Formen geht die Dokumentation „Augenhöhe" ein, abrufbar unter http://augenhoehe-film.de/film/augenhoehefilm/ (Stand: 5.5.2015).

285 **EBR**: Der deutsche Gesetzgeber geht auch im Rahmen der Unterrichtung und Anhörung davon aus, dass es zur Steigerung der Wettbewerbsfähigkeit durch die Einbeziehung des Wissens der Arbeitnehmer kommt, siehe BT-Drs. 13/4520, S. 17.

Die Nachteile der Mitbestimmung in Bezug auf Kosten, Geheimhaltung und eingeschränkt auf die Verzögerung von Entscheidungen gelten ebenso für die Mitwirkung durch Unterrichtung und Anhörung. Eine Einschränkung der Entscheidungsfreiheit besteht dagegen nicht. Für ein Desinteresse wird ferner das Argument des „kleinen Fingers" vorgebracht: „auch wenn der EBR jetzt nur ‚schlappe' Informations- und Konsultationsrechte hat, so steckt dahinter doch das Streben nach echter Mitwirkung".[286] Ferner bestehe die Sorge, dass sich die „klassenkämpferische Interessenvertretungskultur" bestimmter Mitgliedstaaten auf Konzernebene ausbreite und durch die Vertreter der friedlicheren Mitwirkungskulturen nicht hinreichend eingegrenzt werden könne.[287]

c) *Sonstige Vorteile*

Daneben kann, unabhängig von Mitwirkungsrechten, die Existenz eines Arbeitnehmervertretungsorgans zu weiteren Vorteilen führen. Das Gremium steht gegebenenfalls als Verhandlungspartner für Vereinbarungen zur Verfügung.[288] Außerdem ziehen Arbeitgeber und Arbeitnehmer gegenüber Dritten in der Regel am gleichen Strang.[289]

2. Interesse auf Arbeitnehmerseite

Für die Arbeitnehmerseite bringt sowohl die Unterrichtung und Anhörung als auch die Mitbestimmung nur Vorteile mit sich. Viele davon decken sich mit denen der Arbeitgeberseite, wie etwa der Betriebsfrieden und die Legitimation von Entscheidungen. Daneben ist es für die Arbeitnehmer von Vorteil, wenn Entscheidungen durch den Begründungszwang der Arbeitgeberseite transparent und plausibel gemacht werden.[290] Andere sehen zumindest Mitbestimmungsrechte als „institutionalisierte Vertragshilfe" an, durch die unvollständige Arbeitsverträge ausgefüllt werden können.[291]

---

286 *Kotthoff*, Lehrjahre des Europäischen Betriebsrats, S. 126.

287 *Kotthoff*, Lehrjahre des Europäischen Betriebsrats, S. 126.

288 Siehe dazu unten, E.

289 So konnte beispielsweise im August 2014 beobachtet werden, wie 20 Betriebsräte der Rüstungsindustrie beim Bundeswirtschaftsminister Sigmar Gabriel als Lobbyisten für mehr Aufträge durch die Bundeswehr warben. http://www.faz.net/aktuell/wirtschaft/wirtschaftspolitik/gabriel-arbeitsplaetze-fuer-waffenexporte-nicht-entscheidend-13105785.html (Stand: 26.8.2014).

290 *Preis*, Kollektives Arbeitsrecht, S. 480.

291 **EBR** und **SE**: *Donner*, Kollektivrechtliche Vereinbarungslösungen, S. 175. Vgl. auch *Rieble*, Arbeitsmarkt und Wettbewerb, Rn. 1419.

3. Interesse an einer Vereinbarung

Der Vorteil von Vereinbarungen liegt grundsätzlich in dem ihnen zugrundeliegenden Prinzip der Autonomie. Das „ob und wie" der Errichtung einer Arbeitnehmervertretung und ihre Ausstattung mit Rechten kann eigenständig bestimmt werden.[292] Eine flexible Gestaltung der Mitwirkung wird in Deutschland, angesichts vom Gesetz nicht vorhergesehener Entwicklungen, teilweise schon lange gefordert.[293] So sind maßgeschneiderte Lösungen möglich, die im beiderseitigen Interesse liegen.[294] In der Mediation bezeichnet man solche Lösungen als *win-win-Situation. Rehberg* bemüht zur Verdeutlichung ein Beispiel, in dem zwei Mädchen um eine Orange streiten.[295] Es stellt sich heraus, dass das eine Mädchen die Schale der Orange für einen Kuchen braucht und das andere Mädchen das Fruchtfleisch essen will. Die gefundene Lösung liegt auf der Hand. Eine *win-win-Situation* setzt jedoch stets unterschiedliche und sich nicht überschneidende Interessen voraus – gegensätzliche Interessen sind bei der Arbeitnehmermitwirkung jedoch an der Tagesordnung. Hinzu kommt, dass die Autonomie bei der Beteiligungsvereinbarung durch die Zwangsmechanismen nur bedingt als Prinzip zum Tragen kommt.[296] Unabhängig davon können die Vorteile von Vereinbarungen nur dann ausgeschöpft werden, wenn sich jede Partei über das Ziel der Verhandlungen im Klaren ist. Die internationale Zusammensetzung des BVG und die teils schlechten Kenntnisse der Arbeitnehmervertreter führen zu unterschiedlichen Vorstellungen oder gar internen Grabenkämpfen; ohne gute Vorbereitung geht das BVG uneins in die Verhandlungen und kann kaum an der Entwicklung maßgeschneiderter Regelungen mitwirken.[297]

Die grundsätzlich bestehenden Vorteile von Vereinbarungen gelten für die Beteiligungsvereinbarung also nur eingeschränkt. Es kommt jedoch für die Arbeitgeberseite ein gewichtiger Vorteil hinzu: Die Möglichkeit, das Niveau der Auffanglösung zu reduzieren. Dieser Vorteil verstellt den Blick auf die Interessen der Parteien und zwingt dazu, das Interesse am Vereinbarungsgegenstand – der Mitwirkung – vom Interesse am Instrument der Vereinbarung zu trennen. Wenn nämlich als Vorteil allein die Minderung des Niveaus der Auffanglösung gesehen wird, dann kann vom

---

292 **SE**: *Heinze/Seifert/Teichmann*, BB 2005, 2524 (2525); *Kiem*, ZHR 171 (2007), 713 (716); *Seibt*, AG 2005, 413.

293 Siehe *Hanau*, ZGR 2001, 75 (76ff.); Bericht der Kommission Mitbestimmung, Mitbestimmung und neue Unternehmenskulturen, 1998, S. 37f. (abrufbar unter http://www.boeckler.de/pdf/p_hbs_bertelsmann_kommmb_abschluss1998.pdf, Stand: 28.8.2014).

294 **SE**: *Heinze/Seifert/Teichmann*, BB 2005, 2524 (2525); *Kiem*, ZHR 171 (2007), 713 (716f.); *Rehberg*, in: ZAAR Band 12, § 2 Rn. 14; *Casper*, in: Spindler/Stilz, SE-VO, Vor Art. 1 Rn. 20. So auch der Bundesrat in seiner Stellungnahme zum SEEG, BR-Drs. 438/04 (B) v. 9.7.2004, S. 1. Ähnlich für den **EBR**: *Willemsen/Hohenstatt*, NZA 1995, 399 (400).

295 *Rehberg*, in: ZAAR, Band 12, § 2 Rn. 3ff.

296 Siehe dazu oben, B. V. 2. und D. II. 2. a) aa).

297 **GV**: *Molitor*, Mitbestimmung 7+8/2014, 10 (13f.).

Vorliegen einer Vereinbarung nicht auf ein Interesse an der Mitwirkung geschlossen werden. Folglich kann auch aus dem Fakt, dass die Auffanglösung in der Praxis nur höchst selten zur Anwendung kommt[298], nicht geschlussfolgert werden, dass die Arbeitgeberseite ein Freund der Arbeitnehmermitwirkung geworden ist.

Vereinbarungen bringen auch Nachteile mit sich. Der wohl größte Nachteil ist, dass die Parteien einer Beteiligungsvereinbarung nicht in der Weise legitimiert sind, wie es der Gesetzgeber wäre. Entsprechend ist ihr Gestaltungsspielraum in einigen Beziehungen eingeschränkt.[299] Daneben sind die Verhandlungen, insbesondere die Bildung des BVG, komplex[300] und fehleranfällig. Außerdem verursachen sie hohe Kosten.[301] Deren Vermeidung war übrigens stets ein Kernargument für das Erfordernis einer zwingenden gesetzlichen Regelung im MitbestG und DrittelbG.[302] Das Verhandlungsverfahren führt darüber hinaus zu Verzögerungen und sein Ausgang ist ungewiss.[303] Nachteile können auch dort entstehen, wo die Arbeitnehmermitwirkung der Überwachung dient.[304] Für die Arbeitnehmer kann die Möglichkeit der Minderung von Mitwirkungsrechten nachteilig sein; teilweise wird gar vom „trojanische[n] Pferd der verhandelten Mitbestimmung"[305] gesprochen.

4. Ergebnis

Zusammenfassend lässt sich sagen, dass die potentiellen Vorteile der Arbeitnehmermitwirkung für die Arbeitgeberseite beträchtlich sind. Sie sind jedoch erstens kaum skalierbar, zweitens von der Arbeit des Vertretungsgremiums abhängig und insofern mit Unsicherheiten behaftet und können drittens überwiegend auch auf andere Weise erzeugt werden. Die Mitwirkung bringt für die Arbeitgeberseite auch empfindliche Nachteile mit sich, die in Kombination mit den Unsicherheiten über die Vorteile wohl grundsätzlich zu einem Desinteresse an der Arbeitnehmermitwirkung

---

298 Ende 2013 wurden von 1048 Europäischen Betriebsräten nur 1 % durch die Auffanglösung errichtet und in den 1690 errichteten SE sind nur zwei Fällen bekannt, in denen die Auffanglösung eingegriffen hat: **EBR**: http://www.ewcdb.eu/documents/freegraphs/2013_11_DE.pdf (zuletzt abgerufen am 27.2.2014); **SE**: ETUI, Benchmarking Working Europe 2013, S. 100 (1601 ohne Beteiligung oder unbekannt, 87 durch Vereinbarung, 2 durch Auffangregelung).

299 Beispielsweise kann eine Beteiligungsvereinbarung nicht vorsehen, dass Unternehmensvereinbarungen eine normative Wirkung zukommt, dazu unten, E. III. 3. c) bb).

300 **EBR**: *Willemsen/Hohenstatt*, NZA 1995, 399 (400). **EBR** und **SE**: *Donner*, Kollektivrechtliche Vereinbarungslösungen, S. 259f.

301 **EBR**: *Willemsen/Hohenstatt*, NZA 1995, 399 (400). **EBR** und **SE**: *Donner*, Kollektivrechtliche Vereinbarungslösungen, S. 124ff.

302 *DGB*, Mitbestimmung – ein Gewinn für Deutschland und Europa, S. 8.

303 **SE**: *Heinze/Seifert/Teichmann*, BB 2005, 2524.

304 **SE**: Dazu *Kiem*, ZHR 171 (2007), 713 (717f.); siehe auch unten C. II. 4.

305 *Köstler*, Der Aufsichtsrat 2009, Nr. 10 S. 137; dagegen *Baums/Lutter*, Der Aufsichtsrat 2009, Nr. 11 S. 153.

führen. Von dieser Einschätzung scheint auch der Gesetzgeber auszugehen, denn ansonsten macht die Einführung der Zwangsmechanismen zur Absicherung der Rechte wenig Sinn.[306] Auch der permanente und absolute Widerstand der Arbeitgeberseite in den Gesetzgebungsverfahren deutet in diese Richtung.[307] Für dieses Ergebnis sprechen auch empirische Betrachtungen: Gänzlich freiwillige Mitbestimmungsvereinbarungen werden nur höchst selten abgeschlossen,[308] mehr als das gesetzlich vorgesehene Maß wird fast nie gewährt.

> *„The fact that this system seldom arises out of voluntary arrangements among individuals strongly suggests that codetermination or industrial democracy is less efficient than the alternatives [...]. If codetermination is beneficial both to stockholders and labor, why do we need laws which force firms to engage in it? Surely they would do so voluntarily."*[309]

Festzuhalten bleibt: Das Regelungsinstrument einer autonomen Vereinbarung ist zur Gestaltung und Durchsetzung der Arbeitnehmermitwirkung nur bedingt geeignet.[310]

V. Regelungstechnik: Vereinbarungen mit gesetzlicher Auffanglösung

1. Grundsätzlicher Ablauf

Alle Rechtsakte sehen vor, dass die Parteien zunächst in Verhandlungen eintreten. Sollten diese innerhalb einer festgelegten Dauer ergebnislos bleiben, gelangt eine vom Gesetzgeber vorgegebene Auffanglösung zur Anwendung. Im Bereich der Unterrichtung und Anhörung ist die Auffanglösung in allen Mitgliedstaaten gleich. Bei der Mitbestimmung wird hingegen an bereits erworbene Rechte angeknüpft. Diese Konstruktion, insbesondere die Existenz einer Auffanglösung, wurde rechtspolitisch stark kritisiert. Sie ist die Besonderheit der Beteiligungsvereinbarung und strahlt, wie sich zeigen wird, in viele Bereiche aus.

2. „Verhandlungen im Schatten des Rechts"

Die Kritik an der Existenz einer Auffanglösung wird unter der Formulierung „Verhandlungen im Schatten des Rechts" geführt. Diese wurde 1982 von *Cooter, Marks* und *Mnookin* in ihrem vielbeachteten Aufsatz „Bargaining in the Shadow of the Law: A Testable Model of Strategic Behavior"[311] geprägt und im arbeitsrechtlichen

---

306 Insbesondere die Auffanglösung, dazu oben, B. V. 2.
307 Siehe oben B. I. a) aa) (2) (a) (cc).
308 *Junkes/Sadowski*, in: Frick/Kluge/Streeck, Die wirtschaftlichen Folgen der Mitbestimmung, S. 58.
309 *Jensen/Meckling*, JoB Vol. 52 (1979), 7f.
310 Siehe zur Regelungstechnik *de lege ferenda* unten, F. I. 2.
311 *Cooter/Marks/Mnookin*, JLS 1982, 225ff.

Zusammenhang vor allem von *Bercusson*[312] verwendet. Gemeint ist, dass die Auffanglösung den Arbeitnehmervertretern eine so starke Verhandlungsposition schafft, dass diese keine Vereinbarung akzeptieren, die hinter dem Niveau der Auffanglösung liegt. Wahlweise bezeichnet man die Auffanglösung auch als „Drohkulisse"[313], „Unglück"[314], „Damoklesschwert"[315], „Zementierung des status quo"[316], „schwere Hypothek"[317], „rechtspolitischer Missgriff"[318] oder gar als „kardinalen Konstruktionsfehler"[319]. Man befürchtet, dass sie zu „Scheinverhandlungen mit Zwangscharakter"[320] oder einem echten „Kontrahierungszwang"[321] führen könne und nicht ohne Gegenleistung preisgegeben werde[322]. Auch die Davignon-Gruppe war gegen eine zu starke Auffanglösung: „Die in der Auffangregelung vorgesehenen Bestimmungen [sollen] nicht dazu führen, dass das Interesse an Verhandlungen, denen natürlich nach wie vor Priorität gebührt, schwindet".[323] Doch der Gesetzgeber hat sich für einen anderen Weg entschieden. Die Erwägung, dass die Unterrichtung und Anhörung in allen Unternehmen gelten soll, und die alles überschattende Sorge vor der „Flucht aus der Mitbestimmung" hat ihn zur Implementierung von Zwangselementen verleitet. *Bachmann* bezeichnet diese Regelungstechnik als „strenges Optionsmodell".[324] Unter diesem Begriff versteht er „Regelungsmuster, die gewählt oder abgewählt werden können, den Beteiligten aber keine gänzlich freie Gestaltung nach eigenem Belieben gestatten. Sie empfehlen sich als Alternative, wenn der Gesetzgeber den Weg vom zwingenden zum dispositiven Recht (noch) nicht gehen mag."[325]

Allerdings hat die mittlerweile zwanzigjährige Erfahrung im Bereich der Vereinbarung mit Auffanglösung gezeigt, dass sich Arbeitnehmervertreter zwar von der Auffanglösung leiten lassen, aber daneben auch anderen gewichtigen

312 *Bercusson*, IRJ 23 (1992), 177 (185).
313 **EBR** und **SE**: *Donner*, Kollektivrechtliche Vereinbarungslösungen, S. 109.
314 **SE**: *Lutter*, BB 2002, 1 (5).
315 **SE**: *Reichert/Brandes*, ZGR 2003, 767 (780); *Jacobs*, in: MüKo-AktG, SEBG, § 21 Rn. 18.
316 **SE**: *Donner*, Kollektivrechtliche Vereinbarungslösungen, S. 184.
317 **SE**: *Ziegler/Gey*, BB 2009, 1750 (1755).
318 **SE**: *Fleischer*, ZHR 168 (2004), 673 (695).
319 **SE**: *Fleischer*, AcP 204 (2004), 502 (535) mit Verweis auf das spieltheoretische Schrifttum in Fn. 234. Ähnlich *Habersack*, AG 2006, 345.
320 **EBR**: Stellungnahme BDA/BDI v. 15.3.1991, abgedruckt in *Deppe*, Euro-Betriebsräte, S. 209ff.
321 **EBR** und **SE**: *Donner*, Kollektivrechtliche Vereinbarungslösungen, S. 149 wirft die Frage auf.
322 **SE**: *Oetker*, BB-Special 1/2005, 2 (9); *Müller-Bonanni/Melot de Beauregard*, GmbHR 2005, 195 (196); *Ziegler/Gey*, BB 2009, 1750 (1755); *Jacobs*, in: MüKo-AktG, SEBG, § 21 Rn. 18.
323 Siehe Davignon-Bericht, Nr. 80. Abgedruckt in BR-Drs. 572/97 S. 17.
324 **EBR** und **SE**: *Bachmann*, JZ 2008, 11 (15f.).
325 **EBR** und **SE**: *Bachmann*, JZ 2008, 11 (15).

Einflussfaktoren ausgesetzt sind. Das ist zum einen der nicht zu unterschätzende Druck durch die Arbeitgeberseite, was sich am Beispiel der Beteiligungsvereinbarung der *Sixt SE* zeigt. Gründer und Vorstandsvorsitzender *Erich Sixt* macht kein Geheimnis daraus, dass er an Mitbestimmung kein Interesse hat: „[...] ich [halte] auch grundsätzlich nichts davon, wenn Arbeitnehmervertreter im Kontrollgremium strategische Dinge mitentscheiden. Da bewirke Mitbestimmung nichts, außer Entscheidungen zu blockieren."[326] Entsprechend fiel die getroffene Vereinbarung aus: Arbeitnehmervertreter sind im Aufsichtsrat nicht vertreten und die Vereinbarung läuft über einen Zeitraum von 30 Jahren ohne vorherige Kündigungsmöglichkeit.[327] Ähnliches ist von der *Zalando SE* zu berichten, wo nicht nur das von der Auffanglösung vorgesehene Niveau der Mitbestimmung reduziert wurde, sondern zudem leitende Angestellte als Arbeitnehmervertreter das Gremium besetzen.[328] Aus Sicht von *ver.di* war das BVG in diesem Fall ein „handverlesenes Gremium, in dem zahme Beschäftigtenvertreter die Kreise der Geschäftsführung nicht weiter stören".[329] Von „Scheinverhandlungen mit Zwangscharakter" wird man hier – zumindest auf Arbeitgeberseite – nicht sprechen können. Ein weiterer wichtiger Einflussfaktor ist die Unerfahrenheit, mitunter auch Unsicherheit der Arbeitnehmervertreter. Für sie ist die Vereinbarung über die Mitwirkung eine neue Aufgabe, mit der sie noch nicht vertraut sind.[330] Daneben bewegen sie sich während der Verhandlungen in einem internationalen und neu zusammengesetzten Gremium, mithin in einem ungewohnten Umfeld. Teilweise wird sogar von Grabenkämpfen innerhalb des BVG berichtet.[331] Schließlich entsteht für die Arbeitnehmervertreter auch Druck durch die Arbeitnehmerseite. Ihr ist das Abstandnehmen oder Scheitern von Verhandlungen schwer zu erklären, vor allem wenn sie selbst die Initiative für die Verhandlungen ergriffen hat.[332]

Es kann jedoch nicht geleugnet werden, dass unter all diesen Einflüssen die Auffanglösung der bestimmende Faktor ist.[333] Verlässliche Zahlen liegen für die Vereinbarungen über die Errichtung von EBR vor. Hier stimmen 93 Prozent der abgeschlossenen Vereinbarungen in sieben oder mehr Punkten mit der Auffanglösung

---

326 http://www.handelsblatt.com/unternehmen/management/koepfe/serie-pioniere-der-wirtschaft-erich-sixt-unternehmer-sind-abenteurer-seite-6/2585004-6.html (Stand: 14.11.2013).

327 Vereinbarung abrufbar unter www.presseportal.de/pdf/2468174-dgap-hv-sixt-aktiengesellschaft-bekanntmachung-der-einberufung-zur.pdf (Stand: 14.11.2013), S. 28ff.

328 *Doelfs*, Mitbestimmung 10/2014, 42 (42f.), er spricht von „Spitzenmanagern" bzw. „leitenden Managern".

329 *Doelfs*, Mitbestimmung 10/2014, 42 (43).

330 **SE**: *Herfs-Röttgen*, NZA 2002, 358 (360); *Breit*, SE/SCE, S. 100.

331 **GV**: *Molitor*, Mitbestimmung, 7+8/2014, 10 (13f.).

332 **EBR**: *Schlinkhoff*, EBR, S. 42.

333 **EBR**: *Carley/Hall*, ILJ 29 (2000), 103 (105, 107).

überein.[334] Die Ursache für diese Orientierung kann aber nicht allein den Arbeitnehmern angelastet werden, denn auch der Arbeitgeberseite gewährt sie Vorteile.[335] Hinzugefügt werden muss, dass eine Abweichung von der Auffanglösung nicht zugleich bedeutet, dass in diesem Punkt eine maßgeschneiderte Lösung gefunden wurde. Teilweise wird das Niveau der Auffanglösung durch Zugeständnisse an anderer Stelle gemindert, mithin „abgekauft". Beispielsweise hat die Beteiligungsvereinbarung der *Hager SE* das Niveau der Mitbestimmung gemindert, dafür wurde ein Fonds zugunsten der Arbeitnehmer in Millionenhöhe eingerichtet.[336]

Insgesamt ist festzuhalten, dass sich die Vereinbarungen in der Regel an der Auffanglösung orientieren, allerdings wird diese Orientierung nicht in allen Fällen auf die Arbeitnehmerseite zurückzuführen sein. Daneben ist die Auffanglösung nicht der einzige Einflussfaktor, der auf die Positionen der Arbeitnehmervertreter im Verhandlungsprozess einwirkt. Dass die Arbeitnehmer die Verhandlungen boykottieren, um die Auffanglösung zu erzwingen, kann nicht bestätigt werden.[337] Ende 2013 wurden von 1048 Europäischen Betriebsräten nur 1 % durch die Auffanglösung errichtet und in den 1690 errichteten SE sind nur zwei Fällen bekannt, in denen die Auffanglösung eingegriffen hat.[338] Den Kritikern ist überdies vorzuwerfen, dass sie die Diskussion nicht bereichern. Denn man sollte bedenken, wie die Situation im umgekehrten Fall, ohne Auffanglösung, aussehen würde. Wäre es nicht für die Arbeitnehmer ein „Unglück" oder ein „kardinaler Konstruktionsfehler", wenn ihre Mitwirkung ohne jegliche Sicherheit zur Disposition steht?[339] Die obigen Ausführungen haben gezeigt, dass eine gänzlich freie Vereinbarkeit kaum geeignet ist, um Mitwirkungsrechte zu etablieren.[340] Auf die Optimierung der Regelungstechnik der Beteiligungsvereinbarung wird noch zurückgekommen.[341]

---

334 *ETUI*, Benchmarking Working Europe 2013, S. 101.

335 Insbesondere die Ersparung von Kosten der Erarbeitung einer maßgeschneiderten Lösung, dazu oben, B. IV. 3.

336 Siehe http://www.ewcdb.eu/show_agreement.php?agreement_ID=716# (Stand: 25.10.2013); Vereinbarung ist unter Verschluss, hier zitiert nach *Forst*, Beteiligungsvereinbarung, S. 133, *Rehberg*, in: ZAAR Band 12, § 2 Rn. 22. Zur Wirksamkeit von sachfremden Regelungen siehe unten, D. II. 2. c) cc) (3). Auch die FAZ vom 30.1.2013, S. 9 berichtet von dem „üblichen" Deal, dass das Gremium verkleinert wird und dafür ausländische Gewerkschaftsvertreter beteiligt werden.

337 So für die **SE**: *Reichert/Brandes*, ZGR 2003, 767 (780).

338 **EBR**: http://www.ewcdb.eu/documents/freegraphs/2013_11_DE.pdf (zuletzt abgerufen am 27.2.2014); **SE**: *ETUI*, Benchmarking Working Europe 2013, S. 100 (1601 ohne Beteiligung oder unbekannt, 87 durch Vereinbarung, 2 durch Auffangregelung).

339 **SE**: Ähnlich *Reinhardt*, Unternehmensmitbestimmung, S. 87.

340 Siehe oben, B. IV.

341 Siehe dazu unten, F. I.

3. Auffanglösung oder Ausgangslösung?

Die Feststellung, dass die Auffanglösung einen festen Orientierungspunkt bilden kann, führt zu einer ganz zentralen Fragestellung. Wird die Orientierung vom Gesetzgeber *gewünscht*, weil er die Auffanglösung für modellhaft hält – oder wird sie *akzeptiert*, wobei das eigentliche Ziel der Auffanglösung die Stärkung der Verhandlungsposition der Arbeitnehmer ist? Mit anderen Worten: Ist die Orientierung Ziel oder Nebeneffekt? Soll die Auffanglösung tatsächlich eine Ausgangslösung sein? Die Klärung dieser Frage ist essentiell für das Verständnis des Mechanismus, für die Lösung einiger Streitfragen sowie für Vorschläge *de lege ferenda*.

Gegen die Funktion als Ausgangslösung spricht zunächst der Wortlaut der Richtlinien, welcher die subsidiären Vorschriften durchweg als Auffanglösung bezeichnet. Auch die Systematik spricht gegen die Qualität als Ausgangslösung. Würde der Gesetzgeber die subsidiären Vorschriften als Optimalfall einer Einigung sehen, dann hätte er sie wohl unmittelbar angeordnet und das Bedürfnis nach Anpassungen durch eine Öffnungsklausel gestillt. Grundsätzlich ist daher festzuhalten, dass die Auffanglösung die Vereinbarung nach der Vorstellung des Gesetzgebers inhaltlich eigentlich nicht beeinflussen soll. Sie soll den Arbeitnehmern lediglich Verhandlungsmacht verschaffen und eine Regelung bereithalten, falls eine Einigung nicht möglich ist. Eine Ausnahme gilt jedoch für den Bereich der Mitbestimmung. Diese ergibt sich aus dem Vorher-Nachher-Prinzip, wonach die vor der Gründung bestehenden Rechte der Ausgangspunkt der Verhandlungen sein sollen.[342] Die Auffanglösung sichert diesen Ausgangspunkt ab indem sie – anders als im Bereich der Unterrichtung und Anhörung – die anzuwendenden Regeln nicht selbst festlegt, sondern auf die zuvor bestehenden Rechte verweist. Freilich hätte der Gesetzgeber hier die Auffangregelung auch gleich zwingend ausgestalten und mit einer Öffnungsklausel versehen können – vom Effekt her besteht für die Mitbestimmung zwischen einer „Verhandlung mit Auffanglösung" und einem „Gesetz mit Abweichungsbefugnis" kaum ein Unterschied.

Im Ergebnis entsteht ein geteiltes Bild. Grundsätzlich hat der Gesetzgeber die Auffanglösung nicht eingeführt, um einen Ausgangspunkt für Verhandlungen zu schaffen. Dass die Auffanglösung in der Praxis der Orientierung dient und tatsächlich oft eine Ausgangslösung ist, war nicht beabsichtigt. Anders stellt sich die Lage für die Mitbestimmung dar. Hier soll das Niveau der Auffanglösung der Ausgangspunkt der Verhandlungen sein.

4. Die Auffanglösung als Wettbewerbsnachteil

Stellenweise wurde befürchtet, dass unterschiedlich starke Auffanglösungen zu Wettbewerbsnachteilen für Unternehmen führen können, die ihren Sitz in einem

---

342 Siehe dazu unten, B. VI. Ähnlich für die **SE**: *Oetker*, in: FS-Konzen, 635 (645): „Sie [die Auffangregelung] hat der Gesetzgeber immerhin als modellhaft angesehen, um dem Zweck der Mitbestimmungssicherung Rechnung zu tragen.".

Staat mit einer starken Auffanglösung haben. Man nahm an, dass ausländische Unternehmen sich das Mitbestimmungsniveau einer starken Auffanglösung nicht „ins Haus holen“ würden und die Unternehmen so bei Verschmelzungsplänen diskriminiert werden.[343] Inzwischen scheint diese Sorge nicht mehr zu bestehen.

5. Ergebnis

Die Existenz der Auffangregelung ist das entscheidende Merkmal, das die rechtliche Konstruktion der Beteiligungsvereinbarung so besonders, vor allem aber so schwer greifbar macht. Sie tangiert grundlegende Begriffe, wie den der Autonomie, sie hat Auswirkungen auf die Methoden, beispielsweise die Auslegung, und reicht bis in feinste Verästelungen, wie die Folgen von Mängeln.

VI. Das Vorher-Nachher-Prinzip

Der Gesetzgeber räumt den Parteien Autonomie bei der Ausgestaltung der Arbeitnehmermitwirkung ein, jedoch sollen bereits bestehende Mitbestimmungsrechte möglichst der Ausgangspunkt der Verhandlungen sein.

1. SE und SCE

Für SE und SCE ergibt sich dies aus Erwägungsgründen Nr. 18 SE-RL bzw. Nr. 22 SCE-RL:

> *„Die Sicherung erworbener Rechte der Arbeitnehmer über ihre Beteiligung an Unternehmensentscheidungen ist fundamentaler Grundsatz und erklärtes Ziel dieser Richtlinie. Die vor der Gründung einer SE [bzw. SCE] bestehenden Rechte der Arbeitnehmer sollten deshalb Ausgangspunkt auch für die Gestaltung ihrer Beteiligungsrechte in der SE [bzw. SCE] (Vorher-Nachher-Prinzip) sein.“*

Fraglich ist, ob sich das Vorher-Nachher-Prinzip nur auf die Mitbestimmungsrechte oder auch auf Unterrichtungs- und Anhörungsrechte erstreckt.[344] Der Wortlaut lässt eher auf ein weites Verständnis schließen. Auch die Unterrichtung und Anhörung

343 **SE**: *Heinze*, ZGR 2002, 66 (94); *Lutter*, BB 2002, 1 (5f.); *Reichert/Brandes*, ZGR 2003, 767 (780); Stellungnahme BDA, BDI, DIHK, GDV, BdB, DAI v. 3.5.2004 zum Referentenentwurf des Bundesministeriums der Justiz und des Bundesministeriums für Wirtschaft und Arbeit eines Gesetzes zur Einführung der Europäischen Gesellschaft (SEEG); Stellungnahme Bundesrat zum Referentenentwurf des SEBG, BR-Drs. 438/04 (B) v. 9.7.2004, S. 2. **GV**: Stellungnahme BDA zum Referentenentwurf des MgVG, wiedergegeben in BT-Drs. 16/3320, S. 4; Stellungnahme Bundesrat zum Referentenentwurf des MgVG, BT-Drs. 16/2922 v. 12.10.2006, Anlage 2, S. 31.

344 Diese Frage wird bei der Bestimmung des Merkmals der Minderung von Rechten durch strukturelle Änderungen nach § 18 III SEBG eine große Rolle spielen. Siehe dazu unten, D. II. 6. b).

stellt eine Beteiligung an Unternehmensentscheidungen dar, wie die Artt. 2 h), i), j) SE-RL und 2 h), i), j) SCE-RL zeigen.[345] In systematischer Hinsicht spricht jedoch einiges dafür, dass sich das Vorher-Nachher-Prinzip allein auf die Mitbestimmung bezieht. Die Erwägungsgründe Nr. 7, 9 SE-RL und Nr. 7, 9 SCE-RL beziehen sich nur auf die Mitbestimmung. Qualifizierte Mehrheiten – eine Ausprägung des Vorher-Nachher-Prinzips – werden nur bei einer Minderung der Mitbestimmung verlangt.[346] Ähnliches ergibt sich aus der Auffangregelung, die ebenfalls eine Ausprägung des Vorher-Nachher-Prinzips ist. Dort wird die Unterrichtung und Anhörung geregelt, ohne sich auf nationale Rechte zu beziehen. Ein Verweis auf nationale Rechte ist allein in dem Teil über die Mitbestimmung enthalten. Dieses Ergebnis wird auch durch eine historische Auslegung getragen, denn das Vorher-Nachher-Prinzip ist eine Reaktion auf die Sorge vor einer „Flucht aus der Mitbestimmung". Daneben stellt sich die Frage, wozu das Vorher-Nachher-Prinzip bei Unterrichtungs- und Anhörungsrechten dienen soll. Denn nach Art. 13 III a) SE-RL bleiben die nationalen Unterrichtungs- und Anhörungsrechte ohnehin unberührt. Außerdem sind Unterrichtungs- und Anhörungsrechte die Mindestgegenstände einer Vereinbarung, die sowieso im Ansatz gewährleistet sein müssen.[347] Zusammengefasst lässt sich festhalten, dass der Gesetzgeber zwar die Unterrichtung und Anhörung der Arbeitnehmer sicherstellt, dazu allerdings nirgends an nationale Rechte anknüpft. Folglich sind die nationalen Rechte über die Unterrichtung und Anhörung nicht der Ausgangspunkt der Verhandlungen, sodass sie auch nicht Gegenstand des Vorher-Nachher-Prinzips sind.[348]

Ausprägungen des Vorher-Nachher-Prinzips finden sich, wie bereits angeklungen, in dem Erfordernis qualifizierter Mehrheiten, Einschränkungen für den Fall der Umwandlung und Verweisungen auf nationale Vorschriften.[349]

Abgesehen vom Fall der Umwandlung hält der Gesetzgeber die Mitbestimmungsrechte erst dann für absolut schützenswert, wenn sie für eine gewisse Anzahl von Arbeitnehmern gelten. Das ergibt sich aus den Artt. 7 II SE-RL; 7 II SCE-RL bzw. §§ 34 I SEBG; 34 I SCEBG. Danach gilt der mitbestimmungsrechtliche Teil der Auffangregelung nur, wenn die Mitbestimmungsrechte je nach Gründungsform für 25 bzw. 50 Prozent der Arbeitnehmer gelten. Werden diese Schwellenwerte

345 **SE**: *Güntzel*, SE-RL, 293; *Hoops*, Beteiligungsvereinbarung, S. 62; *Jacobs*, in: MüKo-AktG, SEBG, § 18 Rn. 15. Dies verkennen *Donner*, Kollektivrechtliche Vereinbarungslösungen, S. 370; *Grobys*, NZA 2005, 84 (91); *Kallmeyer*, ZIP 2004, 1442 (1444).

346 **SE**: Wohl auch *Kallmeyer*, ZIP 2004, 1442 (1444): „Vor allem bezieht sich der Bestandsschutz gemäß RL nur auf die Mitbestimmung".

347 Siehe dazu unten, D. II. 2. c) cc) (1).

348 So auch für die **SE** ohne Begründung *Feuerborn*, in: KK-AktG, SEBG, Vorb. § 1 Rn. 6, anders aber in § 1 Rn. 10. Anderer Ansicht *Güntzel*, SE-RL, 293f.; *Hoops*, Beteiligungsvereinbarung, S. 62; *Jacobs*, in: MüKo-AktG, SEBG, § 18 Rn. 15.

349 Vgl. Artt. 3 IV 3, 4 IV SE-RL; 3 IV 3 SCE-RL sowie Teil 3 a), b) Anhang SE-RL und Teil 3 a), b), c) Anhang SCE-RL sowie in den §§ 15 III, 21 VI, 35 I, II 2 SEBG; 15 III, 21 V, 35 I, II 2 SCEBG.

unterschritten, ist ein zusätzlicher Beschluss des BVG notwendig. Diese Einschränkung setzt sich in den Artt. 3 IV 3 1., 2. Spiegelstrich SE-RL; 3 IV 3 1., 2. Spiegelstrich SCE-RL bzw. 15 III 2 SEBG; 15 III 2 SCEBG fort. Danach ist die qualifizierte Mehrheit bei der Minderung von Mitbestimmungsrechten nur im Falle der Überschreitung der Schwellenwerte erforderlich.

2. Grenzüberschreitende Verschmelzungen

Für Gesellschaften, die aus einer grenzüberschreitenden Verschmelzungen hervorgehen, gilt nach Art. 16 I GV-RL grundsätzlich das Mitbestimmungsrecht des Mitgliedstaats, in dem die Gesellschaft ihren Sitz hat. Etwas anderes bestimmt Art. 16 II a) GV-RL. Danach gilt das Mitbestimmungsrecht des Sitzstaats nicht, wenn es ein geringeres Maß an Mitbestimmung vorsieht als das Mitbestimmungsrecht einer der an der Verschmelzung beteiligten Gesellschaften. Auch in dieser Ausnahme liegt die Tendenz des Gesetzgebers, bereits erworbene Mitbestimmungsrechte zu schützen.

Liegt die Ausnahme vor, wird entsprechend Art. 16 III GV-RL das Verhandlungsverfahren nach den Grundsätzen der SE-RL eingeleitet. Art. 16 III a) und e) GV-RL verweisen auf die oben erwähnten Bestimmungen der SE-RL, die das Vorher-Nachher-Prinzip ausprägen.

3. EBR

Die EBR-RL enthält kein vergleichbares Prinzip. Das überrascht nicht, schließlich hat sie keine Mitbestimmungsrechte zum Gegenstand.

VII. Hinweise zur Methodik

1. Artikel 27 und 28 GRCh

Mit der vorliegenden Arbeit stehen die Artt. 27 und 28 GRCh in Zusammenhang. Art. 27 GRCh betrifft das Recht der Arbeitnehmer auf Unterrichtung und Anhörung, während Art. 28 GRCh ein Recht auf Kollektivverhandlungen normiert. Insbesondere zwischen Art. 27 GRCh und der EBR-RL besteht eine enge Verbindung. Die EBR-RL 1994 hatte einen gewissen Einfluss auf Art. 27 GRCh[350], während die EBR-RL 2009 in Erwägungsgrund Nr. 46 nun ausdrücklich auf Art. 27 GRCh verweist.

Eine maßgebliche Bedeutung könnte sich aus der hierarchischen Stellung der GRCh ergeben. Nach Art. 6 I EUV ist sie Teil des Primärrechts, sodass bei einer Auslegung der Richtlinien die Bestimmungen im Zuge einer primärrechtskonformen

350 *Zachert*, NZA 2001, 1041 (1045) („Art. 27 entspricht der Konzeption der Richtlinie über Europäische Betriebsräte 94/45/EG").

Auslegung mitunter berücksichtigt werden müssten.[351] Die beiden Vorschriften sind Teil des Kapitel IV „Solidarität“, das im Grundrechtekonvent zu den umstrittensten Themen gehörte und zeitweise ein Scheitern der Verhandlungen befürchten ließ.[352] Der Streit hatte einen starken Kompromisscharakter einiger Vorschriften zur Folge, welcher gerade bei den Artt. 27 und 28 GRCh zur Konturenlosigkeit geführt hat. Beide Normen verweisen auf das „Gemeinschaftsrecht“ und die „einzelstaatlichen Rechtsvorschriften und Gepflogenheiten“. Die Grundrechte haben mithin kaum einen eigenständigen Aussagegehalt und werden erst durch das Sekundärrecht bzw. innerstaatliche Recht ausgefüllt.[353] Auch der EuGH stellte in der Sache *Association de médiation sociale* fest, dass „aus dem Wortlaut von Art. 27 der Charta [...] klar hervor[geht], dass er, damit er seine volle Wirksamkeit entfaltet, durch Bestimmungen des Unionsrechts oder des nationalen Rechts konkretisiert werden muss.“[354] Konsequenterweise enthalten die Artt. 27 und 28 GRCh kaum Anhaltspunkte, die im Wege einer primärrechtskonformen Auslegung herangezogen werden könnten.

Insofern ist der methodische Nutzen der Artt. 27 und 28 GRCh für diese Arbeit begrenzt. Die darüber hinausgehende Bedeutung der Bestimmungen ist unklar, was insbesondere an der bislang nicht geklärten Grundrechtsdogmatik liegt.[355] Sofern man in den Normen ein Rückschrittsverbot sieht[356], kann ihnen für Regelungen *de lege ferenda* eine Bedeutung zukommen.

2. Rückschlüsse aus parallelen Rechtsakten?

Die vier Rechtsakte weisen deutliche Parallelen auf. Folglich drängt sich die Frage auf, inwiefern man auf die Diskussion zu parallelen Fragestellung zurückgreifen kann. Selbstverständlich kann dies nicht „unreflektiert“[357] geschehen. Schließlich bestehen auch gravierende Unterschiede und die hier in Rede stehenden Gemeinsamkeiten ergeben sich zunächst aus dem Wortlaut, mithin aus der Oberfläche der Rechtsakte.

---

351 Zu den Voraussetzungen einer primärrechtskonformen Auslegung des abgeleiteten Unionsrecht siehe *Leible/Domröse*, in: Riesenhuber, Europäische Methodenlehre, § 9 Rn. 7ff.

352 *Pache*, EuR 2001, 475 (481); *Rudolf*, in: Meyer, GrCH, Vorbemerkungen Titel IV Rn. 4; *Krebber*, in: Calliess/Ruffert, EU-GRCharta, Art. 27 Rn. 3.

353 *Pache*, EuR 2001, 475 (481) („eigenständiger Regelungsgehalt [...] weitgehend relativiert“); *Krebber*, RdA 2009, 224 (234f.); *Krebber*, in: Calliess/Ruffert, EU-GRCharta, Art. 27 Rn. 4 („inhaltsleer“).

354 EuGH, Urteil v. 15.01.2014, C-176/12.

355 *Zachert*, NZA 2001, 1041 (1044); *Krebber*, in: Calliess/Ruffert, EU-GRCharta, Art. 27 Rn. 5. Zur Frage der Horizontalwirkung siehe unten, D. II. 2. c) bb) (4) (a) (cc).

356 *Rudolf*, in: Meyer, GRCh, Vorbemerkungen Titel IV Rn. 39.

357 **SE**: *Oetker*, in: FS-Konzen, 635 (642) zur Frage der Übertragbarkeit der Diskussion zur Rechtsnatur.

Den Ausgangspunkt der Überlegung sollen die Unterschiede der Rechtsakte bilden. Kritische Stimmen weisen darauf hin, dass die Richtlinien eine unterschiedliche Reichweite besitzen.[358] Während die EBR-RL allein die Unterrichtung und Anhörung zum Gegenstand hat, betreffen die SE-RL, SCE-RL und GV-RL auch Mitbestimmungsrechte. Dennoch verbietet diese unterschiedliche Reichweite nicht jeden vergleichenden Blick, denn auf einer abstrakteren Ebene bestehen durchaus zahlreiche Fragestellungen, die von der konkreten Art der Mitwirkungsrechte unabhängig sind. Der gravierende Unterschied ist nicht die unterschiedliche Reichweite der Rechte, sondern der Entschluss des Gesetzgebers, die weiterreichenden Mitbestimmungsrechte in ihrem Bestand zu schützen. Das Vorher-Nachher-Prinzip ist es, das die SE-RL, SCE-RL und GV-RL durchwächst und unmittelbar oder mittelbar alle wichtigen Unterschiede zur EBR-RL bedingt. Ferner wird als wichtiger Unterschied die unterschiedliche Intensität der Eingriffe in Gemeinschaftsgrundrechte genannt.[359] Methodisch wäre dieser Unterschied nur im Rahmen einer primärrechtskonformen Auslegung zu verwerten. Da – soweit ersichtlich – keine primärrechtlichen Bedenken bestehen, ist der Unterschied für die Auslegung ohne Bedeutung und kann entsprechend keine unterschiedlichen Ergebnisse bedingen. Der maßgebliche Unterschied liegt also in dem Schutz von auf nationaler Ebene erworbenen Mitbestimmungsrechten. Erkenntnisse zu Regelungen, die eine Ausprägung dieses unterschiedlichen Schutzniveaus darstellen, können nicht übertragen werden.

Sofern dieses Schutzniveau nicht tangiert ist, sind Rückschlüsse aus den parallelen Rechtsakten im Zuge einer historischen Auslegung denkbar. Bei identischer Übernahme des Wortlauts besteht die Möglichkeit, dass der Gesetzgeber die Regelung auch im gleichen Sinne versteht. Zum Teil werden die Richtlinien auch nachträglich noch einander angeglichen. Beispielsweise wurde in der Neufassung der EBR-RL 2009 die Zusammensetzung des BVG gemäß Art. 4 II b) an die Zusammensetzung gemäß der SE-RL, SCE-RL und GV-RL angepasst. Teilweise wird auch gefordert, dass Erfahrungen, die im Rahmen einer Richtlinie gesammelt wurden und ihren Niederschlag in einer darauf folgenden Richtlinie gefunden haben, auch in der Auslegung der ersten Richtlinie berücksichtigt werden sollen.[360] Ein solches Vorgehen wäre jedoch höchstens im Rahmen einer systematischen Auslegung möglich. Ein richtlinienübergreifender systematischer Zusammenhang besteht allerdings nicht.[361]

Festzuhalten bleibt, dass jedenfalls dort, wo Regelungen auf das unterschiedliche Schutzniveau zurückzuführen sind, keine Übertragung von Ergebnissen möglich ist.

---

358 **SE**: *Forst*, Beteiligungsvereinbarung, S. 12 unter Vergleich der SE-RL mit der EBR-RL.

359 **SE**: *Forst*, Beteiligungsvereinbarung, S. 12 unter Vergleich der SE-RL mit der EBR-RL.

360 **EBR**: *Blanke/Rose*, RdA 2008, 65 (72) zur Berücksichtigung von Regelungen in der SE-RL in der EBR-RL 1994.

361 **SE**: *Rieble*, in: ZAAR Band 12, § 3 Rn. 93.

In den übrigen Fällen ist eine Übertragung nur im Rahmen einer Auslegung nach Wortlaut und Historie möglich, nicht aber nach der Systematik.

3. Rückschlüsse aus Artikel 155 AEUV?

Art. 155 AEUV ermächtigt die „Sozialpartner auf Unionsebene [...] zur Herstellung vertraglicher Beziehungen einschließlich des Abschlusses von Vereinbarungen". Doch die vertragliche Beziehung bzw. die Vereinbarung ist mit der Beteiligungsvereinbarung nicht vergleichbar.[362] Das gilt vor allem bezüglich der Parteien, denn der Begriff des Sozialpartners verlangt nach einem unternehmensübergreifenden Moment.[363] Auch hinsichtlich der Rechtswirkung ergeben sich Unterschiede, weil den Vereinbarungen nach Art. 155 AEUV keine normative Wirkung zukommt.[364]

362 *Krebber*, in: Calliess/Ruffert, EUV/AEUV, AEUV, Art. 155 Rn. 4.
363 Siehe zum Begriff des Sozialpartners unten, E. II. 2. c) cc).
364 *Krebber*, in: Calliess/Ruffert, EUV/AEUV, AEUV, Art. 155 Rn. 16f.; zur normativen Wirkung der Beteiligungsvereinbarung siehe D. II. 3. d).

C. Die Parteien der Vereinbarung

I. Das Besondere Verhandlungsgremium

Sämtliche Richtlinien und Umsetzungsgesetze sehen vor, dass auf Arbeitnehmerseite ein Besonderes Verhandlungsgremium (BVG) in die Verhandlungen eintritt. Die Bestimmungen zu diesem Gremium, insbesondere zu seiner Zusammensetzung, sind der maßgebliche Inhalt der gesetzlichen Vorschriften. Obwohl das Gremium transnational besetzt ist, werden die Details nicht durch die Richtlinien geregelt, sondern durch die jeweiligen nationalen Umsetzungsgesetze. Als Grund für die Aufmerksamkeit, die das Gremium durch das Gesetz erfährt, wird teilweise seine hinreichende Legitimation angesichts seiner weiten Befugnisse genannt.[365] Tatsächlich spielen legitimatorische Aspekte, wie sich noch zeigen wird, eine untergeordnete Rolle.

1. Rechtsnatur und Rechtsfähigkeit

Das BVG wird in den Begriffsbestimmungen der Umsetzungsgesetze nicht erwähnt. Auch die Definitionsnormen der Richtlinien umschreiben in den Artt. 2 I i) EBR-RL, 2 g) SE-RL, 2 g) SCE-RL nur seine Aufgabe. Sicher ist zunächst, dass es sich bei dem Gremium um ein transnational besetztes, eigenverantwortlich und weisungsunabhängig handelndes Organ nationalen Rechts handelt.[366] Das Organ wird in der Literatur auf unterschiedlichste Weise bezeichnet.[367] Keiner dieser Begriffe ist falsch, jedoch ist zu beachten, dass die Aufgabe des BVG einerseits originär ist und der Fokus andererseits auf der Schaffung von Strukturen zur Vertretung der Arbeitnehmer liegt. Während dieses Vorgangs ist das BVG keine Interessenvertretung

365 Für den **EBR**: *Hey/Schröder*, BB 2012, 3014 (3015); *Blanke*, EBRG, § 8 Rn. 2; *Donner*, Kollektivrechtliche Vereinbarungslösungen, S. 71; *Schlinkhoff*, EBR, S. 41; für die **SE**: *Krause*, BB 2005, 1221 (1223); *Hoops*, Unternehmensmitbestimmung, S. 67.

366 Für den **EBR**: *Müller*, EBRG, § 8 Rn. 1; *Schlinkhoff*, EBR, S. 41; *Rademacher*, EBR, S. 111; für die **SE**: *Güntzel*, SE-RL, 150: *Jacobs*, in: MüKo-AktG, SEBG, § 4 Rn. 2; *Hohenstatt/Dzida,* in: Henssler/Willemsen/Kalb, SEBG, Rn. 8; *Hoops*, Mitbestimmungsvereinbarung, S. 68.

367 **Vertretungsorgan**: EBR: *Joost*, in: MünchArbR, § 366 Rn. 36; *Schlinkhoff*, EBR kraft Vereinbarung, S. 41; *Rademacher*, EBR, S. 111. **Repräsentationsorgan**: EBR und SE: *Donner*, Kollektivrechtliche Vereinbarungslösungen, S. 71. **Gründungsorgan**: SE: *Hoops*, Unternehmensvereinbarung, S. 68; *Jacobs*, in: MüKo-AktG, SEBG, § 4 Rn. 2. **Kreationsorgan**: EBR: *Hey/Schröder*, BB 2012, 3014 (3015); *Blanke*, EBRG, § 10 Rn. 1. **Arbeitnehmerorgan**: EBR: *Oetker/Schubert*, in: EAS B8300 Rn. 84. **Betriebsverfassungsrechtliches Organ:** SE: *Rieble*, in: ZAAR Band 12, § 3 Rn. 18.

der Arbeitnehmer.[368] Das zeigt sich insbesondere daran, dass bei der Zusammensetzung des BVG nicht die Anzahl der Arbeitnehmer, sondern die Repräsentation aller Mitwirkungskulturen das wichtigste Kriterium ist.[369] Mitunter besteht auch keine Bindung zwischen Arbeitnehmern und Mitgliedern im BVG, etwa wenn sich ein Mitgliedstaat zur Ernennung letzterer durch Gewerkschaften entschlossen hat.[370] Durch den nur mittelbaren Bezug zur Arbeitnehmervertretung scheint der Begriff des Hilfsorgans[371] naheliegend.

Das BVG kann, ebenso wie der Betriebsrat, nicht außerhalb der ihm zugewiesenen Aufgaben berechtigt und verpflichtet werden.[372] Das BVG hat insofern keine allgemeine[373], sondern nur eine aufgabenbezogene Rechtsfähigkeit[374].

2. Zusammensetzung

a) Richtlinienvorgaben

Das BVG ist zwar transnational besetzt, jedoch wird seine Zusammensetzung nach nationalem Recht bestimmt.[375] Die Richtlinien enthalten in den Artt. 5 II EBR-RL; 3 II SE-RL; 3 II SCE-RL; 16 II a) GV-RL iVm 3 II SE-RL die gleichen Leitlinien.[376] Die EBR-RL bestimmte zunächst abweichende Vorschriften[377], welche jedoch im Zuge der Novellierung an das System der anderen Richtlinien angeglichen wurden.[378]

Jeder Mitgliedstaat, in dem das Unternehmen Arbeitnehmer beschäftigt, entsendet für jede angefangenen 10 Prozent der Gesamtarbeitnehmerschaft ein Mitglied

---

368 **SE**: *Jacobs*, in: MüKo-AktG, SEBG, § 4 Rn. 2; *Oetker*, in: Lutter/Hommelhoff/Teichmann, SEBG, § 4 Rn. 6.

369 **SE**: Vgl. *Oetker*, in: Lutter/Hommelhoff/Teichmann, SEBG, § 4 Rn. 6. Siehe dazu unten, C. I. 6.

370 Dazu auch unten, C. I. 6.

371 Dieser Begriff wird auch für die Einigungsstelle nach § 76 BetrVG gewählt. Der Begriff des Gründungsorgans wäre eine Konkretisierung und mithin ähnlich naheliegend.

372 Vgl. BAG, Urteil v. 24.4.1986, BAGE 52, 1–14.

373 **SE**: *Forst*, Beteiligungsvereinbarung, S. 66ff.

374 **EBR**: *Giesen*, in: Henssler/Willemsen/Kalb, EBRG, Rn. 27. **SE**: *Jacobs*, in: MüKo-AktG, SEBG, § 4 Rn. 2.

375 **EBR**: *Müller*, EBRG, § 8 Rn. 1, § 10 Rn. 1; *Schlinkhoff*, EBR, S. 41; *Rademacher*, EBR, S. 111. **SE**: *Jacobs*, in: MüKo-AktG, SEBG, § 4 Rn. 2; *Hohenstatt/Dzida*, in: Henssler/Willemsen/Kalb, SEBG, Rn. 8; *Hoops*, Mitbestimmungsvereinbarung, S. 68.

376 **SE**: *Jacobs*, in: MüKo-AktG, § 5 Rn. 6; *Oetker*, in: Lutter/Hommelhoff/Teichmann, SEBG, § 5 Rn. 3.

377 **EBR**: Dazu *Hromadka*, DB 1995, 1125 (1127); *Kunz*, AiB 1997, 267 (275); *Eckhoff*, EBR, S. 192ff.; *Rademacher*, EBR, S. 108f.; *Blanke*, EBRG, § 10 Rn. 2ff.; *Müller*, EBRG, § 10 Rn. 1ff.

378 Zur Nachbildung des Art. 5 II b) EBR-RL entsprechend Art. 3 II a) SE-RL siehe *Franzen*, EuZA 2010, 180 (188).

(aa) und bb)). SE-RL, SCE-RL und GV-RL enthalten für den Fall einer Verschmelzung eine ergänzende Regelung (cc). Die Richtlinien lassen offen, in welchem Zeitpunkt die Zusammensetzung zu berechnen ist (c) und wie bei anschließenden Änderungen, die zu einer anderen Zusammensetzung führen würden, zu verfahren ist (d).

b) Grundsätzliche Prinzipien bei der Zusammensetzung

aa) Prinzip der proportionalen Repräsentation

Die Umsetzungsgesetze[379] setzen die Richtlinienvorgabe hinreichend um und sehen vor, dass „für jeden Anteil der in einem Mitgliedstaat beschäftigten Arbeitnehmer, der 10 Prozent der Gesamtzahl der in allen Mitgliedstaaten beschäftigten Arbeitnehmer [...] oder einen Bruchteil davon beträgt, [...] ein Mitglied aus diesem Mitgliedstaat in das BVG entsandt" wird.

Die Anzahl der Mitglieder pro Mitgliedstaat bestimmt sich also nicht unmittelbar aus der Anzahl der Arbeitnehmer in dem Mitgliedstaat, sondern aus dem Anteil der Arbeitnehmer an der Gesamtarbeitnehmerschaft. Dieses Prinzip der proportionalen Repräsentation[380] hat den Vorteil, dass die BVG großer Konzerne nicht zu groß werden.

bb) Prinzip der mitgliedstaatlichen Mindestrepräsentation

Allerdings muss auch für jeden Bruchteil des vorgenannten Anteils ein Mitglied entsendet werden, mithin für jede angefangenen 10 Prozent. Hintergrund dieser Bestimmung ist, dass Belegschaften kleiner Mitgliedstaaten nicht benachteiligt werden sollen. Daher besteht auch keine „Bagatellschwelle" für besonders kleine Belegschaften.[381] Dieser Ausgleich hat jedoch zwei gravierende Nachteile. Zunächst kann es zu einer Aufblähung des BVG kommen.[382] Im (eher theoretischen) Extremfall wird es mit bis zu 39 Mitgliedern besetzt.[383] Daraus folgt zugleich, dass es zur Überrepräsentation kleiner Belegschaften kommen kann.[384] Zur Kompensation enthalten

---

379 §§ 10 I EBRG; 5 I 2 SEBG; 5 II 2 SCEBG; 7 I 2 MgVG.

380 **GV**: *Lunk/Hinrichs*, NZA 2007, 773 (776).

381 Nach der hier vertretenen Ansicht sehen die Richtlinien in Betrieben unterhalb der Schwellenwerte wegen Artt. 5 II a) 3 EBR-RL, 3 II b) 5 SE-RL, 3 II b) 6 SCE-RL und 16 III a) GV-RL i.V.m. 3 II b) SE-RL keine Urwahl der Arbeitnehmer vor, was eine Art Bagatellschwelle sein kann, sofern die Mitgliedstaaten sie umsetzen. Für den **EBR** kritisch *Thüsing/Forst*, NZA 2009, 408 (411); *Franzen*, EuZA 2010, 180 (188f.). Eine Schwelle von 50 Arbeitnehmern enthielt noch Art. 5 II b) des Vorschlags vom 2.7.2009, COM(2008) 419, S. 9 Nr. 38, S. 23 (englische Fassung).

382 **EBR**: *Hey/Schröder*, BB 2012, 3014 (3015); *Thüsing/Forst*, NZA 2009, 408 (411).

383 Bei 27 Mitgliedstaaten und drei EWR-Vertragsstaaten, *Feuerborn*, in: KK-AktG, § 5 Rn. 11; *Jacobs*, in: MüKo-AktG, SEBG, § 5 Rn. 2.

384 **EBR**: *Thüsing/Forst*, NZA 2009, 408 (411). **SE**: *Krause*, BB 2005, 1221 (1224); *Feuerborn*, in: KK-AktG, § 5 Rn. 8; *Jacobs*, in: MüKo-AktG, SEBG, § 5 Rn. 2: *Oetker*, in: Lutter/Hommelhoff/Teichmann, SEBG, § 5 Rn. 10.

Richtlinien und Umsetzungsgesetze das Erfordernis einer sogenannten „doppelten Mehrheit", die in der Mehrheit der Mitglieder liegt, die zugleich die Mehrheit der vertretenen Arbeitnehmer enthalten muss.[385] Entsprechendes fehlt jedoch im EBRG. Scheinbar blind wurden im Novellierungsverfahren der EBR-RL Bruchstücke aus der SE-RL übernommen, ohne den dortigen systematischen Zusammenhang zu beachten.[386]

cc) Prinzip der Mindestvertretung der beteiligten Gesellschaften (Verschmelzung)

Nach den §§ 5 II SEBG; 5 III SCEBG und 7 II MgVG muss für den Fall der Verschmelzung jede der beteiligten Gesellschaften, die Arbeitnehmer beschäftigt und nach der Verschmelzung als eigene Rechtspersönlichkeit erlischt, durch mindestens ein Mitglied im BVG repräsentiert sein. Wenn dies nicht gewährleistet ist, sind zusätzliche Mitglieder zu bestellen. Relevant wird die Regelung, wenn in einem Mitgliedstaat mehr als eine Gesellschaft an der Verschmelzung beteiligt ist. Als Beispiel dient folgende Konstellation: Eine deutsche Gesellschaft möchte mit drei französischen Gesellschaften verschmelzen. Die drei französischen Gesellschaften beschäftigen zusammen 20 Prozent und die deutsche Gesellschaft 80 Prozent der Gesamtarbeitnehmerschaft. Nach dem Prinzip der proportionalen Repräsentation würden im BVG acht Sitze auf deutsche und zwei Sitz auf französische Vertreter entfallen. Die drei französischen Gesellschaften können demnach nicht mit je einem Mitglied vertreten werden. Daher ist ein zusätzliches Mitglied zu bestellen.

Der so entstehenden Gefahr der Überrepräsentation begegnet der Gesetzgeber durch das Erfordernis der „doppelten Mehrheit" sowie durch eine Begrenzung. Nach §§ 5 III 1 SEBG, 5 IV 1 SCEBG, 7 III 1 MgVG darf die Anzahl zusätzlicher Mitglieder 20 Prozent der Anzahl aller Mitglieder nicht übersteigen. Wenn aufgrund dieser Beschränkung nicht jede Gesellschaft vertreten werden kann, erfolgt die Sitzverteilung nach Satz 2 entsprechend der Arbeitnehmeranzahl in den jeweiligen Gesellschaften in absteigender Reihenfolge. Wenn diese Verteilung dazu führt, dass bei mehreren zusätzlichen Sitzen ein Mitgliedstaat, in dem eine besonders zu berücksichtigende Gesellschaft ihren Sitz hat, unberücksichtigt bleibt, wird die Verteilung entsprechend Satz 3 geregelt.[387]

---

385 Artt. 3 IV 1, VI UAbs. 2 SE-RL; 3 IV 1, VI UAbs. 2 SCE-RL; 16 III a) GV-RL i.V.m. 3 IV 1 SE-RL bzw. §§ 15 II, 16 I SEBG; 15 II, 16 I SCEBG; 17 II, 18 S. 2 MgVG, wobei § 18 S. 2 MgVG kein Vorbild in der Richtlinie findet, weil Art. 16 III a) GV-RL nicht auf Art. 3 VI SE-RL verweist.

386 Kritisch auch *Thüsing/Forst*, NZA 2009, 408 (411).

387 **GV**: *Lunk/Hinrichs*, NZA 2007, 773 (776) bezeichnen dies als „Prinzip der mitgliedstaatlichen Mindestvertretung". Eine Mindestvertretung der Mitgliedstaaten wird jedoch schon über §§ 10 I EBRG, 5 I 2 SEBG, 5 II 2 SCEBG, 7 I 2 MgVG sichergestellt. Hier geht es um die gerechte Verteilung zusätzlicher Sitze. Zudem berufen sie sich dazu auf einen nicht vorhandenen § 7 III 4 MgVG.

dd) Ergebnis

Grundsätzlich erfolgt die Zusammensetzung des BVG nach dem Prinzip der proportionalen Repräsentation. Dieses Prinzip wird durch das Prinzip der mitgliedstaatlichen Mindestrepräsentation sowie das Prinzip der Mindestvertretung der beteiligten Gesellschaften eingeschränkt. Diese Einschränkungen werden für einige Gesetze durch das Erfordernis „doppelter Mehrheiten" und die Deckelung zusätzlicher Sitze abgedämpft.

c) Zeitpunkt

Fraglich ist, in welchem Zeitpunkt sich die Zusammensetzung des BVG bestimmt. Die Umsetzungsgesetze haben gemeinsam, dass die Leitungen den Arbeitnehmervertretern die Zahlen mitteilen, aus denen sich die Zusammensetzung ergibt. Maßgeblich ist daher der Zeitpunkt, der diesen Informationen zugrunde liegt.

Für die SE, SCE und für grenzüberschreitende Verschmelzungen ergibt sich die Informationspflicht über die entsprechenden Zahlen aus den §§ 4 II, III Nr. 3 SEBG; 6 II, III Nr. 3 SCEBG und 6 II, III Nr. 3 MgVG.[388] Der für diese Zahlen maßgebliche Zeitpunkt ist nach § 4 IV SEBG, 6 IV SCEBG, 6 IV MgVG der Zeitpunkt der Information selbst. Daran wird deutlich, dass der Stand der Arbeitnehmerzahlen so aktuell wie möglich sein soll. Die Zusammensetzung des BVG bestimmt sich somit im Zeitpunkt der Information nach den oben genannten Normen.[389]

Das EBRG enthält abweichende Vorschriften. Hier hat die zentrale Leitung nach § 9 III EBRG über die Zusammensetzung des BVG zu unterrichten. Um eine möglichst korrekte Repräsentation zu gewährleisten, sollte für den Stand der Information der spätmöglichste Zeitpunkt gewählt werden. Dies ist der Zeitpunkt der Information selbst. Zu früh ist indes der Zeitpunkt der Information nach § 5 I 2 EBRG. Diese Norm hat den Zweck, über die Sinnhaftigkeit eines Antrages nach § 9 I EBRG zu entscheiden[390] – und nicht über die konkrete Zusammensetzung des BVG. Zu spät ist der Zeitpunkt der Errichtung des BVG.[391] Das BVG konstituiert sich mit seiner ersten Sitzung[392], sodass die Zusammensetzung also bereits feststehen und eine entsprechende Entsendung erfolgt sein muss.

d) Berücksichtigung anschließender Änderungen

Interessanter ist die Frage, ob und wie Änderungen nach diesem Zeitpunkt, die zu einer anderen Zusammensetzung des BVG führen würden, zu berücksichtigen sind.

---

388 **SE**: *Evers*, in: Manz/Mayer/Schröder, SEBG, § 4 Rn. 9; *Kleinsorge*, in: Nagel/Freis/Kleinsorge, § 4 Rn. 4; *Oetker*, in: Lutter/Hommelhoff/Teichmann, SEBG, § 4 Rn. 31.

389 So auch für die **SE**: *Feuerborn*, in: KK-AktG, § 5 Rn. 7; *Jacobs*, in: MüKo-AktG, SEBG, § 5 Rn. 2; *Oetker*, in: Lutter/Hommelhoff/Teichmann, SEBG, § 5 Rn. 8.

390 *Däubler*, in: Däubler/Kittner/Klebe/Wedde, EBRG, § 5 Rn. 3.

391 So aber *Blanke*, EBRG, § 10 Rn. 4.

392 Siehe oben, C. I. 3.

Zu trennen sind die Zeiträume während (aa), vor (bb) und nach (cc) der Amtszeit des BVG.

aa) Änderungen während der Amtszeit des BVG

Für Änderungen während der Amtszeit des BVG ist weiter zwischen SEBG, SCEBG und MgVG einerseits und dem EBRG andererseits zu differenzieren. Erstere enthalten eine ausdrückliche Anpassungsregelung, die sich in letzterem nicht findet.

(1) SEBG, SCEBG, MgVG

(a) Inhalt

Die §§ 5 IV SEBG; 5 V SCEBG und 7 IV MgVG sehen vor, dass während der Tätigkeitsdauer des BVG eintretende Änderungen in Unternehmensstruktur oder Arbeitnehmerzahl zur einer neuen Zusammensetzung des BVG führen, sofern sich dadurch die konkrete Zusammensetzung ändern würde.

(b) „Neue Zusammensetzung" als Anpassung des BVG ohne Neukonstituierung

Fraglich ist, was „neue Zusammensetzung" bedeutet. Entweder wird das BVG neu konstituiert oder es erfolgt eine Anpassung des bestehenden Gremiums. Der Wortlaut spricht eher für eine neue Konstituierung, jedoch ist auch eine Anpassung mit ihm vereinbar.[393] Sinn und Zweck der Vorschrift ist zum einen, die angestrebten Grundsätze bezüglich der Zusammensetzung auch während des unter Umständen lange andauernden Verhandlungsverfahrens sicherzustellen.[394] Zum anderen bezweckt die Norm den Schutz bestehender Mitbestimmungsrechte.[395] Verständlich wird dies, wenn man sich eine Verschmelzung zweier Gesellschaften vorstellt, zu der nach Konstituierung des BVG eine deutsche mitbestimmte Gesellschaft hinzutritt.[396] Weder wären die Arbeitnehmer dieser Gesellschaft im BVG repräsentiert, noch wäre ihr Mitbestimmungsniveau bei der Frage nach einer Mitbestimmungsminderung entsprechend den §§ 15 III, 21 VI SEBG; 15 III, 21 V SCEBG; 17 III MgVG zu berücksichtigen.[397] Der Sinn und Zweck spricht insofern eher für eine neue Konstituierung: Dadurch beginnt die Verhandlungsfrist erneut und die neuen Mitglieder haben ausreichend Zeit zur Einflussnahme auf die Verhandlungen. Der Systematik lässt sich hingegen klar entnehmen, dass keine neue Konstituierung gewollt sein

---

393 **SE**: Für ein Verständnis als nachträgliche Änderung siehe *Reinhardt*, Unternehmensmitbestimmung, S. 118.

394 **SE**: *Kleinsorge*, in: Nagel/Freis/Kleinsorge, SEBG, § 5 Rn. 8.

395 BT-Drs. 16/2922 S. 21f.; *Feuerborn*, in: KK-AktG, SEBG, § 5 Rn. 20.

396 Beispiel für die **SE** nach *Feuerborn*, in: KK-AktG, SEBG, § 5 Rn. 20.

397 **SE**: *Feuerborn*, in: KK-AktG, SEBG, § 5 Rn. 20.

kann.[398] Die Frist ist nach den §§ 20 SEBG; 20 SCEBG; 21 MgVG kurz bemessen und ihre Ausweitung wurde eng begrenzt. Das Verhandlungsverfahren gehorcht dem Prinzip der Eilbedürftigkeit, um eine Eintragung der Gesellschaft nicht zu lange hinauszuzögern. Eine neue Konstituierung des BVG mit der Folge, dass die Frist erneut beginnt, ist mit dieser Konzeption nicht zu vereinbaren. Festzuhalten bleibt, dass Sinn und Zweck der Norm mit der Systematik kollidiert. Letzterer ist angesichts der sehr deutlichen Vorgaben der Vorrang zu gewähren.

Dem so eingeschränkten Zweck der Norm kann aber Rechnung getragen werden, indem man dem BVG aus dem Grundsatz der vertrauensvollen Zusammenarbeit einen Anspruch auf Verlängerung der Verhandlungen zubilligt.[399] Dagegen wird teilweise eingewandt, dass eine Fristverlängerung nach §§ 20 II SEBG; 21 II SCEBG; 21 II MgVG Einvernehmlichkeit erfordert.[400] Diese Kritik ist jedoch nicht zutreffend. Es wird noch hergeleitet, dass die Pflicht zur vertrauensvollen Zusammenarbeit auch die Pflicht umfasst, begründeten Wünschen stattzugeben.[401]

(c) Keine unionsrechtlichen Bedenken

Die §§ 5 IV SEBG; 5 V SCEBG und 7 IV MgVG haben im Übrigen viel Kritik einstecken müssen. Die Norm sei „nicht praktikabel“[402] und es würden „europarechtliche Bedenken“[403] bestehen. Letztere stützt man darauf, dass die Richtlinien eine nachträgliche Anpassung des BVG nicht vorsehen. Darin besteht für sich gesehen kein Problem, weil die Anpassungsregelung dem Schutz bestehender Mitbestimmung bezweckt, was erklärtes Ziel der Richtlinie ist.[404] Man stützt die Bedenken jedoch auf etwas anderes. Ein einmal nach den Vorgaben der Richtlinie zustande

398 Im Ergebnis für die **SE** wohl auch *Grobys*, NZA 2005, 84 (90f.); *Krause*, BB 2005, 1221 (1224); *Reinhardt*, Unternehmensmitbestimmung, S. 118; *Evers*, in: Manz/Mayer/Schröder, SEBG, § 5 Rn. 7; *Oetker*, in: Lutter/Hommelhoff/Teichmann, SEBG, § 5 Rn. 19.

399 Als Ausprägung des Grundsatzes der vertrauensvollen Zusammenarbeit, dass begründeten Wünschen stattzugeben ist, siehe dazu unten D. I. 1. b) dd) (5). So auch für die **SE**: *Grobys*, NZA 2005, 84 (90f.); *Krause*, BB 2005, 1221 (1224); *Reinhardt*, Unternehmensmitbestimmung, S. 118; *Evers*, in: Manz/Mayer/Schröder, SEBG, § 5 Rn. 7; *Feuerborn*, in: KK-AktG, SEBG, § 5 Rn. 22; *Oetker*, in: Lutter/Hommelhoff/Teichmann, SEBG, § 5 Rn. 19.

400 Für die **SE**: *Hohenstatt/Dzida*, in: Henssler/Willemsen/Kalb, SEBG, Rn. 11.

401 Siehe unten, D. I. 1. b) dd) (5).

402 **SE**: *Hey/Schröder*, BB 2012, 3014 (3016). **GV**: *Lunk/Hinrichs*, NZA 2007, 773 (776).

403 **SE**: *Hey/Schröder*, BB 2012, 3014 (3016); *Krause*, BB 2005, 1221 (1224); *Ziegler/Gey*, BB 2009, 1750 (1753); *Reinhardt*, Unternehmensmitbestimmung, S. 117ff.; *Donner*, Kollektivrechtliche Vereinbarungslösungen, S. 368f.; zumindest Bezug auf die Bedenken nimmt *Jacobs*, in: MüKo-AktG, SEBG, § 5 Rn. 4. **GV**: *Lunk/Hinrichs*, NZA 2007, 773 (776).

404 **SE**: *Feuerborn*, in: KK-AktG, SEBG, § 5 Rn. 20, unter Berufung auf die Erwägungsgründe 3, 7, 9, 18.

gekommenes BVG könne nicht durch Vorschriften geändert werden, die nur in einem Mitgliedstaat gelten, denn sonst droht eine Verzerrung bei der Bestimmung der Mitgliederzahl pro Mitgliedstaat.[405]

Diese Sichtweise ist nur dann richtig, wenn bezüglich der Zusammensetzung des BVG unterschiedliche Umsetzungsgesetze zur Anwendung kommen. Das ist abhängig von ihrem räumlichen Geltungsbereich. Entsprechend der §§ 3 I 1 SEBG; 3 I 1 SCEBG; 3 I 1 MgVG erstreckt sich der räumliche Geltungsbereich auf Gesellschaften mit (geplantem) Sitz im Inland. Danach würde kein Problem bestehen: Ausländische Gesellschaften mit zukünftigem Sitz in Deutschland wären von der Anpassungsregelung der §§ 5 IV SEBG; 5 V SCEBG; 7 IV MgVG ebenfalls erfasst und deutsche Gesellschaften mit zukünftigem Sitz im Ausland nicht. Es drohen keine Verzerrungen. Kopfschmerzen bereitet jedoch die Ausnahmevorschrift der §§ 3 I 2 SEBG; 3 I 2 SCEBG; 3 I 2 MgVG. Danach gelten die Umsetzungsgesetze unabhängig vom Sitz auch für im Inland beschäftigte Arbeitnehmer sowie für beteiligte Gesellschaften, betroffene Tochtergesellschaften und betroffene Betriebe mit Sitz im Inland. Fraglich ist, ob davon auch die Vorschriften über die Zusammensetzung des BVG erfasst sind. Ein Blick in die Artt. 6 SE-RL; 6 SCE-RL; 16 III d) GV-RL i.V.m. 6 SE-RL verrät, dass das Recht jenes Mitgliedstaats maßgeblich ist, in dem die Gesellschaft ihren Sitz haben wird – außer die Richtlinie sieht etwas anderes vor. In richtlinienkonformer Auslegung beschränkt sich die Ausdehnung des räumlichen Geltungsbereichs nach den deutschen Umsetzungsgesetzen daher auf die Fälle, die von der Richtlinie dafür vorgesehen sind. Darunter fällt nach Artt. 3 II a) SE-RL; 3 II a) SCE-RL; 16 III a) GV-RL i.V.m. 3 II a) SE-RL nicht die Zusammensetzung des BVG.[406] Daher sind die §§ 5 IV SEBG; 5 V SCEBG; 7 IV MgVG nicht auf Gesellschaften mit zukünftigem Sitz im Ausland anwendbar. Dementsprechend droht keine Verzerrung bei der Bestimmung der Mitgliederzahlen, weil sich die Zusammensetzung des BVG stets nach dem Umsetzungsgesetz des Sitzstaats richtet.

Entschließt man sich gegen eine solche richtlinienkonforme Auslegung, liegen die „europarechtlichen Bedenken“ bei den §§ 3 I 2 SEBG, 3 I 2 SCEBG, 3 I 2 MgVG, denn die Richtlinie sieht eine so weite Anwendung der Umsetzungsgesetze nicht vor.

(2) EBRG

Das EBRG enthält keine ausdrückliche Regelung. Eine entsprechende Anpassungsregelung wird teilweise ohne nähere Begründung angenommen.[407]

---

405 **SE**: *Hey/Schröder*, BB 2012, 3014 (3016); *Krause*, BB 2005, 1221 (1224); *Reinhardt*, Unternehmensmitbestimmung, S. 119. **GV**: *Ziegler/Gey*, BB 2009, 1750 (1753).

406 Erfasst wären zum Beispiel die Vorschriften über die Entsendung der innerstaatlichen Mitglieder, vgl. Artt. 3 II b) SE-RL, 3 II b) SCE-RL, Art. 16 III a) GV-RL i.V.m. Art. 3 II b) SE-RL („Die Mitgliedstaaten legen das Verfahren...“).

407 *Blanke*, EBRG, § 10 Rn. 14, sogar mit Hinweis auf § 5 IV SEBG; *Klebe*, in: Däubler/Kittner/Klebe/Wedde, EBRG, § 10 Rn. 2.

Fraglich ist jedoch, ob eine analoge Anwendung der §§ 5 IV SEBG, 5 V SCEBG, 7 IV MgVG auf die Zusammensetzung des BVG im EBRG möglich ist. Dazu bedarf es einer planwidrigen Regelungslücke bei vergleichbarer Interessenlage. Bereits bei der Planwidrigkeit wird man jedoch Zweifel anmelden müssen. Das EBRG wurde nach der Novellierung der Richtlinie 2009 neu gefasst, zu diesem Zeitpunkt bestanden die Regelungen in SEBG, SCEBG und MgVG bereits. Dem Gesetzgeber war die Nähe der Gesetze zueinander bewusst – er hat sie miteinander verglichen und das EBRG teilweise angeglichen, was sich beispielhaft an § 5 I EBRG zeigt. Durch die Einführung von § 37 EBRG zeigt er zudem, dass er auch über das Problem nachträglicher Strukturänderungen nachgedacht hat.[408] Ein Verzicht auf die Einführung einer Anpassungsregelung ist daher als nicht planwidrig zu begreifen. Unabhängig davon besteht auch keine vergleichbare Interessenlage. Die §§ 5 IV SEBG, 5 V SCEBG, 7 IV MgVG dienen vorrangig dem Schutz bestehender Mitbestimmungsrechte.[409] Im EBRG besteht das Prinzip der Sicherung bestehender Rechte nicht, sodass es auch keines Schutzes bedarf.

Die Voraussetzungen einer Analogie liegen daher nicht vor. Eine Anpassungsregelung kann sich auch nicht aus anderen Normen ergeben, insbesondere nicht aus einer analogen Anwendung des § 37 I EBRG. Somit erfolgt im EBRG keine Anpassung der Zusammensetzung des BVG bei strukturellen Änderungen während seiner Amtszeit.

(3) Ergebnis: Ausgleich kollidierender Prinzipien

Treten während der Amtszeit des BVG Änderungen in der Struktur des Unternehmens oder der Arbeitnehmerzahl ein, die zu einer abweichenden Zusammensetzung führen würden, kommt es zur Kollision verschiedener Prinzipien. Einerseits sollen die Verhandlungen zügig durchgeführt werden, andererseits soll das BVG die verschiedenen Mitwirkungskulturen richtig repräsentieren. Grundsätzlich löst der Gesetzgeber den Konflikt zugunsten schneller Verhandlungen auf. In SEBG, SCEBG und MgVG tritt jedoch das Prinzip der Sicherung bestehender Mitbestimmung hinzu. Hier wird der Konflikt so gelöst, dass zwar eine Anpassung des Gremiums erfolgt, die Verhandlungsfrist jedoch nicht von vorn zu laufen beginnt.

bb) Änderungen vor der Amtszeit des BVG

Die soeben gefundenen Ergebnisse gelten für den Zeitraum ab Konstituierung des BVG, also ab dem Zeitpunkt der ersten Sitzung.[410] Der Zeitpunkt, in dem die Zusammensetzung des BVG bestimmt wird, liegt davor.[411] Wie bei strukturellen Änderungen in der Zwischenzeit zu verfahren ist, regelt keines der Umsetzungsgesetze

408 *Hey/Schröder*, BB 2012, 3014 (3015).
409 BT-Drs. 16/2922 S. 21f.; *Feuerborn*, in: KK-AktG, SEBG, § 5 Rn. 20; vgl oben C. I. 3. d) aa) (1) (c).
410 Siehe oben C. I. 3.
411 Siehe oben C. I. 3. c).

ausdrücklich. Die Zwischenzeit beträgt entsprechend der §§ 11 I 1 SEBG; 11 I 1 SCEBG; 13 I 1 MgVG regelmäßig höchstens zehn Wochen, das EBRG sieht keine Frist vor.

(1) SEBG, SCEBG, MgVG

In der Literatur diskutiert man relativ oberflächlich, ob § 5 IV SEBG vor der Amtszeit des BVG Anwendung finden soll.[412] Die Befürworter werfen ein: „Je früher die Veränderungen eintreten, desto einfacher können sie berücksichtigt werden"[413], alles andere sei „sinnwidrig"[414]. Hingegen lehnen die Gegner eine Berücksichtigung „aus Gründen der Rechtssicherheit"[415] ab, erlauben aber eine Korrektur über § 242 BGB bei Rechtsmissbrauch.[416]

Die §§ 5 IV SEBG; 5 V SCEBG; 7 IV MgVG können nicht durch Auslegung auf den Zeitraum vor Beginn der Amtszeit des BVG erstreckt werden. Der Wortlaut erfordert mit „während der Tätigkeitsdauer des BVG" eindeutig die Konstituierung des Gremiums. Die Normen könnten jedoch analog angewendet werden. Dazu müsste eine planwidrige Regelungslücke bei vergleichbarer Interessenlage bestehen. Eine Regelungslücke besteht angesichts fehlender Anpassungsregelung vor der Amtszeit des BVG. Sie ist auch planwidrig, weil der Gesetzgeber erkennbar den Schutz bestehender Mitbestimmung vor Augen hatte und ihn sicher nicht von dem Zeitpunkt der Konstituierung abhängig machen wollte. Die Sicherung bestehender Mitbestimmung sowie der Grundsatz, dass das BVG die Belegschaft korrekt repräsentieren soll, begründen auch eine vergleichbare Interessenlage. Somit sind die §§ 5 IV SEBG; 5 V SCEBG; 7 IV MgVG auf den Zeitraum vor Konstituierung des BVG analog anwendbar.

Dadurch entstehende zeitliche Verzögerungen sind – entgegen den Verzögerungen während der Amtszeit – zu berücksichtigen. Das ergibt sich aus den §§ 11 II 1 SEBG; 11 II 1 SCEBG; 13 II 1 MgVG. Danach können die Leitungen nach Ablauf der zehnwöchigen Frist nicht zur konstituierenden Sitzung laden, wenn noch nicht alle Mitglieder bestellt wurden und die Verzögerungen nicht von den Arbeitnehmern zu vertreten sind. Dieses Ergebnis ist auch interessengerecht, da strukturelle Änderungen auf Entscheidungen der Unternehmensleitung zurückzuführen sind.

(2) EBRG

Im EBRG gilt gleiches wie bei strukturellen Änderungen nach Konstituierung des BVG. In beiden Fällen erfolgt keine Anpassung.

---

412 Die Gedankengänge sind auf die identischen §§ 5 V SCEBG, 7 IV MgVG übertragbar.
413 *Jacobs*, in: MüKo-AktG, SEBG, § 5 Rn. 4; ähnlich *Hohenstatt/Dzida*, in: Henssler/Willemsen/Kalb, SEBG, Rn. 11 Fn. 10.
414 *Hohenstatt/Dzida*, in: Henssler/Willemsen/Kalb, SEBG, Rn. 11 Fn. 10.
415 *Grobys*, NZA 2005, 84 (87); *Feuerborn*, in: KK-AktG, SEBG, § 5 Rn. 18.
416 *Grobys*, NZA 2005, 84 (87) Fn. 18; *Feuerborn*, in: KK-AktG, SEBG, § 5 Rn. 18.

cc) *Änderungen nach Ende der Amtszeit des BVG*

Auch nach Ende der Amtszeit, also nach dem Abschluss einer Vereinbarung oder dem Beschluss der Nichtaufnahme oder des Abbruchs von Verhandlungen, kann es zu strukturellen Änderungen kommen. Regelungen enthalten die Gesetze in den §§ 37 EBRG; 18 SEBG; 18 SCEBG. Diese komplexe Materie wird unten ausführlich behandelt.[417]

3. Amtszeit

Die Amtszeit des BVG beginnt mit der Wahl des Vorsitzenden und seines bzw. seiner Stellvertreter auf der konstituierenden Sitzung, §§ 13 I EBRG, 12 I SEBG, 12 I SCEBG, 14 I MgVG. Umsetzungsgesetze und Richtlinien enthalten hingegen keine Aussage zum Ende der Amtszeit. Die Frage nach der Existenz des BVG gilt zum einen für den Zeitraum nach Abschluss einer Vereinbarung (a) und zum anderen für den Zeitraum nach dem Beschluss des BVG über den Abbruch bzw. die Nichtaufnahme der Verhandlungen (b).

a) *Existenz des BVG nach Abschluss einer Vereinbarung*

Die Richtlinien enthalten keine Hinweise bezüglich der Existenz des BVG nach Abschluss einer Vereinbarung. Teilweise werden Schlüsse aus den Artt. 3 VI 6 SE-RL, 3 VI 6 SCE-RL gezogen.[418] Diese betreffen aber die nicht vergleichbare Wiederaufnahme nach dem Beschluss des BVG über den Abbruch oder die Nichtaufnahme der Verhandlungen.

In den Umsetzungsgesetzen spricht zunächst der Wortlaut für eine Auflösung des BVG nach Abschluss einer Vereinbarung. Nach §§ 18 III SEBG, 18 III SCEBG sind bei strukturellen Änderungen neue Verhandlungen zu führen. Satz 2 sieht vor, dass „anstelle des neu zu bildenden BVG“ andere Parteien verhandeln können. Eine historische Auslegung bestätigt den Wortlaut – Satz 2 wurde eingefügt, um den organisatorischen Aufwand einer Neubildung zu vermeiden.[419] Auch das EBRG sieht im Falle der strukturellen Änderung nach § 37 I EBRG Neuverhandlungen vor, jedoch ist sein Wortlaut nicht eindeutig. Eine systematische Auslegung legt aber auch hier eine Auflösung des Gremiums nach Abschluss der Vereinbarung nahe: § 37 II EBRG modifiziert für diesen Fall die Zusammensetzung des BVG. Das BVG löst sich demnach spätestens bei Neuverhandlungen über strukturelle Änderungen auf.

Freilich ist damit noch nichts über die Phase zwischen Abschluss einer Vereinbarung und Neuverhandlung gesagt. In systematischer Hinsicht muss das BVG so lange bestehen, bis es seine Aufgabe erfüllt hat. Die Amtszeit des BVG hängt daher maßgeblich davon ab, welche Aufgaben man ihm zubilligt. Das Gesetz selbst nennt

417 Siehe unten, D. II. 6. b).

418 **SE**: *Forst*, Beteiligungsvereinbarung, S. 66.

419 BT-Drucks. 15/3405, S. 50; *Hennings*, in: Manz/Mayer/Schröder (1. Aufl.), Art. 3 SE-RL Rn. 105; *Hoops*, Unternehmensmitbestimmung, S. 68.

in den §§ 8 I EBRG; 4 I SEBG; 5 I SCEBG; 6 I MgVG als Aufgabe den Abschluss einer Vereinbarung. In der Literatur wurde vereinzelt versucht, dem BVG darüber hinaus die Aufgabe der Überwachung und Kontrolle der getroffenen Vereinbarung zuzuschreiben.[420] Dafür lassen sich jedoch weder im Gesetz noch in der Eigenschaft des BVG als Vereinbarungspartei Anhaltspunkte finden.[421] Somit löst sich das BVG spätestens nach Abschluss einer Vereinbarung auf.

b) Existenz des BVG nach Beschluss über Abbruch oder Nichtaufnahme der Verhandlungen

Problematischer ist die Frage, ob sich das Gremium auch auflöst, wenn es keine Vereinbarung trifft, sondern beschließt, die Verhandlungen abzubrechen oder gar nicht erst aufzunehmen.[422] Diese Frage stellt sich nicht bei grenzüberschreitenden Verschmelzungen, weil hier keine Möglichkeit einer Wiederaufnahme der Verhandlungen besteht. Hier gelangen die nationalen Regelungen der Arbeitnehmermitwirkung zur Anwendung, sodass sich das BVG auflöst.

Der Wortlaut der übrigen Richtlinien spricht für ein Verständnis des BVG als dauerhaftes Gremium.[423] Art. 5 V 3 EBR-RL sieht die Möglichkeit einer erneuten „Einberufung“ vor. Der Wortlaut der Artt. 3 VI 6 SE-RL; 3 VI 6 SCE-RL ist mit „wieder einberufen“ noch eindeutiger.[424] Auch die englische und französische Sprachfassung gehen in diese Richtung.[425] Aus dem Zweck der Regelungen könnte man gegenteiliges ableiten. Entschließt sich das BVG gegen Verhandlungen und damit gegen ein System der Arbeitnehmermitwirkung als Ganzes, soll die Belegschaft

---

420 *Weiss*, AuR 1995, 438 (441f.); *Hanau*, in: FS-Vieregge, 319 (334); für den **EBR**, der Gedanke ist auf die anderen Rechtsakte übertragbar.

421 Für den **EBR** *Lerche*, EBR, S. 206f.; *Eckhoff*, EBR, S. 218; *Joost*, in: MünchArbR, § 366 Rn. 76; *Oetker/Schubert*, in: EAS B 8300 Rn. 86; für die **SE** wohl auch *Oetker*, in: Lutter/Hommelhoff/Teichmann, § 4 Rn. 6f.

422 Diese Möglichkeit wird in den §§ 15 I EBRG, 16 I SEBG, 16 I SCEBG, 18 I MgVG gewährt. Für eine Auflösung ohne nähere Begründung auch für den **EBR**: *Blanke*, EBR, § 8 Rn. 4; *Giesen*, in: Henssler/Willemsen/Kalb, EBRG, § 8 Rn. 21; *Müller*, EBRG, § 8 Rn. 1; für die **SE**: *Hohenstatt/Dzida,* in: Henssler/Willemsen/Kalb, SEBG, Rn. 8; *Jacobs*, in: MüKo-AktG, SEBG, § 4 Rn. 2; *Oetker*, in: Lutter/Hommelhoff/Teichmann, SEBG, § 4 Rn. 8; *Krause*, BB 2005, 1221 (1225).

423 So *Goos*, NZA 1994 776 (777); *Weiss*, AuR 1995, 438 (441f.); aber nicht mehr in *Weiss*, NZA 2003, 177 (180); differenzierend *Sandmann*, EBR-RL, S. 201; alle für den **EBR**, der Gedanke ist aber auf die anderen Rechtsakte übertragbar. Obwohl die Autoren diese Ansicht in Hinblick auf die Richtlinie vertreten und vor Verabschiedung der Umsetzungsgesetze veröffentlicht haben, wird ihnen teilweise ein falsches Verständnis der Umsetzungsgesetze vorgeworfen.

424 Für ein solches Verständnis bei der **SE** wohl auch *Herfs-Röttgen*, NZA 2001, 424 (427).

425 **EBR**: Englisch: „convene“; Französisch: „convocation“. **SE/SCE**: Englisch: „reconvened“; Französisch: „reconvoqué“.

nach einer gewissen Karenzzeit erneut die Gelegenheit haben, Mitwirkungsrechte zu verhandeln. Es wäre wenig sinnhaft, wenn für die Arbeitnehmer dasselbe Gremium in die Verhandlungen eintreten würde, welches schon zuvor kein Interesse an Mitwirkungsrechten gezeigt hat. Festzuhalten bleibt, dass die Richtlinien kein eindeutiges Bild zeichnen.

Die Umsetzungsgesetze sprechen für eine Auflösung des BVG nach Abbruch oder Nichtaufnahme der Verhandlungen. Die §§ 15 II EBRG; 18 I SEBG und 18 I SCEBG enthalten je den Begriff der erneuten „Bildung" des BVG – was voraussetzt, dass das zuvor gebildete Gremium nicht mehr besteht. In teleologischer Hinsicht spricht für dieses Ergebnis gleiches wie im Rahmen der Richtlinien. Somit endet die Amtszeit des BVG jedenfalls nach den deutschen Umsetzungsgesetzen mit dem Beschluss über den Abbruch oder die Nichtaufnahme der Verhandlungen.[426] Dadurch ergibt sich zwar ein Widerspruch zu den Bestimmungen der Richtlinien, jedoch folgt daraus noch keine Richtlinienwidrigkeit. Der Unionsgesetzgeber überlässt weitgehend den Mitgliedstaaten die Regelung der Zusammensetzung des BVG, damit sich bereits hier innerstaatliche Traditionen widerspiegeln können.[427] Daraus kann gefolgert werden, dass die Mitgliedstaaten grundsätzlich auch Fälle einer erneuten Zusammensetzung schaffen dürfen.

c) Ergebnis

Das BVG hat verschiedene Handlungsmöglichkeiten. Es kann eine Vereinbarung abschließen oder den Beschluss der Nichtaufnahme oder des Abbruchs der Verhandlungen fassen. Nimmt es eine dieser Möglichkeiten wahr, löst es sich anschließend nach allen deutschen Umsetzungsgesetzen auf.

4. Rechte und Pflichten

a) Aufgabe des BVG

Das BVG hat die Aufgabe, eine Vereinbarung über die Arbeitnehmerbeteiligung abzuschließen.[428] Die erforderlichen Zwischenschritte bis zum Abschluss einer Vereinbarung – das Einholen von Informationen, die Beratung und der Eintritt in Verhandlungen – zählen notwendigerweise ebenfalls zu den Aufgaben des Gremiums. Angesichts seiner Möglichkeit, schon vor der Information die Nichtaufnahme der Verhandlungen beschließen zu können[429], lassen sich diese Aufgaben nicht als Pflichten interpretieren.

---

426 **SE**: Im Ergebnis auch *Hoops*, Mitbestimmungsvereinbarung, S. 68.

427 Dazu oben, C. I. 2.

428 Artt. 6 I EBR-RL; 4 I SE-RL; 4 I SCE-RL; 16 III GV-RL iVm 4 I SE-RL bzw. §§ 8 I EBRG, 4 I SEBG, 5 I SCEBG, 6 I MgVG.

429 §§ 15 I EBRG, 16 I SEBG, 16 I SCEBG, 18 I MgVG.

b) Informationsrecht

Den Parteien wurde die Möglichkeit einer Vereinbarung über die Arbeitnehmermitwirkung gewährt, damit sie eine an die Unternehmensstruktur, Mitwirkungskultur und die jeweiligen Interessen angepasste Lösung entwickeln können. Ohne Kenntnis der Unternehmensstruktur ist dieser Anpassungsvorgang zum Scheitern verurteilt oder es besteht sogar schon Unklarheit über die eigenen Interessen. Nur durch Information kann das BVG mit der Unternehmensleitung auf Augenhöhe verhandeln.[430] Eine der Kernfragen ist deshalb, welche Informationen das BVG benötigt und wie es an sie gelangen kann.

aa) Richtlinienvorgaben

Die Richtlinien geben auf diese Frage keine zufriedenstellende Antwort. Während sich die EBR-RL jeder Aussage enthält, bestimmen die Art. 3 III 2 SE-RL; 3 III 2 SCE-RL; 16 III a) GV-RL i.V.m. 3 III 2 SE-RL zumindest, dass Gegenstände einer Unterrichtung „das Vorhaben der Gründung [der Gesellschaft]" sowie der „Verlauf des Verfahrens bis zur Eintragung" sind.

bb) Informationsrecht des BVG nach dem EBRG

(1) Inhalt

Anknüpfungspunkt für ein Informationsrecht des BVG ist § 8 II EBRG. Danach hat „die zentrale Leitung [...] dem BVG rechtzeitig alle zur Durchführung seiner Aufgaben erforderlichen Auskünfte zu erteilen und die erforderlichen Unterlagen zur Verfügung zu stellen". Bei der Auslegung wird häufig auf die zum beinahe wortlautidentischen § 80 II BetrVG zurückgegriffen. Zwar hat sich der Gesetzgeber bewusst nahe an betriebsverfassungsrechtlichen Strukturen gehalten[431], jedoch besteht hier keine Parallele – die Aufgaben von BVG und Betriebsrat sind gänzlich verschieden.

Fraglich ist zunächst das Verhältnis zum Auskunftsanspruch aus § 5 I EBRG. Die Rechte haben eine unterschiedliche Reichweite, weil die Normen an unterschiedlichen Stadien des Verhandlungsprozesses anknüpfen. Nach § 5 I EBRG sollen die zur Aufnahme der Verhandlungen erforderlichen Informationen bereitgestellt werden. Damit sind jene Informationen gemeint, welche zur Errichtung des BVG nötig sind. § 8 II EBRG erfasst hingegen durch seine Aufgabenbezogenheit jene Informationen, die zur Durchführung der Verhandlungen und den Abschluss einer Vereinbarung erforderlich sind. Der Inhalt der Informationsrechte wird sich zwar überwiegend decken, jedoch kann § 8 II EBRG weitreichender sein.[432]

---

430 **SE**: *Jacobs*, in: MüKo-AktG, SEBG, § 13 Rn. 4.

431 BT-Drs. 13/4520, S. 15, wird von *Klebe*, in: Däubler/Kittner/Klebe/Wedde, EBRG, § 8 Rn. 5 zur Begründung herangezogen.

432 *Blanke*, EBRG, § 8 Rn. 6; *Giesen*, in: Henssler/Willemsen/Kalb, EBRG Rn. 21.

Entsprechend der Aufgabe des BVG sind solche Informationen erforderlich, die das BVG zur Entscheidung innerhalb seiner Spielräume benötigt. Es kann zwischen der Nichtaufnahme bzw. dem Abbruch von Verhandlungen, dem gänzlichen Verzicht auf Mitwirkung, einer Vereinbarung zur Errichtung eines EBR und einer Vereinbarung über ein dezentrales Verfahren entscheiden. Die zugehörigen Informationen sind denkbar weit und vom Einzelfall abhängig. Beispielsweise können für die Wahl zwischen dezentralem und zentralem Verfahren Informationen über Hierarchien und Weisungsketten erforderlich sein, während es für die Einrichtung und Zusammensetzung eines EBR Informationen über die Struktur des Unternehmens und Arbeitnehmerzahlen bedarf.[433] Dem BVG wird ein Beurteilungsspielraum bezüglich der Erforderlichkeit zugebilligt.[434] Dazu wird es jedoch nur in unklaren Grenzfällen kommen. Grundsätzlich ist die Erforderlichkeit objektiv nach der notwendigen Kausalität zwischen Information und Aufgabenerfüllung zu bestimmen.

Aus der Formulierung „hat [...] zu erteilen" des § 8 II EBRG wird abgeleitet, dass die Unternehmensleitung das BVG von sich aus zu unterrichten habe.[435] Der Wortlaut ist jedoch nicht zwingend. Angesichts der Weite an Informationen besteht die Gefahr eines unverhältnismäßigen Aufwands bei der Informationsbeschaffung sowie der Verzögerung des Informationszeitpunktes, die durch die Übersetzung in verschiedene Sprachen noch verschärft wird. Zudem besteht die Gefahr, dass das BVG in Informationen „ertrinkt" und so auch Verzögerungen beim Entscheidungszeitpunkt entstehen. Es bietet sich daher an, dass die Unternehmensleitung dem BVG von sich aus zunächst nur die nach § 5 I EBRG erforderlichen Informationen zur Verfügung stellt.[436] Diese Informationen genügen, um sich auf eine oder mehrere Entscheidungsmöglichkeiten festzulegen und entsprechende weitere erforderliche Informationen aus eigener Initiative anzufordern.

Fraglich ist weiterhin, ob das Informationsrecht aus § 8 II EBRG auch geheime Informationen umfasst. Teilweise wird dies unter Verweis auf § 80 II BetrVG bejaht.[437] Wie bereits erläutert, ist die Anwendung der zu § 80 II BetrVG entwickelten Grundsätze auf § 8 II EBRG mit Vorsicht zu genießen. Dies gilt vor allem für die Erforderlichkeit geheimer Informationen. Ob der Betriebsrat zur Ausübung seiner weitreichenden Rechte aus dem BetrVG geheime Informationen benötigt, ist eine völlig andere Frage als die nach dem Bedürfnis des BVG zum Abschluss einer

---

433 *Blanke*, EBRG, § 8 Rn. 6f.; *Klebe*, in: Däubler/Kittner/Klebe/Wedde, EBRG § 8 Rn. 5; *Oetker/Schubert*, in: EAS, B 8300 Rn. 81.

434 *Blanke*, EBRG, § 8 Rn. 8; *Klebe*, in: Däubler/Kittner/Klebe/Wedde, EBRG § 8 Rn. 4.

435 *Blanke*, EBRG, § 8 Rn. 8; *Klebe*, in: Däubler/Kittner/Klebe/Wedde, EBRG § 8 Rn. 4; *Fitting*, BetrVG, EBRG Übersicht Rn. 58.

436 Zum Inhalt der Informationspflicht siehe *Blanke*, EBRG, § 5 Rn. 5: „all die Informationen [...] die unerlässlich sind, damit sie beurteilen können, ob sie einen Anspruch auf Aufnahme von Verhandlungen über die Errichtung eines EBR haben". Dazu zählen insbesondere Informationen über die durchschnittliche Gesamtzahl der Arbeitnehmer und über ihre Verteilung auf die Mitgliedstaaten.

437 *Blanke*, EBRG, § 8 Rn. 8.

Vereinbarung. Gegen eine Anwendung des Grundsatzes aus § 80 II BetrVG spricht zudem, dass das EBRG eigenständige Regelungen zu geheimen Informationen enthält. Ein Ausschluss geheimer Informationen vom Informationsrecht könnte sich etwa aus einer analogen Anwendung des § 35 I EBRG ergeben. Ausdrücklich umfasst § 35 I EBRG nur die Informationsrechte, die sich aus einer Vereinbarung des BVG oder den Rechten des EBR kraft Gesetzes ergeben. Das Informationsrecht des BVG erfährt hingegen keine ausdrückliche Beschränkung, sodass eine Regelungslücke besteht. An ihrer Planwidrigkeit kann man jedoch zweifeln. § 35 I EBRG nennt sehr exakt, welche Informationsrechte beschränkt werden sollen. Der Verzicht auf die Nennung des § 8 II EBRG wird wohl kaum versehentlich geschehen sein. Des Weiteren besteht angesichts der unterschiedlichen Stadien, in denen sich die Informationsberechtigten befinden, auch keine vergleichbare Interessenlage. Eine analoge Anwendung des § 35 I EBRG scheidet daher aus. Aus § 35 I EBRG ist darüber hinaus der Umkehrschluss zu ziehen, dass § 8 II EBRG gerade nicht um geheime Informationen beschnitten werden soll. Angesichts des Verweigerungsrechts der zentralen Leitung[438] bereitet dieses Ergebnis keine Schwierigkeiten.

(2) Zeitpunkt

§ 8 II EBRG erfordert, dass die Informationen rechtzeitig erteilt werden. Rechtzeitigkeit liegt vor, wenn zwischen Informations- und Entscheidungszeitpunkt ausreichend Zeit für die Auseinandersetzung mit den Informationen sowie die Beratung und Meinungsbildung liegt. Die Verzögerung bei der Kommunikation, die durch unterschiedliche Sprachen entstehen kann, ist dabei selbstredend zu berücksichtigen.[439] Ein Blick auf die §§ 12 I, 13 I EBRG verrät zudem, dass der Gesetzgeber das Verhandlungsverfahren so früh wie möglich beginnen lassen will. In das Rechtzeitigkeitserfordernis ist daher in systematischer Auslegung das Kriterium des frühestmöglichen Zeitpunkts hineinzulesen.[440]

Aus dem Rechtzeitigkeitserfordernis ist nicht abzuleiten, dass Informationen nur vor Verhandlungsbeginn zu erteilen sind. Entwickeln sich während des Verhandlungsverfahrens Situationen, die erforderliche Informationen im Sinne des § 8 II EBRG generieren, sind auch diese zu erteilen.

(3) Informationsrecht als Anspruch?

Fraglich ist, ob das BVG auf die Information nach § 8 II EBRG einen Anspruch hat. Das ist der Fall, wenn die Information für die Unternehmensleitung eine Pflicht und nicht bloß eine Obliegenheit darstellt. In der Literatur geht man ohne nähere

---

438 Siehe dazu unten, C. I. 3 b) bb) (3).

439 *Blanke*, EBRG, § 8 Rn. 9.

440 Im Ergebnis auch *Blanke*, EBRG, § 8 Rn. 9; *Klebe*, in: Däubler/Kittner/Klebe/Wedde, EBRG § 8 Rn. 6.

Begründung von einer Pflicht bzw. einem Anspruch aus.[441] Auch bei der parallel geführten Diskussion zu der entsprechenden Vorschrift im SEBG stuft man jedenfalls § 8 II EBRG als Anspruch ein.[442]

§ 8 II EBRG ist dann als Obliegenheit zu begreifen, wenn eine abschließende Rechtsfolge für den Fall des Ausbleibens der Information besteht, die nicht in der Durchsetzung des Informationsrechts oder einer Schadensersatzpflicht besteht. Eine solche abschließende Regelung könnte § 21 I 1 EBRG darstellen. Danach ist ein EBR kraft Gesetzes einzurichten, wenn die Leitung die Verhandlungen sechs Monate nach Antragstellung verweigert. Fraglich ist, ob diese Rechtsfolge auch bei der Verweigerung von Informationen eintritt (a), ob die bloße Untätigkeit der Leitung eine Verweigerung darstellt (b) und ob die Rechtsfolge abschließend ist (c).

(a) EBR kraft Gesetzes bei Ausbleiben der Information

Fraglich ist zunächst, ob nach § 21 I 1 EBRG ein EBR kraft Gesetzes einzurichten ist, wenn die Information nach § 8 II EBRG unterbleibt. Vom Wortlaut ist diese Folge nicht umfasst, weil § 21 I 1 EBRG als Voraussetzung lediglich die Verweigerung von Verhandlungen vorsieht. Eine systematisch-teleologische Auslegung der §§ 8 II, 21 I 1 EBRG spricht jedoch für eine Gleichstellung von verweigerten Informationen und verweigerten Verhandlungen. Telos des § 8 II EBRG ist – im Unterschied zu dem des § 5 I EBRG – die Schaffung eines ebenbürtigen Verhandlungspartners. Wenn die Verweigerung von Verhandlungen für die Unternehmensleitung feststeht, braucht sie durch Informationen auch keinen ebenbürtigen Verhandlungspartner schaffen. Die Information ist in diesem Fall nicht nur sinnlos, sondern auch schädigend. Arbeitgeber haben durch die Informationsbeschaffung und Übersetzung hohe Kosten und müssen sensible Informationen preisgeben, für die Arbeitnehmer verzögert sich die Errichtung einer Interessenvertretung. Somit ist auch im Fall der verweigerten Informationen nach § 21 I 1 EBRG ein EBR kraft Gesetzes zu bilden.[443]

(b) Untätigkeit als Verweigerung

§ 21 I 1 EBRG sieht die Errichtung eines EBR kraft Gesetzes nur vor, wenn die Informationen innerhalb von sechs Monaten verweigert werden. Fraglich ist, ob es auch als Verweigerung gilt, wenn die zentrale Leitung sechs Monate lang untätig geblieben ist, ohne die Verweigerung ausdrücklich zu erklären. Dafür spricht die Konzeption der Einleitung des Verhandlungsverfahrens: Nach Antragstellung der Arbeitnehmer obliegt es allein der zentralen Leitung, die Verhandlung zu initiieren. Das ergibt sich aus Art. 5 I EBR-RL, der durch die §§ 8 II, 9 III, 13 I EBRG umgesetzt

---

441 *Blanke*, EBRG, § 8 Rn. 5, 13; *Klebe*, in: Däubler/Kittner/Klebe/Wedde, EBRG, § 8 Rn. 4; *Müller*, EBRG, § 8 Rn. 2; *Fitting*, BetrVG, EBRG Übersicht Rn. 58.

442 *Jacobs*, in: MüKo-AktG, SEBG, § 13 Rn. 4; *Forst*, Beteiligungsvereinbarung, S. 154f.; *Oetker*, BB-Special 1/2005, 2 (8), Fn. 50.

443 Im Ergebnis auch *Bachner*, in: Däubler/Kittner/Klebe/Wedde, EBRG, § 21 Rn. 3; *Blanke*, EBRG, § 21 Rn. 10; *Kunz*, AiB 1997, 267 (272).

wird. Kommt sie dem nicht nach, ist in der Untätigkeit eine Verweigerung zu sehen. Auch Sinn und Zweck des § 21 I EBRG spricht für dieses Ergebnis. Im Falle der Aussichtslosigkeit einer Verhandlungslösung soll ein EBR kraft Gesetzes gebildet werden, um das Ziel der Richtlinie nicht zu gefährden. Vor diesem Hintergrund sind die in § 21 I EBRG genannten Zeiträume als Fristen zu begreifen, die der Gesetzgeber den unterschiedlichen Verhandlungsstadien einräumt. Der zentralen Leitung spricht er sechs Monate zu, um die Verhandlungen einzuleiten, und den Parteien gewährt er drei Jahre, um eine Vereinbarung abzuschließen. § 21 I 1 EBRG greift somit auch dann, wenn die zentrale Leitung untätig bleibt und das BVG sechs Monate nach Antragstellung noch nicht informiert hat.

(c) § 21 I 1 EBRG als abschließende Regelung

Für die Einstufung des § 8 II EBRG als Pflicht oder als Obliegenheit ist weiterhin relevant, ob die Errichtung eines EBR kraft Gesetzes die abschließende Regelung für den Fall einer Informationsverweigerung ist. Alternativ könnte das Gesetz dem BVG auch ein Wahlrecht zwischen dem Eingreifen der gesetzlichen Auffanglösung und der gerichtlichen Durchsetzung des Informationsrechts zusprechen. Dafür lassen sich jedoch keine Anhaltspunkte finden. Zwar ist der Grundsatz des Vorrangs von Verhandlungen vorgesehen, jedoch nur soweit Verhandlungen sinnvoll sind. Die §§ 15, 21 EBRG machen mit ihren unterschiedlichen Ausgestaltungen deutlich, dass grundsätzlich nicht verhandelt werden muss, wenn eine oder beide Parteien Verhandlungen für aussichtslos halten. § 21 I 1 EBRG ist somit als abschließende Regelung für den Fall der Informationsverweigerung zu verstehen.

(d) Rechtslage bei Eintritt in die Verhandlungen und nachträglichem Informationsbedürfnis

Die bisherige Untersuchung spricht stark dafür, die nach § 8 II EBRG erforderliche Information als Obliegenheit einzustufen. Jedoch kann das Informationsbedürfnis nach § 8 II EBRG nicht nur vor Eintritt in die Verhandlungen entstehen, sondern auch danach.[444] Aus § 21 I 2 Alt. 2 EBRG ergibt sich, dass die Leitung nach Eintritt in die Verhandlungen selbige nicht mehr einseitig abbrechen kann. Eine bloße Informationsobliegenheit mit der einhergehenden Möglichkeit, die Verhandlungen zu boykottieren oder zu verschleppen, widerspricht dieser Konzeption. In diesem Fall muss dem BVG ein durchsetzbares Recht auf Information zustehen.

(e) Ergebnis

Es wurde festgestellt, dass das Gesetz für nahezu alle Fälle der Informationsverweigerung eine eigene Rechtsfolge vorsieht, die nicht in der Durchsetzung des Informationsrechts besteht. Eine Schadensersatzpflicht besteht für das Ausbleiben der Information ebenfalls nicht. Viel spricht daher für eine Obliegenheit. Mit

444 Siehe oben, C. I. 4. b) bb) (2).

dem Informationsbedürfnis nach Eintritt in die Verhandlungen besteht jedoch eine Konstellation, die einen Anspruch auf Information unbedingt erforderlich macht.

Insgesamt ist das Informationsrecht aus § 8 II EBRG daher als Anspruch einzustufen. Die zentrale Leitung kann diesen Anspruch jedoch vor Eintritt in die Verhandlungen durch die rechtsvernichtende Einwendung der Informationsverweigerung untergehen lassen. Die Einwendung erfolgt entsprechend § 21 I 1 EBRG kraft Gesetzes, wenn die Leitung ab Antrag sechs Monate lang untätig geblieben ist.

cc) Informationsrecht des BVG nach SEBG, SCEBG, MgVG

Die §§ 13 II 1 SEBG; 13 II 1 SCEBG und 15 II 1 MgVG enthalten ebenfalls ein Informationsrecht des BVG.

(1) Inhalt

Nach §§ 13 II 1 SEBG; 13 II 1 SCEBG und 15 II 1 MgVG haben „die Leitungen [...] dem BVG rechtzeitig alle erforderlichen Auskünfte zu erteilen und die erforderlichen Unterlagen zur Verfügung zu stellen". Die Vorschrift erinnert stark an § 8 II EBRG, nennt im Unterschied dazu jedoch mit „Leitungen" mehrere Adressaten und knüpft die Erforderlichkeit der Informationen nicht ausdrücklich an die Aufgabenerfüllung. Auch diese Umsetzungsgesetze enthalten in den §§ 4 II, III SEBG; 4 I, II SCEBG; 6 II, III MgVG ein mit § 5 I EBRG vergleichbares Informationsrecht der Arbeitnehmervertretungen. Dieses Informationsrecht zielt auch hier auf das frühere Stadium der Errichtung eines BVG ab, während die §§ 4 II, III SEBG; 4 I, II SCEBG; 6 II, III MgVG das BVG verhandlungsfähig machen sollen. Das Verhältnis zwischen §§ 13 II 1 und 4 II, III SEBG, zwischen 13 II 1 und 4 I, II SCEBG sowie zwischen §§ 15 II 1 MgVG und 6 II, III MgVG ist daher wie das zwischen §§ 5 I und 8 II EBRG einzustufen.

Die Normen knüpfen die Erforderlichkeit der Informationen – anders als § 8 II EBRG – nicht ausdrücklich an die Aufgabenerfüllung des BVG. Dennoch ist auch hier davon auszugehen, dass nur die zur Erfüllung der Aufgaben erforderlichen Informationen übermittelt werden müssen. Alle weiteren Informationen sind für das BVG ohne Belang.[445] Bei unklaren Grenzfällen ist dem BVG auch hier ein Beurteilungsspielraum hinsichtlich der Erforderlichkeit zuzubilligen.[446] Das Gremium muss aber darlegen, weshalb es die Informationen für erforderlich hält.[447]

Fraglich ist weiterhin, ob von dem Informationsrecht auch geheime Informationen erfasst sind. Nach den §§ 41 I SEBG; 43 I SCEBG; 31 I MgVG bestehen „Informationspflichten [...] nach diesem Gesetz [...] nur, soweit bei Zugrundelegung

---

445 **SE**: Für einen Aufgabenbezug auch *Feuerborn*, in: KK-AktG, SEBG, § 13 Rn. 10; *Forst*, Beteiligungsvereinbarungen, S. 157; *Freis*, in: Nagel/Freis/Kleinsorge, SEBG, § 13 Rn. 8; *Oetker*, in: Lutter/Hommelhoff/Teichmann, SEBG, § 13 Rn. 11; enger hingegen *Evers*, in: Manz/Mayer/Schröder, SEBG, § 13 Rn. 7.

446 **SE**: *Hoops*, Mitbestimmungsvereinbarung, S. 87.

447 **SE**: *Evers*, in: Manz/Mayer/Schröder, SEBG, § 13 Rn. 8; *Oetker*, in: Lutter/Hommelhoff/Teichmann, § 13 SEBG Rn. 11.

objektiver Kriterien dadurch nicht Betriebs- oder Geschäftsgeheimnisse [...] gefährdet werden". Damit sind geheime Informationen nicht vom Informationsrecht nach §§ 13 II 1 SEBG; 13 II 1 SCEBG und 15 II 1 MgVG erfasst.[448] Die Normen unterscheiden sich insofern von § 35 I EBRG, wonach das Informationsrecht des BVG nicht um geheime Informationen beschnitten ist.

Umstritten ist, ob die zentrale Leitung die Informationen von sich aus zur Verfügung zu stellen hat.[449] Der Wortlaut ist mit „haben [...] zur Verfügung zu stellen" so wenig aussagend wie der des § 8 II EBRG. Fraglich ist insofern, ob auch hier das gestufte Informationsverfahren[450] Anwendung finden soll. SEBG, SCEBG und MgVG unterscheiden sich vom EBRG in einem wesentlichen Punkt. Die Leitungen haben selbst ein Interesse an einer zügigen Abwicklung des Verhandlungsverfahrens, sodass sowohl die Gefahr von Verzögerungen als auch die eines „Ertrinkens" des BVG in Informationen in geringerem Maße bestehen. Hinzu kommt, dass sich die §§ 13 II 1 SEBG; 13 II 1 SCEBG und 15 II 1 MgVG an mehrere Adressaten richten. Die Leitungen sollen das BVG daher von sich aus über alle erforderlichen Informationen unterrichten.

Fraglich ist indes, ob der Anspruch wie § 5 I EBRG auch grenzüberschreitend gilt. Teilweise ist man der Ansicht, dass das Gesetz dazu keine Aussagen enthält, aber die EuGH-Rechtsprechung zu § 5 I EBRG aufgrund der vergleichbaren Problemlage übertragbar sei.[451] Die Problemlage ist jedoch nicht vergleichbar. Die §§ 13 II 1 SEBG; 13 II 1 SCEBG und 15 II 1 MgVG verpflichten alle Leitungen und nicht nur die zentrale Leitung, wie § 5 I EBRG. Die Leitungen können im Übrigen auch nicht in Drittstaaten liegen, sodass das Problem der Unmöglichkeit bei Informationsverweigerung nicht entstehen kann und so auch kein Bedürfnis nach einem horizontalen Auskunftsanspruch besteht.

(2) Zeitpunkt

Auch die §§ 13 II 1 SEBG, 13 II 1 SCEBG und 15 II 1 MgVG verlangen eine rechtzeitige Information. Diesbezüglich ergeben sich keine Unterschiede zur Konzeption in § 8 II EBRG.[452]

---

448 **SE**: *Evers*, in: Manz/Mayer/Schröder, SEBG, § 13 Rn. 9; *Feuerborn*, in: KK-AktG, SEBG, § 13 Rn. 14; *Freis*, in: Nagel/Freis/Kleinsorge, SEBG, § 13 Rn. 11; *Henssler*, in: Ulmer/Habersack/Henssler, SEBG, § 13 Rn. 4; *Jacobs*, in: MüKo-AktG, SEBG, § 13 Rn. 4; *Oetker*, in: Lutter/Hommelhoff/Teichmann, SEBG, § 13 Rn. 11.

449 Dafür *Freis*, in: Nagel/Freis/Kleinsorge, SEBG, § 13 Rn. 7; dagegen *Oetker*, in: Lutter/Hommelhoff/Teichmann, SEBG, § 13 Rn. 13. Beide ohne Argumente.

450 Siehe oben, C. I. 4. b) bb) (1).

451 **SE**: *Oetker*, in: § 13 SEBG, Rn. 10; gemeint sind die Urteile EuGH, Urteil v. 13.1.2004, Rs. C-440/00, Slg 2004, I-787-836 „Kühne&Nagel"; EuGH, Urteil v. 15.7.2004, Rs. C-349/01, Slg 2004, I-6803-6844 „ADS Anker".

452 Siehe oben, C. I. 4. b) bb) (2).

(3) Informationsrecht als Anspruch

Auch im Rahmen dieser Vorschriften ist zu diskutieren, ob die Informationsrechte als Ansprüche oder als Obliegenheiten ausgestaltet sind.

(a) §§ 13 II SEBG; 13 II SCEBG als Anspruch

Die §§ 13 II SEBG; 13 II SCEBG sind als Obliegenheit einzustufen, wenn das Ausbleiben der Information anderweitig abschließend geregelt ist und keine Schadensersatzpflichten nach sich zieht. Von Teilen der Literatur wird § 13 II SEBG mit folgender Überlegung als Obliegenheit eingestuft: Das BVG müsse bei fehlender oder mangelhafter Information nicht verhandeln und nach Ablauf von sechs Monaten greife als Sanktion für die Leitungen die gesetzliche Auffangregelung ein.[453] Jedoch folgt daraus allein, dass ein Anspruch nach sechs Monaten nicht mehr besteht. Es lassen sich jedoch keine Aussagen für den Zeitraum davor ableiten.

Fraglich ist daher, ob dem BVG innerhalb dieser sechs Monate ein Informationsanspruch zusteht. Im Gegensatz zu § 21 I 1 EBRG sehen die §§ 22 I SEBG; 22 I SCEBG nicht die Möglichkeit der Verweigerung durch die Leitungen vor. Damit besteht für die Leitungen keine Möglichkeit, das Verhandlungsverfahren einseitig zu beenden.[454] Das Gesetz sieht also zwingend Verhandlungen vor, die nur durch einseitige Erklärung des BVG nach §§ 16 SEBG; 16 SCEBG oder durch Vereinbarung nach §§ 22 I Nr. 1 SEBG; 22 I Nr. 1 SCEBG vorzeitig beendet werden können.[455] Eine bloße Informationsobliegenheit mit der einhergehenden Möglichkeit, die Verhandlungen zu boykottieren oder zu verschleppen, widerspricht dieser Konzeption.[456] §§ 13 II SEBG; 13 II SCEBG ist daher als Anspruch einzustufen[457], der nach Ablauf von sechs Monaten ab Einsetzung des BVG kraft Gesetzes untergeht.

---

453 **SE**: *Jacobs*, in: MüKo-AktG, § 13 Rn. 4; *Forst*, Beteiligungsvereinbarung, 154f.; Hoops, Mitbestimmungsvereinbarung, S. 86f.

454 **SE**: *Grobys*, NZA 2005, 84 (87).

455 **SE**: Umstritten ist, ob ein vorzeitiger einvernehmlicher Abbruch möglich ist, siehe *Freis*, in: Nagel/Freis/Kleinsorge, SEBG, § 20 Rn. 7; *Jacobs*, in: MüKo-AktG, SEBG, § 22 Rn. 3; *Grobys*, NZA 2005, 84 (88). Die Frage ist hier ohne Belang, da jedenfalls ein einseitiger Abbruch durch die Leitungen nicht möglich ist.

456 **SE**: Wie oben, C. I. 4. b) bb) (3) (d). *Forst*, Beteiligungsvereinbarung, S. 155 erkennt die Möglichkeit einer Verschleppung, aber nicht den systematischen Zusammenhang mit § 22 I SEBG.

457 **SE**: Im Ergebnis auch *Feuerborn*, in: KK-AktG, SEBG, § 13 Rn. 11; *Freis*, in: Nagel/Freis/Kleinsorge, SEBG, § 13 Rn. 7; *Hohenstatt/Dzida*, in: Henssler/Willemsen/Kalb, SEBG Rn. 26; *Henssler*, in: Ulmer/Habersack/Henssler, SEBG, § 13 Rn. 4; *Oetker*, in: Lutter/Hommelhoff/Teichmann, SEBG, § 13 Rn. 9; *Krause*, BB 2005, 1221 (1225f.).

(b) § 15 II 1 MgVG als Obliegenheit

Die zu § 15 II MgVG bestehende Kommentarliteratur verweist angesichts des gleichen Wortlauts auf die Ausführungen zu § 13 II SEBG,[458] wo das Informationsrecht des BVG als Anspruch qualifiziert wird.[459] Dabei wird übersehen, dass die Leitungen nach § 23 I Nr. 3 MgVG im Unterschied zu § 22 I SEBG[460] die Möglichkeit haben, einseitig auf die Durchführung eines Verhandlungsverfahrens verzichten zu können und die gesetzliche Auffanglösung direkt anzuwenden. Wenn schon auf die Verhandlungen im Ganzen verzichtet werden kann, dann muss auch kein ebenbürtiger Verhandlungspartner durch Information geschaffen werden.

Fraglich ist, ob die Verhandlungen auch nach Beginn einseitig durch die Leitungen abgebrochen werden können. Anderenfalls würde ein nach Beginn der Verhandlungen entstehendes Informationsbedürfnis für die Einstufung als Anspruch sprechen.[461] Dagegen spricht zunächst der Wortlaut des § 23 I Nr. 3 MgVG, der mit der Formulierung „ohne vorhergehende Verhandlung" eher einen gänzlichen als einen nachträglichen Verzicht nahelegt. Etwas anderes lässt sich jedoch dem Sinn und Zweck der Regelung entnehmen. § 23 I 1 Nr. 3 MgVG wurde eingefügt, damit die Leitungen die Verschmelzung zügig zur Eintragung bringen können.[462] Der Aspekt der Eilbedürftigkeit kann auch nach Eintritt in die Verhandlungen eintreten. Vergleichend ist anzumerken, dass eine dem § 21 I 2 Alt. 2 EBRG entsprechende Regelung, welche nach Verhandlungsbeginn nur noch einen beiderseitigen Verzicht vorsieht, nicht vorhanden ist. Somit haben die Leitungen auch nach Eintritt in die Verhandlungen das Recht, selbige einseitig abzubrechen.

Die Leitungen können die Verhandlungen und damit auch die Informationen zu jedem Zeitpunkt verweigern. Einzige Rechtsfolge ist der Eintritt der gesetzlichen Auffanglösung nach den §§ 23ff. MgVG. Unter diesen Voraussetzungen ist die Information des BVG nach § 15 II MgVG als Obliegenheit zu begreifen und ein Anspruch des BVG entsprechend zu verneinen.

dd) Ergebnis: Kein allgemeiner Teil über das Informationsrecht des BVG

Ein allgemeiner Teil über das Informationsrecht des BVG lässt sich nur sehr eingeschränkt bilden. Trotz beinahe identischen Wortlauts der §§ 8 II, 13 II 1 SEBG; 13 II 1 SCEBG und 15 II 1 MgVG bestehen im Detail grundlegende Unterschiede,

---

458 *Hohenstatt/Dzida*, in: Henssler/Willemsen/Kalb, MgVG Rn. 14; *Habersack*, in: Ulmer/Habersack/Henssler, MgVG, nach § 16.

459 *Hohenstatt/Dzida*, in: Henssler/Willemsen/Kalb, SEBG Rn. 26; *Henssler*, in: Ulmer/Habersack/Henssler, SEBG, § 13 Rn. 4.

460 Teilweise wird eine dem § 23 I 1 Nr. 3 MgVG entsprechende Regelung im SEBG gefordert: *Jacobs*, in: MüKo-AktG, SEBG, § 22 Rn. 3a; *Arbeitskreis Aktien und Kapitalmarktrecht*, ZIP 2009, 698 (698f.); *Henssler*, ZHR 173 (2009), 229.

461 Wie im Rahmen des EBRG, siehe oben C. I. 4. b) bb) (3) (d).

462 *Habersack*, in: Ulmer/Habersack/Henssler, MgVG, § 23 Rn. 3; *Drinhausen/Keinath*, RIW 2006, 81 (85); *Müller-Bonanni/Müntefering*, NJW 2009, 2347 (2351).

die sich überwiegend durch systematische Zusammenhänge zu nicht-identischen Normen erklären. Gemeinsamkeiten bestehen so hinsichtlich der Erforderlichkeit und des Zeitpunkts der Informationen, nicht aber bezüglich der Rechtsnatur des Informationsrechts, geheimer Informationen und der Initiative.

Insgesamt ist festzuhalten, dass der deutsche Gesetzgeber die dem Informationsrecht zugrundeliegenden Prinzipien von Rechtsakt zu Rechtsakt unterschiedlich stark gewichtet. In SEBG und SCEBG gewährt er dem Prinzip des Vorrangs von Verhandlungen den deutlichen Vorzug gegenüber dem Prinzip der Kosten- und Aufwandsbegrenzung sowie der Eilbedürftigkeit. Im EBRG besteht dieser Vorrang durch die einseitige Beendigungsmöglichkeit vor Verhandlungsbeginn durch die zentrale Leitung nur noch eingeschränkt. Im MgVG wird das Informationsrecht hingegen von dem Prinzip der Kosten- und Aufwandsbegrenzung bzw. der Eilbedürftigkeit dominiert. Die abweichende Gewichtung im MgVG wird als Optimierung gegenüber der Gewichtung in SEBG und SCEBG begriffen.[463]

c) *Recht auf Hinzuziehung von Sachverständigen*

aa) *Richtlinienvorgaben*

Die Richtlinien sehen vor, dass sich das BVG bei seiner Arbeit in den Verhandlungen durch Sachverständige eigener Wahl unterstützen lassen kann.[464] Das BVG kann sich auch für Vertreter von „kompetenten anerkannten“[465] bzw. „einschlägigen“[466] Gewerkschaften auf Gemeinschaftsebene entscheiden. Teilweise wird daraus abgeleitet, dass Vertreter von Gewerkschaften, die nicht auf Gemeinschaftsebene arbeiten, keine Sachverständige werden können.[467] Dem kann nicht gefolgt werden. Insbesondere das Wort „auch“ zeigt, dass dem Zusatz keine abschließende

463 Vgl. *Henssler*, in: Ulmer/Habersack/Henssler, SEBG, Einleitung Rn. 170; *Jacobs*, in: MüKo-AktG, SEBG, § 22 Rn. 3a; *Arbeitskreis Aktien und Kapitalmarktrecht*, ZIP 2009, 698 (698f.); *Henssler*, ZHR 173 (2009), 222 (229), die eine § 23 I 1 Nr. 3 MgVG entsprechende Regelung im SEBG verlangen.

464 Artt. 5 IV 4, 5 EBR-RL; 3 V SE-RL; 3 V SCE-RL; 16 III a) GV-RL i.V.m. 3 V SE-RL.

465 **EBR**: Nach Erwägungsgrund Nr. 27 EBR-RL 09 sind anerkannte und kompetente Gewerkschaftsorganisationen diejenigen, die von der Kommission nach Art. 138 EGV konsultiert werden; *Klebe*, in: Däubler/Kittner/Klebe/Wedde, EBRG, § 13 Rn. 12.

466 Dem Wort kommt nur klarstellende Bedeutung zu, siehe für die **SE** *Oetker*, in: Lutter/Hommelhoff/Teichmann, SEBG, § 14 Rn. 9. *Joost*, in: EAS, B 8200 Rn. 88 folgert aus dem Wort hingegen, dass die Gewerkschaft in den beteiligten Gesellschaften vertreten sein muss.

467 **SE**: *Hoops*, Mitbestimmungsvereinbarung, S. 87; *Hohenstatt/Dzida*, in: Henssler/Willemsen/Kalb, SEBG, Rn. 26 (beide zwar in Bezug auf § 14 I SEBG, der jedoch im Wortlaut mit Art. 3 V SE-RL übereinstimmt). Jedoch könnten in jedem Fall nationale Gewerkschaftsvertreter durch die Gewerkschaften auf Gemeinschaftsebene beauftragt werden.

Bedeutung zukommt – es soll lediglich die besondere Eignung dieser Gewerkschaftsvertreter hervorgehoben werden.[468] Auch der Sinn und Zweck der Norm, die Heranziehung von fachkundigen Personen, verbietet den Ausschluss von nationalen Gewerkschaftsvertretern.

Auf Wunsch des BVG kann der Sachverständige auch beratend an den Verhandlungen teilnehmen. Die Richtlinien bestimmen schließlich, dass die Mitgliedstaaten die Kosten auf einen Sachverständigen beschränken können.[469] Die Vorschriften in der EBR-RL wurden im Zuge der Novellierung 2009 an die Bestimmungen in der SE-RL, SCE-RL und GV-RL angeglichen.

bb) Umsetzung im EBRG

§ 13 IV EBRG setzt Art. 5 VI 3 EBR-RL um, ist jedoch teilweise enger und teilweise weiter. Weiter, weil das Recht auf Hinzuziehung von Sachverständigen nicht auf den Zeitraum „bei den Verhandlungen" beschränkt ist und enger, weil eine Erforderlichkeitsschwelle enthalten ist. Letztere wird in der Literatur teilweise kritisiert und für richtlinienwidrig gehalten.[470] Jedoch kann man auch Art. 5 VI 3 EBR-RL nicht entnehmen, dass eine Inanspruchnahme von Sachverständigen ohne jegliche Schwelle gewollt ist.[471] Sinn und Zweck der Vorschrift ist, dem BVG die zur Erfüllung seiner Aufgaben notwendige Sachkunde zu vermitteln. Ein Blick in die Gesetzgebungsmaterialien verrät, dass auch der Gesetzgeber das Kriterium der Erforderlichkeit eher als (objektive) Notwendigkeit versteht.[472] Insofern besteht keine Richtlinienwidrigkeit und es bedarf auch keiner richtlinienkonformen Auslegung.[473]

Eine Abweichung besteht auch bei der Hinzuziehung von Gewerkschaftsmitgliedern als Sachverständige. Die Gewerkschaften müssen weder kompetent noch anerkannt sein und auch nicht auf Gemeinschaftsebene agieren. Die entsprechende Ausdehnung des Personenkreises ist jedoch unproblematisch, da die Nennung der Gewerkschaftsmitglieder in Art. 5 IV 4 EBR-RL klarstellende Funktion hat.[474]

---

468 **SE**: Dies sieht auch der deutsche Gesetzgeber so, vgl. BT-Drs. 15/3405, S. 49; siehe auch *Henssler*, in: Ulmer/Habersack/Henssler, SEBG, § 14 Rn. 2; *Oetker*, in: Lutter/Hommelhoff/Teichmann, SEBG, § 14 Rn. 9.

469 Artt. 5 VI 3 EBR-RL, 3 VII 3 SE-RL, 3 VII 3 SCE-RL, 16 III a) GV-RL i.V.m. 3 VII 3 SE-RL.

470 *Bachner/Kunz*, AuR 1996, 81 (85); *Kunz*, AiB 1997, 267 (278); *Lerche*, EBR, S. 221f.

471 *Müller*, EBRG, § 14 Rn. 6.

472 BT-Drs. 13/4520, S. 22; dazu *Eckhoff*, EBR, S. 209.

473 *Klebe*, in: Däubler/Kittner/Klebe/Wedde, EBRG, § 15 Rn. 11 und *Oetker*, in: EAS, B 8300 Rn. 109 reduzieren das Kriterium durch richtlinienkonforme Auslegung auf die Grundsätze der vertrauensvollen Zusammenarbeit; vgl. auch *Joost*, in: MünchArbR, § 366 Rn. 74.

474 *Klebe*, in: Däubler/Kittner/Klebe/Wedde, EBR, § 13 Rn. 11.

cc) Umsetzung in SEBG, SCEBG und MgVG

Die §§ 14 I SEBG, 14 I SCEBG und 16 I MgVG setzen die Vorschriften überwiegend wortlautidentisch um. Teilweise wird der Formulierung „Diese Sachverständigen [...]“ in den §§ 14 I 2 SEBG; 14 I 2 SCEBG; 16 I 2 MgVG entnommen, dass das Beratungsrecht während der Verhandlungen nur den Sachverständigen zukommen soll, welche Vertreter von Gewerkschaften auf Gemeinschaftsebene sind.[475] Dazu wird neben dem Wortlaut auch der Richtlinieninhalt herangezogen, der dem Beratungsrecht die Funktion zuspricht, auf Gemeinschaftsebene für Kohärenz und Stimmigkeit zu sorgen.[476] Dagegen spricht jedoch, dass der deutsche Gesetzgeber bei ansonsten wortlautidentischer Übernahme auf diesen Zusatz gerade verzichtet hat.[477] Die Gesetzgebungsmaterialien reden nur von einer Teilnahme der Sachverständigen, ohne weiter zu differenzieren.[478] Folglich können alle Sachverständigen auf Wunsch des BVG beratend tätig werden.[479] Schließlich beziehen sich die §§ 14 I SEBG; 14 I SCEBG und 16 I MgVG nur auf den Zeitraum „bei den Verhandlungen“, jedoch können auch außerhalb der Verhandlungen Sachverständige gemäß der §§ 19 SEBG; 19 SCEBG; 20 MgVG herangezogen werden – dann aber unter der Voraussetzung der Erforderlichkeit.[480]

dd) Kostenübernahme in den Umsetzungsgesetzen

Von der Möglichkeit, die Kostenübernahme auf einen Sachverständigen zu beschränken, macht der deutsche Gesetzgeber nur im Rahmen des § 16 I 2 EBRG Gebrauch. In SEBG, SCEBG und MgVG müssen die beteiligten Gesellschaften folglich für alle durch Sachverständige verursachten Kosten aufkommen. Grund für die Abweichung zum EBRG ist zum einen, dass das Verhandlungsverfahren hier komplizierter ist und einen erhöhten Expertenrat erforderlich machen kann.[481] Zum anderen wird deutlich, dass das Gesetz dem Prinzip der Sicherung bestehender Mitbestimmung, dem der Expertenrat durch Sachverständige dienen soll, gegenüber dem Interesse der Leitungen an geringen Kosten den Vorrang zubilligt.

ee) Ergebnis

Trotz des unterschiedlichen Wortlauts der §§ 13 IV EBRG und 14 I SEBG, 14 I SCEBG, 16 I MgVG bestehen nach den hier vertretenen Ansichten kaum Unterschiede. An

---

475 **SE**: *Oetker*, in: Lutter/Hommelhoff/Teichmann, SEBG, § 14 Rn. 12.
476 **SE**: *Oetker*, in: Lutter/Hommelhoff/Teichmann, SEBG, § 14 Rn. 12.
477 **SE**: *Feuerborn*, in: KK-AktG, SEBG, § 14 Rn. 6.
478 **SE**: BT-Drs. 15/3405, S. 49.
479 Im Ergebnis für die **SE** auch *Hoops*, Mitbestimmungsvereinbarung, S. 87; *Freis*, in: Nagel/Freis/Kleinsorge, SEBG, § 14 Rn. 10; *Jacobs*, in: MüKo-AktG, SEBG, § 14 Rn. 4.
480 **SE**: *Oetker*, in: Lutter/Hommelhoff/Teichmann, SEBG, § 14 Rn. 6.
481 **SE**: *Feuerborn*, in: KK-AktG, SEBG, § 14 Rn. 8; *Freis*, in: Nagel/Freis/Kleinsorge, SEBG, § 14 Rn. 11.

den Personenkreis der Sachverständigen werden gleiche Anforderungen gestellt, dem Erforderlichkeitskriterium in § 13 IV EBRG kommt kaum Bedeutung zu und eine Inanspruchnahme von Sachverständigen ist während der gesamten Amtszeit des BVG möglich. Unterschiede bestehen bei der Kostenübernahme.

d) Grundsatz der vertrauensvollen Zusammenarbeit

Ferner folgen aus dem Grundsatz der vertrauensvollen Zusammenarbeit diverse Rechte und Pflichten für das BVG. Diesbezüglich wird nach unten verwiesen.[482]

5. Entsendung innerstaatlicher Mitglieder

a) Richtlinienvorgaben

Das Verfahren der Wahl oder der Bestellung der Mitglieder des BVG regeln die Richtlinien nur durch wenige Vorgaben. Grundsätzlich wird die Festlegung des Verfahrens den Mitgliedstaaten überlassen.[483] Die Richtlinien schreiben lediglich vor, dass die Mitglieder des BVG von den Arbeitnehmern selbst gewählt oder benannt werden dürfen, wenn unabhängig vom Willen der Arbeitnehmer keine Arbeitnehmervertreter vorhanden sind.

SE-RL, SCE-RL und GV-RL schreiben zusätzlich vor, dass jede im Mitgliedstaat vertretene juristische Person nach Möglichkeit mit einem Mitglied vertreten werden soll. Die Regelung entspricht dem Prinzip der Mindestvertretung der beteiligten Gesellschaften. Die Mitgliedstaaten können nach diesen drei Richtlinien außerdem festlegen, dass Gewerkschaftsvertreter trotz fehlender Arbeitnehmereigenschaft Mitglied des BVG werden können. Nur die SCE-RL verlangt, soweit möglich, eine ausgewogene Vertretung von Frauen und Männern.

Der europäische Gesetzgeber hat den Mitgliedstaaten bei der Regelung des Entsendungsverfahrens weitgehend Freiheit gelassen, damit sich die unterschiedlichen Traditionen der Mitgliedstaaten bereits in der Besetzung des BVG widerspiegeln.[484]

b) Entsendungsverfahren nach den deutschen Umsetzungsgesetzen

Zunächst ist zu ermitteln, welche Personen Mitglieder des BVG werden können (aa), um sodann auf das Verfahren zu kommen, mittels dessen die Mitglieder bestimmt werden (bb).

---

482 Siehe unten, D. I. 1. b).

483 Artt. 5 II a) EBR-RL; 3 II b) SE-RL; 3 II b) SCE-RL und 16 III a) GV-RL i.V.m. 3 II b) SE-RL.

484 **EBR**: *Blanke*, EBRG, § 11 Rn. 1; Stellungnahme des WSA, ABlEG C 120/36 v. 6.5.1991. Siehe auch BR-Drs. 464/98 vom 18.5.1998, wo der Bundesrat eine innerstaatliche Regelung vor dem Hintergrund der Einbeziehung von Gewerkschaftsvertretern fordert.

aa) Persönliche Voraussetzungen

(1) EBRG

(a) Arbeitnehmer und leitende Angestellte

Nach § 11 EBRG werden die Mitglieder des BVG von dem Betriebsrat der höchsten Ebene bestellt. Dieser muss sie nicht aus seinen eigenen Reihen entsenden, sondern kann sich für jeden Arbeitnehmer entscheiden.[485] Nach § 11 IV EBRG können auch leitende Angestellte als Mitglieder entsandt werden.

(b) Externe Mitglieder, insbesondere Gewerkschaftsvertreter

Fraglich ist, ob auch Externe als Mitglieder in das BVG bestellt werden können. Externe sind Personen, die weder Arbeitnehmer noch leitende Angestellte sind. In der Praxis ist das wichtigste Beispiel der Gewerkschaftsvertreter. Vorteil einer Einbeziehung dieser Personen ist deren Wissen um das komplizierte Verhandlungsverfahren[486], das für „Verhandlungen auf Augenhöhe" durchaus auch nötig sein kann. Vorteile einer Einbeziehung Externer bringt aber auch deren unternehmensübergreifendes Wissen, insbesondere zu Markt und Branche.[487] Schließlich unterliegen sie keinem „Betriebsegoismus" und lassen sich so eher von langfristigen Arbeitnehmerinteressen leiten.[488] Als Nachteil wird befürchtet, dass die Gewerkschaftsvertreter die Verhandlungsführung vollständig an sich reißen und die Verhandlungen nutzen, um Interessen der Gewerkschaften durchzusetzen, statt maßgeschneiderter Lösungen für das Unternehmen zu entwickeln.[489]

In der Literatur wird die Möglichkeit der Entsendung Externer von der ganz überwiegenden Ansicht bejaht. Teilweise kommt man zu diesem Ergebnis durch eine systematische Auslegung: In § 22 I EBRG wird ausdrücklich festgelegt, dass die Mitgliedschaft im EBR die Arbeitnehmereigenschaft voraussetzt – diese Festlegung fehlt in den §§ 10, 11 EBRG für die Mitgliedschaft im BVG.[490] Diese Abweichung lässt

---

485 *Eckhoff*, EBR, S. 197; *Blanke*, EBRG, § 11 Rn. 15; *Klebe*, in: Däubler/Kittner/Klebe/Wedde, EBRG, § 11 Rn. 2; *Joost*, in: MünchArbR, § 366 Rn. 64.

486 *Donner*, Kollektivrechtliche Vereinbarungslösungen, S. 272; *Güntzel*, SE-RL, S. 400; kritisch für die **SE** *Kienast*, in: Jannott/Frodermann, SE, Kap. 13 Rn. 137.

487 **SE**: *Henssler*, ZHR 173 (2009), 222 (235); *Reichold*, JZ 2006, 812 (819).

488 Vgl. die Ausführungen des BVerfG im Mitbestimmungsurteil, BVerfG, Urteil v. 01.03.1979-1 BvR 532, 533/77, 419/78, 1 BvL 21/78, Abschnitt II. 2. b) cc).

489 **SE**: *Herfs-Röttgen*, NZA 2002, 358 (360); *Hornung-Draus*, EuroAS 12/1994, S. 4 (5); *Schiessl*, ZHR 167 (2003), 235 (252); *Thüsing*, ZIP 2006, 1469 (1473); *Wisskirchen/Prinz*, DB 2004, 2638 (2639); *Donner*, Kollektivrechtliche Vereinbarungslösungen, S. 272f.; *Feuerborn*, in: KK-AktG, SEBG, § 6 Rn. 4; ähnlich *Heinze*, ZGR 2002, 66 (81, 95).

490 *Eckhoff*, EBR, S. 197; *Schlinkhoff*, EBR, S. 59; *Blanke*, EBRG, § 11 Rn. 15; *Müller*, EBRG, § 10 Rn. 1; *Lerche*, EBR, S. 215 f. Diese Abweichung entspricht der Richtlinie, vgl. Art. 5 II a) und Anhang I Abs. 1 b) EBR-RL 09, *Rademacher*, EBR, S. 110. Die Richtlinie enthält aber keine Aussage über potentielle Mitglieder des BVG, dazu

sich jedoch mit der Erfassung leitender Angestellter über § 11 IV EBRG erklären, die nach dem EBRG keine Arbeitnehmer sind. Hätte der Gesetzgeber die Einschränkung des § 22 EBRG in den §§ 10, 11 EBRG übernommen, wären sie zu § 11 IV EBRG widersprüchlich. Tatsächlich spricht eine systematische Auslegung dafür, dass Externe nicht als Mitglieder in das BVG entsandt werden können. § 11 IV EBRG wäre überflüssig, wenn schon § 11 I EBRG eine Entsendung von Personen, die keine Arbeitnehmer sind, zulassen würde.[491] In die gleiche Richtung deutet eine historische Auslegung. Die Bundesregierung hat in der Ablehnung einer Stellungnahme des Bundesrats deutlich erkennen lassen, dass sie Gewerkschaftsvertreter nur über die Unterstützung durch Sachverständige zulassen will.[492] Des Weiteren wurde auch die Regelung der §§ 6 II 1 SEBG; 6 II 1 SCEBG; 8 II 1 MgVG, welche ausdrücklich Gewerkschaftsvertreter für wählbar erklären, in der grundlegenden Überarbeitung des EBRG nach der Novellierung der Richtlinie nicht übernommen. Eine solche Auslegung führt zunächst gegen die Möglichkeit einer Entsendung von Externen.

Fraglich ist, inwiefern Art. 9 III GG auf diese Problemlage einwirkt. Danach ist das Recht, zur Wahrung und Förderung der Arbeits- und Wirtschaftsbedingungen Vereinigungen zu bilden, für jedermann und für alle Berufe gewährleistet. Die Gewerkschaften sind bei der Wahl der Mittel ihrer koalitionsmäßigen Betätigung frei und keinesfalls nur an den Abschluss eines Tarifvertrages gebunden. Schon früh hat das BVerfG anerkannt, dass Art. 9 III GG auch Einwirkungs- und Betätigungsrechte der Gewerkschaften im Bereich der Personalvertretung schützt.[493] Begründet wurde dies durch eine historische Auslegung: Die Verzahnung zwischen Gewerkschaften und Personalräten war stets sehr eng; verwiesen wurde auf Art. 165 WRV, die Verknüpfungen von Betriebsräten und Koalitionen gemäß des Betriebsrätegesetz vom 4. Februar 1920 und Art. IV Abs. 2 Kontrollratsgesetz Nr. 22 vom 10. April 1946.[494] Zwar ist daraus nicht abzuleiten, dass Gewerkschaftsvertreter aus Art. 9 III GG einen Anspruch auf unmittelbare Beteiligung durch den Betriebs- bzw. Personalrat haben, denn dem Gesetzgeber kommt bei der Ausgestaltung ein weiter Spielraum zu.[495] Art. 9 III GG ist daher kein zwingendes Erfordernis einer Besetzung

---

sogleich. *Donner*, Kollektivrechtliche Vereinbarungslösungen, S. 270 folgert eine Zulassung Externer ohne nähere Begründung aus der „Auslegung des § 11 EBRG".

491 Ähnlich *Eckhoff*, EBR, S. 198, jedoch mit der Begründung, dass eine dem § 11 IV EBRG entsprechende Regelung für Gewerkschaftsmitglieder fehlt.

492 BT-Drs. 13/5021 S. 2, 7; dazu *Eckhoff*, EBR, S. 198f.

493 BVerfG, Beschluss v. 30.11.1965, BVerfGE 19, 303–323, jurisRn. 31. In BVerfG, Urteil v. 01.03.1979, BVerfGE 50, 290–381, jurisRn. 195 wird festgestellt, dass „gleiches [...] für die Betätigung der Koalitionen im Bereich des Betriebsverfassungsrechts gelten" muss. Siehe auch *Scholz*, in: Maunz/Dürig, Art. 9 Rn. 305.

494 BVerfG, Beschluss v. 30.11.1965, BVerfGE 19, 303–323, jurisRn. 25ff.; BVerfG, Urteil v. 18.11.1954, BVerfGE 4, 96–110, jurisRn. 12 bezüglich der Berücksichtigung von Art. 165 WRV in der Auslegung des Art. 9 III GG.

495 *Scholz*, in: Maunz/Dürig, Art. 9 Rn. 305f.

der Vertretungsgremien mit Gewerkschaftsvertretern zu entnehmen.[496] Aus den vom BVerfG entwickelten Grundsätzen folgt jedoch zumindest, dass den Gewerkschaften nicht jeglicher Einfluss – im konkreten Fall ging es um das Verbot von Wahlwerbung[497] – untersagt werden darf. Dieser Grundsatz gilt auch in den Vertretungsstrukturen auf transnationaler Ebene. Der EBR wurde geschaffen, um ein Problem zu lösen, welches durch das Zusammenwachsen Europas entstanden ist und nationale Arbeitnehmervertretungen bezüglich Entscheidungen, die im Ausland getroffen wurden, zunehmend ohnmächtig gemacht hat.[498] Der Unionsgesetzgeber hat deutlich zu erkennen gegeben, dass er die nationalen Mitwirkungskulturen bei der Bewältigung dieses Problems möglichst unberührt lassen möchte;[499] bezüglich der Zusammensetzung des BVG wünscht er sogar, dass sich die nationalen Mitwirkungskulturen widerspiegeln. Der deutsche Gesetzgeber zeigt in der Umsetzung der Richtlinie an vielen Stellen, dass er sich an den bestehenden betriebsverfassungsrechtlichen Strukturen orientiert. Mithin besteht auch hier eine Verzahnung und somit kein Grund, weshalb das transnationale Element zu einer Unanwendbarkeit des aus Art. 9 III GG ermittelten Grundsatz führen soll. Eine verfassungskonforme Auslegung der §§ 10, 11 EBRG ergibt insofern, dass externen Gewerkschaftsvertretern eine Mitgliedschaft im BVG nicht generell verwehrt ist.

Fraglich ist, ob man zu dem gleichen Ergebnis durch eine richtlinienkonforme Auslegung gelangen kann. Dazu müsste die Richtlinie zwingend vorsehen, dass Externe als Mitglieder in das BVG entsendet werden können. Art. 10 III 2 EBR-RL schreibt eine Lohn- und Gehaltsfortzahlung an die Mitglieder vor, die Beschäftigte des gemeinschaftsweit operierenden Unternehmens oder der Unternehmensgruppe sind. Es wird vertreten, dass dieser Zusatz entbehrlich sei, wenn ohnehin nur Beschäftigte bestellt werden können.[500] Dagegen sind zwei Punkte einzuwenden. Zunächst würden Externe mangels Lohnzahlung ohnehin keine Lohnfortzahlung erhalten, sodass der Zusatz auch bei Zulassung Externer entbehrlich wäre. Des Weiteren überlässt Art. 5 II a) EBR-RL den Mitgliedstaaten die Regelung des Bestellungsverfahrens, um eine Berücksichtigung innerstaatlicher Traditionen zu

---

496 Auch Art. 12 GrCH verlangt keine zwingende Besetzung mit Gewerkschaftsvertretern. So ist schon fraglich, ob der Norm überhaupt das Recht auf Einwirkung und Betätigung der Gewerkschaften auf die Personalvertretung bzw. Betriebsverfassung entnommen werden kann, denn eine historische Auslegung wie bei Art. 9 III GG kann jedenfalls nicht erfolgen. Doch selbst wenn man eine solche annimmt, kann aus den gleichen Gründen keine Zwangsbesetzung mit Gewerkschaftsvertretern gefolgert werden.

497 BVerfG, Beschluss v. 30.11.1965, BVerfGE 19, 303–323.

498 Siehe oben, B. I. 1. a).

499 Siehe oben, B. I. 1. b) aa).

500 *Schlinkhoff*, EBR, S. 59; *Bachner/Kunz*, AuR 1996, 81 (85); *Däubler/Klebe*, AiB 1995, 558 (566); *Joost*, in: MünchArbR, § 366 Rn. 64; *Klebe*, in: Däubler/Kittner/Klebe/Wedde, EBRG, § 11 Rn. 2.

ermöglichen.[501] Eine Vorschrift, die zwingend die Möglichkeit einer Bestellung Externer als Mitglieder des BVG vorsieht, ist mit dieser Wertung nicht vereinbar. Daher enthält die Richtlinie keine Vorschriften über die Möglichkeit einer Bestellung Externer, sodass eine richtlinienkonforme Auslegung nicht möglich ist.[502]

(2) SEBG, SCEBG, MgVG

Die §§ 6 SEBG; 6 SCEBG und 8 MgVG enthalten detailliertere Vorschriften über die persönlichen Voraussetzungen der Mitglieder des BVG. Danach können Arbeitnehmer, leitende Angestellte und Gewerkschaftsvertreter als Mitglieder in das BVG entsandt werden.

Der Unionsgesetzgeber hat den Mitgliedstaaten aufgrund einer deutschen Initiative[503] die Möglichkeit eröffnet, Gewerkschaftsvertreter als Mitglieder in das BVG zu entsenden.[504] Aus den §§ 6 II 1 SEBG; 6 II 1 SCEBG; 8 II 1 MgVG ergibt sich, dass eine Zugehörigkeit der Arbeitnehmer zur Gesellschaft nicht erforderlich ist. Fraglich ist aber, ob die Gewerkschaften, denen sie angehören, in einer der Gründungsgesellschaften vertreten sein müssen.[505] Der Wortlaut enthält keine Beschränkung. Eine Beschränkung könnte sich jedoch aus der Systematik zu §§ 6 III SEBG; 6 III SCEBG; 8 III MgVG ergeben.[506] Die Normen sehen vor, dass jedes dritte Mitglied aus dem Inland ein Vertreter einer in den Gründungsgesellschaften vertretenen Gewerkschaft sein muss.[507] Wenn außerhalb dieser Quote keine weiteren Gewerkschaftsvertreter ohne Arbeitnehmereigenschaft bestellt werden dürfen[508], dann muss notwendigerweise jedes Gewerkschaftsmitglied zu einer in den Gründungsgesellschaften vertretenen Gewerkschaft gehören. Tatsächlich lassen sich – abgesehen von rechtspolitischen Erwägungen[509] – keine Hinweise finden, dass außerhalb der Quote keine Gewerkschaftsvertreter ohne Arbeitnehmereigenschaft bestellt werden sollen.[510] Insbesondere das Fehlen des Wortes „mindestens“, wie es in Absatz 4 genutzt wird, lässt keine Schlüsse zu, weil sich Absatz 3 eben nur auf die Gewerkschaftsvertreter bezieht, deren Gewerkschaften in den

501 Für eine weitgehende Freiheit auch *Hromadka*, DB 1995, 1125 (1127f.).
502 Im Ergebnis auch *Eckhoff*, EBR, S. 199f.
503 **SE**: Siehe Protokoll der 726. Sitzung des Bundesrats vom 29.5.1998; *Herfs-Röttgen*, NZA 2002, 358 (360); *Niklas*, NZA 2004, 1200 (1201); *Feuerborn*, in: KK-AktG, § 6 Rn. 4; *Henssler*, in: Ulmer/Habersack/Henssler, SEBG, § 6 Rn. 6.
504 Artt. 3 II b) 4 SE-RL; 3 II b) 4 SCE-RL; 16 III a) GV-RL i.V.m. 3 II b) 4 SE-RL.
505 **SE**: Dafür ohne Begründung *Joost*, in: EAS, B 8200 Rn. 60.
506 **SE**: *Oetker*, in: Lutter/Hommelhoff/Teichmann, SEBG, § 6 Rn. 18f.
507 Zur Europarechtswidrigkeit dieser Vorschrift sogleich.
508 **SE**: Dafür *Oetker*, in: Lutter/Hommelhoff/Teichmann, SEBG, § 6 Rn. 18f.
509 **SE**: Dazu *Herfs-Röttgen*, NZA 2002, 358 (360); *Schiessl*, ZHR 167 (2003), 235 (251f.); *Feuerborn*, in: KK-AktG, § 6 Rn. 4.
510 **SE**: *Evers*, in: Manz/Mayer/Schröder, SEBG, § 6 Rn. 3; *Jacobs*, in: MüKo-AktG, § 6 Rn. 4.

Gründungsgesellschaften vertreten sind.[511] Die systematische Auslegung überzeugt folglich nicht, sodass es beim Wortlaut bleibt. Somit können Gewerkschaftsvertreter als Mitglieder des BVG bestellt werden, die keine Arbeitnehmer des Unternehmens sind[512] und deren Gewerkschaften nicht in den Gründungsgesellschaften vertreten sind. Teilweise wird dasselbe Ergebnis über eine richtlinienkonforme Auslegung erlangt.[513] Die Richtlinien treffen jedoch bewusst keine Aussage über die Möglichkeit, Gewerkschaftsvertreter als Mitglieder in das BVG zu entsenden – hier ist allein der nationale Gesetzgeber gefragt. Folglich kann das innerstaatliche Recht auch nicht richtlinienkonform ausgelegt werden.

(3) Ergebnis

Als Mitglieder des BVG können nach den Umsetzungsgesetzen Arbeitnehmer und leitende Angestellte entsandt werden. Bestellt werden können auch externe Gewerkschaftsmitglieder. Für den EBR ergibt sich dies aus einer verfassungskonformen Auslegung der §§ 10, 11 EBRG im Lichte von Art. 9 III GG, im Übrigen aus den §§ 6 II 1 SEBG; 6 II 1 SCEBG; 8 II 1 MgVG.

bb) Entsendungsverfahren

Die Richtlinien überlassen es den Mitgliedstaaten, ob sie „ihre" Mitglieder des BVG durch Benennung oder durch Wahl bestimmen. Der deutsche Gesetzgeber hat sich im EBRG für eine Bestellung entschieden, während die Mitglieder nach SEBG, SCEBG und MgVG gewählt werden.[514]

(1) EBRG

(a) Grund, Systematik und ausgewogene Vertretung

Im EBRG erfolgt die Bestellung der Mitglieder durch bestehende Arbeitnehmervertretungsgremien. Der Gesetzgeber nennt als Grund für eine Bestellung, dass „aus Zeit- und Kostenersparnisgründen kein neuartiges Wahl- oder Bestellungsverfahren eingeführt"[515] wird.

Welches der bestehenden Vertretungsgremien die Mitglieder bestellt, regelt § 11 I bis III EBRG. Zusammengefasst besteht folgende Systematik: Die Mitglieder des BVG werden von dem Vertretungsgremium der höchsten Ebene bestellt. Bestehen auf dieser Ebene mehrere Gremien, bestellen diese die Mitglieder in einer gemeinsamen Sitzung. Ist in einem Gremium ein Gremium einer tieferen Ebene nicht

511 **SE**: *Evers*, in: Manz/Mayer/Schröder, SEBG, § 6 Rn. 3.
512 **SE**: *Henssler*, in: Ulmer/Habersack/Henssler, SEBG, § 6 Rn. 6.
513 **SE**: *Feuerborn*, in: KK-AktG, SEBG, § 6 Rn. 4; *Jacobs*, in: MüKo-AktG, SEBG, § 6 Rn. 7.
514 Siehe §§ 11 EBRG; 8ff. SEBG; 8ff. SCEBG; 10ff. MgVG.
515 BT-Drs. 13/4520, S. 21.

vertreten, ist das Gremium der höchsten Ebene um Vorsitzender und Vertreter des nicht vertretenen Gremiums zu erweitern

Schließlich sieht § 11 V EBRG vor, dass Frauen und Männer entsprechend ihrem zahlenmäßigen Verhältnis bestellt werden sollen.

(b) Fehlende Arbeitnehmervertretung

Sofern nicht in allen Betrieben eines Unternehmens im Inland Betriebsräte gewählt worden sind, werden die betroffenen Betriebe von den existierenden Arbeitnehmervertretungen mit vertreten.[516] Doch was geschieht, wenn innerhalb des Unternehmens im Inland überhaupt keine Arbeitnehmervertretungsgremien bestehen? Die Richtlinie verlangt von den Mitgliedstaaten in Art. 5 II a) UAbs. 2 EBR-RL ausdrücklich, dass sie die Möglichkeit der Wahl oder Benennung von Mitgliedern durch die Arbeitnehmer regeln müssen, wenn unabhängig von deren Willen keine Arbeitnehmervertreter vorhanden sind.[517] Die Regelung wurde auf Verlangen der deutschen Delegation eingeführt, um den Mitgliedstaaten einen Anreiz zur Einführung von Arbeitnehmervertretungsorganen zu bieten.[518]

Fraglich ist, wann eine Vertretung abhängig vom Willen der Arbeitnehmer besteht. Nach überwiegender Ansicht besteht eine solche Abhängigkeit, sobald ein Betrieb betriebsratsfähig ist.[519] Andere halten dies unter Verweis auf fehlende Betriebsräte trotz Initiative auf Seiten der Arbeitnehmer für eine „nach aller Erfahrung [...] unzulässige Verallgemeinerung".[520] Jedoch besteht auch in diesen Fällen zwischen fehlender Vertretung und Arbeitnehmerwillen eine Abhängigkeit, weil die Arbeitnehmer rechtliche Schritte, wie zum Beispiel einen Antrag auf Einsetzung eines Wahlgremiums, einleiten können. Eine Unabhängigkeit ist daher immer dann anzunehmen, wenn das Recht den Arbeitnehmern keine Möglichkeit zur Verfügung stellt, eine Vertretung zu bilden.

Das ist in Deutschland nur bei Betrieben der Fall, die nicht betriebsratsfähig sind.[521] Das EBRG sieht für diesen Fall keine Urwahl der Arbeitnehmer vor. Ob die Richtlinie diesbezüglich nicht richtig umgesetzt ist, hängt vom Verständnis des

---

516 *Gaul*, NJW 1996, 3378 (3380); *Eckhoff*, EBR, S. 203.

517 Gleiches bestimmen die Artt. 3 II b) UAbs. 3 SE-RL, 3 II b) UAbs. 3 SCE-RL und 16 III a) GV-RL i.V.m. 3 II b) UAbs. 3 SE-RL. Die Vorgabe wurde hier durch die §§ 8 VII SEBG, 8 VII SCEBG, 10 VII MgVG umgesetzt. Dazu unten, C. I. 5. b) bb) (2) (c).

518 *Rademacher*, EBR, S. 110; a.A. *Klinkhammer/Welslau*, AG 1994, 488 (492); *Klinkhammer/Welslau*, AuR 1994, 326 (329).

519 *Lerche*, EBR, S. 219; *Rademacher*, EBR, S. 110; *Joost*, in: MünchArbR, § 366 Rn. 63; Müller, EBRG, § 11 Rn. 2; *Oetker/Schubert*, in: EAS, B 8300 Rn. 98.

520 *Blanke*, EBRG, § 11 Rn. 3, Fn. 164; für ein weiteres Verständnis wohl auch *Gaul*, NJW 1996, 3378 (3380).

521 *Joost*, in: MünchArbR, § 366 Rn. 63; *Müller*, EBRG, § 11 Rn. 2 sehen selbst diese Betriebe wegen Art. 5 II a) S. 3 als nicht erfasst an. Das ist jedoch nicht richtig. Die Schwellenvorschrift des § 1 BetrVG wird durch die Zulassung einer Direktwahl oder -benennung nicht berührt.

Art. 5 II a) 3 EBR-RL ab. Danach werden „die einzelstaatlichen Rechtsvorschriften [...], die Schwellen für die Einrichtung eines Gremiums zur Vertretung der Arbeitnehmer vorsehen, nicht berührt". Die Entstehungsgeschichte dieser Vorschrift ist unklar.[522] Ihren Ursprung findet sie im Kompromissvorschlag vom 27.4.1994, in den sie auf Bestreben der deutschen Delegation eingefügt wurde.[523] Vor diesem Hintergrund und unter besonderer Berücksichtigung des Sinn und Zweck von Art. 5 II a) 2 EBR-RL ist Satz 3 so zu verstehen, dass bestehenden Schwellenwerte für die Bestellung der Mitglieder des BVG beibehalten werden können.[524] Art. 5 II a) 2 EBR-RL greift somit nur dann, wenn unabhängig von der Arbeitnehmerzahl keine Vertretungsgremien gebildet werden können. In Deutschland ist dies nur gemäß § 118 BetrVG im Bereich der Tendenzbetriebe der Fall, für die z III EBR-RL jedoch eine Ausnahme enthält. Somit ist die Richtlinie auch bezüglich nicht-betriebsratsfähiger Betriebe richtig umgesetzt.

Der Zusammenhang zwischen Art. 5 II a) 2 und 3 EBR-RL wird teilweise nicht richtig erkannt. Infolgedessen wird eine nicht korrekte Richtlinienumsetzung angenommen.[525] Einige der Vertreter fordern deshalb, Art. 5 II a) 2 EBR-RL unmittelbar anzuwenden und die Mitglieder des BVG durch die Arbeitnehmer in einer Betriebsversammlung mittels Direktwahl zu bestimmen.[526] Das würde jedoch zu einer unmittelbaren Wirkung der Richtlinie zwischen Privaten führen, die nach ständiger Rechtsprechung des EuGH nicht möglich ist.[527] Sofern man dieser Ansicht folgt, wäre also der Gesetzgeber gefragt.[528]

---

522 Erstmals taucht der Zusatz im Kompromissvorschlag v. 27.4.94 auf, Ratsdokument 5852/94 SOC 57 v. 9.5.1994, Änderung Nr. 10. Merkwürdig ist, dass der Zusatz auch in den darauf folgenden Ratsdokumenten 7434/94 SOC 147 und 7436/94 SOC 149 auftaucht, nicht aber im endgültigen Vorschlag vom 3.6.1994, KOM(94) 228. Er steht dann wieder im gemeinsamen Standpunkt des Rates, C 244/37 v. 31.8.1994. Der Rat beruft sich insofern auf den Entwurf vom 3.6.1994, begründet die Änderung aber nicht.

523 Kompromissvorschlag v. 27.4.94 auf, Ratsdokument 5852/94 SOC 57 v. 9.5.1994, Änderung Nr. 10.

524 *Blanpain/Schmidt/Schweibert*, Europäisches Arbeitsrecht, S. 390; *Eckhoff*, EBR, S. 204; *Rademacher*, EBR, S. 110; *Sandmann*, EBR, S. 185; *Joost*, in: MünchArbR, § 366 Rn. 63; *Müller*, EBRG, § 11 Rn. 2.

525 *Lerche*, EBR, S. 219; *Blanke*, EBRG, § 11 Rn. 14; *Klebe*, in: Däubler/Kittner/Klebe/Wedde, EBR, § 11 Rn. 8; *Oetker/Schubert*, in: EAS, B 8300 Rn. 98.

526 *Blanke*, EBRG, § 11 Rn. 14; *Klebe*, in: Däubler/Kittner/Klebe/Wedde, EBR, § 11 Rn. 8.

527 Keine horizontale unmittelbare Richtlinienwirkung, siehe *Ruffert*, in: Calliess/Ruffert, AEUV, Art. 288 Rn. 57; EuGH, Urteil v. 11.6.1987, Rs. C-14/86, Slg 1987, 2565–2571, Rn. 19.

528 Wohl auch *Lerche*, EBR, S. 219; *Oetker/Schubert*, in: EAS, B 8300 Rn. 98 mit Verweis auf die eher formale Bedeutung einer Änderung.

(c) Zusammenfassung

Art. 5 II a) 2 und 3 EBR-RL sind so zu verstehen: Es kommt zur Direktwahl der BVG-Mitglieder durch die Arbeitnehmer, wenn unabhängig vom Arbeitnehmerwillen keine Vertreter bestehen und unabhängig von der Arbeitnehmerzahl auch nicht bestehen können. Nach der hier vertretenen Ansicht verfolgt Art. 5 II a) 2 EBR-RL nicht den Zweck, alle Arbeitnehmer zu repräsentieren, sondern die Mitgliedstaaten zur Einrichtung von Vertretungsgremien zu motivieren. Da diese Norm für sich betrachtet auch zur Direktwahl in nicht-betriebsratsfähigen Betrieben führen würde, was die Motivation zur Einrichtung von Vertretungsgremien nicht steigert, wurde Art. 5 II a) 3 EBR-RL eingefügt. Demnach wurde die Richtlinie mit § 11 EBRG richtig umgesetzt. Positiver Nebeneffekt ist, dass die Überrepräsentation sehr kleiner Belegschaften eingeschränkt wird.

(2) SEBG, SCEBG, MgVG

(a) Allgemeines

Der Gesetzgeber hat sich in SEBG, SCEBG und MgVG für ein Wahlverfahren entschieden. Auf den ersten Blick mag dies als starke Abweichung vom Entsendungsverfahren im EBRG erscheinen, jedoch greift der Gesetzgeber auch bei der Besetzung des Wahlgremiums weitestgehend auf bestehende Vertretungsstrukturen zurück.[529] Die Besetzung und Einberufung des Wahlgremiums sowie die Wahl werden in den §§ 8–10 SEBG; 8–10 SCEBG; 10–12 MgVG geregelt. Die Normen sind überwiegend selbsterklärend und unproblematisch, sodass hier nur auf wesentliche Abweichungen zum EBRG sowie rechtliche Probleme eingegangen wird. Diese betreffen vor allem die Beeinflussung der Zusammensetzung durch zwangsrepräsentierte Mitglieder (b) sowie das Vorgehen bei vertretungslosen Betrieben (c).

(b) Quotenhafte Entsendung von bestimmten Personen

Die §§ 6 III, IV SEBG; 6 III, IV SCEBG; 8 III, IV MgVG sehen eine quotenmäßige Besetzung des BVG durch Gewerkschaftsmitglieder und leitende Angestellte vor. Für die Besetzung entsprechend dieser Quoten können die Gewerkschaften bzw. Sprecherausschüsse nach §§ 8 I 2ff. SEBG; 8 I 2ff. SCEBG; 10 I 2 ff. MgVG Wahlvorschläge machen. Sofern mehrere Wahlvorschläge vorliegen, muss das Wahlgremium eine der vorgeschlagenen Personen wählen.

(aa) Jedes dritte Mitglied ein Gewerkschaftsvertreter

Die §§ 6 III SEBG; 6 III SCEBG; 8 III MgVG sehen vor, dass jedes dritte Mitglied des BVG Vertreter einer Gewerkschaft sein muss, die in einem an der Gründung beteiligten Unternehmen vertreten ist. Schon früh wurde von deutscher Seite deutlich gemacht, dass eine solche Regelung angestrebt wurde:

---

529 **SE**: *Krause*, BB 2005, 1221 (1225).

„Der Bundesrat geht davon aus, dass sich die Einbeziehung von Gewerkschaftsvertretern in die Aufsichtsgremien der den deutschen Mitbestimmungsgesetzen unterliegenden Unternehmen bewährt hat. Vor diesem Hintergrund würde er es begrüßen, wenn das Verfahren für die Wahl oder die Bestellung der Mitglieder des BVG den Mitgliedstaaten überlassen bliebe und die Mitgliedstaaten vorsehen können, dass diesem Gremium Gewerkschaftsvertreter auch dann angehöre können, wenn sie nicht Arbeitnehmer einer beteiligten Gesellschaft [...] sind."[530]

Die Gewerkschaften können dazu nach §§ 8 I 2 SEBG; 8 II SCEBG; 10 I 2 MgVG Wahlvorschläge machen, die das Wahlgremium zu berücksichtigen hat. Nur wenn keine Vorschläge gemacht werden, kann das Wahlgremium statt Gewerkschaftsmitgliedern andere Personen wählen.[531] Ergebnis dieses Vorgehens ist, dass die Gewerkschaften über das „ob" einer Besetzung des BVG mit Gewerkschaftsmitgliedern entscheiden und bei nur einem Vorschlag sogar über das „wie".[532] Diese Konzeption ist richtlinienwidrig, wenn die Richtlinien allein den Arbeitnehmervertretungen das Recht zur Besetzung des BVG zubilligen.

Die Richtlinien enthalten darüber keine ausdrücklichen Aussagen, schließlich überlassen sie die Ausgestaltung des Entsendungsverfahrens den Mitgliedstaaten. Das spricht für sich gesehen gegen ein ausschließliches Entsendungsrecht der Arbeitnehmervertreter und damit gegen eine Richtlinienwidrigkeit. Auch Sinn und Zweck dieser Regelungsbefugnis – das Widerspiegeln innerstaatlicher Traditionen in der Zusammensetzung des BVG – trägt angesichts § 7 II MitbestG dieses Ergebnis, das entsprechend Satz 2 des Erwägungsgrund Nr. 19 der SE-RL[533] regelrecht vorgesehen ist. Der deutsche Gesetzgeber verweist ausdrücklich auf die Tradition des MitbestG.[534] Die Arbeitgeberverbände kritisieren, dass ein im Verhältnis zur Größe des BVG linearer Anstieg der Gewerkschaftsvertreter keiner deutschen Tradition entspricht.[535] Diese Kritik ist nur bedingt richtig, denn auch § 7 II MitbestG passt die Anzahl der Gewerkschaftsvertreter an die Größe des Aufsichtsrats – wenn auch nicht linear – an.

---

530 BR-Drs. 464/98 vom 18.5.1998 S. 2.

531 **SE**: *Oetker*, in: Lutter/Hommelhoff/Teichmann, SEBG, § 6 Rn. 19.

532 **SE**: Selbst in England, wo die Mitwirkungskultur durch Gewerkschaften geprägt ist, werden die Mitglieder des BVG entsprechend § 23 I 2004 No. 2326 durch Urwahl der Arbeitnehmer bestimmt. Gewerkschaftsmitglieder können nach § 23 III d) ii) 2004 No. 2326 ebenfalls nur gewählt werden, und das auch nur mit Einwilligung der Unternehmensleitung. Die Gewerkschaften haben hier folglich weder Einfluss auf die Wahl, noch werden sie zwangsrepräsentiert.

533 Entspricht Erwägungsgrund Nr. 22 SCE-RL.

534 BT-Drs. 15/3405, S. 46 (SEBG); BT-Drs. 16/1025, S. 68 (SCEBG); BT-Drs. 16/2922, S. 22, 32 (MgVG), dazu noch unten, C. I. 5. b) bb) (2) (b) (cc).

535 Stellungnahme BDA, BDI, GDV, BdB, DAI, und DIHK v. 3.5.2004 zum Referentenentwurf SEEG, S. 8.

Für ein ausschließliches Entsendungsrecht der Arbeitnehmervertretungen wird der Wortlaut des Art. 3 II b) 4 SE-RL angeführt.[536] Richtig ist, dass die Norm zwei Bedingungen enthält (Mitgliedstaaten können vorsehen, dass vorgesehen werden kann). Daraus resultiert, dass es neben dem Tätigwerden der Mitgliedstaaten noch eines weiteren nicht-staatlichen Zwischenakts bedarf. Grund dafür ist, dass auf die individuellen Belange des Unternehmens Rücksicht genommen werden soll, um eine maßgeschneiderte Vereinbarung zu ermöglichen. Keinesfalls zwingend ist es jedoch, dass dieser Zwischenakt ausschließlich von den Arbeitnehmervertretungen ausgeübt wird, denn für die Rücksichtnahme auf individuelle Belange ist die Unternehmenszugehörigkeit keine notwendige Bedingung. Die Richtlinien überlassen den Mitgliedstaaten so auch bezüglich der Entsendung von Gewerkschaftsmitgliedern weite Spielräume und schreiben die Einflussnahme von Gewerkschaften auf das Entsendungsverfahren weder vor noch verbieten sie es.[537] Es muss lediglich gewährleistet sein, dass das BVG auf die individuellen Belange des Unternehmens Rücksicht nehmen kann. Das ist nach den §§ 6 III SEBG; 6 III SCEBG; 8 III MgVG der Fall. Erstens wird „nur" jedes dritte Mitglied ein Gewerkschaftsvertreter, zweitens müssen die zugehörigen Gewerkschaften in den Unternehmen vertreten sein und drittens besteht noch immer die Möglichkeit einer Hinzuziehung von Sachverständigen. Somit besteht keine Richtlinienwidrigkeit.

Was bleibt, sind rechtspolitische Bedenken.[538] Es wird insbesondere befürchtet, dass sich die Gewerkschaftsmitglieder weniger in der Entwicklung einer maßgeschneiderten Lösung, als in der Wahrnehmung eigener Interessen engagieren.[539] Diese Befürchtung ist für Unternehmen mit Sitz in Deutschland nicht ganz unbegründet. Die neue Rechtsform wird von vielen Unternehmen gewählt, die kurz vor der Überschreitung des Schwellenwerts von 2000 Arbeitnehmern stehen. Überschreiten sie diesen Wert, muss der Aufsichtsrat nach § 7 II MitbestG in beträchtlichem Maße mit Gewerkschaftsvertretern zwangsbesetzt werden – was der

---

536 **SE**: *Henssler*, ZHR 173 (2009), 222 (235f.); *Kallmeyer*, ZIP 2004, 1442 (1443); *Thüsing*, ZIP 2006, 1469 (1473); *Wisskirchen/Prinz*, DB 2004, 2638 (2639); *Donner*, Kollektivrechtliche Vereinbarungslösungen, S. 271; *Henssler*, in: Ulmer/Habersack/Henssler, SEBG, § 6 Rn. 4. *Ziegler/Gey*, BB 2009, 1750 (1753) halten die Normen jedenfalls bei Verschmelzungen für richtlinienwidrig, weil die durch Art. 3 II a) ii) SE-RL verlangte Mindestrepräsentation der vertretenen Gesellschaften in gewissen Fallkonstellationen nicht gewährleistet werden kann. Dabei geht man jedoch fälschlicherweise davon aus, dass die Gewerkschaftsmitglieder extern sein müssen. Das Argument ist übertragbar auf die Art. 3 II b) 5 SCE-RL bzw. Art. 16 III a) GV-RL i.V.m. Art. 3 II b) 4 SE-RL.

537 So auch für die **SE**: *Feuerborn*, in: KK-AktG, SEBG, § 6 Rn. 8, der auch darauf hinweist, dass die Kritik wohl überwiegend rechtspolitisch motiviert ist.

538 **SE**: *Feuerborn*, in: KK-AktG, SEBG, § 6 Rn. 8; *Jacobs*, in: MüKo-AktG, SEBG, § 6 Rn. 6.

539 **SE**: *Schiessl*, ZHR 167 (2003), 235 (251f.); *Feuerborn*, in: KK-AktG, SEBG, § 6 Rn. 4.

Arbeitgeberseite häufig verhasst[540] ist. Der Wechsel der Rechtsform ermöglicht es jedoch, das Niveau des Drittelbeteiligungsgesetzes – das keine Besetzung mit Gewerkschaftsvertretern vorsieht – „einzufrieren". Befinden sich nun in einer solchen Konstellation Gewerkschaftsvertreter im BVG, ist der Versuch einer Zementierung ihres Einflusses in der neuen Gesellschaft nicht unwahrscheinlich. Gleichwohl hat der europäische Gesetzgeber dieses Risiko in Kauf genommen, als er Gewerkschaftsmitglieder als Mitglieder des BVG zugelassen hat.

Die Beteiligung von Gewerkschaftsmitgliedern kann in der SE und SCE umgangen werden, indem die Gesellschaft zunächst in kleinerem Umfang gegründet wird und dann durch strukturelle Änderungen auf das eigentlich vorgesehene Maß vergrößert wird. Bei strukturellen Änderungen kann dann auf Arbeitnehmerseite nach § 18 III 2 SEBG; 18 III 2 SCEBG anstelle des BVG der SE- bzw. SCE-Betriebsrat nebst betroffenen Arbeitnehmern in die Verhandlungen eintreten – eine Beteiligung von Gewerkschaftsvertretern ist nicht vorgesehen.[541]

(bb) Jedes siebte Mitglied ein leitender Angestellter

Die §§ 6 IV SEBG; 6 IV SCEBG; 8 IV MgVG bestimmen, dass mindestens jedes siebte Mitglied des BVG ein leitender Angestellter sein muss. Zwar räumen die Richtlinien den leitenden Angestellten keine Sonderposition wie den Gewerkschaftsmitgliedern ein, jedoch fallen sie entsprechend §§ 2 I 2 SEBG; 2 I 2 SCEBG; 2 I 2 MgVG schon unter den Arbeitnehmerbegriff. Auch den Erwägungsgründen kann man entnehmen, dass die mitbestimmungsrechtliche Stellung der leitenden Angestellten nicht ausgehöhlt werden soll.[542] Gleichwohl wird auch die Zwangsrepräsentation dieser Gruppe rechtspolitisch kritisiert.[543]

(cc) Regelung entsprechend der „Tradition der Mitbestimmungsgesetze"

Der Gesetzgeber nennt als Hintergrund der Zwangsbeteiligung die Tradition des Mitbestimmungsgesetzes.[544] Gemeint sind die Regelungen der §§ 7 II und 15 I 2 MitbestG. Teilweise wird diese Aussage so verstanden, dass die Tradition der Grund bzw. die Rechtsgrundlage für die Regelungen in den Umsetzungsgesetzen

---

540 Beispielsweise hat sich die SAP SE hauptsächlich für die Rechtsform entschieden, um sich externer Gewerkschaftsvertreter im Aufsichtsrat zu entledigen, vgl. *Girndt/Hasel*, Mitbestimmung 7+8/2014, 22.

541 **SE**: Das hat in den Gewerkschaften für Unmut gesorgt, siehe „Stellungnahme des DGB zum Referentenentwurf eines Gesetzes zur Einführung der Europäischen Gesellschaft (SEEG)" vom 25.5.2004, S. 3f.

542 Erwägungsgründe Nr. 3, 7, 18 SE-RL, dazu *Heinze*, in: FS-Schwerdtner, 741 (745f.); *Krause*, BB 2005, 1221 (1225); *Kraushaar*, BB 2003, 1614 (1617). Nr. 3, 7, 21 SCE-RL. Nr. 13 GV-RL (eingeschränkt).

543 **SE**: *Krause*, BB 2005, 1221 (1225); *Feuerborn*, in: KK-AktG, SEBG, § 6 Rn. 11.

544 BT-Drs. 15/3405, S. 46 (SEBG); BT-Drs. 16/1025, S. 68 (SCEBG); BT-Drs. 16/2922, S. 22 (MgVG).

sein soll – und mangels Vergleichbarkeit kritisiert.[545] Beides ist jedoch nicht zutreffend. Der Grund der Zwangsrepräsentation ist die Expertise der repräsentierten Gruppen und Rechtsgrundlage ist die den Mitgliedstaaten überlassene Regelung des Entsendungsverfahrens durch die Richtlinien. Durch den Verweis auf die Tradition des MitbestG will der Gesetzgeber lediglich klarstellen, dass seine Entscheidung innerhalb des durch die Richtlinien überlassenen Spielraums dem Sinn und Zweck der Überlassung entspricht. Den Mitgliedstaaten wird die Entsendung der Mitglieder überlassen, damit sich die Traditionen der Mitgliedstaaten bereits in der Besetzung des BVG widerspiegeln.[546]

(c) Fehlende Arbeitnehmervertretungen

Bestehen nur teilweise keine Vertretungen, werden diese grundsätzlich nach den §§ 8 II 2, III 2 SEBG; 8 II 2, III 2 SCEBG; 10 II 2, III 2 MgVG von den bestehenden Vertretungen mit vertreten.[547] Zur Urwahl kommt es in diesem Fall nur nach §§ 8 V 3 SEBG; 8 V 3 SCEBG; 10 V 3 SEBG, um das Prinzip der Mindestrepräsentation der beteiligten Gesellschaften zu wahren.

Etwas anderes gilt, wenn überhaupt keine inländische Arbeitnehmervertretung bestehen. Die Richtlinien sehen vor, dass es unbeschadet der einzelstaatlichen Schwellenwerte zur Urwahl der BVG-Mitglieder kommt, wenn unabhängig vom Willen der Arbeitnehmer keine Vertreter vorhanden sind.[548] Die Vorschriften entsprechen Art. 5 II a) 2 und 3 EBR-RL und sind auch so zu verstehen.[549] Der deutsche Gesetzgeber ist jedoch im Gegensatz zum EBRG überschießend tätig geworden. Die §§ 8 VII SEBG; 8 VII SCEBG; 10 VII MgVG erlauben die Urwahl nämlich auch, wenn *abhängig* vom Arbeitnehmerwillen keine Vertretung besteht. Darüber hinaus ist eine Urwahl auch in Betrieben möglich, die unterhalb der Schwellenwerte liegen. Eine über Richtlinienvorgaben hinausschießende innerstaatliche Regelung ist angesichts des überlassenen Gestaltungsspielraums möglich. Die Abweichungen gegenüber der Richtlinie und gegenüber dem EBRG zeigen deutlich, dass der deutsche Gesetzgeber dem Prinzip der Sicherung bestehender Mitbestimmung den klaren Vorrang gegenüber dem Prinzip der Kosten- und Aufwandsbeschränkung sowie

545 Für die **SE** (Gewerkschaftsvertreter): *Henssler*, ZHR 173 (2009), 222 (235); *Donner*, Kollektivrechtliche Vereinbarungslösungen, S. 271f.; *Feuerborn*, in: KK-AktG, SEBG, § 6 Rn. 8; *Jacobs*, in: MüKo-AktG, SEBG, § 6 Rn. 6.

546 Zwar für den EBR, Wertung aber übertragbar: *Blanke*, EBRG, § 11 Rn. 1; Stellungnahme des WSA, ABlEG C 120/36 v. 6.5.1991.

547 **SE**: *Jacobs*, in: MüKo-AktG, SEBG, § 8 Rn. 7 hält das für richtlinienwidrig, jedoch mit anderem Verständnis des Art. 3 II b) 5 SE-RL als hier.

548 Artt. 3 II b) 5 SE-RL; 3 II b) 6 SCE-RL; 16 III a) GV-RL i.V.m. 3 II b) 5 SE-RL.

549 Siehe oben, C. I. 5. b) bb) (1) (c).

der Gefahr der Überrepräsentation kleiner Belegschaften gewährt. Der Ablauf des Urwahlverfahrens ist detailliert geregelt und wirft keine rechtlichen Probleme auf.[550]

6. Folge: Fragwürdige Legitimation des BVG durch die Arbeitnehmer

Zwei der oben ermittelten Faktoren sorgen dafür, dass eine Legitimation des BVG durch die Arbeitnehmer fragwürdig ist. Das ist zum einen die durch das Prinzip der mitgliedstaatlichen Mindestrepräsentation verschobene Besetzung des Gremiums.[551] Zwar werden so besonders kleine Belegschaften nicht benachteiligt, zugleich führt dies jedoch zu einer nicht korrekten Repräsentation aller Arbeitnehmer. Das Erfordernis der doppelten Mehrheit kompensiert diesen Effekt nur zum Teil, für das EBRG fehlt es gänzlich. Allerdings ist anzumerken, dass die Repräsentation von Vertretern regelmäßig aus Gründen der Funktionalität eingeschränkt wird und nicht automatisch zu einer fehlenden Legitimation führt.

Der zweite, gewichtigere Grund ist die Befugnis der Mitgliedstaaten, das Wahl- bzw. Ernennungsverfahren für die jeweiligen Mitglieder des BVG festlegen zu können. Damit verfolgt der Gesetzgeber das Ziel, dass sich innerstaatliche Traditionen bereits in der Besetzung des Gremiums widerspiegeln. Er verlangt nicht, dass die Mitgliedstaaten dabei eine Legitimation der Mitglieder durch die Arbeitnehmer sicherstellen. Einige Länder, wie beispielsweise Deutschland, sorgen für eine Legitimation, indem sie etwa Wahlverfahren schaffen oder auf bestehende legitimierte Strukturen zurückgreifen. Andere Mitgliedstaaten[552] gehen indes einen anderen Weg, indem sie beispielsweise Gewerkschaften die Ernennung der Mitglieder überlassen. Dabei ist natürlich zu berücksichtigen, dass das Verständnis von Legitimation von Mitgliedstaat zu Mitgliedstaat unterschiedlich ist. Gleichwohl ist festzuhalten, dass die Richtlinien eine solche eben nicht verlangen und es so den Mitgliedstaaten überlassen, ob sie die Wahl bzw. Ernennung der Mitglieder nach ihrem Legitimationsverständnis gestalten oder sich von anderen Gesichtspunkten leiten lassen.

II. Der Verhandlungspartner auf Unternehmensseite

1. Die „zentrale Leitung“ als Verhandlungspartner im EBRG

Art. 6 I EBR-RL und § 17 S. 1 EBRG weisen der „zentralen Leitung“ die Rolle des Verhandlungspartners auf Unternehmensseite zu. Nach Art. 2 I e) EBR-RL gilt als zentrale Leitung die zentrale Unternehmensleitung eines gemeinschaftsweit tätigen

---

550 **SE**: Zum Ablauf siehe *Hinrichs/Plitt*, NZA 2010, 204 (205ff.); *Feuerborn*, in: KK-AktG, SEBG, § 8 Rn. 25ff.; *Kleinsorge*, in: Nagel/Freis/Kleinsorge, SEBG, § 8 Rn. 42ff.

551 **SE**: Auch *Güntzel*, SE-RL, 161 verweist darauf, dass Telos der Regelungen über die Zusammensetzung des BVG primär die Repräsentation aller Mitgliedstaaten ist.

552 **EBR**: So zum Beispiel in Italien oder Schweden, dazu *Carley/Hall*, ILJ 29 (2000), 103 (111).

Unternehmens. Sofern es sich um eine Unternehmensgruppe handelt, ist die zentrale Leitung das herrschende Unternehmen dieser Gruppe. Welches Unternehmen als herrschendes Unternehmen gilt, ergibt sich aus Art. 3 EBR-RL bzw. § 6 EBRG. Danach ist das entscheidende Kriterium der „beherrschende Einfluss", welcher vermutet wird, wenn ein Unternehmen in Bezug auf ein anderes Unternehmen direkt oder indirekt die Mehrheit des gezeichneten Kapitals besitzt, über die Mehrheit der mit den Anteilen am anderen Unternehmen verbundenen Stimmrechte verfügt oder mehr als die Hälfte der Mitglieder des Verwaltungs-, Leitungs- oder Aufsichtsorgans des anderen Unternehmens bestellen kann. Dass in diesen Fällen nur ein Unternehmen Vereinbarungen abschließt, die für eine ganze Unternehmensgruppe gelten, ist bedenklich und wird Auswirkungen auf die Schranken der Vereinbarung haben.[553]

§ 1 VI EBRG will Art. 2 I e) EBR-RL umsetzen, bezeichnet als zentrale Leitung aber das Unternehmen und nicht die Unternehmensleitung. Die überwiegende Ansicht versteht deshalb in richtlinienkonformer Auslegung unter zentraler Leitung im Sinne des § 1 VI EBRG das Organ des (herrschenden) Unternehmens, dem Vertretung und Geschäftsführung zustehen.[554] Daran wird kritisiert, dass zur Durchsetzung von Rechten nicht das Unternehmen, sondern dieses Organ verklagt werden müsste.[555] Hier wird zwischen der Partei, welche die Verhandlungen führt und die Abschlusskompetenz besitzt, und der Partei, welche Vereinbarungspartei wird, getrennt.[556] Das befürchtete Problem besteht unter dieser Voraussetzung nicht, sodass eine richtlinienkonforme Auslegung befürwortet wird.

Die zentrale Leitung kann die Verhandlungsführung und den Abschluss der Vereinbarung auf andere, besser geeignete Ebenen delegieren.[557] Dies gebietet insbesondere der Sinn und Zweck der Vereinbarungsmöglichkeit, die Schaffung einer an das jeweilige Unternehmen angepassten Regelung.

2. Die „Leitungen" als Verhandlungspartner in SEBG, SCEBG und MgVG

Etwas klarere Worte finden die Richtlinien.[558] Hier tritt als Verhandlungspartner das „jeweils zuständige Organ der beteiligten juristischen Personen" in die

553 Siehe unten zu der Problematik „echter" Mitbestimmungsrechte für den EBR, D. II. 2. c) cc) (2) (b).

554 *Donner*, Kollektivrechtliche Vereinbarungslösungen, S. 218; *Rademacher*, EBR, S. 101; *Hromadka*, DB 1995, 1125 (1128); *Däubler*, in: Däubler/Kittner/Klebe/Wedde, EBRG, § 1 Rn. 17; *Joost*, in: MünchArbR, § 366 Rn. 28; Müller, EBRG, § 1 Rn. 10. *Heinze*, AG 1995, S. 385 (388f.) sieht in der zentralen Leitung die „angemessene Leitungsebene", dagegen ausführlich Rademacher, EBR, S. 101.

555 *Giesen*, in: Henssler/Willemsen/Kalb, EBRG, Rn. 8.

556 *Donner*, Kollektivrechtliche Vereinbarungslösungen, S. 219f. arbeitet die Bedeutung dieser Unterscheidung heraus.

557 *Hromadka*, DB 1995, 1125 (1128); *Müller*, EBRG, § 1 Rn. 11.

558 Artt. 4 I SE-RL; 4 I SCE-RL; 16 III b) GV-RL i.V.m. 4 I SE-RL.

Verhandlungen ein. Auch hier wird den nationalen Gesetzgebern die nähere Festlegung überlassen[559], um das ohnehin schon komplizierte Verfahren nicht noch komplexer zu machen.[560]

In den Umsetzungsgesetzen ist von den „Leitungen" als Verhandlungspartner die Rede.[561] Die Leitung ist nach den §§ 2 V SEBG; 2 V SCEBG; 2 V MgVG das geschäftsführende und vertretungsberechtigte Organ der beteiligten Gesellschaften oder der entstehenden Gesellschaft. Mangels näherer Angaben obliegt es diesen Organen, die Kompetenz zum Abschluss der Vereinbarung autonom festzulegen.[562] Es können also alle Leitungen in die Verhandlungen eintreten, aber es kann auch eine Leitung ermächtigt oder ein gemeinsames Verhandlungsgremium gebildet werden.[563] Das Erfordernis eines Abschluss durch die „Leitungen" verdeutlicht somit lediglich, dass eine Vereinbarung durch alle beteiligten Gesellschaften legitimiert sein muss.[564]

3. Einflussnahme der Anteilseigner

Bei Beteiligung einer Kapitalgesellschaft stellt sich die Frage, ob und wie die Anteilseigner auf den Verhandlungsprozess Einfluss nehmen können.

a) EBR-RL

Die EBR-RL spricht nach Artt. 6 I; 2 I e) allein der zentralen Leitung die Verhandlungskompetenz zu, sodass eine Beteiligung der Anteilseigner ausgeschlossen ist. Der europäische Gesetzgeber geht offenbar davon aus, dass der Gegenstand der Beteiligungsvereinbarung nicht so weitreichend sein kann, dass eine Beteiligung der Anteilseigner erforderlich wird.[565] Aus dieser Wertung ergeben sich zugleich Grenzen für die tauglichen Vereinbarungsgegenstände, insbesondere für die umstrittene Frage nach echten Mitbestimmungsrechten für den EBR.[566]

559 **SE**: *Henssler*, ZHR 173 (2009), 222 (237).
560 **SE**: *Kiem*, ZHR 171 (2007), 713 (730).
561 §§ 13 I 1, 21 I SEBG; 13 I 1, 21 I SCEBG; 15 I 1, 22 I MgVG.
562 **SE**: *Oetker*, in: FS-Konzen, 635 (638); *Feuerborn*, in: KK-AktG, § 21 Rn. 8; *Jacobs*, in: MüKo-AktG, SEBG, § 13 Rn. 2, § 21 Rn. 5; *Kienast*, in: Jannott/Frodermann, SE, Kap. 13 Rn. 100.
563 **SE**: Dazu ausführlich *Forst*, Beteiligungsvereinbarung, S. 129ff.; *Oetker*, in: FS-Konzen, 635 (638f.); *Feuerborn*, in: KK-AktG, § 21 Rn. 8; *Jacobs*, in: MüKo-AktG, SEBG, § 13 Rn. 2, § 21 Rn. 5.
564 **SE**: *Forst*, Beteiligungsvereinbarung, S. 129; *Oetker*, in: FS-Konzen, 635 (638f.).
565 *Forst*, ZESAR 2009, 469 (471f.).
566 Dazu unten, D. II. 2. c) cc) (2) (b).

b) SE-RL, SCE-RL, GV-RL und Umsetzungsgesetze

aa) Außenverhältnis: Keine Einflussnahme der Anteilseigner

Die Richtlinien schreiben die Verhandlungsführung in den Artt. 4 I SE-RL; 4 I SCE-RL; 16 III b) GV-RL i.V.m. 4 I SE-RL dem „zuständigen Organ" zu. Teilweise wird vertreten, dass darunter auch die Hauptversammlung fallen kann.[567] *Hennings* sieht den Grund für die Formulierung indes darin, „dass die beteiligten Gesellschaften zweckmäßigerweise nicht mit allen Organmitgliedern an der Verhandlungen teilnehmen [...] können"[568]. *Linden* verweist hingegen auf die unterschiedliche Ausgestaltung der Unternehmensorgane, „was eine exakte Bezeichnung in der Richtlinie erschwert hätte"[569].

Der deutsche Gesetzgeber hat die Verhandlungsführung gemäß den §§ 13 I 1, 21 I SEBG; 13 I 1, 21 I SCEBG; 15 I 1, 22 I MgVG jedenfalls den „Leitungen" zugeschrieben, worunter das geschäftsführende und vertretungsberechtigte Organ zu verstehen ist.[570] Festzuhalten bleibt, dass das Gesetz keine Beteiligung der Anteilseigner an dem Zustandekommen der Vereinbarung vorsieht.

bb) Innenverhältnis: (Ungeschriebener) Zustimmungsvorbehalt?

Eine andere Frage ist, ob der Hauptversammlung ein Zustimmungsvorbehalt zukommt. Eine ausdrückliche Möglichkeit sehen die Artt. 23 II 2, 32 VI 3 SE-VO; 27 II 2 SCE-VO; Art. 9 II GV-RL; § 122g I UmwG vor, wonach sich die Anteileigner das Recht vorbehalten können, die Eintragung der Gesellschaft von der Genehmigung der getroffenen Vereinbarung abhängig zu machen. Zweck der Regelung ist das Letztentscheidungsrecht: Die Anteilseigner sollen die Entscheidung über die Regelung der Arbeitnehmermitwirkung nicht allein den Leitungen überlassen müssen.[571] Teilweise wird in diesen Normen ein „verallgemeinerungsfähiger Seitenaspekt"[572] gesehen, aus dem sich ein generelles Zustimmungserfordernis ergebe.[573] Eine so weitreichende Wirkung kann den wertneutralen Vorschriften jedoch in systematischer Auslegung nicht entnommen werden,[574] für eine Analogie fehlt die Regelungslücke. Den Regelungen kann man entnehmen, dass sie den Aktionären „ihre Entscheidungsfreiheit bewahren, nicht aber aufzwingen"[575] wollen. Daneben wird vertreten, dass das Gleichlaufgebot von Satzung und Mitbestimmungsvereinbarung,

---

567 **SE**: *Hanau*, RdA 1998, 231 (232), zum Entwurf der Richtlinie zur Ergänzung des Statuts der SE hinsichtlich der Beteiligung der Arbeitnehmer vom 1.4.1998.

568 **SE**: *Hennings*, in: Manz/Mayer/Schröder (1. Auf. 2005), Art. 3 SE-RL Rn. 17.

569 **SE**: *Linden*, Mitbestimmungsvereinbarung, S. 22.

570 Siehe oben, C. II. 2.

571 **SE**: *Bayer*, in: Lutter/Hommelhoff/Teichmann, SE-VO, Art. 23 Rn. 14; *Schäfer*, in: MüKo-AktG, SE-VO, Art. 23 Rn. 9; *Casper*, in: Spindler/Stilz, AktG, SE-VO, Art. 23 Rn. 2.

572 **SE**: *Seibt*, AG 2005, 413 (418).

573 **SE**: *Seibt*, AG 2005, 413 (418).

574 **SE**: *Forst*, Beteiligungsvereinbarung, S. 135; *Kiem*, ZHR 171 (2007), 713 (722).

575 **SE**: *Heinze*, Mitbestimmung, S. 274.

welches sich aus den Artt. 12 IV 2 SE-VO; 11 IV 2 SCE-VO; 16 III GV-RL i.V.m. 12 IV 2 SE-VO ergebe, eine Beteiligung der Anteilseigner gebietet.[576] Die Normen gebieten jedoch lediglich eine Anpassung im Falle eines Widerspruchs. Außerdem muss die Satzung nicht zwingend Regelungen zur Mitbestimmung enthalten.[577]

Der Abschluss einer Mitbestimmungsvereinbarung geht durch die Schaffung organschaftlicher Strukturen über die Geschäftsführung des Leitungsorgans hinaus.[578] Daher wird diskutiert, ob sich die Grundsätze der Holzmüller- und Gelatine-Entscheidung des BGH[579] hier übertragen lassen und, falls ja, ob der Abschluss der Mitbestimmungsvereinbarung einen ungeschriebenen Genehmigungsvorbehalt begründet.[580] Allerdings hat der Gesetzgeber mit den soeben erwähnten Artt. 23 II 2, 32 VI 3 SE-VO; 27 II 2, SCE-VO; Art. 9 II GV-RL; § 122g I UmwG einen eigenen Genehmigungsvorbehalt für exakt diesen Fall geschaffen, sodass man eine abschließende Wirkung wird annehmen müssen.[581] Daneben hat der deutsche Gesetzgeber eine eigene Kompetenz für die Verhandlungsführung und zum Abschluss einer Vereinbarung geschaffen[582], die sich ausdrücklich auf die Unternehmensleitung bezieht und die Anteilseigner außen vor lässt.[583]

cc) Ergebnis

Zusammenfassend ist festzuhalten, dass die Umsetzungsgesetze keinen unmittelbaren Einfluss der Anteilseigner auf den Verlauf der Verhandlungen und die Gestaltung der Vereinbarung vorsehen.[584] Die Problematik wird rechtspolitisch diskutiert.[585] Eine Beteiligung der Anteilseigner scheint vor dem Hintergrund einer effektiven

576 **SE**: *Seibt*, AG 2005, 413 (418).

577 **SE**: *Kiem*, ZHR 171 (2007), 713 (722).

578 **SE**: *Hennsler*, in: UHH, SEBG, § 21 Rn. 9.

579 BGH, Urteil. v. 25.2.1982, BGHZ 83, 122–144 (Holzmüller); BGH, Urteil. v. 26.4.2004, BGHZ 159, 30–48 (Gelatine I); ausführlich *Fleischer*, NJW 2004, 2335ff.; *Götze*, NZG 2004, 585ff.; *Habersack*, AG 2005, 137ff.

580 **SE**: *Donner*, Kollektivrechtliche Vereinbarungslösungen, S. 222ff.; *Heinze*, Mitbestimmung, S. 274f.

581 **SE**: *Schwarz*, SE-VO, Art. 23 Rn. 25.

582 §§ 2 V, 13 I 1, 21 I SEBG; 2 V, 13 I 1, 21 I SCEBG; 2 V, 15 I 1, 22 I MgVG.

583 **SE**: Vgl. *Henssler*, ZHR 173 (2009), 222 (239); *Henssler*, in: UHH, SEBG, § 21 Rn. 9; anderer Ansicht ist *Kiem*, ZHR 171 (2007), 713 (720), der den Wortlaut nicht für zwingend hält. Das mag für die Richtlinie zutreffen, der Wortlaut der §§ 2 V SEBG, 2 V SCEBG und 2 V MgVG ist jedoch eindeutig. Im Ergebnis kommt aber auch *Kiem* zu dem Schluss, dass der Hauptversammlung keine Entscheidungskompetenz zusteht.

584 **SE**: *Hoops*, Mitbestimmungsvereinbarung, S. 97; *Schäfer*, in: ZAAR, § 1 Rn. 45ff.

585 Siehe dazu *Donner*, Kollektivrechtliche Vereinbarungslösungen, S. 378ff.; *Rieble*, in: ZAAR, § 3 Rn. 28ff.; *Kiem*, ZHR 171 (2007); 713f.; *Henssler*, ZHR 173 (2009), 222 (239) hält die Regelung für akzeptabel.

Corporate Governance bzw. des *Prinzipal-Agent-Konflikts* wünschenswert zu sein[586], allerdings ist auch „das ohnehin komplexe und langwierige Verhandlungsverfahren"[587] zu berücksichtigen, welches durch die Hinzuziehung weiterer Verhandlungsparteien verkompliziert würde. Ein mittelbarer Einfluss kann durch das Stellen von Verhandlungszielen[588] und durch die Gestaltung der Satzung erfolgen. Letzteres ist aufgrund der Anpassungspflicht jedoch nur in geringem Umfang möglich.[589] Somit besteht kaum Einfluss der Anteilseigner auf die Wirksamkeit der Vereinbarung. Zeigen sie sich mit der Vereinbarung nicht einverstanden, können sie nur, sofern ein ausdrücklicher Genehmigungsvorbehalt erlassen wurde, die Genehmigung versagen oder, im Falle einer Abweichung von der Satzung, die Anpassung verweigern.[590] Beides berührt die Wirksamkeit der Vereinbarung nicht, sondern stellt lediglich ein Eintragungshindernis dar.[591] Auch hier gilt, dass die Gefahr nachteiliger Regelungen für die Anteilseigner aufgrund des klar umrissenen Regelungsauftrags gering ist.[592] Überdies sind nach der hier vertretenen Ansicht nicht gerechtfertigte Eingriffe in die unternehmerische Freiheit nicht vom Autonomiebegriff der Richtlinien gedeckt.[593]

4. Kein „Hauch eines Insichgeschäfts" bei Beteiligung einer AG

Sofern eine deutsche AG beteiligt ist und deren Vorstand durch einen mitbestimmten Aufsichtsrat berufen wurde, haben die Arbeitnehmer zumindest einen Einfluss auf ihren Verhandlungspartner auf Unternehmensseite. Teilweise werden Bedenken geäußert, weil die Arbeitnehmer auf beiden Seiten repräsentiert wären und der Vereinbarung so der „Hauch eines Insichgeschäft"[594] anhaften würde.[595] Der Begriff

586 **SE**: *Kiem*, ZHR 171 (2007), 713 (724); *Thüsing*, ZIP 2006, 1469 (1472); *Jacobs*, in: MüKo-AktG, SEBG, § 21 Rn. 5a. *Koch*, Beteiligung von Arbeitnehmervertretern, S. 77 folgert aus diesem Spannungsverhältnis eine restriktive Auslegung der Regelungskompetenz.

587 **SE**: *Kiem*, ZHR 171 (2007), 713 (720).

588 **SE**: Nach Art. 20 I 2 i) SE-VO sind Angaben über das Vereinbarungsverfahren in den Verschmelzungsplan aufzunehmen, *Oetker*, in: FS-Konzen, 635 (641); siehe auch *Henssler*, ZHR 173 (2009), 222 (239); *Kiem*, ZHR 171 (2007); 713 (726ff.); ähnlich *Schäfer*, in: ZAAR, § 1 Rn. 47ff.

589 **SE**: Dazu *Bayer*, in: Lutter/Hommelhoff/Teichmann, SE-VO, Art. 23 Rn. 16.

590 **SE**: Dazu *Henssler*, ZHR 173 (2009), 222 (238f.); *Oetker*, in: FS-Konzen, 635 (641); *Henssler*, in: UHH, SEBG, § 21 Rn. 8.

591 **SE**: *Donner*, Kollektivrechtliche Vereinbarungslösung, S. 227; *Oetker*, in: FS-Konzen, 635 (641); *Henssler*, in: UHH, SEBG, § 21 Rn. 8; *Hoops*, Mitbestimmungsvereinbarung, S. 95.

592 Siehe dazu oben, D. II. 2. c) bb) (1).

593 Siehe zu der primärrechtskonformen Auslegung des Autonomiebegriffs der Richtlinien unten, D. II. 2. c) bb) (4) (b).

594 **SE**: *Kübler*, in: MüKo-AktG (2. Aufl. 2006), SE-VO, Einführung Rn. 38.

595 **SE**: *Jacobs*, in: MüKo-AktG, SEBG, § 21 Rn. 5; *Kübler*, in: MüKo-AktG (2. Aufl. 2006), SE-VO, Einführung Rn. 38.

der Repräsentation ist hier jedoch zu weitreichend. Der Vorstand ist kein Repräsentant der Arbeitnehmer. Ein gewisser Einfluss ist zwar nicht zu leugnen, allerdings darf dabei nicht der Einfluss der Anteilseigner im Aufsichtsrat übersehen werden, welcher den der Arbeitnehmer leicht überwiegt: Nach § 29 II MitbestG kommt dem Aufsichtsratsvorsitzenden, auf dessen Wahl die Anteilseigner gemäß § 27 II MitbestG maßgeblichen Einfluss hat, bei Stimmengleichheit ein Doppelstimmrecht zu. Das BVerfG hat in seinem Mitbestimmungsurteil ausgeführt, dass durch die Zweitstimme des Aufsichtsratsvorsitzenden das Übergewicht der Anteilseigner wirksam gewährleistet wird und ein „Durchschlagen" der Mitbestimmung auf den Vorstand nicht zu befürchten ist.[596] In der Praxis kommt überdies dem Vorstand ein maßgeblicher Einfluss bei der Bestellung zukünftiger Vorstandsmitglieder zu.[597]

5. Ergebnis

Die Richtlinien enthalten kaum Vorgaben bezüglich des Verhandlungspartners auf Unternehmensseite. Die Umsetzungsgesetze haben gemeinsam, dass sie dieser Partei einen weiten Spielraum bezüglich der Festlegung der die Vereinbarung abschließenden Person überlassen. Dies ist angesichts des Zwecks einer Vereinbarung, der Schaffung einer an das Unternehmen angepassten Regelung der Arbeitnehmermitwirkung, nur folgerichtig. Bezüglich der Legitimation ergeben sich Unterschiede. Das EBRG sieht im Falle einer Unternehmensgruppe vor, dass nur die Leitung eines Unternehmens die Verhandlungen führt, während SEBG, SCEBG und MgVG eine Legitimation durch alle beteiligten Gesellschaften verlangen. Der Unterschied ist freilich dadurch zu erklären, dass in letzterem Bereich regelmäßig Vereinbarungen über Mitbestimmung getroffen werden, die gegenüber den Vereinbarungen zur Unterrichtung und Anhörung wesentlich tiefgreifender sind und einer besonderen Legitimation bedürfen. Es schließt sich die Frage an, inwiefern sich aus diesem Befund für die Vereinbarungsgegenstände im Rahmen des EBRG Schranken ergeben.[598] Bemerkenswert ist der geringe Einfluss der Anteilseigner auf den Verhandlungsprozess und den Vereinbarungsabschluss – auch hier stellt sich die Frage, ob die möglichen Vereinbarungsgegenstände dadurch eingeengt werden.

596 BVerfG, Urteil v. 1.3.1979-1 BvR 532/77; 1 BvR 533/77; 1 BvR 419/78; 1 BvL 21/78; BVerfGE 50, 290–381.

597 **SE**: *Hoops*, Mitbestimmungsvereinbarung, S. 76. Sie ist auf den S. 75f. überdies der Ansicht, dass ein Interessenkonflikt angesichts der Möglichkeit eines Genehmigungsvorbehaltes hinnehmbar wäre. Allerdings besteht der Genehmigungsvorbehalt nur für die Verschmelzung und Gründung einer Holding. Zwar wendet sie auf den S. 95f. die Vorschriften auf die Umwandlung analog an, der Konflikt würde aber jedenfalls bei Gründung einer Tochter-SE bestehen bleiben.

598 Siehe dazu unten, D. II. 2. c) cc) (2) (b).

D. Verhandlungsverfahren und Vereinbarung

I. Das Verhandlungsverfahren

Der Zeitraum des Verhandlungsverfahrens wird hier entsprechend der Amtszeit des BVG[599] definiert. Es beginnt demnach mit der Konstituierung des Gremiums und endet mit dem Abschluss einer Vereinbarung. Sofern es zu keiner Vereinbarung kommt, endet das Verfahren mit Fristablauf oder mit dem Beschluss über die Nichtaufnahme oder den Abbruch der Verhandlungen.

1. Gesetzliche Vorgaben bezüglich des Ablaufs

a) Grundsätzliche Zurückhaltung des Gesetzgebers

Die Richtlinien und Umsetzungsgesetze enthalten nur wenige Vorgaben bezüglich des Ablaufs des Verhandlungsverfahrens. Die wohl wichtigste Bestimmung ist die zeitliche Beschränkung. Für den EBR kann das Verhandlungsverfahren maximal drei Jahre dauern, für die SE, SCE und grenzüberschreitende Verschmelzungen sechs Monate und nach einvernehmlicher Verlängerung maximal ein Jahr.[600] Der Unterschied ist durch die ausstehende Eintragung in letzteren Fällen zu erklären, die nicht ohne Abschluss des Verhandlungsverfahrens erfolgen kann. Nach Ablauf dieser Frist greift die gesetzliche Auffanglösung ein.

Ansonsten hält sich der Gesetzgeber bezüglich der Gestaltung des Verhandlungsverfahrens zurück. Die SE-RL, SCE-RL und GV-RL enthalten über den Ablauf keine weiteren Aussagen und übertragen die Regelung den Mitgliedstaaten.[601] In Art. 5 IV 2 EBR-RL wird dem BVG ein internes Tagungsrecht zugesprochen[602], ansonsten wird die nähere Gestaltung auch hier den Mitgliedstaaten überlassen. In Deutschland hat der Gesetzgeber einige über die Richtlinienvorschriften hinausgehende Regelungen eingeführt. So obliegt die Einladung zur konstituierenden Sitzung der Leitung. Ort, Zeitpunkt und Häufigkeit darüber hinausgehender Verhandlungen werden zwischen Leitungen und BVG einvernehmlich festgelegt.[603] Festzuhalten ist daher, dass der Gesetzgeber die Gestaltung und den Ablauf der Verhandlungen weitgehend den Parteien überlässt.

---

599 Siehe dazu oben, C. I. 3.

600 Artt. 7 I Alt. 3 EBR-RL; 5 SE-RL; 5 SCE-RL; 16 III c) GV-RL i.V.m. 5 SE-RL bzw. §§ 21 I 2 EBRG, 20 SEBG, 20 SCEBG, 21 MgVG.

601 Artt. 6 SE-RL; 6 SCE-RL; 16 III d) GV-RL i.V.m. 6 SE-RL.

602 Dazu *Franzen*, EuZA 2010, 180 (189).

603 §§ 8 III 2 EBRG; 13 II 3 SEBG; 13 II 3 SCEBG; 15 II 3 MgVG.

b) Pflicht zur vertrauensvollen Zusammenarbeit

aa) Vorgaben der Richtlinien

Der Grundsatz der vertrauensvollen Zusammenarbeit zwischen BVG und den Leitungen bzw. der zentralen Leitung findet seine Wurzeln in den Richtlinien. Art. 6 I EBR-RL verlangt von den Parteien Verhandlungen „im Geiste der Zusammenarbeit" und die Artt. 4 I SE-RL; 4 I SCE-RL und 16 III GV-RL iVm 4 I SE-RL Verhandlungen „mit dem Willen zur Verständigung". Da Bezugspunkt jeweils der Abschluss einer Vereinbarung ist, dürften die beiden Formulierungen gleiches bedeuten. Im deutschen Betriebsverfassungsrecht ist die vertrauensvolle Zusammenarbeit ein fundamentaler Grundsatz und so überrascht es nicht, dass gerade die deutsche Delegation auf eine Aufnahme in die EBR-RL gepocht hat.[604] Die tiefste Wurzel des Grundsatzes der vertrauensvollen Zusammenarbeit in den Umsetzungsgesetzen ragt daher in das deutsche Betriebsverfassungsrecht hinein – dennoch deutet nichts darauf hin, dass der europäische Gesetzgeber eine vollständige Übernahme seiner Bedeutung in die Richtlinien gewollt hat und es wohl auch nicht gekonnt hätte. Bei dem Grundsatz handelt es sich um ein eigenständiges europäisches Gebot.[605] Dessen Inhalt ist jedoch lediglich als ein Appell an die Parteien zu verstehen, sich als gleichberechtigt zu betrachten und durch eine vernünftige Lösung von Konflikten zu einer gemeinsamen Lösung zu gelangen.[606] Dieser Ansatz folgt aus dem Bestreben des Unionsgesetzgebers, innerstaatliche Traditionen möglichst unberührt zu lassen und diese bei der Zusammensetzung des BVG und damit im Verhandlungsverfahren zu berücksichtigen.[607] Die Mitgliedstaaten können den Grundsatz jedoch konkretisieren und aus ihm Rechte und Pflichten für die Parteien ableiten.

bb) Verhältnis zur vertrauensvollen Zusammenarbeit zwischen Gremium und Leitung

Die Umsetzungsgesetze sehen in zwei Beziehungen den Grundsatz der vertrauensvollen Zusammenarbeit vor. Zum einen zwischen dem BVG und der zentralen Leitung[608] bzw. den Leitungen[609] und zum anderen zwischen dem errichteten Arbeitnehmervertretungsgremium und der Unternehmensleitung[610]. Zum Teil wird der Grundsatz in beiden Beziehungen gleich behandelt.[611] Auch wenn sich die

---

604 *Wittrock*, EuroAS 7/1994, 3 (4); *Schlinkhoff*, EBR kraft Vereinbarung, S. 257.
605 **EBR**: *Blanke*, EBRG, § 8 Rn. 10; *Lerche*, EBR, S. 221.
606 **EBR**: *Lerche*, EBR, S. 221, der dieses Verständnis auch § 8 EBRG zugrunde legt.
607 Dazu bereits oben, B. I. 1. und C. I. 2.
608 § 8 III 1 EBRG.
609 §§ 13 I 2 SEBG, 13 I 2 SCEBG, 15 I 2 MgVG.
610 §§ 34 I 1 EBRG, 40 SEBG, 42 SCEBG.
611 Z.B. verweist *Jacobs*, in: MüKo-AktG, SEBG, § 13 Rn. 3 auf die Grundsätze von § 40 SEBG, differenziert aber auch in den Details.

Ausprägungen des Grundsatzes in den beiden Beziehungen zum Teil überschneiden mögen, ist angesichts des Aufgabenbezugs[612] eine getrennte Behandlung angezeigt.

cc) Verhältnis zu § 2 I BetrVG

Wie erwähnt, hat sich der deutsche Gesetzgeber bei der Umsetzung der Richtlinien erneut für den Begriff der „vertrauensvollen Zusammenarbeit" entschieden. Fraglich ist daher, ob für die deutschen Umsetzungsgesetze die zu § 2 I BetrVG entwickelten Grundsätze gelten. In der Literatur wird dies entweder relativ pauschal bejaht[613] oder verneint[614].

Für eine Übertragbarkeit könnte zunächst der Wortlaut sprechen, der jeweils den gleichen Terminus nutzt. Für die §§ 13 I 2 SEBG; 13 I 2 SCEBG; 15 I MgVG treffen zudem die Gesetzgebungsmaterialien eine Aussage. Die Begründungen der jeweiligen Entwürfe erwähnen ausdrücklich eine Übertragung des im Betriebsverfassungsgesetz verankerten Grundsatzes der vertrauensvollen Zusammenarbeit.[615] Sinn und Zweck der Vorschriften in den Umsetzungsgesetzen verbieten jedoch eine Übertragung aller Ausprägungen, die zu § 2 I BetrVG entwickelt wurden. Der Grundsatz der vertrauensvollen Zusammenarbeit ist sowohl im BetrVG als auch in den Umsetzungsgesetzen eine Konkretisierung von Treu und Glauben und soll das Verhalten der Parteien regeln.[616] Das Verhalten der Parteien ist abhängig von ihrer Aufgabe und den Rahmenbedingung des jeweiligen rechtlichen Umfelds. Das BVG hat eine gänzlich andere Aufgabe als ein Betriebsrat und EBRG, SEBG, SCEBG und MgVG sind anders konzipiert als das BetrVG. Das zeigt sich insbesondere an dem Vorrang von Verhandlungen.[617] Die Auswirkungen des Gebots der vertrauensvollen Zusammenarbeit nach den §§ 8 III 1 EBRG, 13 I 2 SEBG, 13 I 2 SCEBG und 15 I MgVG kann daher jedenfalls nicht allein durch § 2 I BetrVG bestimmt werden.[618]

dd) Bedeutung der „vertrauensvollen Zusammenarbeit" in den Umsetzungsgesetzen

Fraglich ist, welche Auswirkungen der Grundsatz der vertrauensvollen Zusammenarbeit auf die Rechte und Pflichten der Parteien hat. Da die Ausprägungen des

---

612 Ausdrücklich benennt dies §§ 13 I 2 SEBG, 13 I 2 SCEBG, 15 I 2 MgVG.

613 **EBRG**: *Rademacher*, EBR, S. 142; *Müller*, EBRG, § 8 Rn. 62; *Oetker/Schubert*, in: EAS B 8300, Rn. 82. **SE**: *Evers*, in: Manz/Mayer/Schröder, SEBG, § 13 Rn. 3; *Feuerborn*, in: KK-AktG, SEBG, § 13 Rn. 6; *Freis*, in: Nagel/Freis/Kleinsorge, § 13 Rn. 5.

614 **EBRG**: *Blanke*, EBRG, § 8 Rn. 10, zumindest mit Verweis auf ein eigenständiges europarechtliches Gebot.

615 Für § 13 I 2 SEBG: BT-Drs. 15/3405 S. 49; für § 13 I SCEBG: BT-Drs. 16/1025 S. 71; für § 15 I MgVG: BT-Drs. 16/2922 S. 24.

616 Für das BetrVG: *Besgen*, in: BeckOK-Arbeitsrecht, BetrVG, § 2 Rn. 5ff.; *Koch*, in: ErfK, BetrVG, § 2 Rn. 1; *Richardi*, in: Richardi, BetrVG, § 2 Rn. 7.

617 **EBR**: *Blanke*, AuR 2009, 242 (245).

618 Ähnlich *Oetker/Schubert*, EAS B 8300 Rn. 245.

Grundsatzes nicht einfach aus § 2 I BetrVG übernommen werden können, kommt den Gesetzgebungsmaterialien und vor allem den Vorgaben der Richtlinien entscheidende Bedeutung zu. Die Gesetzgebungsmaterialien enthalten Regelbeispiele: Vertrauensvolle Zusammenarbeit im Sinne des § 8 III 1 EBRG bedeutet, dass strittige Fragen mit dem „ernsten Willen zur Einigung" und mit „friedlichen Mitteln" beigelegt werden soll.[619] Der Arbeitskampf wird ausdrücklich ausgeschlossen.[620] Die Begründungen zu 13 I 2 SEBG[621], 13 I 2 SCEBG[622] und 15 I MgVG[623] erfassen ausdrücklich nur den „ernsten Willen zur Einigung".

(1) Zeitraum

Fraglich ist, in welchem Zeitraum das BVG und die Leitungen vertrauensvoll zusammenarbeiten müssen. Die Richtlinien beziehen den „Geiste der Zusammenarbeit" gemäß Art. 6 I EBR-RL bzw. den „Willen zur Verständigung" gemäß Artt. 4 I SE-RL, 4 I SCE-RL ausdrücklich nur auf die Verhandlungsphase. Ein solches Verständnis hätte weitreichende Konsequenzen. Schließlich agieren die Parteien schon vor Verhandlungsbeginn miteinander, beispielsweise durch die Information des BVG oder die Festlegung von Zeitpunkt, Häufigkeit und Ort der Verhandlungen.[624]

Der deutsche Gesetzgeber hat sich für ein weiteres Verständnis entschieden. Er bezieht dem Wortlaut der §§ 8 III EBRG; 13 I 2 SEBG; 13 I 2 SCEBG; 15 I MgVG nach die vertrauensvolle Zusammenarbeit auf die gesamte Zusammenarbeit. Er bleibt sich jedoch nicht ganz treu, denn in den Gesetzgebungsmaterialien zeigt er wieder ein engeres Verständnis. Den Grundsatz in § 8 III EBRG bezieht er ausdrücklich auf die Bewältigung strittiger Fragen bei der „Ausgestaltung der grenzübergreifenden Unterrichtung und Anhörung".[625] Die Begründungen zu 13 I 2 SEBG[626], 13 I 2 SCEBG[627] und 15 I MgVG[628] beziehen den Grundsatz ebenfalls auf die Einigung.[629] Ob der Gesetzgeber eine solche Einschränkung tatsächlich wollte, darf bezweifelt werden. Er hatte erkennbar § 2 I BetrVG vor Augen, der ein umfassendes Gebot

---

619 BT-Drs. 13/4520 S. 20.
620 BT-Drs. 13/4520 S. 20.
621 BT-Drs. 15/3405 S. 49.
622 BT-Drs. 16/1025 S. 71.
623 BT-Drs. 16/2922 S. 24.
624 Zur Amtszeit des BVG siehe oben, C. I. 3.
625 BT-Drs. 13/4520 S. 20.
626 BT-Drs. 15/3405 S. 49.
627 BT-Drs. 16/1025 S. 71.
628 BT-Drs. 16/2922 S. 24.
629 Ob Einigung jedoch auch die Vereinbarung über die Gegenstände meint, ist unklar. Forst, Beteiligungsvereinbarung, S. 140 bezieht bei der Wiedergabe der h.M. das Arbeitskampfverbot als Ausprägung der vertrauensvollen Zusammenarbeit nur auf das Verhandlungsverfahren.

darstellt und sich nicht auf einzelne Phasen beschränkt.[630] Vor diesem Hintergrund sind die Äußerungen des Gesetzgebers mehr als Regelbeispiele anstatt als Definitionen zu begreifen.

Somit gilt der Grundsatz der vertrauensvollen Zusammenarbeit für den gesamten Zeitraum der Zusammenarbeit von BVG und Leitungen. Weder Richtlinien noch Umsetzungsgesetze enthalten jedoch Hinweise darauf, dass der Grundsatz schon vor Existenz des BVG greifen soll. Er besteht somit insbesondere nicht im Prozess der Information der Arbeitnehmer bzw. Arbeitnehmervertreter oder der Zusammensetzung des BVG.

(2) Streikverbot

Weder die Richtlinien noch die Umsetzungsgesetze enthalten Aussagen über die Zulässigkeit von Arbeitskampf. Ob der „Pflicht zur vertrauensvollen Zusammenarbeit" ein Streikverbot entnommen werden kann, ist durch Auslegung zu ermitteln. Für eine gegebenenfalls vorzunehmende richtlinienkonforme Auslegung sind zunächst die Vorgaben der Richtlinien zu ermitteln (a), bevor die Umsetzungsgesetze untersucht werden (b).

(a) Vorgaben durch die Richtlinien

(aa) Kompetenz für ein Streikverbot

Dem Grundsatz der vertrauensvollen Zusammenarbeit wird man vor dem Hintergrund der kompetenzkonformen Interpretation[631] nur dann ein Streikverbot entnehmen können, wenn der europäische Gesetzgeber eine entsprechende Kompetenz besitzt. Wie dargestellt, ist Art. 153 I e) bzw. f) AEUV die richtige Kompetenznorm für die EBR-RL, SE-RL, SCE-RL und Art. 16 GV-RL.[632] Fraglich ist, ob einem Streikverbot die Ausnahme des Art. 153 V AEUV entgegensteht. Falls eine andere Kompetenznorm für einschlägig gehalten wird, ist dessen Wertung auch dort zu berücksichtigen.[633]

Der EuGH legt Ausnahmen eng aus; für die Ausnahme des Art. 153 V AEUV hat er dieses Vorgehen ausdrücklich bestätigt.[634] Bei einer zu weiten Auslegung würde Art. 153 I AEUV seiner Substanz beraubt.[635] Hier ist zunächst zu berücksichtigen,

---

630 Hier bestehen keine Bedenken gegen eine Übertragbarkeit aus § 2 BetrVG, weil es um eine zeitliche und nicht um eine inhaltliche Dimension geht.

631 Dazu *Rebhahn*, in: Riesenhuber, Europäische Methodenlehre, § 18 Rn. 24ff.

632 Siehe oben, B. II.

633 *Benecke*, in: Grabitz/Hilf/Nettesheim, EU-Recht, AEUV, Art. 153 Rn. 101; offenlassend *Rebhahn/Reiner*, in: Schwarze, EU-Kommentar, AEUV, Art. 153 Rn. 63.

634 EuGH, Urteil v. 13.9.2007, Rs. C-307/05, Slg. 2007, I-7109-7140 „Del Cerro Alonso", Rn. 39, zu einer Frage betreffend das Arbeitsentgelt.

635 EuGH, Urteil v. 13.9.2007, Rs. C-307/05, Slg. 2007, I-7109-7140 „Del Cerro Alonso", Rn. 41; *Rebhahn*, in: Riesenhuber, Europäische Methodenlehre, § 18 Rn. 28.

dass ein Streikverbot nicht unmittelbar in das existierende Arbeitskampfrecht[636] der Mitgliedstaaten eingreift, sondern allein ein neues, erst durch die Richtlinien geschaffenes Verfahren betrifft. Daneben wäre wohl auch die Substanz der Art. 153 I e) bzw. f) AEUV betroffen, denn die Entscheidung für den Mechanismus von Verhandlungen mit Auffanglösungen war der einzig politisch gangbare Weg.[637] Es erscheint daher vertretbar, hier eine Kompetenz für ein Streikverbot zu bejahen.

Überdies wird dem Telos der Ausnahmeregelung, die dort genannten wirtschaftspolitisch sensiblen Bereiche der Alleinzuständigkeit der Mitgliedstaaten zu überlassen, auf vergleichbare Weise entsprochen. Auf die unterschiedlichen innerstaatlichen Traditionen nimmt der Gesetzgeber Rücksicht, indem er die Bildung eines international besetzten Gremiums vorsieht, für dessen Mitglieder die Mitgliedstaaten eigene Entsendungsverfahren schaffen können. Dieses Gremium kann mit der Leitung eine Vereinbarung treffen, in der die Traditionen zu berücksichtigen sind. Während des Verhandlungsprozesses nimmt der europäische Gesetzgeber auf die unterschiedlichen Traditionen Rücksicht, indem er den betriebsverfassungsrechtlich geprägten Kulturen Vereinbarungen und den streitorientierten Kulturen eine Auffanglösung als Druckmittel zur Verfügung stellt.

(bb) Auslegung der Richtlinien

Die Richtlinien enthalten keine ausdrücklichen Aussagen zur Zulässigkeit des Arbeitskampfes. Aus Art. 28 GrCH lässt sich aus den oben genannten Gründen ebenfalls nichts ableiten.[638] Fraglich ist, ob den Grundsätzen des „Geistes der Zusammenarbeit" bzw. des „Willens zur Einigung" ein Arbeitskampfverbot durch Auslegung entnommen werden kann. In systematischer Hinsicht besteht in den Richtlinien ein austariertes System zwischen Autonomie und Zwang. Der Zwang wird durch die Druckmittel der gesetzlichen Auffanglösung[639], qualifizierter Mehrheiten und Verhandlungsfristen[640] erzeugt. Der Arbeitskampf wäre ein zusätzliches Druckmittel, das sich nicht in die Systematik der Richtlinien einfügt. Die Zulässigkeit von Arbeitskampf in den Richtlinien könnte auch ein nicht gerechtfertigter Eingriff in EU-Grundrechte auf Arbeitgeberseite sein.[641] Schließlich möchten die Richtlinien durch autonome Regelungen auch die Wettbewerbsfähigkeit der betroffenen Unternehmen erhöhen, womit durch Arbeitskampf erzwungene Regelungen

---

636 Telos des Art. 153 V AEUV ist, die dort genannten wirtschaftspolitisch sensiblen Bereiche der Alleinzuständigkeit der Mitgliedstaaten zu überlassen. Siehe *Benecke*, in: Grabitz/Hilf/Nettesheim, EUV/AEUV, AEUV, Art. 153 Rn. 101.

637 Siehe dazu oben, B. I. 1.

638 Siehe oben, B. VII. 1.

639 **EBR**: *Donner*, Kollektivrechtliche Vereinbarungslösungen, S. 291; *Rademacher*, EBR, S. 113f. **SE**: *Forst*, Beteiligungsvereinbarung, S. 140f.; *Hoops*, Unternehmensmitbestimmung, S. 85.

640 **SE**: *Hoops*, Unternehmensmitbestimmung, S. 85.

641 **SE**: *Forst*, Beteiligungsvereinbarung, S. 141.

nicht vereinbar wären. Allerdings ist zu berücksichtigen, dass der Bereich des Streikrechts – das hat die vorstehende Untersuchung der Kompetenznorm gezeigt – ein äußerst sensibler Bereich ist, der ein deutliches Vorgehen des Unionsgesetzgebers erfordert. Auch wenn sich ein Streikverbot gut in die Systematik einfügen würde und aus deutscher Sicht nur allzu nachvollziehbar wäre, sind die Formulierungen „Geiste der Zusammenarbeit" bzw. „Wille zur Einigung" viel zu vage, als dass von ihnen auf einen Willen des Gesetzgebers hinsichtlich eines Streikverbots geschlossen werden könnte. Den Richtlinien ist daher kein Streikverbot zu entnehmen.

(b) Inhalt der Umsetzungsgesetze

Die Umsetzungsgesetze[642] enthalten, wie erwähnt, keine Aussagen zur Zulässigkeit von Arbeitskampf. Somit ist eine entsprechende Auslegung vorzunehmen. Systematisch spricht gleiches wie im Rahmen der Richtlinien für ein Arbeitskampfverbot. Für den Gesetzgeber bedeutet vertrauensvolle Zusammenarbeit im Sinne des § 8 III EBRG, dass „beide Seiten strittige Fragen über die Ausgestaltung der grenzübergreifenden Unterrichtung und Anhörung mit dem ernsten Willen zur Einigung und mit friedlichen Mitteln beilegen müssen; insbesondere sind Maßnahmen des Arbeitskampfes unzulässig".[643] Diese gesetzgeberische Intention ist eindeutig. Im Übrigen enthalten die Gesetzgebungsmaterialien keine ausdrückliche Aussage, jedoch verweisen sie auf den Grundsatz der vertrauensvollen Zusammenarbeit im BetrVG.[644] Dort ist ein Streikverbot nach § 74 II 1 BetrVG angeordnet. Aufgrund von Art. 9 III GG ist das Verbot ähnlich restriktiv zu handhaben. Es gilt für das BVG als Institution, für seine Mitglieder in ihrer konkreten Eigenschaft und allein für Streitigkeiten, die in Zusammenhang mit Gegenständen der Beteiligungsvereinbarung während des Aushandlungsprozesses auftreten.[645]

(c) Ergebnis

Festzuhalten bleibt, dass die Richtlinien bezüglich des Arbeitskampfs keine Vorgaben machen. Nur dem Grundsatz der vertrauensvollen Zusammenarbeit nach den deutschen Umsetzungsgesetzen kann ein Arbeitskampfverbot entnommen werden. Es gilt nicht nur für die Verhandlungsphase, sondern für die gesamte Amtszeit des BVG.[646]

---

642 §§ 8 III EBRG; 13 I 2 SEBG; 13 I 2 SCEBG; 15 I MgVG.

643 BT-Drs. 13/4520 S. 20.

644 Für § 13 I 2 SEBG: BT-Drs. 15/3405 S. 49; für § 13 I SCEBG: BT-Drs. 16/1025 S. 71; für § 15 I MgVG: BT-Drs. 16/2922 S. 24.

645 Vgl. zu den Grenzen von § 74 II 1 BetrVG: *Richardi*, in: Richardi, BetrVG, § 74 Rn. 16ff; *Kania*, in: ErfK, BetrVG, § 74 Rn. 9ff.

646 Siehe oben, C. I. 3.

(3) Verhandlungsanspruch bzw. -pflicht

Umstritten ist, ob aus dem Gebot der vertrauensvollen Zusammenarbeit eine Verhandlungspflicht folgt. Es ist strikt zwischen einer Verhandlungspflicht und einer Einigungspflicht[647] zu trennen. Die Verhandlungspflicht umfasst die Pflicht zum räumlichen Zusammentreffen und zur Kontaktaufnahme. Mit anderen Worten: Will der Gesetzgeber das BVG und die Leitungen an einen Tisch zwingen oder toleriert er das Ausbleiben von Verhandlungen, wenn eine oder beide Parteien nicht verhandeln wollen?

Teilweise versucht man eine beiderseitige Verhandlungspflicht aus dem Wortlaut der Richtlinien abzuleiten. Unabhängig davon, dass der Richtlinieninhalt keine unmittelbare Anwendung findet, sondern nur im Rahmen einer richtlinienkonformen Auslegung Einfluss auf das deutsche Recht hat, ist der Wortlaut der Richtlinien auch nicht besonders ergiebig. Laut Art. 6 I EBR-RL „müssen" die Parteien im Geiste der Zusammenarbeit verhandeln.[648] Das „müssen" könnte sich jedoch auch allein auf den „Geist der Zusammenarbeit" beziehen.[649] Die Lesart wäre dann folgende: Wenn die Parteien verhandeln, müssen sie es im Geiste der Zusammenarbeit tun. Gleiches versucht man teilweise aus Art. 4 I SE-RL zu folgern.[650] Dort werden auch Verhandlungen vorgesehen, aber es wird schon auf ein „müssen" verzichtet.

Dem Wortlaut kommt überdies gegenüber der Systematik eine untergeordnete Rolle zu, weil Richtlinien und Umsetzungsgesetze den Parteien unterschiedliche Möglichkeiten der einseitigen Beendigung oder Nichtaufnahme von Verhandlungen zubilligen. Diese Systematik wurde bereits bei der Frage nach einer Informationspflicht der Leitungen relevant und ist, wie festgestellt, sehr unterschiedlich.[651] Zu untersuchen ist, welche Auswirkungen die Systematik auf das Bestehen eines Verhandlungsanspruches und einer -pflicht des BVG hat.

(a) Verhandlungsanspruch des BVG

Für das Bestehen eines Verhandlungsanspruchs des BVG gegen die Leitungen muss festgestellt werden, ob letztere das Verhandlungsverfahren einseitig verweigern oder beenden können (aa) und welche Konsequenzen dies hat (bb).

(aa) Möglichkeit der einseitigen Beendigung durch die Leitungen

Aus § 21 I 1 EBRG ergibt sich, dass Verhandlungen auch durch die zentrale Leitung verweigert werden können – die Möglichkeit besteht jedoch nicht mehr, wenn die

---

647 Dazu unten, D. I. 1. b) dd) (4).

648 *Rademacher*, EBR, S. 113 leitet daraus eine Verhandlungspflicht ab.

649 Auch die englische Sprachfassung ist mit „must negotiate in a spirit of cooperation with a view to reaching an agreement" nicht eindeutiger.

650 *Donner*, Kollektive Vereinbarungslösung, S. 98 folgert eine Verhandlungspflicht, sinngemäß übertragbar auf Artt. 4 I SCE-RL und 16 III GV-RL iVm 4 I SE-RL.

651 Siehe oben, C. I. 4. b) bb) (3) und cc) (3).

Leitung erst einmal in Verhandlung eingetreten sind. Ab diesem Zeitpunkt kann die zentrale Leitung gemäß § 21 I 2 EBRG nur noch gemeinsam mit dem BVG das Scheitern der Verhandlungen erklären.[652] Die §§ 22 I Nr. 1 SEBG, 22 I Nr. 1 SCEBG sehen, im Gegensatz zu § 21 I 2 EBRG, für die Leitungen keine Möglichkeit vor, das Verhandlungsverfahren einseitig zu verweigern bzw. zu beenden.[653] Nach § 23 I Nr. 3 MgVG können die Leitungen einseitig Verhandlungen beenden. Das gilt auch nach Eintritt in die Verhandlungen.[654]

Zusammenfassend ist festzustellen, dass die Leitungen im SEBG und SCEBG das Verhandlungsverfahren nicht einseitig beenden können, im MgVG jederzeit und die zentrale Leitung im EBRG nur vor Beginn der Verhandlungen.

(bb) Konsequenzen für einen Verhandlungsanspruch

Auf Grundlage dieser Erkenntnisse ist zwischen der Situation zu unterscheiden, in der die Leitungen die Verhandlungen nicht (mehr) einseitig verweigern können und zwischen der Situation, in der dies (noch) möglich ist.

In der ersten Situation spricht vieles für einen Verhandlungsanspruch. In systematischer Hinsicht ist klar vorgegeben, wann die Leitungen Verhandlungen einseitig und wann nur noch gemeinsam mit dem BVG verweigern können. Diese Abstufung wäre sinnlos, wenn den Leitungen mangels Anspruchs des BVG jederzeit ein faktisches Verweigerungsrecht zukommt. Ein Boykott oder eine Verschleppung von Verhandlungen widerspricht der Konzeption der Richtlinien und dem Prinzip der Eilbedürftigkeit.[655] Der Einwand, dass einem Verhandlungsanspruch das Eingreifen einer gesetzlichen Regelung nach Fristende entgegensteht,[656] ist auf Grundlage dieser Erwägungen nicht überzeugend. Dem BVG steht daher ein Anspruch auf Verhandlungen zu, wenn die Leitungen sie nicht mehr einseitig beenden können.[657]

In der zweiten Situation könnte man einen Anspruch mit der Begründung verweigern, dass die Rechtsfolge einer Verweigerung durch Gesetz abschließend geregelt ist.[658] Jedoch verkennt diese Sichtweise, dass es einer Verweigerungshandlung der Leitungen bedarf, um die Rechtsfolge herbeizuführen. Die Verweigerung ist

---

652 Zur Systematik im EBRG schon oben, C. I. 3. b) bb) (3).

653 Siehe oben, C. I. 4. b) cc) (3) (a).

654 Siehe oben, C. I. 4. b) cc) (3) (b).

655 Dazu bereits oben, C. I. 4. b) bb) (3) (d); zum Rechtsmissbrauch ausführlich *Forst*, Beteiligungsvereinbarung, S. 143ff. und unten D. I. 3. b).

656 **SE**: *Forst*, Beteiligungsvereinbarungen, S. 141; *Henssler*, in: Ulmer/Habersack/Henssler, SEBG, § 13 Rn. 2; *Jacobs*, in: MüKo-AktG, SEBG, § 13 Rn. 3; *Oetker*, in: Lutter/Hommelhoff/Teichmann, SEBG, § 13 Rn. 7; wohl auch *Freis*, in: Nagel/Freis/Kleinsorge, SEBG, § 13 Rn. 6; *Feuerborn*, in: KK-AktG, SEBG, § 13 Rn. 8f.

657 Das bedeutet nicht, dass ein Anspruch auf erfolgreiche Verhandlungen besteht, dazu unten, D. I. 1. b) dd) (4).

658 **EBR**: *Blanke*, EBRG, § 8 Rn. 11; *Müller*, EBRG, § 8 Rn. 3; *Oetker/Schubert*, in: EAS B 8300, Rn. 82; alle gehen offenbar auch davon aus, dass die zentrale Leitung das Verhandlungsverfahren jederzeit verweigern kann.

insofern mehr rechtsvernichtende als rechtshindernde Einwendung. Somit ist auch in dieser Situation ein Verhandlungsanspruch des BVG zu bejahen, der durch die rechtsvernichtende Einwendung der Verweigerung untergeht.

(cc) Argumente gegen einen Verhandlungsanspruch

Es wurde gezeigt, dass mit klaren systematischen Erwägungen ein Verhandlungsanspruch zu bejahen ist. In der Literatur wird die Systematik kaum beachtet und man stützt sich auf andere Argumente, um einen Anspruch zu bejahen[659] oder zu verneinen. Offenbar wird häufig zugrunde gelegt, dass ein Anspruch auf Verhandlungen sinnlos ist, wenn kein Wille zur Einigung besteht.[660] Dabei wird verkannt, dass eine Verhandlungspflicht den Einigungswillen durchaus positiv beeinflussen kann. Sind die Leitungen gezwungen, Verhandlungen zu führen, stehen Aufwand und Kosten der Verhandlungen fest und können entsprechend nicht mehr als Nachteil in die Erwägungen über das „ob" einer Vereinbarung mit einbezogen werden.

(dd) Ergebnis

Zusammenfassend ist festzuhalten, dass das BVG grundsätzlich einen Anspruch auf Verhandlungen hat. Teilweise kann dieser durch Verweigerung untergehen. Insofern besteht ein ähnliches Ergebnis wie beim Informationsanspruch des BVG. Der Verhandlungsanspruch verlangt zunächst nur ein räumliches Treffen und einen Informations- und Meinungsaustausch der Parteien.

(b) Verhandlungspflicht des BVG

Ein anderes Bild zeigt sich auf der Seite des BVG. Das BVG kann gemäß §§ 15 I EBRG; 16 I SEBG; 16 I SCEBG; 18 MgVG jederzeit einseitig die Verhandlungen verweigern oder abbrechen. Hier ist jedoch wie oben eine Handlung – der Beschluss – erforderlich. Um den Boykott oder die Verschleppung von Verhandlungen durch das BVG möglichst zu verhindern, bietet es sich auch hier an, grundsätzlich eine durchsetzbare Verhandlungspflicht des BVG anzunehmen, die durch die rechtsvernichtende Einwendung des Beschlusses über die Nichtaufnahme oder den Abbruch von Verhandlungen untergeht.

---

659 Für einen Verhandlungsanspruch des BVG im SEBG *Kienast*, in: Jannott/Frodermann, SE, Kap. 13 Rn. 310ff., jedoch mit nicht haltbarer Begründung, dazu *Hoops*, Mitbestimmungsvereinbarung, S. 82ff.

660 Vgl. *Forst*, Beteiligungsvereinbarung, S. 142; *Hoops*, Mitbestimmungsvereinbarung, S. 83.

(4) Keine Einigungspflicht

Eine Einigungspflicht besteht hingegen nicht.[661] Das zeigt sich insbesondere an der Existenz einer Auffangregelung,[662] die nach §§ 21 I 2 EBRG; 22 I Nr. 2 SEBG; 22 I Nr. 2 SCEBG; 23 I Nr. 2 MgVG greift, wenn keine Vereinbarung zustande kommt.

(5) Sonstige Ausprägungen

Das Gebot der vertrauensvollen Zusammenarbeit begründet noch verschiedene weitere Pflichten für das BVG. Dazu zählt zunächst die Pflicht zum fairen und schikanefreien Verhalten – es soll sich kooperativ aber doch interessenbewusst verhalten.[663] Darüber hinaus muss das BVG mit den Leitungen einstimmig die Einzelheiten des Verhandlungsverfahrens bestimmen.[664] Das BVG darf sich begründeten Wünschen der Arbeitgeberseite nicht grundloses verschließen und darf keine unverhältnismäßig hohen Kosten entstehen lassen.[665]

2. Beendigungsmöglichkeiten

Neben dem Abschluss einer Beteiligungsvereinbarung haben die Parteien innerhalb des vom Gesetzgeber festgelegten Zeitraums noch andere Möglichkeiten, das Verhandlungsverfahren vorzeitig zu beenden.

a) Nichtaufnahme oder Abbruch von Verhandlungen

aa) Durch das BVG

Das BVG hat die Möglichkeit, keine Verhandlungen aufzunehmen oder aufgenommene Verhandlungen abzubrechen.[666] Darin spiegeln sich die weitreichenden autonomen Befugnisse des Gremiums besonders deutlich wider. In den Konsequenzen eines solchen Beschlusses weichen die Rechtsakte voneinander ab. Während für EBR, SE und SCE die Nichtanwendbarkeit der Auffanglösung vorgesehen und so

661 Wer eine Verhandlungspflicht ablehnt, lehnt konsequenterweise auch eine Einigungspflicht ab, vgl. **EBR**: *Blanke*, EBRG, § 8 Rn. 11; *Müller*, EBRG, § 8 Rn. 3; *Oetker/Schubert*, in: EAS B 8300, Rn. 82. Ausdrücklich: *Rademacher*, EBR, S. 113. **SE**: *Forst*, Beteiligungsvereinbarungen, S. 141; *Henssler*, in: Ulmer/Habersack/Henssler, SEBG, § 13 Rn. 2; *Oetker*, in: Lutter/Hommelhoff/Teichmann, SEBG, § 13 Rn. 7. Ausdrücklich: *Krause*, BB 2005, 1221 (1225); *Feuerborn*, in: KK-AktG, SEBG, § 13 Rn. 8f; *Freis*, in: Nagel/Freis/Kleinsorge, SEBG, § 13 Rn. 6; *Jacobs*, in: MüKo-AktG, SEBG, § 13 Rn. 3.

662 **EBR**: *Rademacher*, EBR, S. 113.

663 **EBR**: *Blanke*, EBRG, § 8 Rn. 12. **SE**: *Feuerborn*, in: KK-AktG, SEBG, § 13 Rn. 6.

664 **SE**: *Evers*, in: Manz/Mayer/Schröder, SEBG, § 13 Rn. 6; *Henssler*, in: Ulmer/Habersack/Henssler, SEBG, § 13 Rn. 3; dazu genauer unten, D. I.

665 **SE**: *Oetker*, in: Lutter/Hommelhoff/Teichmann, SEBG, § 13 Rn. 8.

666 Artt. 5 V EBR-RL; 3 VI SE-RL; 3 VI SCE-RL; 16 IV b) GV-RL bzw. §§ 15 I EBRG; 16 I SEBG; 16 I SCEBG; 18 MgVG.

ein völliges Ausbleiben der Arbeitnehmermitwirkung akzeptiert ist[667], kommt es nach Art. 16 IV b) GV-RL bzw. § 18 S. 3 MgVG zur Anwendung der innerstaatlichen Vorschriften des Sitzstaats der entstehenden Gesellschaft.

Auch die Anforderungen an einen solchen Beschluss sind unterschiedlich. Alle Rechtsakte erfordern eine Mehrheit von zwei Dritteln der Mitglieder des BVG. Die qualifizierte Mehrheit dient dem Schutz der Arbeitnehmer und ist im Rahmen der SE, SCE und bei GV eine Ausprägung des Vorher-Nachher-Prinzips; dort ist es außerdem erforderlich, dass die Mitglieder zusammen auch zwei Drittel der Arbeitnehmer in mindestens zwei Mitgliedstaaten vertreten.[668] Die „dreifache qualifizierte Mehrheit“[669] ist erforderlich, weil es aufgrund des Prinzips der mitgliedstaatlichen Mindestrepräsentation bzw. des Prinzips der Mindestvertretung der beteiligten Gesellschaften durch die Überrepräsentation kleiner Belegschaften zu einer verzerrten Besetzung des BVG kommen kann.[670] Da im Rahmen des Novellierungsverfahrens der EBR-RL die Besetzung des BVG an die Systematik der anderen Richtlinien angepasst wurde – und hier nunmehr die gleiche Gefahr besteht – ist nicht verständlich, weshalb die EBR-RL auf dieses zusätzliche Erfordernis verzichtet.[671]

Fasst das BVG einen Nichtaufnahme- oder Abbruchbeschluss, löst es sich umgehend auf.[672] Der damit zwangsläufig einhergehende Verzicht auf die Mitwirkung muss jedoch nicht auf Dauer bestehen. Für EBR, SE und SCE kann frühestens zwei Jahre nach dem Beschluss erneut ein BVG gebildet und Verhandlungen geführt werden.[673] Diese Möglichkeit besteht nicht nach der GV-RL bzw. dem MgVG.

bb) Durch die Leitung(en)

In den Rechtsakten bestehen feine systematische Unterschiede, die bezüglich einer einseitigen Beendigungsmöglichkeit zu unterschiedlichen Ergebnissen führen und bereits oben mehrfach diskutiert wurden.[674]

Zusammengefasst besteht folgende Konzeption: Aus den Artt. 7 I Alt. 2 EBR-RL bzw. § 21 I 1 EBRG ergibt sich, dass die Leitung das Verfahren vor Eintritt in die Verhandlung verweigern kann. Diese Regelung besteht nicht in den Vorschriften zu SE und SCE. Ansonsten gilt für EBR, SE und SCE, dass die Leitung(en) das Verfahren nach Eintritt in die Verhandlungen nur noch einvernehmlich abbrechen

---

667 Artt. 5 V 3 EBR-RL; 3 VI 3 SE-RL; 3 VI 3 SCE-RL bzw. §§ 21 II EBRG; 22 I Nr. 2 SEBG; 22 I Nr. 2 SCEBG.

668 Artt. 3 VI 4 SE-RL; 3 VI 4 SCE-RL; 16 IV b) GV-RL bzw. §§ 16 I 2 SEBG; 16 I 2 SCEBG; 18 I 2 MgVG.

669 **SE**: *Feuerborn*, in: KK-AktG, SEBG, § 16 Rn. 2.

670 Dazu oben, C. I. 2. b) bb).

671 Dazu oben, C. I. 2. b) bb).

672 Dazu ausführlich oben, C. I. 3.

673 Artt. 5 V 4 EBR-RL; 3 VI 6 SE-RL; 3 VI 6 SCE-RL bzw. §§ 15 II EBRG; 18 SEBG; 18 SCEBG.

674 Siehe oben, C. I. 4. b) bb) (3) und D. I. 1. b) dd) (3).

können.[675] Nur für grenzüberschreitende Verschmelzungen wurde eine andere Regelung gefunden. Aus Art. 16 IV a) GV-RL bzw. 23 I Nr. 3 MgVG ergibt sich, dass die Leitungen das Verfahren auch vor Beginn oder während des Verlaufs[676] einseitig abbrechen können.

Folglich können die Leitungen im Rahmen der EBR-RL bzw. des EBRG die Verhandlungen nur vor Beginn einseitig verweigern, nach der SE-RL und SCE-RL bzw. des SEBG und SCEBG zu keinem Zeitpunkt und gemäß der GV-RL bzw. des MgVG zu jedem Zeitpunkt.

b) Gemeinsame Erklärung über das Scheitern der Verhandlungen

Das Verhandlungsverfahren könnte auch durch eine gemeinsame Erklärung über das Scheitern der Verhandlungen vorzeitig beendet werden. Es ist umstritten, ob diese Möglichkeit besteht und – falls ja – welche Anforderungen an eine solche Erklärung zu stellen und welche Konsequenzen daran zu knüpfen sind.

aa) Generelle Möglichkeit

Die Richtlinien sehen dem Wortlaut nach keine Möglichkeit einer gemeinsamen Erklärung über das Scheitern der Verhandlungen mit verfahrensbeendigender Wirkung vor. Das „Scheitern der Verhandlungen" tritt allein kraft Gesetzes mit Fristablauf ein.[677] Wenn die Parteien die Verhandlungen schon vor Fristablauf für gescheitert halten und beenden wollen, haben sie dem Wortlaut nach nur die Möglichkeit einer Vereinbarung über das Eingreifen der Auffanglösung. Äußern die Parteien keinen Willen bezüglich der Ausgestaltung der Arbeitnehmermitwirkung, sondern einigen sich schlicht auf das Scheitern der Verhandlungen, stellt sich im Kern nur eine Frage: Kann der gesetzlich vorgegebene Verhandlungszeitraum durch die Parteien verkürzt werden?

Der Wortlaut spricht dagegen. Das Gesetz ermöglicht lediglich eine Verlängerung des Zeitraums[678], nicht aber eine Verkürzung. In systematischer Hinsicht werden die anderen ausdrücklich vorgesehenen Möglichkeiten einer vorzeitigen Beendigung,

---

675 Artt. 7 I Alt. 1 EBR-RL; 7 I a) SE-RL; 7 I a) SCE-RL bzw. §§ 21 I 2 Alt. 2 EBRG; 22 I Nr. 1 SEBG; 22 I Nr. 1 SCEBG. Für die **SE** versagen auch *Grobys*, NZA 2005, 84 (87); *Freis*, in: Nagel/Freis/Kleinsorge, SEBG, § 16 Rn. 2 der Arbeitgeberseite eine einseitige Abbruchmöglichkeit. *Hoops*, Mitbestimmungsvereinbarung, S. 90; *Feuerborn*, in: KK-AktG, SEBG, § 16 Rn. 4; *Jacobs*, in: MüKo-AktG, SEBG, § 16 Rn. 3 sprechen sich hingegen für eine jederzeitige Abbruchmöglichkeit aus. Dem Streit liegt die Frage zugrunde, ob das Recht auf Verhandlungen als Obliegenheit oder als Anspruch zu verstehen ist. Siehe dazu oben, D. I. 1. b) dd) (3).

676 Zu einer entsprechenden Auslegung siehe oben, C. I. 4. b) cc) (3) (b).

677 Artt. 7 I Alt. 3 EBR-RL; 7 I 2 b) SE-RL; 7 I 2 b) SCE-RL; 16 III e) GV-RL i.V.m. 7 I 2 b) SE-RL.

678 Artt. 5 II SE-RL; 5 II SCE-RL; 16 III c) GV-RL i.V.m. 5 II SE-RL bzw. §§ 20 II SEBG; 20 II SCEBG; 21 MgVG.

der einseitige Beschluss des BVG und die gemeinsame Vereinbarung der Auffanglösung, gerne als abschließend bezeichnet.[679] Das überzeugt nicht: Sinn und Zweck des einseitigen Abbruchs durch das BVG ist die Beendigung des Verhandlungsverfahren, wenn das BVG kein Interesse an einer Arbeitnehmermitwirkung hat – nicht aber, wenn das BVG zwar interessiert ist, sich aber mit den Leitung(en) nicht über die Reichweite einigen kann. Die zweite Möglichkeit dient dem Fall, dass beide Parteien die Auffanglösung für das „richtige Maß" halten und entsprechend vereinbaren. Beide Regelungen betreffen nicht den Fall, dass die Parteien sich nicht einigen können und das Verfahren für gescheitert halten.

An den Regelungen wird jedoch klar, dass der europäische Gesetzgeber den Verhandlungen einen hohen Stellenwert zuschreibt. Der Stellenwert verdeutlicht sich auch am Sinn und Zweck der Verhandlungen und dem daraus folgenden Vorrang der Vereinbarung sowie den gegenseitigen Verhandlungsansprüchen. Der Systematik lässt sich klar entnehmen: Verhandlungen sollen geführt werden. Jedoch erfüllen Verhandlungen keinen Selbstzweck. Wenn beiden Parteien klar ist, dass der Zweck nicht erreicht werden kann, verkommen weitere Verhandlungen zur „reinen Förmelei".[680] Dass eine sinnlose Verzögerung des Verhandlungsverfahrens nicht gewünscht sein kann, ergibt sich insbesondere aus dem Prinzip der Eilbedürftigkeit.

Daher lassen die Richtlinien eine Verkürzung des Verhandlungszeitraums in Form einer gemeinsamen Erklärung über das Scheitern der Verhandlungen zu. In den Umsetzungsgesetzen regelt § 21 I 2 EBRG dies ausdrücklich.[681] In den anderen Umsetzungsgesetzen findet sich zwar keine ausdrückliche Regelung. Jedoch entspricht die dortige Systematik der Richtlinie, sodass ebenfalls die Möglichkeit des vorzeitigen Abbruchs gegeben sein muss.

bb) Anforderungen

Nach der hier vertretenen Ansicht ist die Erklärung über das Scheitern der Verhandlungen als Verkürzung des Verhandlungszeitraums zu verstehen. Daher sind an eine Erklärung die gleichen Anforderungen wie an eine Verlängerung des Zeitraums zu stellen. Das Gesetz verlangt dafür einen einvernehmlichen Beschluss.[682] Dazu bedarf es keiner qualifizierten Mehrheit des BVG, weil als Folge des Beschlusses

---

679 **SE**: *Hoops*, Mitbestimmungsvereinbarung, S. 91f.; *Feuerborn*, in: KK-AktG, SEBG, § 20 Rn. 10f; *Henssler*, in: Ulmer/Habersack/Henssler, SEBG, § 20 Rn. 4; wohl auch *Forst*, Beteiligungsvereinbarung, S. 160; *Jacobs*, in: MüKo-AktG, SEBG, § 20 Rn. 20; *Kienast*, in: Jannott/Frodermann, Kap. 13 Rn. 314 Fn. 298; *Oetker*, in: Lutter/Hommelhoff/Teichmann, SEBG, § 20 Rn. 7.

680 **SE**: *Grobys*, NZA 2005, 84 (88); *Freis*, in: Nagel/Freis/Kleinsorge, SEBG, § 20 Rn. 7.

681 **SE**: *Oetker*, in: Lutter/Hommelhoff/Teichmann, SEBG, § 20 Rn. 7 zieht daraus den Schluss, dass die ausdrückliche Regelung absichtlich nicht in das SEBG übernommen worden ist, was gegen die Möglichkeit einer vorzeitigen Beendigung spricht. Zum argumentativen Wert paralleler Rechtsvorschriften siehe oben, B. VII. 2.

682 Artt. 5 II SE-RL; 5 II SCE-RL; 16 III c) GV-RL i.V.m. 5 II SE-RL bzw. §§ 20 II SEBG; 20 II SCEBG; 21 MgVG.

nicht das vollständige Ausbleiben der Arbeitnehmerwirkung – was der Schutzzweck der qualifizierten Mehrheit ist – eintritt, sondern die gesetzliche Auffanglösung zur Anwendung gelangt.

Es gibt keinen Grund, im Rahmen der EBR-RL oder des EBRG zu einem anderen Ergebnis zu kommen. Zudem besteht hier mit § 21 I 2 Alt. 2 EBRG eine ausdrückliche Regelung, die dem Wortlaut nach („[...] zentrale Leitung *und* BVG [...] erklären") ebenfalls einen einvernehmlichen Beschluss nahelegt. Teilweise wird es für die Erklärung über das Scheitern der Verhandlungen jedoch auch für ausreichend erachtet, dass die Parteien das Scheitern einseitig aber inhaltlich übereinstimmend erklären.[683] Dagegen spricht jedoch, dass das Gesetz einseitige Erklärungen über das Scheitern der Verhandlungen entweder gar nicht zulässt oder aber besondere Anforderungen und Konsequenzen formuliert.

cc) Konsequenzen

Die gemeinsame Erklärung über das Scheitern der Verhandlungen wird hier als Verkürzung der Verhandlungsfrist auf den Erklärungszeitpunkt begriffen. Folge ist, dass die Verhandlungen unmittelbar nach der Erklärung wegen Fristablaufs scheitern und die gesetzliche Auffanglösung kraft Gesetzes greift. Ausdrücklich regelt diese Folge § 21 I EBRG.

Sofern man sich in der Literatur für die Möglichkeit einer gemeinsamen Erklärung über das Scheitern der Verhandlungen entscheidet, wird die Konsequenz verkannt. Es wird vertreten, dass die Erklärung über das Scheitern der Verhandlungen einer Vereinbarung über das Eingreifen der Auffanglösung gleich kommt.[684] Diese Gleichsetzung wird zu Recht kritisiert: Aus einer Erklärung über das Scheitern lassen sich keine Schlüsse auf den Willen zu einer Vereinbarung ziehen.[685] Diese Einwände greifen nicht für die hier vertretene Ansicht, da die gesetzliche Auffanglösung kraft Gesetzes zur Anwendung kommt. Auch Art. 12 II SE-VO bereitet keine Probleme[686], da nach dieser Ansicht ein Fristablauf vorliegt und insofern mit der Verordnung zu vereinbaren ist.

Wenn man sich für die Möglichkeit der gemeinsamen Erklärung über das Scheitern mit verfahrensbeendigender Wirkung entscheidet, ist das Eingreifen der gesetzlichen Auffanglösung auch die einzig mögliche Konsequenz. Alternativ bestehen nur

---

683 **EBRG**: *Blanke*, EBRG, § 21 Rn. 12; *Kittner*, in: Däubler/Kittner/Klebe/Wedde, EBRG, § 21 Rn. 6.

684 **SE**: *Grobys*, NZA 2005, 84 (88); *Freis*, in: Nagel/Freis/Kleinsorge, SEBG, § 20 Rn. 7.

685 **SE**: *Forst*, Beteiligungsvereinbarung, S. 160; *Habersack*, in: Ulmer/Habersack/Henssler, SEBG, § 34 Rn. 9; *Jacobs*, in: MüKo-AktG, SEBG, § 22 Rn. 3; *Oetker*, in: Lutter/Hommelhoff/Teichmann, § 34 Rn. 9.

686 **SE**: *Feuerborn*, in: KK-AktG, SEBG, § 20 Rn. 9; *Jacobs*, in: MüKo-AktG, SEBG, § 22 Rn. 3; *Oetker*, in: Lutter/Hommelhoff/Teichmann, SEBG, § 34 Rn. 9 halten die soeben dargestellte Meinung, die die Erklärung über das Scheitern mit einer Vereinbarung gleichsetzen will, für unvereinbar mit dieser Vorschrift.

zwei andere denkbare Konsequenzen. Entweder kommt es zu keiner Mitwirkung, oder die SE, SCE oder die Gesellschaft einer grenzüberschreitenden Verschmelzung kann nicht eingetragen werden. Gegen das erste Szenario spricht, dass die strengen Anforderungen an den Verzicht durch das BVG untergraben werden. Die andere Konsequenz kommt hingegen nicht in Betracht, weil die Entscheidung über das „ob" einer Eintragung bei den Anteilseignern und nicht bei den Leitungen und dem BVG liegt.

c) Ergebnis

Es bestehen neben dem Abschluss einer Vereinbarung vielfältige Möglichkeiten, um das Verfahren vor dem gesetzlich vorgesehenen Zeitraum zu beenden. Das BVG kann den Abbruch stets beschließen, jedoch greift die Auffanglösung dann nicht ein. Bezüglich des einseitigen Abbruchs durch die Leitungen sind die Rechtsakte sehr verschieden. Die Parteien können daneben die Verhandlungsfrist gemeinsam verkürzen, beispielsweise indem sie die Verhandlungen für gescheitert erklären. In diesem Fall kommt die gesetzliche Auffanglösung kraft Gesetzes zur Anwendung.

3. Rechtsmissbrauch

Der Gesetzgeber hat sich für die Möglichkeit der vereinbarten Arbeitnehmermitwirkung entschieden, weil so auf das jeweilige Unternehmen und die Mitbestimmungskulturen zugeschnittene Lösungen entwickelt werden können. Er glaubt an diverse Vorteile der Arbeitnehmermitwirkung für alle Beteiligten und hält Vereinbarungen für das geeignete Mittel, um die Wettbewerbsfähigkeit der Unternehmen zu erhöhen. Folgt man diesem Leitbild, dann müsste sich das Verhalten der Parteien in den Verhandlungen von dem Verhalten in gewöhnlichen Austauschbeziehungen unterscheiden. Man wird die Verhandlung mehr als einen Prozess des gemeinsamen Aufspürens anstatt eines Feilschens um Positionen im Zuge eines Interessenausgleichs begreifen müssen. Jedoch wurde bereits festgestellt, dass das Leitbild des Gesetzgebers aufgrund komplexer Interessenlagen, Risiken und fehlenden Erfahrungen nicht selbstverständlich ist.[687] Verfolgen die Parteien andere Ziele und nutzen sie die Verhandlungsmöglichkeit zu deren Durchsetzung, liegt eine Einstufung als rechtsmissbräuchliches Verhalten nahe.

a) Arbeitgeberseite: Drücken bestehender Arbeitnehmermitwirkung

Es wird häufig der Verdacht geäußert, dass auf Arbeitgeberseite in der Regel kein Interesse an der Arbeitnehmermitwirkung besteht und die Rechtsformwahl der SE bzw. SCE oder die Durchführung einer grenzüberschreitenden Verschmelzung und damit das erforderliche Verhandlungsverfahren allein dazu genutzt wird, das bestehende Mitbestimmungsniveau herabzusenken. Als typischer Fall wird die

687 Zur Interessenlage siehe oben, B. IV.

Verkleinerung des Kontrollgremiums gegen die Beteiligung ausländischer Gewerkschaftsvertreter genannt.[688] Während man bei dieser Vereinbarung noch darüber streiten kann, ob die getroffene Lösung tatsächlich eine „maßgeschneiderte“ Lösung ist, kommt es in der Praxis zum eindeutigen Kuhhandel. Beispielsweise wurden in der Beteiligungsvereinbarung der *Hager SE* Mitbestimmungsrechte gemindert und im Gegenzug ein Fond für die Arbeitnehmer mit Geldmitteln der Gesellschaft eingerichtet.[689] Ein solches „Abkaufen“ der Mitbestimmung hat mit dem Zweck der Vereinbarungsmöglichkeit nichts mehr gemeinsam. Die Problematik besteht nicht bei der Errichtung von EBR, weil dort kein Mitbestimmungsniveau besteht, welches gemindert werden könnte. Gleichwohl kann es hier zu einem vergleichbaren Problem kommen, wenn das Niveau der gesetzlichen Auffanglösung durch sachfremde Versprechungen gemindert wird.

Die SE-RL und die SCE-RL sowie die Umsetzungsgesetze enthalten ein Missbrauchsverbot. Nach Artt. 11 SE-RL und 13 SCE-RL sollen die Mitgliedstaaten dafür sorgen, dass die Rechtsformwahl nicht zum Entzug oder zur Vorenthaltung von Beteiligungsrechten missbraucht wird. Entsprechendes regeln die §§ 43 S. 1, 45 I Nr. 2 SEBG und 45 S. 1, 47 I Nr. 2 SCEBG. Jedoch wird man bei einer beiderseitigen Absprache weder einen „Entzug“ noch eine „Vorenthaltung“ annehmen können, denn beides setzt ein Handeln unabhängig vom Willen der Arbeitnehmer voraus.[690] Der Gesetzgeber hat den Fall der Mitbestimmungsminderung bedacht und durch das Erfordernis qualifizierter Mehrheiten geregelt. Eine Minderung der Mitwirkungsrechte durch die Vereinbarung ist daher kein Missbrauch und liegt im Verantwortungsbereich des BVG.

An einen Missbrauch durch die Arbeitgeberseite kann man ebenfalls denken, wenn die Leitung(en) die Unerfahrenheit des BVG bewusst ausnutzen und auf Vereinbarungen hindrängen, die offensichtlich nur einer Minderung bestehender Standards dienen.[691] Jedoch muss man auch solche Ergebnisse dem Verantwortungsbereich des BVG zuordnen – schließlich sieht das Gesetz ausdrücklich die Einbeziehung von Gewerkschaftsvertretern und die Möglichkeit der Hinzuziehung von Sachverständigen vor, um die Unerfahrenheit des BVG zu kompensieren. Von einem Missbrauch durch die Arbeitgeberseite kann man insofern erst sprechen, wenn dem BVG diese Rechte versagt werden.

---

688 FAZ v. 30.1.2013, S. 9.

689 Dazu bereits oben, B. V. 2.

690 **SE**: Ähnlich auch *Jacobs*, in: MüKo-AktG, SEBG, § 43 Rn. 2a, nach dem das Handeln innerhalb der gesetzlichen Spielräume (hier Verhandlungen) kein Missbrauch darstellt. Zu Art. 11 SE-RL und den unterschiedlichen Missbrauchskonstellationen ausführlich *Rehberg*, ZGR 2005, 859ff.

691 Der Verdacht drängt sich bei der Vereinbarung der *Sixt SE* auf, siehe dazu oben, B. V. 2.

b) *Arbeitnehmerseite: Problematik der Normerschleichung*

Auf der Arbeitnehmerseite könnte das BVG in den Verhandlungen ein anderes Ziel als die Entwicklung einer angepassten Mitwirkungsregelung verfolgen. Hintergrund ist, dass die gesetzliche Auffanglösung nicht greift, wenn das BVG den Abbruch der Verhandlungen beschließt. Sofern eine starke Auffanglösung greifen würde, könnte das BVG die Verhandlungen deshalb halbherzig führen oder sogar boykottieren, um die Auffanglösung mit Ablauf der Verhandlungsfrist eingreifen zu lassen.[692]

Forst begreift ein solches Verhalten als Rechtsmissbrauch im Sinne einer Normerschleichung.[693] Das BVG müsse entweder verhandeln und auf den Abschluss einer Vereinbarung hinarbeiten oder den Abbruch beschließen.[694] Tut sie beides nicht, so würde sie sich das Eingreifen der Auffanglösung erschleichen.[695] Konsequenz sei, dass die Auffanglösung im Zuge einer teleologischen Reduktion nicht zur Anwendung kommt.[696] Diese Ansicht ist aus drei Gründen nicht vertretbar. Zunächst ist einzuwenden, dass das BVG in den besagten Fällen wohl nicht die Auffanglösung erzwingen will, sondern das Mitwirkungsniveau der Auffanglösung – ob dies nun durch die Auffanglösung oder durch eine Vereinbarung festgelegt wird, wird dem Gremium gleichgültig sein. Dieses starre Festhalten ist vom Gesetzgeber zwar nicht erwünscht und wird unter dem Stichwort „Verhandlungen im Schatten des Rechts“ in übertragbarer Weise rechtspolitisch kritisiert, aber es ist nicht rechtsmissbräuchlich. Die Auffanglösung wurde eingeführt, um das BVG mit einer gewissen Verhandlungsmacht auszustatten – hält es dieses Niveau für richtig oder will es dieses zumindest nicht unterschreiten, ist es nicht gezwungen der anderen Partei entgegenzukommen.[697] Eine solche Annahme würde das Bestehen der Verhandlungspflicht überschreiten, die Autonomie der Partei stark einschränken und in Richtung einer nicht existierenden Einigungspflicht gehen.[698] Unabhängig davon ist das BVG aber keinesfalls gezwungen, mittels eines Abbruchbeschlusses gänzlich auf die Mitwirkung zu verzichten, wenn es keine Verhandlungen führen sondern das Niveau der Auffanglösung erreichen will. Der Abbruchbeschluss ist für jenen Fall vorgesehen, in dem das BVG jegliche Arbeitnehmermitwirkung für entbehrlich

---

692 **SE**: *Forst*, Beteiligungsvereinbarung, S. 143; ähnlich *Calle Lambach*, RIW 2005, 161 (163).

693 **SE**: *Forst*, Beteiligungsvereinbarung, S. 143ff.

694 **SE**: *Forst*, Beteiligungsvereinbarung, S. 146.

695 Zum Begriff des Rechtsmissbrauchs im Gemeinschaftsrecht siehe *Fleischer*, JZ 2006, 865ff.; hier **SE**: *Forst*, Beteiligungsvereinbarung, S. 146f.

696 **SE**: *Forst*, Beteiligungsvereinbarung, S. 149ff; im Ergebnis auch *Jacobs*, in: MüKo-AktG, SEBG, § 20 Rn. 4 und § 22 Rn. 3.

697 Vgl. auch die Gesetzgebungsmaterialien zum SEBG, BT-Drs. 15/3405 S. 50: „Das besondere Verhandlungsgremium kann aber nicht verpflichtet werden, sich tatsächlich auf Verhandlungen einzulassen“.

698 Zur Einigungspflicht siehe oben, C. 3. c) dd) (4).

hält. Im Übrigen können die Leitungen unnötige Kosten für weitere Verhandlungen und Verzögerungen vermeiden, indem sie mit dem BVG vorzeitig das Eingreifen der Auffanglösung vereinbaren.[699]

Im Ergebnis ist daher festzuhalten, dass das Festhalten des BVG an dem Niveau der Auffanglösung keinen Rechtsmissbrauch darstellt. Sofern in dem Verhalten ein Verstoß gegen die Verhandlungspflicht zu sehen ist, führt dies nicht zu einer teleologischen Reduktion der Auffanglösung.

II. Die Vereinbarung

1. Zustandekommen einer Vereinbarung

Das Zustandekommen der Beteiligungsvereinbarung richtet sich nach nationalem Recht.[700] Sofern das deutsche Vertragsrecht anwendbar ist[701], richtet sich das Zustandekommen der Beteiligungsvereinbarung wegen ihrer Eigenschaft als privatrechtlicher Vertrag[702] unabhängig von ihrer normativen Wirkung[703] nach den §§ 104ff., 145ff. BGB.[704]

Das Gesetz enthält keine Aussagen zu der Abgabe von Willenserklärungen durch das BVG. Teilweise wird eine Vertretung des BVG durch seinen Vorsitzenden im Rahmen seiner Beschlüsse analog §§ 25 II 1 EBRG; 23 III 1 SEBG; 23 III 1 SCEBG gefordert[705], teilweise auch analog § 26 II 1 BetrVG[706]. Im MgVG fehlt eine solche Vorschrift. Fraglich ist jedoch, ob eine planwidrige Regelungslücke besteht. Das Gesetz verlangt bezüglich der internen Organisation des BVG lediglich die Wahl des Vorsitzenden und von zwei Stellvertretern. Darüber hinausgehende Regelungen können in einer Geschäftsordnung getroffen werden,[707] wozu die Regelung der Vertretung typischerweise gehört.[708] Die Vorgaben wurden vom Gesetzgeber bewusst

---

699 Diese Möglichkeit ist in §§ 21 I 2 EBRG; 22 I Nr. 1 SEBG; 22 I Nr. 1 SCEBG; 23 I Nr. 1 MgVG ausdrücklich vogesehen.

700 Zur anwendbaren Vertragsordnung siehe oben, B. III.

701 Siehe dazu oben, B. III.

702 Siehe dazu unten D. II. 3. c).

703 Auch das Zustandekommen des Tarifvertrages richtet sich wegen seiner privatrechtlichen Natur nach den §§ 145ff. BGB, siehe BAG Urteil v. 4.6.200, BAGE 127, 27–50; *Franzen*, in: ErfK, TVG, § 1 Rn. 23.

704 **SE**: *Feuerborn*, in: KK-AktG, SEBG, § 21 Rn. 6; *Henssler*, in: Ulmer/Habersack/Henssler, SEBG, § 21 Rn. 10 („zumindest entsprechend"); *Hohenstatt/Müller-Bonanni*, in: Habersack/Drinhausen, SEBG, § 21 Rn. 2; *Jacobs*, in: MüKo-AktG, SEBG, § 21 Rn. 4 („entsprechend").

705 **SE**: *Hohenstatt/Müller-Bonanni*, in: Habersack/Drinhausen, SEBG, § 21 Rn. 3; *Joost*, in: EAS, B 8200 Rn. 114. Wohl auch *Jacobs*, in: MüKo-AktG, SEBG, § 21 Rn. 4.

706 **SE**: *Oetker*, in: Lutter/Hommelhoff/Teichmann, SEBG, § 21 Rn. 9; § 12 Rn. 16 sowie *Evers*, in: Manz/Mayer/Schröder, SEBG, § 12 Rn. 7.

707 §§ 13 I 3 EBRG; 12 I 3 SEBG; 12 I 3 SCEBG; 14 I 2 MgVG.

708 **EBR**: *Blanke*, EBRG, § 13 Rn. 7. **SE**: *Jacobs*, in: MüKo-AktG, SEBG, § 12 Rn. 5.

schlank gehalten, weil das BVG „nur eine zeitlich begrenzte Aufgabe zu erfüllen hat“[709]. Dieser Zurückhaltung würde es widersprechen, wenn man die Vorgaben bezüglich der internen Organisation durch Analogien anfüttern würde. Wünscht das BVG eine Vertretung für die Erklärung seiner Beschlüsse – die im Übrigen selbst ein Akt der Willensäußerung darstellen[710] – muss diese somit in einer Geschäftsordnung bestimmt werden.[711]

In den Umsetzungsgesetzen bestehen Unterschiede bezüglich des Verhandlungspartners auf Arbeitgeberseite.[712] Sofern sich der Verhandlungspartner aus mehreren Leitungen zusammensetzt, gilt mangels Regelung der Willensbildung das Einstimmigkeitsprinzip.[713]

2. Vereinbarungsautonomie und ihre Grenzen

Die Richtlinien sprechen von einer „Autonomie der Parteien“.[714] Der Begriff Autonomie stammt bekanntlich von dem griechischen Wort αὐτονομία, (autonomía) ab, welches sich aus den Worten αὐτός (autos), „selbst“, und νόμος (nomos), „Gesetz“, zusammensetzt; mithin Selbstgesetzgebung meint und im weitesten Sinne für Unabhängigkeit und Selbstständigkeit verwendet wird. Der europäische Gesetzgeber bezieht sich in den Richtlinien jedoch nicht auf EU-Grundrechte oder andere Prinzipien, die über den nationalen Rechtsordnungen stehen. Er schafft vielmehr einen neuen Begriff, der Grund und Geltung in der jeweiligen Richtlinie findet.[715] Er beauftragt insofern die Mitgliedstaaten, die freie Vereinbarkeit in den Grenzen der Richtlinien mit nationalstaatlichen Instrumenten zu gewährleisten.

Der deutsche Gesetzgeber hat die Vorgaben nicht präzisiert. Er wiederholt die Formulierung „Autonomie der Parteien“ in den §§ 21 I SEBG; 21 I SCEBG, 22 I MgVG und umschreibt sie in § 17 S. 1 EBRG mit „frei vereinbaren“. Es schließt sich die Frage an, ob der Begriff der Umsetzungsgesetze einem bekannten Autonomietyp des deutschen Rechts zugeordnet werden kann oder ob er einen eigenständigen Typ bildet. Nach einem kurzen Überblick über Argumente und einer Auseinandersetzung mit der Begrifflichkeit (a) wird im Ergebnis dargelegt, dass es sich um eine eigene Art von Autonomie handelt und dass der Einstufung keine Relevanz

---

709 **SEBG**: BT-Drs. 15/3405 S. 48. **SCEBG**: BT-Drs. 16/1025 S. 71 **MgVG**: BT-Drs. 16/2922 S. 24. Für das **EBRG** findet sich diese Formulierung nicht, allerdings obliegt es auch hier dem BVG, sich eine Geschäftsordnung zu geben.

710 Vgl. für den Beschluss nach § 47 GmbHG: *Bayer*, in: Lutter/Hommelhoff, GmbHG, § 47 Rn. 1.

711 **EBR**: *Däubler*, in: Däubler/Kittner/Klebe/Wedde, EBRG, § 18 Rn. 2. **SE**: *Feuerborn*, in: KK-AktG, SEBG, § 21 Rn. 9. Beide fordern eine Unterzeichnung der Vereinbarung durch alle (zustimmenden) Mitglieder des BVG.

712 Siehe dazu oben, C. II.

713 **SE**: *Grobys*, NZA 2005, 84 (88); *Jacobs*, in: MüKo-AktG, SEBG, § 21 Rn. 4.

714 Artt. 6 II EBR-RL; 4 II SE-RL, 4 II SCE-RL; 16 III b) GV-RL i.V.m. 4 II SE-RL.

715 **EBR**: *Forst*, ZESAR 2009, 469 (472). **SE**: *Thüsing*, ZIP 2006, 1469 (1470).

zukommt (b). Ausgehend davon ist der eigentlich entscheidende Punkt, die Grenzen der Autonomie, zu beleuchten (c).

a) Zuordnung zu einem Autonomiebegriff des deutschen Rechts

aa) Privatautonomie und Tarifautonomie

Fraglich ist, ob der vom Gesetzgeber gewählte Autonomiebegriff die Privatautonomie im Sinne der Vertragsfreiheit meinen kann. In der Literatur wird der Begriff häufig verwendet.[716] Für eine Vertragsfreiheit wird vorgebracht, dass der Wortlaut von „Autonomie der Parteien" bzw. „frei vereinbaren" spricht.[717] Vergleichend wird zudem festgehalten, dass nationale Vereinbarungen über die Mitbestimmung ebenfalls privatrechtliche Verträge sind.[718] Gegen eine Einstufung als Vertragsfreiheit wird zunächst eingewendet, dass das BVG kein Rechtssubjekt sei. Es sei nicht grundrechtsfähig und somit nicht in der Lage, die grundgesetzlich garantierte Vertragsfreiheit wahrzunehmen.[719] Allerdings ist die grundgesetzliche Anerkennung nicht Voraussetzung für ihre Ausübung, sondern zunächst ein Schutz vor staatlichen Eingriffen. In vielen Ländern ist sie nicht verfassungsrechtlich abgesichert. Es bleiben jedoch Bedenken hinsichtlich der Qualität des BVG als Rechtssubjekt. Daneben vertritt *Thüsing*, dass Vertragsfreiheit nicht bestehen kann, weil die Verletzung nach § 46 SEBG strafbewehrt ist.[720] Jedoch bezieht sich das Bußgeld lediglich auf eine Verletzung der Informationspflichten, nicht auf die inhaltliche Gestaltung der Vereinbarung. Beschränkungen im Vorfeld einer Vereinbarung berühren die Vertragsfreiheit grundsätzlich nicht.[721] Auch die durch Richtlinien, Verordnungen und Umsetzungsgesetze gezogenen Schranken sprechen nicht generell gegen eine

716 **EBR**: *Blanke*, EBRG, § 17 Rn. 11 („privatautonome [...]"); *Müller*, EBRG, § 18 Rn. 2 („Vertragsfreiheit"). **SE**: *Blanquet*, ZGR 2002, 20 (58) („Vertragsfreiheit"); *Calle Lambach*, RIW 2005, 161 (165). („Vertragsfreiheit"); *Fleischer*, AcP 2004, 502 (534) („Vertragsfreiheit"); *Heinze/Seifert/Teichmann*, BB 2005, 2524 (2525) („Privatautonomie"; „Vertragsfreiheit"); *Wisskirchen/Prinz*, DB 2004, 2638 (2649) („Privatautonomie"); *Kuffner*, Beteiligung der Arbeitnehmer in der SE, S. 149. **EBR und SE**: *Blanke*, Erweiterung der Beteiligungsrechte des SE-Betriebsrats durch Vereinbarung, Gutachten, S. 47 („rechtsgeschäftliche Privatautonomie"). **SE und GV**: *Kiem*, ZHR 171 (2007), 713 („privatautonome [...]"); *Seibt*, AG 2005, 413 (414) („privatautonome [...]"). **SE, SCE und GV**: *Jacobs*, in: FS-Schmidt, S. 795f. („privatautonome [...]").

717 **EBR**: *Blanke*, AG 2006, 493 (495f.) **SE**: *Blanke*, AG 2006, 493 (495f.); *Heinze/Seifert/Teichmann*, BB 2005, 2524 (2525).

718 *Blanke*, AG 2006, 493 (497). *Forst*, Beteiligungsvereinbarung, S. 73, 75f. unterstellt *Blanke* zu Unrecht, der Vergleich diene als Argument.

719 **SE**: *Forst*, Beteiligungsvereinbarung, S. 73, mit Verweis auf *Thüsing*, ZIP 2006, 1469 (1470).

720 **SE**: *Thüsing*, ZIP 2006, 1469 (1470). Parallele Normen: §§ 45 EBRG; 48 SCEBG; 35 MgVG.

721 **SE**: *Forst*, Beteiligungsvereinbarung, S. 77.

Vertragsfreiheit, da sie aufgrund ihrer hierarchischen Stellung externe Schranken sind.[722]

Der Anriss der vorgebrachten Argumente zeigt, dass man sich vorrangig in Details verstrickt und an der Oberfläche bewegt. Die entscheidende Frage ist letztlich, was der Gesetzgeber mit der Einräumung von Autonomie bezweckt – hat er den Parteien den Gestaltungsraum überlassen, den wir unter Vertragsfreiheit verstehen? Privatautonomie gewährleistet dem einzelnen die Selbstgestaltung der Rechtsverhältnisse nach seinem Willen.[723] Erste Voraussetzung ist daher, dass der Staat den Privaten die Regelung ihrer eigenen Angelegenheiten belässt.[724] Darüber hinaus kann die Privatautonomie als Rechtsprinzip nur verwirklicht werden, wenn der ihr zugrundeliegende Wert der Selbstbestimmung tatsächlich besteht – wann immer eine einseitige Fremdbestimmung an die Stelle der beiderseitigen Selbstbestimmung tritt, ist für Privatautonomie kein Raum mehr.[725] Die schuldrechtliche Vertragsfreiheit als „Hauptform privatautonomer Gestaltung“[726] garantiert dem Individuum, dass es selbst über das „ob“ und „wie“ einer vertraglichen Beziehung entscheiden kann.

Die Beteiligungsvereinbarung lässt sich unter diese Beschreibung nicht zweifelsfrei subsumieren. Fraglich ist schon, ob der Staat den Privaten die Regelung der Arbeitnehmerbeteiligung belässt. Zwar können die Parteien theoretisch zwischen keiner bis hin zu einer sehr starken Beteiligung wählen. Dabei darf jedoch nicht übersehen werden, dass auf staatlicher Seite eine Arbeitnehmermitwirkung erwünscht ist. Deshalb nimmt der Gesetzgeber durch diverse Regelungen Einfluss auf den Verhandlungsprozess und die Vereinbarung. Der wohl wichtigste Einfluss ist das Eingreifen einer gesetzlichen Auffanglösung, falls die Parteien zu keinem „freiwilligen“ Ergebnis kommen.[727] Das führt dazu, dass die gesetzliche Auffanglösung in der Regel als Blaupause dient.[728] Staatlicher Einfluss findet sich aber auch an vielen anderen Stellen, etwa in dem Erfordernis qualifizierter Mehrheiten bei Minderungen, einer Verhandlungspflicht auf Arbeitgeberseite oder einer Begrenzung des Verhandlungszeitraums. Auch die Zusammensetzung des BVG sowie Verhandlungsverfahren, -dauer und -gegenstände sind durch den Gesetzgeber detailliert

---

722 **SE**: *Forst*, Beteiligungsvereinbarung, S. 77.

723 *Flume*, AT II, § 1 1, S. 1.

724 *Waltermann*, Rechtsetzung durch Betriebsvereinbarung, S. 55.

725 *Flume*, AT II, § 1 7, S. 10.

726 *Flume*, AT II, § 1 7, S. 12.

727 Bedenken meldet für die **SE** auch *Grundmann*, European Company Law, § 33 Rn. 58 an. *Donner*, Kollektivrechtliche Vereinbarungslösungen, S. 149 stellt sogar die Frage nach einem Kontrahierungszwang in den Raum. Dass die gesetzliche Auffanglösung das Niveau der vereinbarten Mitbestimmung zumindest im Ansatz prägt, darf als gesichert gelten.

728 Siehe dazu bereits oben B. V. 2.

vorgegeben.[729] Von einem „Fernbleiben des Staats" kann also keine Rede sein. Hinzu kommt, dass die Auffanglösung den Arbeitnehmervertretern als Verhandlungsposition dient und als Instrument der einseitigen Fremdbestimmung genutzt werden kann. So wurde auf Arbeitgeberseite schon früh kritisiert, dass das Verhandlungsmodell zu „Scheinverhandlungen mit Zwangscharakter"[730] führt. Insofern bestehen grundlegende Bedenken gegen eine Einstufung der Autonomie als Privatautonomie im Sinne der Vertragsfreiheit. Zumindest auf Arbeitgeberseite ist nicht gewährleistet, dass die Entscheidung über das „ob", erst Recht aber über das „wie" einer Beteiligungsvereinbarung frei getroffen werden kann. Die Autonomie ist daher keine Privatautonomie im Sinne einer Vertragsfreiheit. Aus gleichen Gründen scheitert eine Einstufung als Tarifautonomie.

Dieses Ergebnis überrascht nicht. Schließlich hat der europäische Gesetzgeber das Verhandlungsmodell nicht eingeführt, weil er eine Selbstregulierung der Arbeitnehmermitwirkung auf Basis der Selbstbestimmung für sinnvoll hält, sondern weil aufgrund unterschiedlicher nationaler Kulturen kein Kompromiss und damit auch kein einheitliches Maß an Zwang gefunden werden konnte.[731]

bb) Betriebsautonomie

Möglicherweise lässt sich der Autonomiebegriff dem Begriff der Betriebsautonomie zurechnen oder zumindest in dessen Nähe rücken. Denn die Betriebsautonomie ist „weit mehr Produkt staatlicher, gesetzgeberischer Gestaltung als die Privatautonomie [...]", da sie das Machtungleichgewicht im Betrieb künstlich ausbalanciert und insofern „erst durch ihre Kreation und ihre jeweilige gesetzliche Ausgestaltung" lebt.[732] Vergleichbares gilt im Rahmen der Beteiligungsvereinbarung, denn auch dort bestimmt der Gesetzgeber das Zustandekommen des Akteurs auf Arbeitnehmerseite und nimmt erheblichen Einfluss auf das Verhandlungsverfahren. Ebenso wird versucht, das Machtungleichgewicht zwischen Arbeitgeber- und Arbeitnehmerseite auszubalancieren, indem der Gesetzgeber an verschiedenen Stellen Zwang ausübt und der Arbeitnehmerseite Druckmittel zur Verfügung stellt. Zwar bestehen auch erhebliche Unterschiede, denn der Gesetzgeber nimmt durch die Auffanglösung Einfluss auf den konkreten Inhalt der Beteiligungsvereinbarung, gleichwohl kann eine gewisse Parallele zur Betriebsautonomie nicht geleugnet werden.

---

729 **SE**: Vgl. *Forst*, Beteiligungsvereinbarung, S. 82.

730 Stellungnahme BDA/BDI v. 15.3.1991, abgedruckt in *Deppe*, Euro-Betriebsräte, S. 209ff.

731 Siehe dazu oben, B. I. 1. Die Sichtweise des Gesetzgebers spiegelt sich insbesondere an der klaren Abkehr von den Empfehlungen der Davignon-Kommission wieder, die sich gegen eine zu starke Einschränkung der Autonomie ausgesprochen hat, siehe Davignon-Bericht, Nr. 57. Abgedruckt in BR-Drs. 572/97 S. 13 („[...] daß es somit eine Einschränkung der Autonomie der Parteien zu vermeiden gilt").

732 *Waltermann*, Rechtsetzung durch Betriebsvereinbarung, S. 137.

b) *Eigenständiger Autonomiebegriff*

Im Ergebnis ist der herrschenden Auffassung zuzustimmen, dass es sich bei der Autonomie um einen eigenständigen Begriff handelt, der Grund und Grenze in den Richtlinien findet.[733] Die Autonomie ist nicht primärrechtlich verbrieft, woraus sich Konsequenzen für die Grenzen ergeben.[734]

Auch der deutsche Gesetzgeber schafft in den Umsetzungsgesetzen einen eigenen Begriff. Ebenso muss festgehalten werden, dass aus einer anderen Einstufung – etwa als Vertragsfreiheit – keine anderen Konsequenzen folgen.[735] Solche Einordnungen werden häufig mit dem Ziel vorgenommen, Grenzen für die Autonomie abzuleiten. Diese Herangehensweise ist jedoch verfehlt und stellt nicht mehr als ein Wortlautargument dar, denn selbst wenn sich der deutsche Gesetzgeber für Vertragsfreiheit entschieden hätte, kann er sich über die Grenzen der europäischen Rechtsakte nicht hinwegsetzen. Daneben steht die Autonomie im Spannungsverhältnis zur Autonomie anderer Akteure, das sich nicht allein durch die Einstufung als Vertragsfreiheit auflösen lässt.

c) *Grenzen der Autonomie*

Die entscheidende Frage ist daher, in welchen Grenzen die durch Richtlinien und Umsetzungsgesetze gewährte Autonomie besteht. Die Grenzen sind durch Auslegung zu bestimmen. Der Begriff der Autonomie legt zwar grundsätzlich ein weites Verständnis nahe, ist aber – wie soeben dargelegt – nicht mehr als ein Wortlautargument und aufgrund fehlender Konturen kaum zur Grenzziehung geeignet. Maßgebliche Bedeutung kommt daher Sinn und Zweck der Autonomie sowie der Systematik zu.

aa) *Sinn und Zweck der Autonomie*

Anfangs wurden zwei Gründe ermittelt, weshalb der europäische Gesetzgeber den Parteien Autonomie im Bereich der Regelung der Arbeitnehmerbeteiligung belässt.[736] Zunächst hatte er keine andere Wahl, weil auf politischer Ebene aufgrund der unterschiedlichen Kulturen der Arbeitnehmerbeteiligung in den Mitgliedstaaten keine einheitliche zwingende Regelung gefunden werden konnte. Überdies sieht er in Vereinbarungen den Vorteil, für jedes Unternehmen eine angepasste Arbeitnehmerbeteiligung finden zu können und so die Wettbewerbsfähigkeit des Unternehmens zu erhöhen. Sinn und Zweck der Autonomie ist demnach der Ausgleich zwischen unterschiedlichen Mitbestimmungskulturen und die individuelle Anpassung an das jeweilige Unternehmen.

---

733 **EBR**: *Forst*, ZESAR 2009, 469 (472). **SE**: *Thüsing*, ZIP 2006, 1469 (1470).

734 So kann der Autonomiebegriff primärrechtskonform ausgelegt werden, dazu unten, D. II. 2. c) bb) (4) (b).

735 **SE**: Anders *Forst*, Beteiligungsvereinbarung, S. 51ff.

736 Siehe oben, B. I. 1. c).

Dies spricht zunächst für einen weiten Gestaltungsspielraum der Parteien. Aufgrund der Ausgleichsfunktion müssen jedenfalls die Mitwirkungsrechte vereinbart werden können, welche in den nationalen Rechtsordnungen der an den Verhandlungen beteiligten Akteure bereits Standard sind. Die Anpassungsfunktion legt zunächst nahe, dass dies nicht die äußerste Grenze ist – wenn weitergehende Regelungen für sinnvoll erachtet werden, sollen sie im Rahmen der sonstigen Grenzen getroffen werden können.

bb) Systematik

(1) Regelungsauftrag der Parteien

In systematischer Hinsicht wird die Autonomie der Parteien durch die Zielsetzung der Richtlinien und die darauf ausgerichtete Aufgabe des BVG beschränkt. Ziel der Richtlinien ist gem. Art. 1 I EBR-RL die „Stärkung des Rechts auf Unterrichtung und Anhörung“ und nach den Artt. 1 I SE-RL, 1 I SCE-RL die Regelung der „Beteiligung der Arbeitnehmer“ in der jeweiligen Gesellschaft. Diese Gegenstände entsprechen den Kompetenzen des europäischen Gesetzgebers aus Art. 153 I e), f) AEUV.

Entsprechend wird die Aufgabe des BVG definiert: Sie besteht in dem Abschluss einer Vereinbarung *über die Unterrichtung und Anhörung*[737] bzw. in dem Abschluss einer Vereinbarung *über die Arbeitnehmerbeteiligung*[738] in der Gesellschaft. Die Parteien können nur innerhalb dieses Aufgabenbereichs tätig werden; er „markiert die äußerste Grenze der Angelegenheiten, die der Regelung mit dem Instrument der [Beteiligungsvereinbarung] zugänglich sind“[739].[740] Zu beachten ist allerdings, dass der soeben erwähnte Begriff der Arbeitnehmerbeteiligung nach der Definition[741] sehr weitreichend ist.[742] Erfasst ist „jedes Verfahren – einschließlich der Unterrichtung, der Anhörung und der Mitbestimmung –, durch das die Vertreter der Arbeitnehmer

---

737 Art. 6 I EBR-RL bzw. § 8 I EBRG.

738 Artt. 4 I SE-RL; 4 I SCE-RL; 16 III GV-RL iVm 4 I SE-RL bzw. §§ 4 I SEBG, 5 I SCEBG, 6 I MgVG.

739 Vgl. *Waltermann*, Rechtsetzung durch Betriebsvereinbarung, S. 187f. zur Betriebsvereinbarung.

740 **EBR**: *Rehberg*, NZA 2013, 73 (75f.). Auch „Mitbestimmungsrelevanz als Schranke der Autonomie“, siehe für die **SE**: *Koch*, Beteiligung der Arbeitnehmervertreter, S. 94f.; *Habersack*, AG 2006, 345 (351); *Kiem*, ZHR 171 (2007), 713 (717); *Kiem*, ZHR 173 (2009) 156 (175); *Oetker*, ZIP 2006, 1113 (1116); *Teichmann*, AG 2008, 797 (804f.); *Oetker*, in: FS-Konzen, 635 (649); *Schäfer*, in: Rieble/Junker, § 1 Rn. 37; *Feuerborn*, in: KK-AktG, SEBG, § 21 Rn. 48, 52; *Henssler*, in: Ulmer/Habersack/Henssler, SEBG, § 21 Rn. 30; *Kiem*, in: KK-AktG, SE-VO, Art. 12 Rn. 62; *Oetker*, in: Lutter/Hommelhoff, SEBG (1. Aufl. 2008), § 21 Rn. 33.

741 Artt. 2 h) SE-RL; 2 h) SCE-RL bzw. §§ 2 VIII SEBG; 2 VIII SCEBG.

742 **SE**: Auch *Koch*, Beteiligung der Arbeitnehmervertreter, S. 96ff. knüpft an Art. 2 h) SE-RL an und stellt anschaulich die Konsequenzen dar, welche sich bei einer Anknüpfung an Art. 2 k) SE-RL ergeben würden.

auf die Beschlussfassung innerhalb der Gesellschaft Einfluss nehmen können".[743] Die aufgezählten Beteiligungsformen bilden insofern lediglich Beispielsfälle, die der Autonomie keine Grenzen zu ziehen vermögen, sondern ihre Bedeutung vor allem im Rahmen der Auffanglösung erlangen.[744] Hier besteht also ein erheblich weiterer Gestaltungsspielraum als im Rahmen der EBR-RL. Dies überrascht nicht, denn offensichtlich hat der Gesetzgeber das Verfahren zur Bestellung des BVG auf seine Aufgabe zugeschnitten – man betrachte nur die Unterschiede zwischen dem Verfahren des EBRG und dem der SEBG, SCEBG und MgVG.[745] Oben wurde außerdem festgestellt, dass die Zusammensetzung des BVG vorrangig eine Abbildung aller Mitwirkungskulturen bezweckt und eine Legitimation durch die Arbeitnehmer durchaus fragwürdig sein kann.[746] Regelungen, welche die Mitwirkung nicht betreffen, können insofern auch aus Gründen der Legitimation schwierig werden.

Gelegentlich ist in der Literatur zu lesen, dass es sich bei den Vorgaben lediglich um „Mindestvorschriften" handelt und dass das „Regelungsziel der Gemeinschaft auf dem Gebiet des kollektiven Arbeitsrechts [...] in sein Gegenteil verkehrt [wird], wenn man diese Festlegung von Mindestanforderungen als Festschreibung eines Höchstmaßes an Regelungsinhalten für Vereinbarungen interpretiert"[747]. Anknüpfungspunkt dieser Ansicht ist Erwägungsgrund Nr. 2 EBR-RL 1994, wonach die Richtlinie nur Mindestvorschriften setzt. Allerdings besagt dies allein, dass die Mitgliedstaaten weitergehende Vorschriften treffen können – sie eignet sich indes nicht zur Auslegung des Autonomiebegriffs in den Richtlinien und eine entsprechende Ausdehnung der Befugnisse der Parteien.

Folglich ist der Regelungsauftrag eine Grenze der Autonomie. Zu klären bleibt, ob der Regelungsauftrag auch zu einem Mindestmaß zwingt.[748]

(2) Satzungsstrenge und Satzungsautonomie

Fraglich ist, inwiefern Satzungsstrenge und Satzungsautonomie der Beteiligungsvereinbarung Grenzen setzen. Spannungen sind allein im Feld der unternehmerischen Mitbestimmung zu erwarten, sodass die Untersuchung nur für diesen Teil der Beteiligungsvereinbarung der SE bzw. SCE Relevanz entfaltet.[749]

---

743 **SE**: Darauf verweist auch *Teichmann*, AG 2008, 797 (803).

744 **SE**: *Teichmann*, AG 2008, 797 (804).

745 Siehe oben, C. I. 2.

746 Siehe oben, C. I. 6.

747 **EBR** und **SE**: *Blanke*, Erweiterung der Beteiligungsrechte des SE-Betriebsrats durch Vereinbarung, S. 52f.

748 Dazu unten, D. II. 2. c) cc) (1).

749 Bei EBR-Vereinbarungen sind echte Mitbestimmungsrechte kein tauglicher Regelungsgegenstand, dazu unten, D. II. 2. c) cc) (2) (b).

(a) Satzungsautonomie

Satzungsautonomie bezeichnet die Fähigkeit der Hauptversammlung, innerhalb der gesetzlichen Grenzen selbst die Satzung auszugestalten und so die Struktur der Gesellschaft zu bestimmen. Gemäß Artt. 12 IV 2 SE-VO; 11 IV 2 SCE-VO ist die Satzung im Falle eines Widerspruchs zur Beteiligungsvereinbarung anzupassen. Diese Regelung verdeutlicht, dass die Satzungsautonomie der Hauptversammlung zugunsten der Beteiligungsrechte der Arbeitnehmer eingeschränkt ist. Die Satzungsautonomie ist mithin keine direkte Grenze, angesichts des eingeschränkten Regelungsauftrages[750] entsteht aber auch kein großes Spannungsfeld.

(b) Satzungsstrenge

Satzungsstrenge bedeutet, dass das Gesetz Abweichungen und Ergänzungen durch die Satzung nur unter bestimmten Voraussetzungen zulässt. Auf sekundärrechtlicher Ebene finden sich die Artt. 9 I b) SE-VO; 8 I b) SCE-VO, wonach die Bestimmungen der Satzung nur gelten, wenn die Verordnung dies ausdrücklich erlaubt. Für die deutsch geprägte SE bzw. SCE findet über Art. 9 I c) ii) SE-VO; 8 I c) ii) SCE-VO auch Art. 23 V AktG Anwendung.

Teile der Literatur vertreten, dass die Grenze der Satzungsstrenge auch für die Beteiligungsvereinbarung gelte. Zur Begründung werden die bereits gerade erwähnten Artt. 12 IV 2 SE-VO; 11 IV 2 SCE-VO herangezogen: Anpassungen der Satzung im Falle eines Widerspruchs könne die Hauptversammlung nur im Rahmen der Satzungsstrenge treffen, sodass die Satzungsstrenge auch schon für die Beteiligungsvereinbarung gelten müsse, um Widersprüche zu verhindern.[751] Dieses Argument überzeugt nicht. Unabhängig davon, ob man die Normen als Vorrangregelung[752], Kollisionsnorm[753] oder als Inkorporationsnorm[754] begreift, betrifft sie allein das Verhältnis zwischen Satzung und Beteiligungsvereinbarung; darüber hinausgehende Vorgaben oder Einschränkungen hinsichtlich des Anpassungsvorgangs vermögen sie nicht zu vermitteln.

Aus dem Normzweck ergibt sich nichts anderes. Satzungsstrenge bezweckt den Schutz von Gläubigern und künftigen Aktionären, ferner soll die Verkehrsfähigkeit

---

750 Dazu oben, D. II. 2. c) bb) (1).

751 **SE**: *Habersack*, AG 2006, 345 (348); *Habersack*, ZHR 171 (2007), 613 (629); *Kiem*, ZHR 173 (2009), 156 (177f.); *Kiem*, Der Konzern 2010, 279.; zumindest in diesem Punkt auch *Hoops*, Mitbestimmungsvereinbarung, S. 116; *Schäfer*, in: Rieble/Junker, § 1 Rn. 38; *Jacobs*, in: FS-Schmidt, S. 795 (802); *Oetker*, in: FS-Konzen, 635 (656), jedoch ohne Verweis auf Art. 12 IV SE-VO; *Windbichler*, in: FS-Canaris, S. 1423 (1429f.); *Feuerborn*, in: KK-AktG, SEBG, § 21 Rn. 47; *Jacobs*, in: MüKo-AktG, SEBG, § 21 Rn. 14; *Kiem*, in: KK-AktG, SE-VO, Art. 12 Rn. 61.

752 **SE**: *Heinze/Seifert/Teichmann*, BB 2005, 2524 (2525); *Krause*, BB 2005, 1221 (1226).

753 **SE**: *Forst*, AG 2010, 350 (351); *Kiem*, ZHR 173 (2009), 156 (176); *Oetker*, ZIP 2006, 1113 (1116f.); *Scheibe*, Mitbestimmung der Arbeitnehmer, S. 123f.

754 **SE**: *Habersack*, AG 2006, 345 (348); *Habersack*, ZHR 171 (2007), 613 (628).

der Aktie gewährleistet sein.[755] Dies wird erreicht, indem sich Dritte ohne Studium der Satzung auf ein gewisses Niveau verlassen können. Die Satzungsstrenge bezweckt also die Vereinheitlichung von Merkmalen, die Dritte in ihren Interessen grundlegend beeinträchtigen. Auch auf die Regelungen der Mitbestimmung sollte man sich verlassen können, schließlich dient Mitbestimmung der Einflussnahme auf die Entscheidungen der Unternehmensleitung. Allerdings ist dem Gesetzgeber keine einheitliche Lösung gelungen.[756] Ganz offen gesteht er beispielsweise in Erwägungsgrund Nr. 5 SE-RL, dass es „angesichts der in den Mitgliedstaaten bestehenden Vielfalt an Regelungen und Gepflogenheiten [...] nicht ratsam ist, ein [...] einheitliches europäisches Modell der Arbeitnehmerbeteiligung vorzusehen". Vereinheitlichung ist folglich – unter Hinnahme aller Nachteile für den Rechtsverkehr – ausdrücklich nicht erwünscht; es soll ein individuelles, maßgeschneidertes Arbeitnehmerbeteiligungsmodell entwickelt werden.[757] Der Zweck der Satzungsstrenge läuft dem Zweck der Autonomie folglich entgegen. Außerdem muss, sofern die Satzungsstrenge den Schutz vor Bestimmungen der Anteilseigner als Gruppe bezweckt, berücksichtigt werden, dass die Bestimmungen der Beteiligungsvereinbarung aus der Feder einer anderen Gruppe stammen, die andere Interessen verfolgt und eigenen Schranken unterliegt.

Insgesamt ist festzuhalten, dass die Debatte häufig nicht vor dem Hintergrund des Normzwecks geführt wird. Die Satzungsstrenge wird nicht diskutiert, weil man sich um den Schutz des Rechtsverkehrs vor Bestimmungen der Anteilseigner sorgt, sondern um den der Anteilseigner vor Bestimmungen der Beteiligungsvereinbarung. Diese Sorge rührt daher, dass den Parteien der Beteiligungsvereinbarung teilweise eine unbeschränkte Gestaltungsmacht zugesprochen wird[758], die man nun über den Grundsatz der Satzungsstrenge zu korrigieren versucht. Es wurde dargelegt, dass keine allgemeine Privatautonomie besteht, sondern dass die Parteien auf den Regelungsauftrag Arbeitnehmerbeteiligung beschränkt sind.[759] Sie können schon aus diesem Grund keine Gegenstände wie beispielsweise die Kapitalaufbringung, den Sitz der Gesellschaft oder die Haftung des Leitungsorgans regeln. Doch selbst wenn es anders wäre, müsste der Schutz der Anteilseigner auf anderer Ebene diskutiert werden.[760]

---

755 *Pentz*, in MüKo-AktG, § 23 Rn. 150; *Vetter*, in: Henssler/Strohn, Gesellschaftsrecht, § 23 Rn. 22; *Hüffer*, AktG, § 23 Rn. 34.

756 Dazu ausführlich oben, B. I. 1.

757 Ähnlich für die **SE**: *Teichmann*, AG 2008, 797 (800f.).

758 Siehe oben, D. II. 2. a) aa).

759 Siehe oben, D. II. 2. c) bb) (1). Siehe auch *Forst*, AG 2010, 350 (353), der nach der Schnittmenge von Satzungsautonomie und Parteiautonomie fragt.

760 Siehe dazu unten, D. II. c) bb) (4) (b).

(3) Essentialia negotii

Die Richtlinien[761] enthalten einen Katalog von zu regelnden Bestimmungen, der sich in den Umsetzungsgesetzen[762] wiederfindet. Fraglich ist, ob es sich bei diesen Gegenständen um eine bloße Orientierungshilfe handelt, oder aber um *essentialia negotii*, über die eine Aussage getroffen werden muss. Diese Frage ist in der Literatur umstritten.

Anzumerken ist zuerst, dass ein Zwang zur Aussage über bestimmte Gegenstände zumindest für Beteiligungsvereinbarungen in Kapitalgesellschaften wünschenswert ist. Das ergibt sich mittelbar aus dem oben dargelegten Zweck der Satzungsstrenge. Die Verkehrsfähigkeit der Aktie soll gesichert werden, indem man sich ohne Blick in die Satzung auf gewisse Rahmenbedingungen verlassen können soll. Ein Blick in die Satzung bzw. Beteiligungsvereinbarung wird sich bei individuellen Aushandlungen nicht erübrigen, wenn die Arbeitnehmerbeteiligung vom potentiellen Aktionär für seine Entscheidung als wesentlich begriffen wird. Ein fester Katalog mit den wesentlichen Punkten erleichtert den Blick jedoch erheblich, vermeidet Lücken und trägt so zur Verkehrsfähigkeit bei.

(a) Richtlinienvorgaben

Bevor der Inhalt der Umsetzungsgesetze behandelt wird, ist zunächst der Inhalt der Richtlinienvorschriften zu bestimmen. Alle Richtlinien haben gemein, dass der Katalog der Regelungsgegenstände mit folgender Formulierung eingeleitet wird:

> *„Unbeschadet der Autonomie der Parteien wird […] festgelegt […]“*

Ob man den Regelungskatalog nun als Orientierungshilfe oder als *essentialia negotii* einstuft, hängt maßgeblich von der Bedeutung dieser Formulierung ab. Der Wortlaut ist nicht eindeutig, spricht aber eher für eine Orientierungshilfe. Denn die Worte „unbeschadet der Autonomie der Parteien“ weichen das verbindliche Wort „wird“ der Formulierung auf. Ein Teil der Literatur sieht darin das entscheidende Argument[763], andere setzen den Fokus dennoch auf das Wort „wird“[764]. Die wahre

---

761 Artt. 6 II EBR-RL; 4 II SE-RL; 4 II SCE-RL; Art. 16 III b) GV-RL i.V.m. Art. 4 II a), g), h) SE-RL.

762 §§ 18 I EBRG; 21 I, III SEBG; 21 I, III SCEBG und 22 I MgVG.

763 **EBR**: Wohl auch *Müller*, EBRG, § 18 Rn. 2; *Oetker/Schubert*, in: EAS B 8300 Rn. 148 und *Schlinkhoff*, EBR, S. 93 mit dem Argument, in Art. 6 III 2 EBR-RL nutzt der Gesetzgeber „ist festzulegen“, sodass „wird festgelegt“ weniger verbindlich sei. Das überzeugt nicht, beide Formulierungen sind dem Wortsinn nach gleich verbindlich. Siehe auch BT-Drs. 13/4520 S. 23. **SE**: *Hennings*, in: Manz/Mayer/Schröder (1. Aufl. 2005), SE-RL, Art. 4 Rn. 4. **EBR** und **SE**: *Blanke*, Erweiterung der Beteiligungsrechte des SE-Betriebsrats durch Vereinbarung, S. 50f.

764 **EBR**: *Bachner/Kunz*, AuR 1996, 81 (85); *Gaul*, NJW 1995, 228 (230); *Goos*, NZA 1994, 776 (777); *Hromadka*, DB 1995, 1125 (1128); *Krause*, JJZ 1997, S. 91 (111); *Kunz*, AiB 1997, 267 (279); *Blanpain*, European Labour Law, Rn. 1901: “That list is a mandatory

Bedeutung der Formulierung ergibt sich aus der historischen Entwicklung. Art. 6 I Entwurf EBR-RL 1991[765] verzichtete auf den Zusatz „unbeschadet der Autonomie der Parteien". Dieser Entwurf sah weiterhin vor, dass die Beteiligungsvereinbarung das Niveau der Auffanglösung nicht unterschreiten darf.[766] Diese Vorgabe wurde im ersten Entwurf aus dem Jahre 1994[767] verworfen. Zugleich wurde die Formulierung „unbeschadet der Autonomie der Parteien" eingefügt[768] – wohl um zu verdeutlichen, dass die Parteien nicht mehr an die Bestimmungen der Auffanglösung gebunden sind. Heute ist dies eine Selbstverständlichkeit. Die Formulierung hat daher nur eine Klarstellungsfunktion ohne weitere Bedeutung. Gleichwohl wurde sie – wohlklingend, wie sie ist – in die anderen Richtlinien übernommen und bietet nun Anlass für Spekulationen.

In systematischer Hinsicht kann man für ein Verständnis als Orientierungshilfe einwenden, dass die Richtlinie die Mitwirkung unter das Belieben der Parteien unterwerfen will – womit zwingende Vorgaben nicht zu vereinbaren sind.[769] Dieses Problem relativiert sich jedoch bei Betrachtung des Zwecks des Katalogs. Der Katalog enthält keine Vorgaben, welche das Ausmaß der Mitwirkung gestalten, sondern vielmehr Rahmenbedingungen von allgemeiner Bedeutung, ohne die eine Mitwirkung kaum gestaltet werden kann. Darüber hinaus verlangt die Regelung eines Gegenstandes keine positive Ausgestaltung, sondern kann auch in einer Ablehnung bestehen. Wichtig ist, und dies scheint die Richtlinie zu bezwecken, dass zu den Gegenständen Aussagen getroffen werden, um einer Entstehung von Lücken vorzubeugen.

Viel spricht dafür, die Liste der Regelungsgegenstände mit der eingehenden Formulierung „unbeschadet der Autonomie der Parteien wird [...] festgelegt [...]" folgendermaßen zu verstehen: Die Richtlinien geben Gegenstände vor, zu denen Regelungen getroffen werden müssen. Von diesem Verständnis scheint auch die Kommission auszugehen: In ihrer „Anhörung der europäischen Sozialpartner zur Änderung der Richtlinie 94/45/EG"[770] schlägt sie eine muss-Regelung vor und verweist in Fußnote 17 auf die SE-RL und die SCE-RL, in der dies bereits der Fall sei. Die Parteien sind frei, die Gegenstände inhaltlich zu bestimmen. Der Katalog kann

---

list of subjects, but the parties are autonomous in deciding on the concrete content to be given to the listed points"; *Rademacher*, EBR, S. 117. **SE**: *Kleinsorge*, RdA 2002, 343 (350); *Feuerborn*, in: KK-AktG, SEBG, § 21 Rn. 44; *Hohenstatt/Müller-Bonanni*, in: Habersack/Drinhausen, SEBG, § 21 Rn. 20.

765 Änderungsvorschlag vom 16.9.1991, KOM(91) 345.

766 Das ergibt sich insbesondere aus Art. 6 II Entwurf EBR-RL 1991 sowie aus Absatz 1 und der Überschrift des Anhangs („Mindestvorschriften"), dazu *Hauß*, Grenzüberschreitende Betriebsverfassung, S. 276.

767 KOM(94) 134.

768 Der Ursprung der Formulierung liegt also hier und nicht, wie von *Teichmann*, AG 2008, 797 (802) vertreten, in dem Vorschlag der Davignon-Gruppe.

769 **EBR**: *Blanke*, EBRG, § 18 Rn. 2. **SE**: *Oetker*, in: Lutter/Hommelhoff/Teichmann, SEBG, § 21 Rn. 52.

770 C/2008/660 vom 20.2.2008, S. 8.

nicht als Grenze nach oben hin gedeutet werden, sodass die Parteien neben den benannten auch weitere Gegenstände innerhalb der sonstigen Grenzen regeln dürfen. Die Konsequenzen einer Vereinbarung, die nicht zu allen Gegenständen eine Aussage trifft, werden noch bearbeitet.[771]

(b) Umsetzungsgesetze

Der deutsche Gesetzgeber interpretiert diese Formulierung von Umsetzungsgesetz zu Umsetzungsgesetz unterschiedlich. In § 18 I EBRG ist nur von *soll* die Rede, die Gegenstände stellen nach Ansicht des Gesetzgebers bloß eine Orientierungshilfe dar.[772] Die §§ 21 I, III SEBG und 21 I, III SCEBG differenzieren je nach Regelungsgegenstand zwischen *wird* und *soll*. Zu ersteren „muss die Vereinbarung eine Aussage treffen“[773]. In § 22 I MgVG nutzt der Gesetzgeber nur das Wort *wird*.

(aa) § 18 I EBRG

§ 18 I EBRG weicht vom Richtlinientext ab und verlangt lediglich, dass die Gegenstände geregelt werden „sollen“. Der Gesetzgeber führt dazu aus:

> *„Um ein gutes Funktionieren des kraft Vereinbarung errichteten Europäischen Betriebsrats zu gewährleisten, wird den Parteien ein Katalog von Regelungsgegenständen als Orientierungshilfe zur Verfügung gestellt, an dem sie ihre Vereinbarung ausrichten sollten. Die Vereinbarung sollte insbesondere […]“*[774]

Der überwiegende Teil der Literatur versteht den Katalog daher ebenfalls als Orientierungshilfe bzw. „Checkliste“,[775] dessen Beachtung für die Vereinbarung keine Wirksamkeitsvoraussetzung ist.[776] Dieses Verständnis widerspricht dem oben ermittelten Gedanken des Art. 6 II EBR-RL. Teilweise wird eine richtlinienkonforme Auslegung für möglich gehalten.[777] Allerdings muss hier beachtet werden, dass ein eindeutiger gesetzgeberischer Wille vorliegt und eine rein innerstaatliche Auslegung so zu einem zweifelfreien Ergebnis führt. Eine richtlinienkonforme Auslegung,

---

771 Siehe unten, D. II. 5.

772 BT-Drs. 13/4520 S. 23.

773 **SE**: BT-Drs. 15/3405 S. 51. **SCE**: BT-Drs. 16/1025 S. 73.

774 BT-Drs. 13/4520 S. 23.

775 *Lerche*, EBR, S. 226; *Schlinkhoff*, EBR, S. 93; *Spinner*, Die vereinbarte Betriebsverfassung, S. 156; *Blanke*, EBRG, § 18 Rn. 4; *Däubler*, in: Däubler/Kittner/Klebe/Wedde, EBRG, § 18 Rn. 4; *Fitting*, EBRG, Rn. 65; *Joost*, in: MünchArbR, § 366 Rn. 107; *Müller*, EBRG, § 18 Rn. 2; *Oetker/Schubert*, in: EAS B 8300 Rn. 148.

776 *Engels/Müller*, DB 1996, 981 (985); *Lerche*, EBR, S. 226; *Schlinkhoff*, EBR, S. 93; *Däubler*, in: Däubler/Kittner/Klebe/Wedde, EBRG, § 18 Rn. 4; *Fitting*, EBRG, Rn. 65; *Joost*, in: MünchArbR, § 366 Rn. 107; *Müller*, EBRG, § 18 Rn. 2. Zur Problematik der Wirksamkeitsvoraussetzung siehe unten, D. II. 5.

777 *Giesen*, in: Henssler/Willemsen/Kalb, EBRG, Rn. 33a; unklar *Blanke*, EBRG, § 18 Rn. 2.

die nicht mehr als den Vorrang des sich mit der Richtlinienbestimmung deckenden innerstaatlichen Auslegungsergebnisses gebietet, ist daher mangels eines solchen Auslegungsergebnisses nicht möglich. Die Vorschrift ist richtlinienwidrig und muss angepasst werden.

(bb) §§ 21 I, III SEBG; 21 I, III SCEBG

Die §§ 21 I SEBG; 21 I SCEBG enthalten einen Katalog mit Gegenständen, über die Aussagen getroffen werden müssen.[778] Das ergibt sich neben dem Wortlaut („wird") vor allem aus den Gesetzgebungsmaterialien.[779]

Ob das auch für die §§ 21 III 2 SEBG; 21 III 2 SCEBG gilt, ist umstritten. Die Befürworter[780] einer bloßen Orientierungshilfe führen neben dem Wortlaut („soll") an, dass es den Parteien ja schon frei stehe, über das „ob" einer Mitbestimmungsvereinbarung zu entscheiden.[781] Tatsächlich können daraus keine zwingenden Schlüsse gezogen werden. Es ist nicht ausgeschlossen, dass der deutsche Gesetzgeber nach dem Schema „Wenn – dann" gehandelt und entsprechende Voraussetzungen für den Fall eines Entschlusses für die Mitbestimmung geschaffen hat.[782] Diese Überlegung ist letztlich irrelevant, weil der Richtlinieninhalt ein Verständnis des Katalogs als Orientierungshilfe nicht in Betracht kommen lässt. Aussagen des Gesetzgebers stehen hier nicht entgegen, sodass die Gegenstände jedenfalls im Zuge einer richtlinienkonformen Auslegung als zwingend zu regelnd einzustufen sind.[783]

---

778 **SE**: *Evers/Hartmann*, in: Manz/Mayer/Schröder, SEBG, § 21 Rn. 10; *Feuerborn*, in: KK-AktG, SEBG, § 21 Rn. 21; *Freis*, in: Nagel/Freis/Kleinsorge, § 21 Rn. 9; *Kienast*, in: Jannott/Frodermann, SEBG, 13. Kapitel Rn. 379; *Henssler*, in: Ulmer/Habersack/Henssler, SEBG, § 21 Rn. 18; *Hohenstatt/Müller-Bonanni*, in: Habersack/Drinhausen, SEBG, § 21 Rn. 8.

779 **SE**: BT-Drs. 15/3405 S. 51. **SCE**: BT-Drs. 16/1025 S. 73.

780 **SE**: *Evers/Hartmann*, in: Manz/Mayer/Schröder, SEBG, § 21 Rn. 37; *Henssler*, in: Ulmer/Habersack/Henssler, SEBG, § 21 Rn. 36; *Jacobs*, in: MüKo-AktG, SEBG, § 21 Rn. 18; *Joost*, in: EAS B 8200, SEBG Rn. 125; *Kienast*, in: Jannott/Frodermann, SEBG, 13. Kapitel Rn. 383.

781 **SE**: *Henssler*, in: Ulmer/Habersack/Henssler, SEBG, § 21 Rn. 36; *Kienast*, in: Jannott/Frodermann, SEBG, 13. Kapitel Rn. 383. Dagegen unverständlich *Feuerborn*, in: KK-AktG, SEBG, § 21 Rn. 44. Über das „ob" von Modalitäten, welche die Unterrichtung und Anhörung gemäß der §§ 21 I, II SEBG, 21 I, II SCEBG betreffen, können die Parteien nicht vollständig frei entscheiden.

782 Vergleiche dazu schon oben die Ausführungen zur Richtlinie, D. II. 2. c) bb) (3) (a); für die **SE**: *Hoops*, Mitbestimmungsvereinbarung, S. 114.

783 **SE**: *Seibt*, AG 2005, 413 (422); *Heinze*, Mitbestimmung, S. 279; *Hoops*, Mitbestimmungsvereinbarung, S. 113ff.; *Feuerborn*, in: KK-AktG, SEBG, § 21 Rn. 44; *Freis*, in: Nagel/Freis/Kleinsorge, SEBG, § 21 Rn. 21f; *Hohenstatt/Müller-Bonanni*, in: Habersack/Drinhausen, SEBG, § 21 Rn. 8, 20. Im Ansatz auch *Oetker*, in: Lutter/Hommelhoff/Teichmann, SEBG, § 21 Rn. 52f., der jedoch Einschränkungen bei § 21 III 2 Nr. 3 SEBG zulässt.

(cc) § 22 I MgVG

Der § 22 I MgVG stellt sich eindeutiger dar. Er übernimmt das Wort „wird" aus der Richtlinie und es besteht kein Zweifel daran, dass die Gegenstände zwingend zu regeln sind.[784]

(c) Ergebnis

Trotz einer einheitlichen Regelung in den Richtlinien weichen die zugehörigen Bestimmungen in den deutschen Umsetzungsgesetzen stark voneinander ab. Während § 22 I MgVG an den relevanten Stellen schon dem Wortlaut nach der Richtlinie entspricht und die §§ 21 III 2 SEBG; 21 III 2 SCEBG noch richtlinienkonform ausgelegt werden können, ist § 18 I EBRG richtlinienwidrig. Außerdem ist festzuhalten, dass den Wörtern „wird" und „soll" eine zu hohe Bedeutung beigemessen wird. Denn selbst wenn die Parteien Gegenstände bloß regeln sollen, kann daraus nicht geschlussfolgert werden, dass ein gegenteiliges Verhalten konsequenzlos bleibt.[785] Daneben stellt der deutsche Gesetzgeber in den Umsetzungsgesetzen klar, dass der Katalog keine Grenze nach oben hin bildet. So nutzen die §§ 18 I EBRG; 21 III 2 SEBG; 21 III 2 SCEBG das Wort „insbesondere" und die §§ 21 I SEBG; 21 I SCEBG; 22 I MgVG legen fest, dass der Katalog unbeschadet der Autonomie der Parteien „im Übrigen" gilt.

(d) Grenzen im Gründungsfall Umwandlung

Einen Sonderfall bildet die Umwandlung einer Gesellschaft in eine SE bzw. SCE. Hier ist gemäß Artt. 4 IV SE-RL; 4 IV SCE-RL bzw. §§ 21 VI SEBG; 21 V SCEBG „bezüglich aller Komponenten der Arbeitnehmerbeteiligung zumindest das gleiche Ausmaß" zu gewährleisten wie in der ursprünglichen Gesellschaft. Die Bestimmung ist eine Ausprägung des Vorher-Nachher-Prinzips und schränkt die Autonomie dahingehend ein, dass von dem zuvor bestehendem Mitwirkungsniveau nicht – auch nicht mit qualifizierter Mehrheit – negativ abgewichen werden darf.

Teile der Literatur verstehen unter „allen Komponenten der Arbeitnehmerbeteiligung" alleine die Mitbestimmung.[786] Dieses Ergebnis wäre konsequent, da sich das zugrunde liegende Vorher-Nachher-Prinzip allein auf die Mitbestimmung bezieht.[787] Doch die Begründung dieser Ansicht ist fragwürdig, da sie allein auf den Begriff und die Auffangregelung der Mitbestimmung verweist.[788] Tatsächlich wird mit diesem Verständnis die äußerste Wortlautgrenze überdehnt. Arbeitnehmerbeteiligung bedeutet entsprechend Artt. 2 h) SE-RL; 2 h) SCE-RL bzw. §§ 2 VIII SEBG;

---

784 Vgl. die Gesetzgebungsmaterialien BT-Drs. 16/2922 S. 26: „Zu den in Absatz 1 genannten Regelungsbereichen muss die Vereinbarung eine Aussage treffen."

785 Dazu genauer unten, D. II. 5. c) aa).

786 **SE**: *Grobys*, NZA 2005, 84 (88); *Jacobs*, in: MüKo-AktG, SEBG, § 21 Rn. 21.

787 Siehe dazu oben, B. VI.

788 **SE**: *Grobys*, NZA 2005, 84 (88); *Jacobs*, in: MüKo-AktG, SEBG, § 21 Rn. 21.

2 VIII SCEBG eben nicht nur die Mitbestimmung.[789] Für die Praxis ist diese Problem nahezu bedeutungslos, da ohne große Schwierigkeiten auf eine Verschmelzung ausgewichen werden kann.

(4) Verfassungsrechtliche Grenzen

(a) Grundrechtsbindung der Parteien

Bei der Frage nach den verfassungsrechtlichen Grenzen stellt sich zunächst das Problem der Grundrechtsbindung der Parteien. Die Problematik ist bekannt. Sie taucht im deutschen Schrifttum stets dort auf, wo der Gesetzgeber Kollektivverträge mit einer normativen Wirkung[790] ausgestattet hat. Der Grund dafür ist die Unterwerfung der Arbeitnehmer unter den Normenvertrag ohne eigenes Zutun. Folglich besteht die Gefahr von willkürlichen Bestimmungen und von Eingriffen in ihre Rechte. Das Problem besteht in vergleichbarer Weise bei Akten von Hoheitsträgern, welches durch eine Grundrechtsbindung entspannt wird. Eine Grundrechtsbindung der normschaffenden Parteien erscheint daher auf den ersten Blick sinnvoll. Hinzu kommt, dass die Parteien durch die Beteiligungsvereinbarung den organisatorischen Rahmen der Arbeitnehmerbeteiligung stecken; eine Aufgabe, die typischerweise der Gesetzgeber ausübt.

(aa) Keine Hoheitsträger

BVG und Unternehmensleitung sind keine Hoheitsträger im Sinne des Art. 1 III GG oder Art. 51 GRCh. Teilweise wird schon daraus der Schluss gezogen, dass die Parteien nicht an Grundrechte gebunden sind.[791] Diese Überlegung ist im Ergebnis richtig, genügt aber noch nicht.

Denn auch wenn die Parteien keine Hoheitsträger sind, könnten sie wie Hoheitsträger behandelt werden. Teilweise wird dies aus der Normsetzungsbefugnis der Parteien abgeleitet. Da die Parteien Bestimmungen mit Wirkung für Dritte treffen können, denen die Dritten unabhängig von ihrem Willen unterworfen sind, hätten die Parteien eine soziale Gewalt.[792] Funktion der Grundrechte sei auch, vor sozialer Gewalt zu schützen, sodass die Parteien eines Normenvertrages wie Hoheitsträger behandelt werden müssen.[793] Doch die These von der Schutzfunktion der

---

789 **SE**: *Evers/Hartmann*, in: Manz/Mayer/Schröder, SEBG, § 21 Rn. 43; *Feuerborn*, in: KK-AktG, SEBG, § 21 Rn. 73; *Oetker*, in: Lutter/Hommelhoff/Teichmann, § 21 Rn. 58.

790 Die normative Wirkung der Beteiligungsvereinbarung wird unten festgestellt, D. II. 3. d).

791 **SE**: *Linden*, Mitbestimmungsvereinbarung, S. 119; *Henssler*, in: Ulmer/Habersack/Henssler, SEBG, § 21 Rn. 35; *Henssler*, ZHR 173 (2009) 222 (240).

792 Für die Betriebsvereinbarung: *Berg*, in: Däubler/Kittner/Klebe/Wedde, BetrVG, § 77 Rn. 17.

793 Für den Tarifvertrag: *Berg/Wendeling-Schröder/Wolter*, RdA 1980, 299 (310). Für die Betriebsvereinbarung: *Berg*, in: Däubler/Kittner/Klebe/Wedde, BetrVG, § 77 Rn. 17.

Grundrechte vor sozialer Gewalt bedarf einer näheren Begründung;[794] insbesondere, aus welchem Grund der Schutz nicht auf andere Weise hergestellt werden kann.[795]

Weiterhin sollte man nicht den Gesamtzusammenhang aus dem Blick verlieren. Auf Arbeitnehmerseite wird ein Gremium geschaffen, das sozial mächtiger ist als die Arbeitnehmer, um das Machtungleichgewicht zwischen Arbeitnehmer und Arbeitgeber auszugleichen. Dieses Gremium kann mit der Arbeitgeberseite eine Vereinbarung abschließen, welcher eine normative Wirkung beigemessen wird, damit Arbeitgeber und Arbeitnehmer nicht abweichende Vereinbarungen treffen und so den mühsam erkämpften Ausgleich des Machtungleichgewichts wieder unterlaufen können. Jedoch bemängelt man nun das Machtungleichgewicht zwischen Arbeitnehmern und Arbeitnehmervertretern und fragt im Ergebnis, wie man die Arbeitnehmer vor dem Schutz schützen kann. Eine gründliche Auswahl der Arbeitnehmerrepräsentanten minimiert das Risiko einer Verletzung der Repräsentierten.

(bb) Keine Grundrechtsbindung durch Delegation staatlicher Zuständigkeit

Eine Grundrechtsbindung der Parteien ist anzunehmen, wenn ein Grundrechtsverpflichteter seine Zuständigkeit zur Erledigung einer Aufgabe auf die Parteien delegiert hat. Insofern hat eine Grundrechtsbindung zwei Voraussetzungen: Eine ursprüngliche staatliche Zuständigkeit und einen Delegationsakt.

Bezüglich der Zuständigkeit hat *Waltermann* herausgearbeitet, dass zwischen der Zuständigkeit zur Regelbildung und der Zuständigkeit zur Festlegung ihrer Wirkung zu differenzieren ist.[796] Liegt die Zuständigkeit zur Regelbildung von vornherein nicht ausschließlich beim Staat, ist eine Delegation ausgeschlossen und die Parteien sind nicht an die Grundrechte gebunden. Dieser Ansatz hat bei der Frage nach der Bindung der Tarifparteien und der Betriebspartner bereits zu richtigen Ergebnissen geführt. Die Zuständigkeit zur Regelbildung der Tarifparteien ergibt sich bereits unmittelbar aus Art. 9 III GG[797]; die der Betriebspartner aus der geschichtlichen Entwicklung, die ihre Wurzeln im Grundsatz der Privatautonomie hat[798].

Entscheidend ist daher, ob die durch BVG und Unternehmensleitung zu regelnde Aufgabe nicht ohnehin ihre eigene Aufgabe ist. Die Parteien sollen die Organisation der Arbeitnehmerbeteiligung regeln. Sie sollen insbesondere festlegen, welche Gremien zu bilden sind, wie sie besetzt und mit welchen Rechten sie ausgestattet werden. Solche Fragen regelt zumindest in Deutschland traditionell der

794 Gegen eine Schutzfunktion der Grundrechte gegenüber sozialer Mächtigkeit auch *Herdegen*, in: Maunz/Dürig, GG, Art. 1 III Rn. 100.

795 Zum Schutz durch eine primärrechtskonforme Auslegung sogleich.

796 *Waltermann*, Rechtsetzung durch Betriebsvereinbarung, S. 119.

797 *Waltermann*, Rechtsetzung durch Betriebsvereinbarung, S. 115ff.; *Herdegen*, in: Maunz/Dürig, GG, Art. 1 III Rn. 100. A.A.: Noch BAG, Entsch. v. 15.1.1955, BAGE 1, 258; *Adomeit*, RdA 1967, 297 (304); *Hueck/Nipperdey*, Arbeitsrecht, Bd. II/1 S. 347f.

798 *Preis*, in: Wlotzke/Preis/Kreft, BetrVG, § 77 Rn. 26; *Waltermann*, Rechtsetzung durch Betriebsvereinbarung, S. 125ff.

Gesetzgeber.[799] Auch auf europäischer Ebene veranschaulicht das jahrzehntelange Gesetzgebungsverfahren, wie gerne man selbst die Organisation der Arbeitnehmerbeteiligung geregelt hätte – aber aufgrund unterschiedlicher Kulturen nicht regeln konnte. Daraus kann aber nicht gefolgert werden, dass die Zuständigkeit der Regelbildung ausschließlich beim Gesetzgeber liegt. Der Gesetzgeber wird nur tätig, weil die Parteien in der Regel selbst keine Regelungen treffen; zu unattraktiv ist der Regelungsgegenstand für die Arbeitgeberseite. Dennoch ist nicht daran zu rütteln, dass die Parteien eine Regelung treffen *könnten*. Das zeigt sich auch daran, dass EBR-Vereinbarungen schon vor Erlass der EBR-RL 1994 getroffen und entsprechend Art. 13 EBR-RL 1994 anerkannt wurden. Auch für die Mitbestimmung existieren privatautonome Vereinbarungen jenseits der hier behandelten Rechtsakte.[800] Somit besteht eine Zuständigkeit zur Regelbildung und folglich keine ausschließliche Zuständigkeit auf staatlicher Seite. Bedenklich ist in diesem Zusammenhang natürlich, dass eine Legitimation des BVG durch die Arbeitnehmer durchaus fragwürdig sein kann.[801] Doch dieser Mangel führt zunächst zu engen Grenzen der Autonomie, wodurch mittelbar der Schutz der Normunterworfenen gewährleistet wird.

Wenn man dem nicht folgt und eine ausschließliche staatliche Zuständigkeit annimmt, muss die oben ermittelte zweite Voraussetzung, der Delegationsakt, besonders begründet werden. Denn Delegation bedeutet Übertragung, womit ein Rückzug des Delegierenden aus der Gestaltung einhergeht. Von einem Rückzug des Gesetzgebers kann in diesem Zusammenhang keine Rede sein: Durch die Zurverfügungstellung einer Auffanglösung, das Erfordernis qualifizierter Mehrheiten und Minimalanforderungen nimmt er gestaltenden Einfluss.[802]

Festzuhalten bleibt, dass sich die Grundrechtsbindung nicht aus einer Delegation von Zuständigkeiten durch einen Grundrechtsverpflichteten ergibt.

(cc) Keine Horizontalwirkung von Art. 27 GRCh

Ob Bestimmungen der Grundrechtecharta unmittelbar auch zwischen Privaten gelten, ist nicht abschließend geklärt.[803] Jedenfalls für Art. 27 GRCh wird man dies verneinen müssen. Art. 27 GrCH ist angesichts seines Bedürfnisses nach einer Umsetzung durch einen Akt der Gesetzgebung als Grundsatz zu qualifizieren.[804]

---

799 *Waltermann*, Rechtsetzung durch Betriebsvereinbarung, S. 128 bezeichnet die „Organisation der Betriebsverfassung" als Zuständigkeit des Staats.

800 Dazu grundlegend *Seibt*, AG 2005, 413ff.

801 Siehe oben, C. I. 6.

802 Zu „Verhandlungen im Schatten des Rechts" siehe oben, B. V. 2.

803 Siehe dazu *Seifert*, EuZW 2011, 696ff.; *Borowsky*, in: Meyer, EUGRCh, Art. 51 Rn. 31; *Jarass*, EUGRCh, Art. 51 Rn. 27ff.

804 *Seifert*, EuZW 2011, 696 (701); siehe auch EuGH, Urteil v. 15.1.2014 – C-176/12 („Association de médiation sociale").

(dd) Ergebnis

Die Parteien sind nicht an Grundrechte gebunden, weil sie weder Hoheitsträger sind noch staatliche Befugnisse delegiert bekommen.[805] Der Schutz der Normunterworfenen wird ausreichend auf andere Weise hergestellt.[806] Außerdem geschieht die Unterwerfung der Arbeitnehmer nicht ohne staatliches Handeln. *Waltermann* hat zwischen der Zuständigkeit zur Regelbildung und der Zuständigkeit zur Anordnung der Regelwirkung differenziert. Letztere liegt beim Staat; er ordnet die normative Wirkung der Beteiligungsvereinbarung an und seine Anordnung muss sich als hoheitlicher Akt an den Grundrechten messen lassen.

(b) Primärrechtskonforme Auslegung des Autonomiebegriffs

Das eigentliche Problem, welches die Vertreter mittels einer unmittelbaren Grundrechtsbindung zu lösen versuchen, ist die Gefahr einer Unterwerfung Dritter durch Regelungen, die ohne ihr Zutun entstanden sind. Doch die fehlende Grundrechtsbindung der Parteien führt nicht dazu, dass diese schrankenlos nachteilige Regelungen für Dritte treffen können. Die „Autonomie der Parteien" findet ihren Ursprung im Sekundärrecht und ist primärrechtlich nicht verbrieft. Folglich ist der Begriff einer primärrechtskonformen Auslegung[807] zugänglich. Zum Primärrecht zählen gemäß Art. 6 I EU auch die Bestimmungen der Charta der Grundrechte der Europäischen Union. Ein Autonomiebegriff, der nicht gerechtfertigte Eingriffe von Gremien[808] in Grundrechte von Arbeitnehmern zulässt, wäre folglich primärrechtswidrig. Um solche Eingriffe ist die „Autonomie der Parteien" im Zuge einer primärrechtskonformen Auslegung zu begrenzen.

Dieser Ansatz gilt auch zugunsten der Anteilseigner. Die den Parteien durch Richtlinien und Umsetzungsgesetze zugebilligte Autonomie würde gegen Artt. 16, 17 I GrCH verstoßen, ließe sie über Gebühr Eingriffe in die unternehmerische Freiheit bzw. das Eigentum der nicht am Verhandlungsprozess beteiligten Anteilseigner[809] zu. Hier dürfte der Gedanke des BVerfG aus dem Mitbestimmungsurteil von 1979[810] in übertragbarer Weise Anwendung finden, wonach in unternehmerischen Entscheidungen ein leichtes Übergewicht der Anteilseigner bestehen muss.[811] In primärrechtskonformer Auslegung deckt der Autonomiebegriff daher keine

---

805 **SE**: Für eine unmittelbare Grundrechtsbindung wohl *Seibt*, AG 2005, 413 (422); *Koch*, Die Beteiligung von Arbeitnehmervertretern, S. 94.

806 Dazu sogleich, D. II. 2. c) bb) (4) (b).

807 Grundlegend zur primärrechtskonformen Auslegung des Sekundärrechts: *Domröse*, in: Riesenhuber, Europäische Methodenlehre, S. 140ff.

808 Hinzu kommt, dass eine Legitimation dieser Gremien fragwürdig sein kann, dazu oben, C. I. 6.

809 Zur Beteiligung der Anteilseigner siehe oben, C. II. 3.

810 BVerfG, Urteil v. 1.3.1979-1 BvR 532/77; 1 BvR 533/77; 1 BvR 419/78; 1 BvL 21/78; BVerfGE 50, 290–381.

811 Vgl. für die **SE**: *Forst*, Beteiligungsvereinbarung, S. 230. Dazu bereits oben, C. II. 4.

Regelungen wie beispielsweise eine Besetzung des Kontrollorgans zu zwei Dritteln mit Arbeitnehmervertretern.

Anzumerken ist in diesem Zusammenhang, dass die Charta der Grundrechte der Europäischen Union gemäß Art. 51 I GrCH auch für die Mitgliedstaaten bei der Durchführung des Unionsrechts gilt. Darunter fällt unproblematisch die Umsetzung von Richtlinien.[812] Aus diesem Grund ist auch bei der Auslegung der „nationalen" Autonomiebegriffe auf Artt. 16, 17 Rücksicht zu nehmen.

(c) Neuverhandlungen bei Verfassungswidrigkeit der Auffanglösung

Die gesetzliche Auffanglösung kann die Beteiligungsvereinbarung prägen. Früh wurden deshalb „Verhandlungen im Schatten des Rechts"[813] oder „Scheinverhandlungen mit Zwangscharakter"[814] befürchtet.

Folglich kann die Vereinbarung Bestimmungen enthalten, die nicht dem Willen der Partei auf Arbeitgeberseite entsprechen; die folglich heteronom durch die mittelbare Einwirkung des Staats zustande gekommen sind. Wie ist dann eine sich mit der Auffanglösung deckende Bestimmung einer Vereinbarung zu bewerten, wenn sich im Nachhinein die Verfassungswidrigkeit der Bestimmung der Auffanglösung herausstellt? Diesen Zustand unter Verweis auf die nicht bestehende Grundrechtsbindung der Parteien hinzunehmen, erscheint unter Berücksichtigung des eben dargelegten Einflusses der Auffanglösung – die zweifelsfrei an der Verfassung zu messen ist – nicht hinnehmbar.

Nun könnte man vertreten, dass die Bestimmung der Vereinbarung ebenfalls unwirksam ist. Dieser Schluss lässt jedoch die Möglichkeit unberücksichtigt, dass die sich deckende Bestimmung von beiden Parteien auch gänzlich freiwillig und ohne Zwang durch die Auffanglösung getroffen wurde, schlicht weil man sie für die beste Bestimmung hielt. Was die genauen Motive waren, lässt sich in den meisten Fällen wohl nicht mehr mit Sicherheit feststellen. Aus dem gleichen Grund kommt eine stillschweigend vereinbarte auflösende Bedingung der Verfassungsmäßigkeit der Auffanglösung nicht in Betracht.

Die wohl interessengerechteste Lösung ist ein Anspruch auf Neuverhandlungen, der aus dem Grundsatz der vertrauensvollen Zusammenarbeit oder analog der Vorschriften über die Neuverhandlungen bei strukturellen Änderungen hergeleitet werden kann. Die Initiative zu Neuverhandlungen soll dabei nur von jener Partei getroffen werden können, welche durch die Verfassungswidrigkeit der Auffanglösung nachteilig getroffen ist.

---

812 *Terhechte*, in: von der Groeben/Schwarze/Hatje, Europäisches Unionsrecht, GRC Art. 51 Rn. 10.

813 Siehe dazu ausführlich oben, B. V. 2.

814 Stellungnahme BDA/BDI v. 15.3.1991, abgedruckt in *Deppe*, Euro-Betriebsräte, S. 209ff.

cc) Konsequenzen für ausgewählte Problemfälle

(1) Der Regelungsauftrag als „Schwelle nach unten"?

Oben wurde dargestellt, dass die Begriffe „Unterrichtung und Anhörung" bzw. „Arbeitnehmerbeteiligung" die Außengrenze eines möglichen Vereinbarungsinhalts sind.[815] Fraglich ist, ob dieser Regelungsauftrag nicht nur die oberste, sondern auch die unterste Schwelle darstellt. In diesem Fall wären die Begriffe notwendiger Bezugspunkt einer jeden Vereinbarung. Die Autonomie der Parteien würde sich nur auf die Ausgestaltung der Rechte erstrecken. Ist beispielsweise eine EBR-Vereinbarung zulässig, die keinen Meinungsaustausch zwischen Arbeitnehmervertretern und Unternehmensleitung gewährleistet? Ist bei SE, SCE und bei grenzüberschreitenden Verschmelzungen ein Modell möglich, durch das nicht auf die Beschlussfassung innerhalb der Gesellschaft Einfluss genommen werden kann?

Dem Wortlaut nach soll sich die Vereinbarung auf den Gegenstand Arbeitnehmermitwirkung beziehen, was zunächst für den Regelungsauftrag als Untergrenze spricht. Dagegen lässt sich auch nicht einwenden, dass das BVG die Verhandlungen ja schon verweigern oder abbrechen könne[816], weil der Beschluss einseitig erfolgt und somit mangels Vergleichbarkeit nicht im Zuge eines *argumentum a maiore ad minus* auf eine beiderseitige Vereinbarung übertragen werden kann. Die übrige Auslegung divergiert, sodass eine getrennte Bearbeitung geboten ist.

(a) EBR

Sowohl die EBR-RL als auch das EBRG lassen keine Anhaltspunkte dafür erkennen, dass die Parteien ein Mitwirkungsniveau vereinbaren dürfen, welches die Definitionen der Begriffe „Unterrichtung und Anhörung" nicht erfüllt.[817] Nach Art. 1 II EBR-RL soll in „allen [...] Unternehmen [...] zum Zweck der Unterrichtung und Anhörung [...] ein EBR eingesetzt" werden.[818] Erwägungsgrund 19 EBR-RL zeigt überdies, dass sich die Autonomie der Parteien auf die Ausgestaltung der Unterrichtung und Anhörung bezieht.

(b) SE, SCE und grenzüberschreitende Verschmelzungen

Sofern es um die Ausgestaltung der Unterrichtung und Anhörung geht, zeigt sich kein anderes Bild als beim EBR: Die Erwägungsgründe Nr. 6 SE-RL; Nr. 6 SCE-RL verlangen, dass in „allen Fällen der Gründung [...] Unterrichtungs- und

---

815 Siehe oben, D. II. 2. c) bb) (1).

816 So aber für die **SE**: *Herfs-Röttgen*, NZA 2002, 358 (361f.); *Reichert/Brandes*, ZGR 2003, 767 (774); *Jacobs*, in: MüKo-AktG, SEBG, § 21 Rn. 13.

817 Dafür ohne Begründung auch *Oetker/Schubert*, in: EAS B 8300 Rn. 146.

818 *Eckhoff*, EBR, S. 277.

Anhörungsrechte […] gewährleistet“ sind.[819] Gleiches ergibt sich aus den Gesetzgebungsmaterialien.[820]

Etwas anderes gilt für die Vereinbarung über die Mitbestimmung der Arbeitnehmer. Hier gibt die Systematik klar zu erkennen, dass sich die Autonomie der Parteien auf das „ob“ der Mitbestimmung erstreckt.[821] Die Gesetzgebungsmaterialien sprechen für selbiges.[822] Folglich können die Parteien ganz auf die Mitbestimmung verzichten oder ein Modell vereinbaren, das hinter diesem Begriff zurückbleibt. Dies gilt jedoch nicht für die SE- bzw. SCE-Gründungsform der Umwandlung, Artt. 4 IV SE-RL; 4 IV SCE-RL bzw. §§ 21 VI SEBG; 21 V SCEBG.[823]

(c) Ergebnis

Der Regelungsauftrag begrenzt die Autonomie der Parteien im Falle der Vereinbarung von Unterrichtungs- und Anhörungsrechten nach unten hin. Hinsichtlich der Mitbestimmungsrechte sind die Parteien hingegen frei; sie können grundsätzlich ganz darauf verzichten oder weniger starke Rechte vereinbaren.

(2) Mitbestimmungsrechte im EBR, SE-BR und SCE-BR?

Umstritten ist, ob EBR, SE-BR und SCE-BR durch die Beteiligungsvereinbarung mit Mitbestimmungsrechten ausgestattet werden können.

(a) Begriff der Mitbestimmung

Fraglich ist schon, was unter dem Begriff der Mitbestimmung zu verstehen ist, denn er wird in unterschiedlichen Zusammenhängen genutzt. Grundsätzlich ist zwischen der unternehmerischen und der betrieblichen Mitbestimmung zu trennen.

---

819 **SE**: *Forst*, Beteiligungsvereinbarung, S. 216; *Feuerborn*, in: KK-AktG, SEBG, § 21 Rn. 39; *Freis*, in: Nagel/Freis/Kleinsorge, SEBG, § 21 Rn. 11; *Hennings*, in: Manz/Mayer/Schröder (1. Aufl. 2005), Art. 4 SE-RL Rn. 5; *Jacobs*, in: MüKo-AktG, SEBG, § 21 Rn. 12; *Oetker*, in: Lutter/Hommelhoff/Teichmann, SEBG, § 21 Rn. 46.

820 **SE**: BT-Drs. 15/3405 S. 41; **SCE**: BT-Drs. 16/1025 S. 63.

821 Artt. 4 II g) SE-RL; 4 II g) SCE-RL; 16 III b) GV-RL i.V.m. 4 II g) SE-RL bzw. §§ 21 III, V SEBG; 21 III, IV SCEBG; 21 V MgVG: „Für den Fall, dass […]“; „[…] oder in Teilen […]“. Vgl. für die **SE**: *Grobys*, NZA 2005, 84 (88); *Reinhardt*, Unternehmensmitbestimmung, S. 89; *Feuerborn*, in: KK-AktG, SEBG, § 21 Rn. 42f.; *Jacobs*, in: MüKo-AktG, SEBG, § 21 Rn. 13; *Oetker*, in: Lutter/Hommelhoff/Teichmann, SEBG, § 21 Rn. 51. Die §§ 21 III SEBG und 21 III SCEBG können nur allerdings bedingt zur Argumentation herangezogen werden, da sie die Richtlinie nicht korrekt umsetzen. Dazu oben, D. II. 2. c) bb) (3) (b).

822 **SE**: BT-Drs. 15/3405 S. 41, 51; **SCE**: BT-Drs. 16/1025 S. 63, 73.

823 **SE**: *Grobys*, NZA 2005, 84 (88); *Feuerborn*, in: KK-AktG, SEBG, § 21 Rn. 42f.; *Jacobs*, in: MüKo-AktG, SEBG, § 21 Rn. 13; *Oetker*, in: Lutter/Hommelhoff/Teichmann, SEBG, § 21 Rn. 51.

Unternehmerische Mitbestimmung meint die Einflussnahme durch Arbeitnehmervertreter auf die Angelegenheit der Gesellschaft. Herkömmlicherweise versteht man unter dieser Einflussnahme die Tätigkeit des Aufsichts- oder Verwaltungsorgans. Der Begriff der Mitbestimmung nach der SE-RL und SCE-RL ist jedoch von dieser Tätigkeit unabhängig und bezieht sich nach Artt. 2 k) SE-RL; 2 k) SCE-RL bzw. §§ 2 XII SEBG; 2 XII SCEBG allein auf die Besetzung des Gremiums durch Wahl, Bestellung, Empfehlung oder Ablehnung. Mitbestimmung im Sinne der Richtlinien bezieht sich also auf einen früheren Zeitpunkt und eine andere Tätigkeit eines anderen Gremiums; gleichzeitig bildet ihre Ausübung eine Voraussetzung für die Ausübung der Mitbestimmung im herkömmlichen Sinne. Festzuhalten bleibt, dass die beiden Richtlinien einen eigenen Begriff der unternehmerischen Mitbestimmung haben.

Betriebliche Mitbestimmung meint hingegen Entscheidungen über Gegenstände, die von Arbeitgeber und Arbeitnehmer im Rahmen des „positiven Konsensprinzips“[824] nur gemeinsam getroffen werden können.

(b) Keine Mitbestimmung durch den EBR

Eine Ausstattung des EBR mit Mitbestimmungsrechten wird teilweise anerkannt. Ob man sich dabei auf betriebliche oder unternehmerische Mitbestimmung bezieht wird nicht ausdrücklich bestimmt, gemeint ist aber wohl erstere. Zur Begründung wird auf die Autonomie der Parteien verwiesen.[825] Dagegen ist einzuwenden, dass die Autonomie – wie dargelegt – eine durch Auslegung zu ermittelnde Reichweite besitzt. Der bloße Verweis auf die Autonomie beschränkt die Auslegung auf den Wortlaut und lässt die in der Systematik erkennbaren Schranken unberücksichtigt. Oben wurde ermittelt, dass die „Unterrichtung und Anhörung“ Außengrenze einer EBR-Vereinbarung ist, sodass durch die Beteiligungsvereinbarung keine betrieblichen Mitbestimmungsrechte vereinbart werden können.[826] Teilweise wird unter Bezugnahme auf Art. 27 GRCh im Rahmen einer primärrechtskonformen Auslegung versucht, die Vereinbarkeit weiterer Gegenstände herzuleiten.[827] Doch es wurde bereits festgestellt, dass ein solches Vorgehen methodisch nicht möglich ist.[828] Auch

824 Vgl. *Richardi*, in: Richardi, BetrVG, § 87 Rn. 6.

825 *Blanke*, Erweiterung der Beteiligungsrechte des SE-Betriebsrats durch Vereinbarung, S. 50f.; *Blanke*, EBRG, § 17 Rn. 11 mit Verweis auf den „Vorrang der privatautonomen Vereinbarungsbefugnis“ und *Däubler*, in: Däubler/Kittner/Klebe/Wedde, EBRG, § 18 Rn. 13 mit Verweis auf die Bekenntnis der Richtlinie zur Vereinbarungsautonomie.

826 Im Ergebnis auch: *Däubler*, in: FS-Schaub, 95 (111); *Thüsing*, ZIP 2006, 1469 (1471f.); *Giesen*, in: Henssler/Willemsen/Kalb, EBRG, Rn. 43; *Joost*, in: MünchArbR, § 366 Rn. 103; *Oetker/Schubert*, in: EAS B8300 Rn. 147; *Schlinkhoff*, EBR, S. 110f.

827 So offenbar *Blanke*, Erweiterung der Beteiligungsrechte des SE-Betriebsrats durch Vereinbarung, S. 52.

828 Siehe dazu oben, B. VII. 1.

der Verweis auf Erwägungsgrund Nr. 2 EBR-RL 1994[829], wonach die Richtlinie lediglich Mindestvorschriften setzt, hilft aus oben[830] erläuterten Gründen nicht weiter.

Diese Erwägungen gelten auch für die unternehmerische Mitbestimmung. Überdies besteht für eine so weitreichende Vereinbarung zumindest auf Arbeitgeberseite keine hinreichende Legitimation, da ausschließlich die zentrale Leitung tätig wird und gegebenenfalls zu berücksichtigende Anteilseigner völlig außen vor gelassen werden.[831] Auch auf Arbeitnehmerseite dürfte keine ausreichende Legitimation bestehen. Schließlich fordert der Gesetzgeber in der SE-RL, SCE-RL und GV-RL, welche die unternehmerische Mitbestimmung zum Gegenstand haben, eine deutlich andere Zusammensetzung des BVG.[832] Es ist zumindest sehr wahrscheinlich, dass diese veränderte Zusammensetzung auf den zusätzlichen Vereinbarungsgegenstand zurückzuführen ist.

(c) Mitbestimmungsrechte durch den SE-BR bzw. SCE-BR

Ebenso lebhaft wird diskutiert, ob der SE-BR bzw. SCE-BR mit Mitbestimmungsrechten ausgestattet werden kann. Dabei wird ebenfalls nicht dargelegt, von welchem Begriff man jeweils ausgeht.

Völlig unproblematisch kann dem SE-BR bzw. SCE-BR ein Recht zur unternehmerischen Mitbestimmung im Sinne des Begriffs der Richtlinie, also zur Einflussnahme auf die Zusammensetzung des Aufsichts- bzw. Verwaltungsgremiums, zukommen. Das ergibt sich bereits unmittelbar aus den Begrifflichkeiten. Schon die Definition der Mitbestimmung nach Artt. 2 k) SE-RL; 2 k) SCE-RL gibt vor, dass die Einflussnahme „durch das Vertretungsorgan“ erfolgt. Entsprechend sieht die Definition des Vertretungsorgans nach Artt. 2 f) SE-RL; 2 f) SCE-RL bzw. §§ 2 VII SEBG; 2 VII SCEBG ausdrücklich die Aufgabe vor, „gegebenenfalls Mitbestimmungsrechte [...] wahrzunehmen“.[833]

Unzulässigerweise zieht *Forst* daraus den Schluss, dass eine „Einflussnahme auf die Beschlussfassung in den Gesellschaftsorganen“ durch den SE-BR bzw. SCE-BR möglich sein muss.[834] Ihm liegt dabei ein falsches Verständnis des Mitbestimmungsbegriffs der Richtlinien zugrunde. Mitbestimmung im Sinne der Artt. 2 k) SE-RL; 2 k) SCE-RL bzw. §§ 2 XII SEBG; 2 XII SCEBG ist gerade nicht die „die Einflussnahme allein über die Organe der Gesellschaft“[835], sondern die Einflussnahme auf deren Zusammensetzung.[836] Doch auch wenn sich die unternehmerische Mitbestimmung

---

829 *Blanke*, Erweiterung der Beteiligungsrechte des SE-Betriebsrats durch Vereinbarung, S. 52.
830 Siehe oben, D. II. 2. c) bb) (1).
831 Vgl. dazu oben, C. II. 3.
832 Zur Zusammensetzung siehe oben, C. I. 2.
833 **SE**: *Hennings*, in: Manz/Mayer/Schröder (1. Aufl. 2005), SE-RL, Art. 4 Rn. 17.
834 **SE**: *Forst*, Beteiligungsvereinbarung, S. 228f.
835 **SE**: *Forst*, Beteiligungsvereinbarung, S. 229.
836 Siehe dazu oben, D. II. 2. c) cc) (2) (a).

im herkömmlichen Sinne diesem Mitbestimmungsbegriff der Richtlinien nicht zuordnen lässt, können die Parteien daneben grundsätzlich neue, eigene Formen der Mitbestimmung vereinbaren.[837] Das ergibt sich aus dem Regelungsauftrag Arbeitnehmerbeteiligung, dessen Begriff „jedes Verfahren [...], durch das die Vertreter der Arbeitnehmer auf die Beschlussfassung innerhalb der Gesellschaft Einfluss nehmen können"[838] erfasst.[839] Der Einwand, dass der „Dualismus von Unterrichtung und Anhörung einerseits sowie der Mitbestimmung im Aufsichts- oder Verwaltungsrat andererseits"[840] aufrecht zu erhalten ist, kann mit diesem weiten Begriff nicht in Einklang gebracht werden. Auch der Einwand anderer deutscher Traditionen, welche eine ausdrückliche Klarstellung erforderlich machen sollen[841], ist nicht nur wegen methodischer Bedenken unberechtigt. Schon der Zweck der vereinbarten Mitbestimmung auf europäischer Ebene ist gerade der Ausgleich zwischen den nationalen Traditionen. Allerdings können sich Schranken aus der SE-VO bzw. SCE-VO ergeben. So muss beispielsweise sichergestellt werden, dass der Vorsitzende des Aufsichts- bzw. Verwaltungsorgans von der Hauptversammlung bestellt werden kann.[842] Unternehmerische Mitbestimmung im herkömmlichen Sinne kann also in den Grenzen der zwingenden Vorgaben der SE-VO bzw. SCE-VO Gegenstand der Beteiligungsvereinbarung sein.

Nach alldem ist bereits zu erahnen, dass der Vereinbarkeit von betrieblichen Mitbestimmungsrechten nichts entgegensteht.[843] Auch diese Form der Mitbestimmung ist ein Verfahren zur Einflussnahme auf die Beschlussfassung innerhalb der Gesellschaft und kann folglich Gegenstand des Regelungsauftrags Arbeitnehmerbeteiligung im Sinne von Artt. 2 h) SE-RL; 2 h) SCE-RL bzw. §§ 2 VIII SEBG; 2 VIII SCEBG sein. Sofern anderes vertreten wird[844], beruht dies maßgeblich auf der Nichtbeachtung dieses Begriffs. Wenn betriebliche Mitbestimmungsrechte vereinbart werden, sollten auch die Folgen einer Nichteinigung bestimmt werden. Eine analoge Anwendung von § 76 BetrVG kommt nicht in Betracht, da ein entsprechendes Tätigwerden der Arbeitsgerichte nicht durch die Beteiligungsvereinbarung bewirkt werden kann.

---

837 **SE**: So auch *Blanke*, Erweiterung der Beteiligungsrechte des SE-Betriebsrats durch Vereinbarung, S. 53 unter Verweis auf die Erwägungsgründe Nr. 5 und 6 SE-RL.

838 Artt. 2 h) SE-RL; 2 h) SCE-RL bzw. §§ 2 VIII SEBG; 2 VIII SCEBG.

839 Dazu oben D. II. 2. c) bb) (1). So auch *Teichmann*, AG 2008, 797 (804).

840 **SE**: *Feuerborn*, in: KK-AktG, SEBG, § 21 Rn. 32. Er zieht zur Begründung auch die Systematik der Auffangregelung heran, welche jedoch zur Grenzziehung der Autonomie nicht geeignet ist. In diese Richtung auch *Oetker*, BB-Special 1/2005, 2 (9); *Hohenstatt/Müller-Bonanni*, in: Habersack/Drinhausen, SE-Recht, § 21 Rn. 12; *Jacobs*, in: MüKo-AktG, SEBG, § 21 Rn. 17.

841 **SE**: *Feuerborn*, in: KK-AktG, SEBG, § 21 Rn. 32.

842 **SE**: *Teichmann*, AG 2008, 797 (804) unter Verweis auf Artt. 42, 45 SE-VO.

843 **SE**: Mit anderer Begründung auch *Thüsing*, ZIP 2006, 1469 (1472).

844 **SE**: *Rieble*, in: ZAAR Band 12, § 3 Rn. 93.

(d) Ergebnis

Im Ergebnis ist festzuhalten, dass erhebliche Unterschiede zwischen dem EBR einerseits und dem SE-BR bzw. SCE-BR andererseits bestehen. Während dem EBR keinerlei Mitbestimmungsrechte eingeräumt werden können, kann der SE-BR bzw. SCE-BR Träger von betrieblichen und in Grenzen auch unternehmerischen Mitbestimmungsrechten werden.[845]

(3) Sachfremde Regelungen und das „Abkaufen" von Mitwirkungsrechten

In der Praxis sind Zugeständnisse durch die Arbeitgeberseite an anderer Stelle als der Arbeitnehmermitwirkung im weitesten Sinne (sachfremde Regelung) ein beliebtes Mittel, um die durch die Auffangregelung gesicherten Mitwirkungsrechte zu mindern.[846] Zu denken ist an die Vereinbarung der *Hager SE*, wo Mitbestimmungsrechte gemindert und im Gegenzug ein Fonds zugunsten von Arbeitnehmern eingerichtet wurde.[847]

Die Möglichkeit sachfremder Regelungen ist Fluch und Segen zugleich. Der Vorteil liegt in dem aus der Mediation bekannten Konfliktlösungsmechanismus, hinter Positionen stehende Interessen in anderen Regelungsbereichen zu ermitteln und auszugleichen. Häufig wird auf Arbeitgeberseite wohl auch keine andere Möglichkeit bestehen, um die Verhandlungen aus dem „Schatten des Rechts"[848] herauszuholen und die Arbeitnehmervertreter von den gesicherten Positionen der Auffangregelung zu locken. Für die Arbeitnehmer birgt die Möglichkeit gleichwohl Gefahren, da ihnen dauerhaft wichtige Mitwirkungsrechte verloren gehen können.

Das Problem besteht nicht in der Möglichkeit der Minderung von Mitwirkungsrechten oder dem Austauschverhältnis an sich. Der entscheidende Punkt ist, ob sich die Autonomie der Parteien überhaupt auf die Regelungen sachfremder Gegenstände erstreckt. Dagegen spricht zunächst der gesetzliche Regelungsauftrag: BVG und Leitung sollen eine Vereinbarung über die Unterrichtung und Anhörung bzw. über die Arbeitnehmerbeteiligung abschließen. Auch wenn die Parteien teilweise hinter den Begriffen zurückbleiben können, bleiben sie doch im weitesten Sinne Bezugspunkt. Auch der Zweck der Autonomie, der Ausgleich zwischen den nationalen Mitwirkungskulturen, spricht für eine Beschränkung der Autonomie auf die Regelung der Mitwirkung. Die Parteien haben somit keine Möglichkeit, über sachfremde Gegenstände Regelungen zu treffen.[849]

---

845 **SE**: So im Ergebnis, allerdings ohne zwischen betrieblichen und unternehmerischen Mitbestimmungsrechten zu differenzieren, auch *Evers/Hartmann*, in: Manz/Mayer/Schröder, SEBG, § 21 Rn. 29.

846 **SE**: Vgl. *Wißmann*, in: GS-Zachert, 687 (690).

847 Siehe dazu oben, B. V. 2.

848 Siehe dazu oben, B. V. 2.

849 Zu den Folgen siehe unten, D. II. c) cc) (3).

(4) Bestimmung der Größe des Aufsichtsorgans?

Umstritten ist, ob die Gesamtgröße des mitbestimmten Organs durch die Beteiligungsvereinbarung festgelegt werden kann. Dabei bedarf die Lösung dieses Problems nicht vieler Worte: Mangels Bezugspunkt zur Arbeitnehmerbeteiligung ist die Größe des mitbestimmten Organs kein tauglicher Regelungsgegenstand.[850] Lediglich die Zahl der Arbeitnehmervertreter in diesem Organ bzw. ihr Anteil an der Gesamtzahl können geregelt werden.

dd) Ergebnis: Grenzen der Beteiligungsvereinbarung

Die so ermittelten Grenzen lassen sich in wenigen Sätzen zusammenfassen: Die Parteien müssen Regelungen über die *essentialia negotii* treffen. Wenn der Regelungsauftrag die Unterrichtung und Anhörung ist, muss die Vereinbarung den Definitionen der Begriffe zumindest im Ansatz zur Geltung verhelfen. Ist der Regelungsauftrag hingegen die Mitbestimmung, sind die Parteien nach unten hin frei. Die Parteien dürfen weitergehende Regelungen treffen, solange ein Bezug zum Regelungsauftrag besteht. Sie sind nicht an Grundrechte gebunden. Sofern sich eine Bestimmung der Vereinbarung an einer Bestimmung der Auffanglösung orientiert und letztere verfassungswidrig ist, besteht für die nachteilig getroffene Partei ein Anspruch auf Neuverhandlung.

3. Rechtsnatur und Rechtswirkung

a) Allgemeines

Rechtsnatur und Rechtswirkung der Beteiligungsvereinbarung sind umstritten und gelten als ungeklärt. Das Meinungsspektrum reicht von einem schuldrechtlichen Vertrag (zugunsten Dritter) über einen Kollektivvertrag in Form eines Tarifvertrags oder einer Betriebsvereinbarung bis hin zum Kollektivvertrag eigener Art mit normativer oder schuldrechtlicher Wirkung. Der Streit um die Rechtswirkung erinnert an die Auseinandersetzung über die Rechtswirkung des Tarifvertrages vor Inkrafttreten der Tarifvertragsverordnung von 1918, die insbesondere von *Lotmar* und *Sinzheimer* geprägt wurde und auf die an gegebener Stelle zurückzukommen ist.

Die vier Rechtsakte sind verschieden, sodass Argumente nicht ohne weiteres übertragen werden können.[851] Es wird sich jedoch zeigen, dass die entscheidenden

---

850 **SE**: *Habersack*, AG 2006, 345 (351ff.); *Forst*, Beteiligungsvereinbarung, S. 260ff.; *Feuerborn*, in: KK-AktG, SEBG, § 21 Rn. 52; *Kiem*, ZHR 173 (2009), 156 (175); *Jacobs*, in: MüKo-AktG, SEBG, § 21 Rn. 19. Anderer Ansicht: *Evers/Hartmann*, in: Manz/Mayer/Schröder, SEBG, § 21 Rn. 38; *Oetker*, ZIP 2006, 1113 (1116); *Oetker*, in: FS-Konzen, 535 (650f.); *Oetker*, in: Lutter/Hommelhoff/Teichmann, SEBG, § 21 Rn. 62ff.: Durch die Vereinbarung von Zahl und Anteil kann indirekt die Größe bestimmt werden. Dagegen zutreffend *Forst*, Beteiligungsvereinbarung S. 262f. Anderer Ansicht ohne Begründung: *Seibt*, AG 2005, 413 (422f.).

851 **SE**: *Oetker*, in: FS-Konzen, 635 (642); *Hoops*, Mitbestimmungsvereinbarung, S. 36f.

Argumente in den Rechtsakten in vergleichbarer Weise bestehen und die Rechtsnatur und Rechtswirkung somit einheitlich beurteilt werden kann.

b) Europäische Vorgaben bezüglich Rechtsnatur und Rechtswirkung

Fraglich ist zunächst, ob die europäischen Rechtsakte Vorgaben enthalten. Teilweise wird vertreten, dass die Richtlinien die Mitgliedstaaten zur Ausstattung der Beteiligungsvereinbarung mit einer normativen Wirkung verpflichten.[852] Anderenfalls würde die Vereinbarung der gesetzlichen Auffanglösung im Grad der Verbindlichkeit nachstehen, was mit ihrer „gesetzesvertretenden Funktion" nicht vereinbar wäre.[853] Fraglich ist schon, inwiefern die Vereinbarung der Auffanglösung überhaupt in der Verbindlichkeit nachsteht. Selbst wenn man aber Lücken anerkennt, obliegt es entsprechend Art. 288 III AEUV den Mitgliedstaaten, die Verbindlichkeit der Vereinbarung sicherzustellen. Eine normative Wirkung ist dazu keinesfalls das einzig wirksame Mittel. Darauf deutet auch schon der Umstand hin, dass einige Mitgliedstaaten keine normative Wirkung von Vereinbarungen kennen.[854] Beispielsweise kommt Kollektivverträgen im Vereinigten Königreich grundsätzlich nicht nur keine normative, sondern überhaupt keine bindende Wirkung zu.[855] Dem europäischen Recht scheint eine normative Wirkung ebenfalls eher fremd zu sein, denn auch die Vereinbarung nach Art. 155 AEUV wirkt schuldrechtlich und entfaltet ihre Bindungswirkung gegenüber den Normunterworfenen erst durch einen Transformationsakt nach Art. 155 II AEUV.[856] Andere wollen den Artt. 12 IV SE-VO; 11 IV SCE-VO; 16 III GV-RL i.V.m. 12 IV SE-VO entnehmen, dass der Beteiligungsvereinbarung jedenfalls keine normative Wirkung zukommt.[857] Warum diese Ansicht nicht überzeugt, wird unten ausführlich dargelegt.[858]

---

852 **EBR:** *Rademacher*, EBR-RL, S. 121. Wohl auch für die **SE**: *Hennings*, in: Manz/Mayer/Schröder (1. Aufl. 2005), SE-RL, Art. 4 Rn. 34.

853 **EBR:** *Rademacher*, EBR-RL, S. 121. Das Argument würde, wenn es richtig wäre, auch für die anderen Rechtsakte gelten. Es kehrt übrigens als Argument für eine normative Wirkung wieder, dazu unten, D. II. 3. d) cc). Anders sieht dies die Regierung des Vereinigten Königreichs: "The Directive does not state expressly that they must be legally binding and the Government has chosen not to elaborate on this point.", zitiert nach *Carley/Hall*, ILJ 29 (2000), 103 (120).

854 Darauf weisen auch hin: **EBR**: *Giesen*, in: Henssler/Willemsen/Kalb, EBRG Rn. 33. **SE**: *Reinhardt*, Unternehmensmitbestimmung, S. 133; *Jacobs*, in: MüKo-AktG, SEBG, § 21 Rn. 7. Ausführlich zu diesen Umstand unten, D. II. 3. d) gg).

855 Siehe: Section 179 of the Trade Union and Labour Relations (Consolidation) Act 1992. Zur Rechtswirkung der Beteiligungsvereinbarung im Vereinigten Königreich siehe unten, D. II. 3. d) ii).

856 *Rieble/Kolbe*, EuZA 2008, 453 (459f.).

857 **SE**: *Hoops*, Mitbestimmungsvereinbarung, S. 49; *Reinhardt*, Unternehmensmitbestimmung, S. 134; *Scheibe*, Mitbestimmung der Arbeitnehmer, S. 98.

858 Siehe unten, D. II. 3. d) ff).

Insgesamt bleibt festzuhalten, dass die Richtlinien und Verordnungen keine eindeutigen Aussagen bezüglich der Rechtsnatur und Rechtswirkung enthalten, sodass eine Bestimmung anhand nationalen Rechts erfolgt.[859]

c) *Rechtsnatur*

aa) *Keine Zuordnung zu einem bestehendem Kollektivvertragstyp*

Mittlerweile ist geklärt, dass die Beteiligungsvereinbarung weder die Rechtsnatur eines Tarifvertrags[860] noch die einer Betriebsvereinbarung[861] hat. Gegen eine Einordnung als Tarifvertrag spricht, dass auf Arbeitnehmerseite keine Gewerkschaft handelt und das BVG auch keine vergleichbare Institution ist.[862] Nichts anderes gilt, wenn das BVG teilweise mit Gewerkschaftsvertretern besetzt ist,[863] denn diese handeln als Mitglieder des BVG. Darüber hinaus lässt sich der beschränkte Verhandlungsgegenstand nicht mit gewerkschaftlicher Autonomie vereinbaren.[864]

---

859 So im Ergebnis auch: **EBR:** *Däubler*, in: FS-Schaub, 95 (101); *Weiss*, AuR 1995, 438 (443); *Eckhoff*, EBR, S. 275; *Lerche*, EBR, S. 230; *Rademacher*, EBR-RL, S. 120; *Däubler*, in: Däubler/Kittner/Klebe/Wedde, EBRG, § 17 Rn. 6; *Joost*, in: MünchArbR, § 366 Rn. 98; anders wohl *Giesen*, in: Henssler/Willemsen/Kalb, EBRG Rn. 33, der eine normative Wirkung verneint, weil sie in anderen Staaten nicht bekannt ist. **SE**: *Herfs-Röttgen*, NZA 2002, 358 (363); *Oetker*, in: FS-Konzen, 635 (642); *Forst*, Beteiligungsvereinbarung, S. 84; *Hoops*, Mitbestimmungsvereinbarung, S. 36; *Scheibe*, Mitbestimmung der Arbeitnehmer, S. 92; *Hennings*, in: Manz/Mayer/Schröder (1. Aufl. 2005), SE-RL, Art. 4 Rn. 18; *Evers/Hartmann*, in: Manz/Mayer/Schröder, SEBG, § 21 Rn. 6; *Feuerborn*, in: KK-AktG, SEBG, § 21 Rn. 12; *Oetker*, in: Lutter/Hommelhoff/Teichmann, SEBG, § 21 Rn. 23.

860 **EBR:** Dafür ohne Begründung: *Schweibert*, in: Blanpain/Schmidt/Schweibert, Europäisches Arbeitsrecht, Rn. 616.

861 **EBR:** Dafür ohne Begründung: *Hanau*, in: FS-Vieregge, 319 (333f.); *Sandmann*, EBR-RL, S. 199.

862 **EBR:** *Blanke*, AG 2006, 493 (495); *Däubler*, in: FS-Schaub, 95 (101); *Weiss*, AuR 1995, 438 (443); *Joost*, in: MünchArbR, § 366 Rn. 98; *Müller*, EBRG, § 17 Rn. 3; *Lerche*, EBR, S. 231; *Rademacher*, EBR-RL, S. 121; *Däubler*, in: Däubler/Kittner/Klebe/Wedde, EBRG, § 17 Rn. 7. **SE**: *Hanau*, ZGR 2001, 75 (105); *Herfs-Röttgen*, NZA 2002, 358 (363); *Hoops*, Mitbestimmungsvereinbarung, S. 38, 42; *Kienast*, in: Jannott/Frodermann, § 13 Rn. 352; *Oetker*, in: FS-Konzen, 635 (642); *Reinhardt*, Unternehmensmitbestimmung, S. 131f.; *Scheibe*, Mitbestimmung der Arbeitnehmer, S. 94; *Evers/Hartmann*, in: Manz/Mayer/Schröder, SEBG, § 21 Rn. 6; *Freis*, in: Nagel/Freis/Kleinsorge, SEBG, § 21 Rn. 4; *Jacobs*, in: MüKo-AktG, SEBG, § 21 Rn. 6; *Joost*, in: EAS B 8200, Rn. 113; *Oetker*, in: Lutter/Hommelhoff/Teichmann, SEBG, § 21 Rn. 24.

863 **EBR:** *Däubler*, in: FS-Schaub, 95 (101); *Lerche*, EBR, S. 231. **SE**: *Herfs-Röttgen*, NZA 2002, 358 (363f.); *Kraushaar*, BB 2003, 1614 (1619); *Hoops*, Mitbestimmungsvereinbarung, S. 38; *Scheibe*, Mitbestimmung der Arbeitnehmer, S. 94; *Feuerborn*, in: KK-AktG, SEBG, § 21 Rn. 13; *Kienast*, in: Jannott/Frodermann, § 13 Rn. 352. **Beide**: *Donner*, Kollektivrechtliche Vereinbarungslösungen, S. 290.

864 **EBR:** *Däubler*, in: FS-Schaub, 95 (101).

Schließlich widerspricht das oben ermittelte Streikverbot in den deutschen Umsetzungsgesetzen der Rechtsnatur eines Tarifvertrags.[865] Gegen eine Einordnung als Betriebsvereinbarung ist ähnliches einzuwenden. Die Partei auf Arbeitnehmerseite ist kein Einzel-, Gesamt- oder Konzernbetriebsrat.[866] Das BVG ist zu diesen Gremien aufgrund von Struktur, Funktion und Legitimation auch nicht vergleichbar,[867] denn sein Zweck liegt nicht vorrangig in der Repräsentation der Arbeitnehmer, sondern in der Abbildung aller Mitwirkungskulturen.[868] Die einzige (wohl wertlose) Schlussfolgerung ist, dass sich die Vereinbarung mehr in Nähe der Betriebsvereinbarung als in der Nähe des Tarifvertrags befindet.[869]

bb) Privatrechtlicher Kollektivvertrag sui generis

Die Beteiligungsvereinbarung kann keinem bekannten Kollektivvertragstyp zugeordnet werden. Da es keinen *numerus clausus* der Kollektivverträge gibt[870] und das BVG als Repräsentant der Arbeitnehmer auftritt und insofern eine kollektive Urheberschaft besteht, ist die Beteiligungsvereinbarung ein Kollektivvertrag *sui generis.*[871] Die privatrechtliche Natur ergibt sich daraus, dass die abschließenden Parteien dem Privatrecht zuzuordnen sind und sich die Vereinbarung von sonstigen

---

865 **SE**: *Hanau*, ZGR 2001, 75 (105); *Herfs-Röttgen*, NZA 2002, 358 (364); *Kraushaar*, BB 2003, 1614 (1619); *Reinhardt*, Unternehmensmitbestimmung, S. 130f.; *Scheibe*, Mitbestimmung der Arbeitnehmer, S. 94; *Evers/Hartmann*, in: Manz/Mayer/Schröder, SEBG, § 21 Rn. 6; *Jacobs*, in: MüKo-AktG, SEBG, § 21 Rn. 6; *Kienast*, in: Jannott/Frodermann, § 13 Rn. 352. **Beide**: *Donner*, Kollektivrechtliche Vereinbarungslösungen, S. 291. Zum Streikverbot siehe oben, D. I. 1. b) dd) (2).

866 **EBR:** *Blanke*, AG 2006, 493 (495); *Weiss*, AuR 1995, 438 (443); *Joost*, in: MünchArbR, § 366 Rn. 98; *Müller*, EBRG, § 17 Rn. 3; *Lerche*, EBR, S. 231; *Rademacher*, EBR-RL, S. 121; *Däubler*, in: Däubler/Kittner/Klebe/Wedde, EBRG, § 17 Rn. 8. **SE**: *Herfs-Röttgen*, NZA 2002, 358 (364); *Joost*, in: EAS B 8200, Rn. 113; *Kienast*, in: Jannott/Frodermann, § 13 Rn. 352; *Oetker*, in: FS-Konzen, 635 (642).

867 **EBR:** *Lerche*, EBR, S. 231; *Däubler*, in: FS-Schaub, 95 (101); **SE**: *Hoops*, Mitbestimmungsvereinbarung, S. 38, 44; *Reinhardt*, Unternehmensmitbestimmung, S. 132f.; *Scheibe*, Mitbestimmung der Arbeitnehmer, S. 95; *Oetker*, in: FS-Konzen, 635 (642); *Herfs-Röttgen*, NZA 2002, 358 (364); *Feuerborn*, in: KK-AktG, SEBG, § 21 Rn. 14; *Freis*, in: Nagel/Freis/Kleinsorge, SEBG, § 21 Rn. 4; *Jacobs*, in: MüKo-AktG, SEBG, § 21 Rn. 6; *Oetker*, in: Lutter/Hommelhoff/Teichmann, SEBG, § 21 Rn. 24.

868 Dazu bereits oben, C. I. 2., siehe auch für die **SE**: *Oetker*, in: Lutter/Hommelhoff/Teichmann, SEBG, § 4 Rn. 6.

869 **EBR:** *Lerche*, EBR, S. 232.

870 **EBR:** *Däubler*, in: FS-Schaub, 95 (101); *Schlinkhoff*, EBR, S. 79; *Blanke*, EBRG, § 41 Rn. 35; *Däubler*, in: Däubler/Kittner/Klebe/Wedde, EBRG, § 17 Rn. 9; anderer Ansicht: *Rademacher*, EBR-RL, S. 121. **SE**: *Hoops*, Mitbestimmungsvereinbarung, S. 37.

871 **EBR:** *Rademacher*, EBR-RL, S. 120; *Schlinkhoff*, EBR, S. 79. **SE**: *Forst*, Beteiligungsvereinbarung, S. 86.

privatrechtlichen Verträgen allein durch ihre Wirkweise unterscheidet.[872] Diese Rechtsnatur gilt für die Vereinbarungen nach allen Umsetzungsgesetzen.

d) Rechtswirkung

aa) Allgemeines

Aus der Rechtsnatur des Kollektivvertrags kann nicht pauschal auf eine normative Wirkung geschlossen werden.[873] Die herrschende Meinung spricht sich für eine normative Wirkung aus, jedoch gibt es auch gewichtige Gegenstimmen. Im Folgenden werden alle bislang vorgebrachten Argumente untersucht (bb bis gg), bevor Schlüsse gezogen und die übergreifende Geltung bearbeitet werden (e).

bb) Befugnis zur Normsetzung

Von den Gegnern einer normativen Wirkung wird maßgeblich vorgetragen, dass die Umsetzungsgesetze – anders als § 4 I TVG und § 77 IV BetrVG – eine normative Wirkung nicht anordnen.[874] Dagegen wird eingewendet, dass die Systematik sehr wohl die Anordnung einer normativen Wirkung erkennen lässt.[875] Nach § 18 I 2 EBRG soll „geregelt" werden[876], nach § 17 S. 2 EBRG soll sich die Vereinbarung auf alle Arbeitnehmer „erstrecken" und in § 20 EBRG ist von „Fortgeltung" die Rede.[877] SEBG, SCEBG und MgVG nutzen diese Worte nicht. Jedoch ergebe sich die Anordnung aus den §§ 4 I, 13 I SEBG[878]; 5 I, 13 I SCEBG; 6 I, 15 I MgVG, die eine Vereinbarung zwischen BVG und Unternehmensleitung vorsehen, bzw. aus §§ 21 SEBG[879]; 21 SCEBG; 22 MgVG, die den Inhalt der Beteiligungsvereinbarung umreißen.

---

872 Vgl. *Adomeit*, RdA 1967, 297 (298); zur Wirkweise sogleich.

873 **EBR:** *Schlinkhoff*, EBR, S. 79f.; **SE:** *Hoops*, Mitbestimmungsvereinbarung, S. 47ff.

874 **EBR:** *Eckhoff*, EBR, S. 276; *Giesen*, in: Henssler/Willemsen/Kalb, EBRG, Rn. 33; *Oetker*, in: EAS B 8300, Rn. 139; auf die Notwendigkeit wies schon *Weiss*, AuR 1995, 438 (443) hin. **SE**: *Hoops*, Mitbestimmungsvereinbarung, S. 48; *Hohenstatt/Dzida*, in: Henssler/Willemsen/Kalb, SEBG, Rn. 39.

875 **EBR:** *Blanke*, EBRG, § 41 Rn. 35; *Joost*, in: MünchArbR, § 366 Rn. 98; *Müller*, EBRG, § 17 Rn. 3.

876 **EBR:** *Däubler*, in: FS-Schaub, 95 (102); *Blanke*, EBRG, § 17 Rn. 14; Däubler, in: Däubler/Kittner/Klebe/Wedde, EBRG, § 17 Rn. 6.

877 **EBR:** *Spinner*, Vereinbarte Betriebsverfassung, S. 68ff; *Däubler*, in: FS-Schaub, 95 (102); *Däubler*, in: Däubler/Kittner/Klebe/Wedde, EBRG, § 17 Rn. 10; *Schlinkhoff*, EBR, S. 80 wendet dagegen überzeugend ein, dass eine Fortgeltungsregelung auch außerhalb von Kollektivverträgen auftreten kann und daher nicht zwingend den Schluss auf eine normative Wirkung zulässt.

878 **SE**: *Köklü*, in: Van Hulle/Maul/Drinhausen, 6. Abschnitt Rn. 158.

879 **SE**: *Evers/Hartmann*, in: Manz/Mayer/Schröder, SEBG, § 21 Rn. 8.

Die Gegenseite lässt sich auf diese Erwägungen nicht ein und fordert angesichts der Bedeutung einer normativen Wirkung eine ausdrückliche Anordnung.[880] Diese Sichtweise überzeugt nicht. Der Geltungsbefehl des Gesetzgebers ist durch Auslegung zu ermitteln, wobei man sich keinesfalls auf den Wortlaut beschränken muss. Im Übrigen war der heutige § 77 IV BetrVG in § 52 BetrVG 1952 auch noch nicht enthalten, dennoch ging man einhellig von einer normativen Wirkung aus.[881] Ähnliches wurde Art. 5 I b) Kontrollratsgesetz Nr. 22 (Betriebsrätegesetz) vom 10. April 1946 entnommen.[882] Eine normative Wirkung muss daher nicht ausdrücklich angeordnet werden. Allerdings ist der Gegenansicht[883] zuzugestehen, dass die zitierten Normen nicht besonders aufschlussreich sind.

cc) Schutzwirkung gegenüber Individualabsprachen

Für eine normative Wirkung wird häufig angeführt, dass die Vereinbarung der gesetzlichen Auffangregelung im Grad der Verbindlichkeit nicht nachstehen darf.[884] Inwiefern eine schuldrechtliche Vereinbarung weniger verbindlich ist als die gesetzliche Auffanglösung, wird dabei offengelassen und darf vor dem Hintergrund ihrer Subsidiarität in Frage gestellt werden. Möglicherweise meinen die Vertreter mit ihrer Formulierung die Schutzfunktion der normativen Wirkung vor individualvertraglichen Abweichungen.

Der Gesetzgeber hat Tarifvertrag und Betriebsvereinbarung mit einer normativen Wirkung ausgestattet, um den Schutz der Regelungsunterworfenen zu gewährleisten. Auf Arbeitnehmerseite handelt bei Abschluss eines Tarifvertrags oder einer Betriebsvereinbarung eine mächtigere Institution, die das Ungleichgewicht zwischen Arbeitgeber- und Arbeitnehmerseite aufwiegt.[885] Würden die so getroffenen Vereinbarungen nicht normativ – also unmittelbar und zwingend – auf die Einzelarbeitsverhältnisse wirken, kann der verfolgte Schutzzweck leicht durch individualvertragliche Absprachen unterlaufen werden.

---

880 **EBR:** *Eckhoff*, EBR, S. 276; *Horcher*, Internationale betriebliche Vereinbarungen, S. 250.

881 *Dietz/Richardi*, BetrVG (5.Aufl.), § 77 Rn. 90; *Hueck/Nipperdey*, Lehrbuch des Arbeitsrechts, Band II/2, S. 1266, 1290ff.

882 Zur normativen Wirkung *Dietz*, RdA 1949, 161 (163).

883 **SE**: *Hoops*, Mitbestimmungsvereinbarung, S. 49 erkennt in den §§ 1 I, 13 I 1, 21 SEBG sowie in Systematik und Zielsetzung des SEBG insgesamt keine Anzeichen für eine normative Wirkung.

884 **EBR:** *Däubler*, in: Däubler/Kittner/Klebe/Wedde, EBRG, § 17 Rn. 11; *Däubler*, in: FS-Schaub, 95 (103); *Rademacher*, EBR-RL, S. 121. **SE**: *Scheibe*, Mitbestimmung der Arbeitnehmer, S. 98; *Feuerborn*, in: KK-AktG, SEBG, § 21 Rn. 17; *Henssler*, in: Ulmer/Habersack/Henssler, SEBG, § 21 Rn. 13.

885 *Adomeit*, RdA 1967, 297 (299); *Dietz*, RdA 1949, 161 (163); *Löwisch/Rieble*, TVG, Grundl. Rn. 19f.; *Berg*, in: Däubler/Kittner/Klebe/Wedde, BetrVG, § 77 Rn. 88.

Dieses Problem hat bereits in der Diskussion um die Rechtswirkung von Tarifverträgen vor Inkrafttreten der TVVO im Dezember 1918 eine tragende Rolle gespielt.[886] Dort war die normative Wirkung noch nicht angeordnet, sodass die Einordnung des Kollektivvertrages in die zivilrechtliche Systematik große Schwierigkeiten bereitet hat. *Lotmar* wollte die nicht an den Verhandlungen beteiligten Personen über die Grundsätze der Stellvertretung nach den §§ 164ff. BGB erfassen.[887] Dagegen hat *Sinzheimer* eingewendet, dass der Inhalt des Kollektivvertrages in die Hand des Einzelnen gegeben und die Organisation der Arbeiter ausgeschaltet wird.[888] Der Sinn des Vertrages, die Dauerhaftigkeit der Bedingungen und die Befriedung der Arbeitsverhältnisse, sei illusorisch, wenn sie der Disposition des Einzelnen unterliegt.[889] Allerdings hatte auch *Lotmar* das Problem der individualvertraglichen Abweichung erkannt. Der Inhalt des Tarifvertrages sei „maßgebend"[890] und solle gelten, „auch wenn die Parteien einen vom Tarifvertrag abweichenden Inhalt aufgenommen haben"[891]. Diese zwingende Wirkung leitete er einerseits daraus ab, dass „die Parteien einander versprechen, die Arbeitsverträge als zu den Bedingungen des Tarifvertrages abgeschlossen auch dann gelten zu lassen, wenn bei der Schließung des Arbeitsvertrages die im Tarifvertrag getroffenen Bestimmungen nicht zum Ausdruck gebracht worden sind"[892]. Andererseits zog er zur Begründung die „sozialpolitische Aufgabe" des Tarifvertrags heran und folgerte aus den Konsequenzen einer nicht zwingenden Wirkung, dass „die Verneinung jener Rechtswirkung als Preisgabe des Prinzips kollektiver Vertragsschließung bezeichnet" werden müsste.[893] Als dogmatischen Anknüpfungspunkt nannte er – allerdings sehr vorsichtig und nur am Rande – § 138 BGB: „Diese Moralansicht [...] könnte auch gegen die Gültigkeit eines vom Tarifvertrag abweichenden Arbeitsvertrages ins Feld geführt werden."[894] Auch wenn die damalige Literatur das Erfordernis einer zwingenden Wirkung teilte, lehnte sie den Ansatz von *Lotmar* ab.[895] Der Ansatz beruhe auf rechtspolitischen Erwägungen, wäre aber dogmatisch nicht zu begründen – der vom Tarifvertrag abweichende Arbeitsvertrag sei gültig.[896] Insbesondere der Annahme

---

886 Mit Inkrafttreten wurde die normative Wirkung durch § 1 I 1 TVVO angeordnet.

887 *Lotmar*, Der Arbeitsvertrag, S. 856ff.

888 *Sinzheimer*, Der korporative Arbeitsnormenvertag, Band 1 S. 73; siehe auch *Adomeit*, RdA 1967, 297 (302f.).

889 *Sinzheimer*, Der korporative Arbeitsnormenvertag, Band 1 S. 73.

890 *Lotmar*, Der Arbeitsvertrag, S. 837.

891 *Lotmar*, Der Arbeitsvertrag, S. 841.

892 *Lotmar*, Der Arbeitsvertrag, S. 837.

893 *Lotmar*, Der Arbeitsvertrag, S. 842.

894 *Lotmar*, Der Arbeitsvertrag, S. 848 in Zusammenhang von Ausführungen zur Arbeitsordnung. Siehe dazu auch *Höpfner*, Tarifgeltung im Arbeitsverhältnis, S. 156.

895 Ausführlicher Überblick über den Meinungsstand bei *Höpfner*, Tarifgeltung im Arbeitsverhältnis, S. 175ff.

896 Insbesondere durch *Sinzheimer*, Der korporative Arbeitsnormenvertrag, S. 92 „[...] der Arbeitsvertrag, dessen Inhalt von der Arbeitsnorm abweicht, in der Regel gültig ist und in keinem Fall nur mit dem Inhalt der Arbeitsnorm zustande kommt".

einer Sittenwidrigkeit könne nicht gefolgt werden, weil ein Vertrag, der einem anderen Vertrag widerspricht, nur im Falle kollusiven Zusammenwirkens sittenwidrig sei: „[...] es wäre ja kein Vertrag mehr sicher, wenn plötzlich jemand kommen und sagen könnte, der Vertrag sei ungültig, weil eine Verpflichtung bestand, die jenem Vertrag widerspricht."[897]

Aus dem Streit ist der Schluss zu ziehen, dass eine Schutzwirkung gegenüber Individualabsprachen nur durch eine normative Wirkung zufriedenstellend gelöst werden kann. Folglich ist eine normative Wirkung der Beteiligungsvereinbarung geboten, wenn der Gesetzgeber den Inhalt der Beteiligungsvereinbarung vor individualvertraglichen Absprachen schützen will. Dieser Schutzfunktion bedarf es auch im Rahmen der Beteiligungsvereinbarung.[898] Der Zweck der Regelungen über die Zusammensetzung des BVG ist zwar nicht der Ausgleich des Ungleichgewichts zwischen Arbeitnehmern und Arbeitgeber, sondern vorrangig die Repräsentation aller Mitwirkungskulturen. Gleichwohl wurde das BVG durch die Auffanglösung vom Gesetzgeber mit Verhandlungsmacht ausgestattet, damit es die Arbeitnehmermitwirkung „auf Augenhöhe" gestalten kann. Man stelle sich individualvertragliche Absprachen vor, die beispielsweise einzelne Arbeitnehmer von der Wahl ausschließen oder in der Ausübung der Mitgliedschaft im Gremium lenken oder einschränken. Misst man der Beteiligungsvereinbarung eine normative Wirkung zu, werden solche Abweichungen durch die zwingende Wirkung unmöglich gemacht. Dieses Schutzbedürfnis wird von denjenigen[899] übersehen, die eine normative Wirkung für nicht erforderlich halten.

dd) Vertrag zu Lasten Dritter und Legitimation durch normative Wirkung

Als Hauptargument für eine normative und gegen eine schuldrechtliche Wirkung wird angeführt, dass durch den Abschluss einer Beteiligungsvereinbarung in Rechte Dritter eingegriffen und Pflichten für diese begründet werden.[900] Insofern würde es sich um einen unzulässigen Vertrag zu Lasten Dritter handeln, sodass eine normative Wirkung zur Sicherstellung der Legitimation vorliegen muss.

Die Ablehnung dieses Arguments vollzieht sich in drei Schritten. Zunächst wird untersucht, inwiefern Dritte überhaupt durch eine Beteiligungsvereinbarung

---

897 *Sinzheimer*, Der korporative Arbeitsnormenvertrag, S. 74f., dazu auch *Höpfner*, Tarifgeltung im Arbeitsverhältnis, S. 177f.

898 **SE**: Für das Bedürfnis nach einer zwingenden Wirkung auch *Koch*, Beteiligung der Arbeitnehmervertreter, S. 170.

899 **EBR**: *Schmidt*, RdA 2001, Sonderbeilage Heft 5, 12 (18); *Eckhoff*, EBR, S. 276; *Oetker*, in: EAS B 8300, Rn. 139.

900 **EBR:** *Weiss*, AuR 1995, 438 (443); *Blanke*, EBRG, § 17 Rn. 14; *Müller*, EBRG, § 17 Rn. 3; **SE**: *Güntzel*, SE-RL, 442; *Scheibe*, Mitbestimmung der Arbeitnehmer, S. 96; *Feuerborn*, in: KK-AktG, SEBG, § 21 Rn. 15; *Freis*, in: Nagel/Freis/Kleinsorge, SEBG, § 21 Rn. 4; *Jacobs*, in: MüKo-AktG, SEBG, § 21 Rn. 6; in diese Richtung wohl auch *Oetker*, in: FS-Konzen, 635 (643). **Beide**: *Donner*, Kollektivrechtliche Vereinbarungslösungen, S. 301.

nachteilig betroffen werden können (1). Anschließend wird dargelegt, dass neben der normativen Wirkung andere Möglichkeiten einer Einbeziehung Dritter bestehen (2). Schließlich wird gezeigt, dass der bloße gesetzgeberische Befehl nicht automatisch eine Legitimation zur Folge hat (3).

(1) Betroffene Dritte

Betroffene Dritte sind zunächst die Mitglieder des nicht beteiligten und später entstehenden EBR[901], SE-BR, SCE-BR oder des entstehenden Aufsichts- oder Verwaltungsorgans[902], für die nicht nur Rechte, sondern auch Pflichten begründet werden. Dazu zählen beispielsweise Geheimhaltungs- oder Informationspflichten gegenüber den örtlichen Arbeitnehmervertretern. Diese nachteilige Wirkung kann sich auch durch eine Änderung oder Ersetzung einer geltenden Beteiligungsvereinbarung ergeben.[903]

Betroffene Dritte sollen ferner die Arbeitnehmer sein, da sie der Auffangregelung beraubt werden.[904] Dagegen spricht zunächst, dass die Arbeitnehmer mangels direkter Ansprüche auf Unterrichtung und Anhörung nicht belastet werden.[905] Darüber hinaus ist die Mitwirkung keine gesicherte Rechtsposition.[906] Das zeigt sich insbesondere an der Möglichkeit, sie zu verhandeln.[907] Daher sind es, wenn überhaupt, die Umsetzungsgesetze, die in Arbeitnehmerrechte eingreifen.[908] Nichts anderes gilt, wenn durch die Vereinbarung von den Mitwirkungsrechten in der vorherigen Gesellschaft nachteilig abgewichen wird.[909] Teilweise wird vertreten, dass Arbeitnehmer durch den Verlust ihrer Rechte aus § 9 EBRG in Folge des Abschlusses einer Beteiligungsvereinbarung belastet werden.[910] Dagegen ist einzuwenden, dass dieser Rechtsverlust die natürliche Folge eines – in der Regel von den Arbeitnehmern selbst eingeleiteten – Antrages auf Einsetzung eines EBR ist.[911]

---

901 **EBR:** *Schiek*, RdA 2001, 218 (232); *Weiss*, AuR 1995, 438 (443); *Blanke*, EBRG, § 41 Rn. 34; *Müller*, EBRG, § 17 Rn. 3.

902 **SE**: *Linden*, Mitbestimmungsvereinbarung, S. 35; *Jacobs*, in: MüKo-AktG, SEBG, § 21 Rn. 6.

903 Siehe zur Änderung unten, D. II. 6. a); zur Neuverhandlung unten, D. II. 6. c) und d).

904 **EBR:** *Schiek*, RdA 2001, 218 (232) („Ausschluss effektiverer Formen"); *Blanke*, EBRG, § 17 Rn. 14; § 41 Rn. 34.

905 **EBR:** *Horcher*, Internationale betriebliche Vereinbarungen, S. 249; *Schlinkhoff*, EBR, S. 74.

906 **SE:** *Hoops*, Mitbestimmungsvereinbarung, S. 46.

907 **SE:** *Hoops*, Mitbestimmungsvereinbarung, S. 46f.

908 **SE:** *Hoops*, Mitbestimmungsvereinbarung, S. 47.

909 Für eine Benachteiligung hingegen: **SE**: *Feuerborn*, in: KK-AktG, SEBG, § 21 Rn. 15; *Henssler*, in: Ulmer/Habersack/Henssler, SEBG, § 21 Rn. 14; *Donner*, Kollektivrechtliche Vereinbarungslösungen, S. 295.

910 **EBR:** *Schiek*, RdA 2001, 218 (232).

911 **EBR:** *Schmidt*, RdA 2001, Sonderbeilage Heft 5, 12 (18); *Schlinkhoff*, EBR, S. 74.

Die Beteiligungsvereinbarung kann auch zulasten von Rechtssubjekten auf Arbeitgeberseite wirken, etwa durch Lohnfortzahlungs-, Freistellungs- oder Informationspflichten.[912] Das gilt grundsätzlich nur im Rahmen des EBRG, weil hier allein die zentrale Leitung tätig wird. Dagegen wird eingewendet, dass eine rechtsgeschäftliche Vertretungsmacht bestehen würde, die sich aus der Stellung des herrschenden Unternehmens gegenüber den übrigen Unternehmen ergäbe.[913] Möglicherweise mag im Einzelfall tatsächlich eine so weitreichende Vertretungsmacht bestehen, jedoch kann man dies, insbesondere unter Berücksichtigung der Kriterien des § 6 II EBRG, nicht generell annehmen. Hingegen kann es in SEBG, SCEBG und MgVG wegen des Prinzips der Mindestrepräsentation der beteiligten Gesellschaften nicht zu einer solchen Wirkung kommen.[914]

(2) Legitimierender Rechtsgrund?

Folglich steht fest, dass eine Belastung Dritter möglich ist – somit reicht das Instrument des Vertrages zugunsten Dritter nicht zur Einbeziehung Dritter aus. Daraus allein kann aber noch nicht der Schluss gezogen werden, dass ein unzulässiger Vertrag zulasten Dritter vorliegt. Belastungen Dritter sind nicht generell unzulässig. Eine Zulässigkeit besteht, wenn ein „legitimierender Rechtsgrund"[915] zur Verfügung steht. Hintergrund ist, dass eine Belastung Dritter grundsätzlich nicht mit der Privatautonomie in Einklang zu bringen ist[916], der Gesetzgeber aber Schranken vorsehen kann[917]. Er ist daher befugt, im Rahmen der Verfassung die Wirkung für unbeteiligte Dritte anzuordnen.[918]

Für die Arbeitnehmervertreter in den entstehenden Gremien ist keine Kollision mit der Privatautonomie zu befürchten, denn die Mitgliedschaft in den Gremien ist freiwillig.[919] Im Übrigen erfolgt kein Eingriff in bestehende Rechte, da die Rechte der Mitglieder erst durch die Vereinbarung geschaffen und durch Pflichten begrenzt

912 **EBR:** *Donner*, Kollektivrechtliche Vereinbarungslösungen, S. 294f.; *Blanke*, EBRG, § 17 Rn. 14; *Joost*, in: MünchArbR, § 366 Rn. 98.

913 **EBR:** *Schlinkhoff*, EBR, S. 76; die sich zu Unrecht auf *Sandmann*, EBR-RL, S. 158f. beruft. Dieser macht die nötige Einschränkung.

914 Siehe § 2 V 1 SEBG, 2 V 1 SCEBG, 2 V MgVG: „Leitung bezeichnet das Organ der unmittelbar an der Gründung der [entstehenden Gesellschaft] beteiligten Gesellschaften oder der [entstehenden Gesellschaft] selbst, das die Geschäfte der Gesellschaft führt und zu ihrer Vertretung berechtigt ist."

915 BVerfG, Beschluss v. 23.4.1986, BVerfGE 73, 261–280.

916 BVerfG, Beschluss v. 23.4.1986, BVerfGE 73, 261–280; *Martens*, AcP 177 (1977), 113 (139) mit weiteren Nennungen; *Bayer*, Der Vertrag zugunsten Dritter, S. 220; *Gottwald*, in: MüKo-BGB, § 328 Rn. 250; *Janoschek*, in: BeckOK-BGB, § 328 Rn. 5.

917 *Gottwald*, in: MüKo-BGB, § 328 Rn. 253.

918 Vgl. *Waltermann*, Rechtssetzung durch Betriebsvereinbarung, S. 97.

919 **EBR:** *Schlinkhoff*, EBR, S. 73. **SE:** *Hoops*, Mitbestimmungsvereinbarung, S. 47.

werden.[920] Die Einschränkung einer Begünstigung ist eine zulässige Belastung Dritter.[921] Letzteres ist nicht ohne weiteres auf die anderen Rechtsakte übertragbar, da dort – abgesehen vom SE- bzw. SCE-Betriebsrat – nicht unbedingt neuen Institutionen geschaffen werden.[922] Gleiches gilt, wenn eine geltende Beteiligungsvereinbarung geändert oder durch eine neue ersetzt wird und dadurch Dritte stärker als zuvor belastet werden.

Für die belasteten Dritten, deren Privatautonomie eingeschränkt wird, könnte man als Schranke eine gesetzliche Vertretungsmacht annehmen.[923] Doch selbst wenn man dieses Instrument für nicht passend hält, ist der Gesetzgeber frei, der Privatautonomie Schranken eigener Art zu setzen. Dies hat er getan, indem er das BVG und das Gremium auf Arbeitgeberseite zum Abschluss einer entsprechenden Vereinbarung ermächtigt hat. Für eine Legitimation ist entscheidend, dass die Einschränkung auf den Willen des Gesetzgebers zurückgeht. Die in der Literatur bestehende Verwirrung ist wohl dadurch entstanden, dass der Gesetzgeber die Wirkung anordnet, aber die konkrete Regelung nicht selbst erlässt.[924] Daher greift man auf Instrumente des kollektiven Arbeitsrechts zurück, die in vergleichbaren Situationen angewendet werden. Dabei wird übersehen, dass die Konstruktion dieser Instrumente nicht erdacht wurde, um Legitimationsfragen zu klären.[925]

(3) Keine automatische Legitimation durch gesetzgeberischen Befehl

Diese vorgenannte Erkenntnis führt zu einem zentralen Punkt, denn die zuvor genannten Vertreter haben durchaus das richtige Problem erkannt. Der Gesetzgeber ordnet eine nachteilige Wirkung für Dritte an – was grundsätzlich ein Legitimationsgrund ist – überlässt jedoch den Regelungsgegenstand privaten Rechtssubjekten. In anderem Zusammenhang hat das BVerfG ausgeführt, dass „der Staat seine Normsetzungsbefugnis nicht in beliebigem Umfang außerstaatlichen Stellen überlassen und den Bürger nicht schrankenlos der normsetzenden Gewalt autonomer Gremien ausliefern darf, die ihm gegenüber nicht demokratisch bzw. mitgliedschaftlich

---

920 **EBR:** *Schmidt*, RdA 2001, Sonderbeilage Heft 5, 12 (18); *Horcher*, Internationale betriebliche Vereinbarungen, S. 249; *Schlinkhoff*, EBR, S. 73; *Oetker*, in: EAS B 8300, Rn. 138; *Donner*, Kollektivrechtliche Vereinbarungslösungen, S. 294. Siehe dazu auch *Janoschek*, in: BeckOK-BGB, § 328 Rn. 5. **SE**: *Linden*, Mitbestimmungsvereinbarung, S. 35.

921 *Gottwald*, in: MüKo-BGB, § 328 Rn. 255.

922 **SE**: *Scheibe*, Mitbestimmung der Arbeitnehmer, S. 97.

923 **SE**: Von einer gesetzlichen Vertretungsmacht spricht auch *Linden*, Mitbestimmungsvereinbarung, S. 36.

924 Der Umstand kann tatsächlich zu einer fragwürdigen Legitimation führen, siehe dazu oben, C. I. 6. Die Legitimation lässt sich aber nicht schon durch die Anordnung der normativen Wirkung herstellen, dazu sogleich.

925 Hauptzweck der normativen Wirkung ist der Schutz der Normunterworfenen, dazu oben, D. II. 3. d) cc).

legitimiert sind"[926]. Festzuhalten bleibt, dass die gesetzgeberische Anordnung einer normativen Wirkung nicht automatisch zur Legitimation der betroffenen Regelung führt.[927] Auf das dahinterstehende Problem wird im Rahmen einer verfassungskonformen Auslegung noch zurückgekommen.[928] Die Konsequenzen für die Legitimation des BVG wurden bereits dargelegt.[929]

(4) Ergebnis

Das Argument, eine normative Wirkung sei zur Legitimation notwendig, ist nicht stichhaltig. Erstens genügt zur Legitimation grundsätzlich der Wille des Gesetzgebers, welcher sich auch in anderer Form als einer normativen Wirkung äußern kann. Zweitens kann der Wille des Gesetzgebers zur Legitimation unzureichend sein, wenn die tatsächliche Regelung durch andere Personen getroffen wird. Eine normative Wirkung wird folglich nicht durch Legitimationsaspekte erzwungen.

ee) Organisationsvertrag

Die Beteiligungsvereinbarung begründet keine klassische Austauschbeziehung, sondern schwerpunktmäßig die Organisation der zukünftigen Arbeitnehmermitwirkung.[930] Sie bezieht sich nicht auf einzelne konkrete Personen, sondern schafft Gremien und stattet diese mit Rechten aus. Mit Abschluss der Vereinbarung löst sich die Vereinbarung vom Willen der verhandelnden Parteien und soll auch gegenüber neuen Rechtssubjekten gelten.[931] Der Vereinbarung kommt auf diese Weise die Funktion objektiven Rechts zu. Dieses Konstrukt lässt sich am ehesten über eine normative Wirkung erfassen.[932]

---

926 BVerfG, Beschluss v. 24.5.1977, BVerfGE 44, 322–353; ähnlich BVerfG, Urteil v. 14.6.1983, BVerfGE 64, 208–216; BVerfG, Beschluss v. 25.2.1988 BVerfGE 78, 32–38.

927 **EBR und SE**: Ähnlich *Donner*, Kollektivrechtliche Vereinbarungslösungen, S. 300, 302. Siehe zu der Problematik der fragwürdigen Legitimation des BVG auch oben, C. I. 6.

928 Siehe unten, D. II. 3. d) hh).

929 Siehe oben, D. II. 3. d) cc).

930 **EBR:** *Joost*, in: MünchArbR, § 366 Rn. 98. **SE**: *Herfs-Röttgen*, NZA 2002, 358 (364); *Kraushaar*, BB 2003, 1614 (1619); *Hennings*, in: Manz/Mayer/Schröder (1. Aufl.), SE, Art. 4 SE-RL Rn. 34; *Oetker*, in: FS-Konzen, 635 (643); *Scheibe*, Mitbestimmung der Arbeitnehmer, S. 96; *Evers/Hartmann*, in: Manz/Mayer/Schröder, SEBG, § 21 Rn. 8; *Feuerborn*, in: KK-AktG, SEBG, § 21 Rn. 15; *Henssler*, in: Ulmer/Habersack/Henssler, SEBG, § 21 Rn. 14; *Jacobs*, in: MüKo-AktG, SEBG, § 21 Rn. 6; *Joost*, in: EAS B 8200, Rn. 113. **SE und EBR**: *Donner*, Kollektivrechtliche Vereinbarungslösungen, S. 151, 293.

931 **SE und EBR**: Vgl. dazu *Donner*, Kollektivrechtliche Vereinbarungslösungen, S. 150.

932 **SE**: *Oetker*, in: FS-Konzen, 635 (642f.).

Auch hier lohnt sich ein Blick in die Debatte zwischen *Lotmer* und *Sinzheimer*. Gegen die Vertretertheorie hat *Sinzheimer* eingewendet, dass sie die Frage nach der Erstreckung des Tarifvertrages auf neu hinzukommende Mitglieder nicht befriedigend beantwortet.[933]

ff) Art. 12 IV SE-VO

Als Argument für eine schuldrechtliche und gegen eine normative Wirkung werden die Artt. 12 IV SE-VO; 11 IV SCE-VO; 16 III GV-RL i.V.m. 12 IV SE-VO genannt.[934] Nach diesen Vorschriften ist die Satzung an die Beteiligungsvereinbarung anzupassen, wenn sie zu dieser in Widerspruch steht. Die Vorschrift wäre überflüssig, so die Argumentation, wenn der Beteiligungsvereinbarung eine normative Wirkung zukommen würde – denn dann würde sie die Satzung ohnehin überlagern und eine Anpassung wäre überflüssig.[935]

Dagegen ist zunächst einzuwenden, dass die Normen der Verordnungen keine Schlüsse auf die Rechtswirkung zulassen, weil sich diese nach nationalem Recht beurteilt.[936] Die Annahme, der europäische Gesetzgeber verbiete zur Richtlinienumsetzung die Anordnung einer normativen Wirkung, ist vor dem Hintergrund des Art. 288 III AEUV absurd. Selbst wenn man anderes vertritt, wäre die Anpassungsregelung jedenfalls nicht in den Mitgliedstaaten überflüssig, die sich gegen eine normative Wirkung der Beteiligungsvereinbarung entschieden haben. Schließlich ist zu beachten, dass häufig nur die Satzung dem Rechtsverkehr zugänglich ist. Die Regelung gewährleistet daher die aus Gründen der Rechtssicherheit und Rechtsklarheit erforderliche Übereinstimmung zwischen Satzung und Beteiligungsvereinbarung.[937] Aus den Artt. 12 IV SE-VO; 11 IV SCE-VO; 16 III GV-RL i.V.m. 12 IV SE-VO kann folglich nicht geschlussfolgert werden, dass eine normative Wirkung ausgeschlossen ist.

gg) Sonstige Argumente und Ansatzpunkte

In die Diskussion wird teilweise eingeworfen, dass die Rechtsordnungen der meisten Mitgliedstaaten eine normative Wirkung nicht kennen und sich mit einer schuldrechtlichen Wirkung arrangieren müssen – dieser Umstand müsse zumindest nachdenklich stimmen.[938] Jedoch kann daraus nicht geschlussfolgert werden, dass eine

933 *Sinzheimer*, Der korporative Arbeitsnormenvertrag, S. 78.
934 **SE**: *Hoops*, Mitbestimmungsvereinbarung, S. 49; *Reinhardt*, Unternehmensmitbestimmung, S. 134f.; *Scheibe*, Mitbestimmung der Arbeitnehmer, S. 98.
935 **SE**: *Hoops*, Mitbestimmungsvereinbarung, S. 49; *Reinhardt*, Unternehmensmitbestimmung, S. 134f.; *Scheibe*, Mitbestimmung der Arbeitnehmer, S. 98.
936 **SE**: *Scheibe*, Mitbestimmung der Arbeitnehmer, S. 98.
937 **SE**: *Rieble*, in: ZAAR Band 12, S. 81; *Scheibe*, Mitbestimmung der Arbeitnehmer, S. 98.
938 **SE**: *Reinhardt*, Unternehmensmitbestimmung, S. 133; *Jacobs*, in: MüKo-AktG, SEBG, § 21 Rn. 7.

normative Wirkung auch in den deutschen Umsetzungsgesetzen ausgeschlossen ist.[939] Aufgrund von Art. 288 III AEUV muss die Rechtswirkung nicht in allen Mitgliedstaaten gleich bestimmt sein. Daneben ist die Einordnung der Rechtswirkung in hohem Maße von der Funktionsweise der jeweiligen nationalen Rechtsordnung abhängig – nur weil in Deutschland eine schuldrechtliche Wirkung fernliegt, muss dies nicht auch für andere Staaten gelten. Stellt die Rechtsordnung eines Mitgliedstaats beispielsweise sicher, dass von der Beteiligungsvereinbarung nicht nachteilig durch individualvertragliche Absprachen abgewichen werden kann, verschiebt sich die gesamte Problemstellung. Das Argument „eine schuldrechtliche Wirkung muss bestehen, weil sie in anderen Mitgliedstaaten auch besteht" gilt somit nicht.

Für eine normative Wirkung wird weiterhin angeführt, dass sich das BVG nach Abschluss der Vereinbarung auflöst und bei einer schuldrechtlichen Wirkung niemand mehr Rechte einklagen könnte.[940] Dagegen spricht, dass durch einen Vertrag zugunsten Dritter oder eine Rechtsnachfolge der EBR bzw. das Aufsichts- oder Verwaltungsorgan oder eine andere Partei eine entsprechende Rechtsposition erlangen kann.[941] Im Rahmen der SE wird das BVG von dem SE-Betriebsrat abgelöst, der als begünstigter Dritter klagebefugt wäre.[942] Trotzdem werden teilweise Unsicherheiten befürchtet, welche für die Arbeitnehmer einen Anreiz zur Erzielung der gesetzlichen Auffanglösung schüfen – was dem Prinzip des Vorrangs von Verhandlungen widerspräche.[943] Von einer Anreizwirkung kann jedoch in keinster Weise gesprochen werden. Ende 2013 wurden von 1048 Europäischen Betriebsräten nur 1 % durch die Auffanglösung errichtet und in den 1690 errichteten SE sind nur zwei Fällen bekannt, in denen die Auffanglösung eingegriffen hat.[944]

Einen nur scheinbar anderen Ansatz wählt *Forst*. Er führt aus, dass es sich bei der Autonomie des Gremiums auf Arbeitnehmerseite nicht um Privatautonomie, sondern um Parteiautonomie handelt.[945] Als Konsequenz dieser Erkenntnis zieht

---

939 **EBR**: So aber *Giesen*, in: Henssler/Willemsen/Kalb, EBRG Rn. 33.

940 **EBR:** *Spinner*, Vereinbarte Betriebsverfassung, S. 69; wohl auch *Däubler*, in: Däubler/Kittner/Klebe/Wedde, EBRG, § 17 Rn. 11; *Joost*, in: MünchArbR, § 366 Rn. 98; Müller, EBRG, § 17 Rn. 3; **SE**: *Kraushaar*, BB 2003, 1614 (1619); *Scheibe*, Mitbestimmung der Arbeitnehmer, S. 97f.; *Feuerborn*, in: KK-AktG, SEBG, § 21 Rn. 15; *Henssler*, in: Ulmer/Habersack/Henssler, SEBG, § 21 Rn. 13. Zur Amtszeit des BVG siehe oben, C. I. 3.

941 **EBR:** Ausführlich *Schlinkhoff*, EBR, S. 78, 81f.; wohl auch *Giesen*, in: Henssler/Willemsen/Kalb, EBRG Rn. 33, der keine Notwendigkeit für eine normative Wirkung sieht. Dagegen *Spinner*, Vereinbarte Betriebsverfassung, S. 69. **SE**: *Hoops*, Mitbestimmungsvereinbarung, S. 48; *Linden*, Mitbestimmungsvereinbarung, S. 38.

942 **SE**: *Forst*, Beteiligungsvereinbarung, S. 86.

943 **SE**: *Henssler*, in: Ulmer/Habersack/Henssler, SEBG, § 21 Rn. 13.

944 **EBR**: http://www.ewcdb.eu/documents/freegraphs/2013_11_DE.pdf (zuletzt abgerufen am 27.2.2014). **SE**: *ETUI*, Benchmarking Working Europe 2013, S. 100 (1601 ohne Beteiligung oder unbekannt, 87 durch Vereinbarung, 2 durch Auffangregelung).

945 **SE**: *Forst*, Beteiligungsvereinbarung, S. 51ff.

er jedoch lediglich den Schluss, dass man die Beteiligungsvereinbarung nicht als „schuldrechtlichen Vertrag“ bezeichnen darf.[946] Auswirkungen auf die rechtliche Wirkung zieht er aus der speziellen Art der Autonomie jedoch ausdrücklich nicht.[947] Um eine schuldrechtliche Wirkung abzulehnen, bemüht er die bekannten Argumente: Die Vereinbarung dürfe der Auffanglösung in ihrer Qualität nicht nachstehen und durch das Erlöschen des BVG als Gremium könne die Vereinbarung nicht mehr durchgesetzt werden.[948]

hh) Verfassungskonforme Auslegung wegen Legitimationsdefiziten?

Die normative Wirkung der Betriebsvereinbarung wird von Teilen der Literatur in Hinblick auf Art. 2 I GG kritisch gesehen. Angesichts des klaren Wortlauts von § 77 IV 1 BetrVG kommt, sofern die Zweifel berechtigt sind, allein eine Verfassungswidrigkeit der Bestimmung in Betracht. Bei der Beteiligungsvereinbarung fehlt diese ausdrückliche Anordnung, sodass eine Auslegung anhand des Wortlauts zur Versagung einer solchen Wirkung führen kann. Wenn also eine normative Wirkung in nicht gerechtfertigter Weise in Art. 2 I GG eingreifen würde, könnte sie der Beteiligungsvereinbarung im Zuge einer verfassungskonformen Auslegung abgesprochen werden.

Die normative Wirkung der Beteiligungsvereinbarung wurde in verfassungsrechtlicher Hinsicht bislang noch nicht diskutiert. Ausgangspunkt ist die Fremdbestimmung der Normunterworfenen durch die Vereinbarung, welche ohne ihre Willensbekundung zustande kommt und daher einer anderweitigen Legitimation bedarf. Als Legitimation könnte man die Anordnung der normativen Wirkung durch den (demokratisch legitimierten) Gesetzgeber begreifen.[949] Problematisch ist, dass der Gesetzgeber lediglich den Rahmen steckt und die konkrete Regelung sich letztlich erst durch die Beteiligungsvereinbarung ergibt, an deren Zustandekommen er nicht mehr unmittelbar beteiligt ist. Wie bereits angesprochen, hat das BVerfG in einem anderen Zusammenhang klargestellt, dass „der Staat seine Normsetzungsbefugnis nicht in beliebigem Umfang außerstaatlichen Stellen überlassen und den Bürger nicht schrankenlos der normsetzenden Gewalt autonomer Gremien ausliefern darf, die ihm gegenüber nicht demokratisch bzw. mitgliedschaftlich legitimiert sind.“[950]

---

946 **SE**: *Forst*, Beteiligungsvereinbarung, S. 86.
947 **SE**: *Forst*, Beteiligungsvereinbarung, S. 86f.
948 **SE**: *Forst*, Beteiligungsvereinbarung, S. 89. Jedoch mit umfangreichen Ausführungen zu Art. 12 IV SE-VO, dazu unten, D. II. 3. d) ff).
949 Dazu bereits oben, D. II. 3. d) dd).
950 BVerfG, Beschluss v. 24.5.1977, BVerfGE 44, 322–353; ähnlich BVerfG, Urteil v. 14.6.1983, BVerfGE 64, 208–216; BVerfG, Beschluss v. 25.2.1988 BVerfGE 78, 32–38. Dazu bereits oben, D. II. 3. d) dd) (3).

Wie eine solche Legitimation erzeugt werden kann, ist in der Diskussion zur Betriebsvereinbarung umstritten. Im Kern wird entweder eine Legitimation durch eine „binnendemokratische Organisationsstruktur“[951] gefordert, oder man stuft das Vertretungsorgan als „Vertragshelfer“[952] ein und sieht seine Legitimation entsprechend im Individualarbeitsverhältnis. Für die Beteiligungsvereinbarung können beide Ansätze nicht genutzt werden. Zunächst ist eine binnendemokratisch Legitimation des BVG fragwürdig; seine Zusammensetzung folgt vorrangig dem Prinzip der Abbildung unterschiedlicher Mitwirkungskulturen und der Effektivität.[953] Es kann auch nicht als Vertragshelfer qualifiziert werden, weil es bei der Beteiligungsvereinbarung allein um die Konstituierung einer Mitwirkungsordnung und nicht um „das betriebliche Umfeld des einzelnen Arbeitsverhältnis“[954] geht.

Doch bevor man die normative Wirkung als verfassungswidrig einstuft, ist noch einmal auf die Formulierung des BVerfG zurückzukommen. Fraglich ist, ob die Möglichkeit der Beteiligungsvereinbarung tatsächlich eine „Überlassung in beliebigem Umfang“ und eine „schrankenlose Auslieferung der Bürger“ ist. Drei Gründe, welche außerdem Unterschiede zur Betriebsvereinbarung ausmachen, sprechen dagegen. Zunächst zieht sich der Gesetzgeber nicht gänzlich aus der Gestaltung der Beteiligungsvereinbarung zurück, sondern nimmt durch Auffanglösung und qualifizierte Mehrheiten mittelbar gestaltenden Einfluss.[955] Des Weiteren zieht er den Möglichkeiten der Beteiligungsvereinbarung enge Schranken, insbesondere durch den Regelungsauftrag[956] und Minimalziele[957]. Schließlich sind die Berührungspunkte der Arbeitnehmer mit den Regelungen der Beteiligungsvereinbarung viel geringer, weil Mitwirkungsrechte geschaffen und nicht ausgeübt werden. All dies rechtfertigt die Annahme, dass der Gesetzgeber weder beliebig noch schrankenlos gehandelt hat.

Im Ergebnis lässt sich aus diesen Ausführungen schließen, dass die normative Wirkung durch eine gesetzgeberische Anordnung ausreichend legitimiert ist – einer darüber hinausgehenden Legitimation durch die Normunterworfenen bedarf es nicht. Somit bestehen keine verfassungsrechtlichen Bedenken, sodass die oben vorgenommenen pro-normativen Auslegungsergebnisse nicht im Zuge einer verfassungskonformen Auslegung verdrängt werden.

---

951 Vgl. *Hänlein*, RdA 2003, 26 (28). Bzgl. Gewerkschaften: *Schüren*, Die Legitimation der tariflichen Normsetzung, 1990, S. 237f.; *Dieterich*, in: FS-Schaub, S. 117 (125); *Oetker*, RdA 1999, 96 (102f.).

952 *Reichold*, Betriebsverfassung als Sozialprivatrecht, S. 542ff., 549; vgl. auch *Rieble*, Arbeitsmarkt und Wettbewerb, Rn. 1419.

953 Siehe dazu oben, C. I. 6.

954 Vgl. *Beuthien*, ZfA 1988, 1 (14).

955 Siehe dazu oben, B. V. 2. und 3.

956 Siehe dazu unten, D. II. 2. c) bb) (1).

957 Siehe dazu oben, D. II. 2. c) cc).

ii) *Exkurs: Rechtswirkung der Beteiligungsvereinbarung im Vereinigten Königreich*

Traditionell haben Kollektivverträgen im Vereinigten Königreich nach Section 179 Trade Union and Labour Relations (Consolidation) Act 1992 keine rechtlich bindende Wirkung, außer die Vereinbarung wurde schriftlich abgeschlossen und die rechtliche Durchsetzbarkeit ausdrücklich festgehalten. Nach Verabschiedung der EBR-RL wurde im Vereinigten Königreich darüber gestritten, ob der Beteiligungsvereinbarung eine rechtlich bindende Wirkung zukommen sollte. Während die Gegner vertraten, dass die Beteiligungsvereinbarung ein Kollektivvertrag sei und schon aus der Tradition heraus eine rechtlich bindende Wirkung ausscheide, wendeten die Befürworter – darunter der Trades Union Congress und zunächst die Regierung – ein, dass die Richtlinie eine bindende Wirkung verlange und auch der gesetzlichen Auffanglösung eine solche gewährleiste.[958] Im weiteren Verlauf gab die Regierung jedoch nach und entschied, nicht über den Punkt der Rechtswirkung zu entscheiden:

> *"It is up to the parties to agreements, which were freely negotiated before the Regulations came into force, to decide on their legal status and on arrangements for dispute resolution. The Directive does not state expressly that they must be legally binding and the Government has chosen not to elaborate on this point."*[959]

Entsprechend lesen sich die Umsetzungsgesetze. Für die EBR-RL ist dies die "Transnational Information and Consultation of Employees Regulations (TICER) 1999" und für die SE-RL die "European Cooperative Society (Involvement of Employees) Regulations 2006". Beide enthalten keine Aussage zur rechtlichen Wirkung, sodass der traditionelle Ansatz einer nicht-bindenden Wirkung auch hier gilt.

e) *Ergebnis: Tragende Argumente und Übertragbarkeit*

Die Betrachtung ergibt, dass die meisten der in der Diskussion vorgetragenen Argumente für eine normative oder für eine schuldrechtliche Wirkung nicht stichhaltig sind. Als entscheidende Punkte haben sich die Eigenschaft der Beteiligungsvereinbarung als Organisationsvertrag sowie ihre Wirksamkeit ohne (Unmittelbarkeit) oder gar gegen (Unabdingbarkeit) den erklärten Willen Dritter herauskristallisiert.[960] Ein Blick in die Geschichte hat gezeigt, dass die Argumente in übertragbarer Weise überzeugend gegen die Vertretertheorie von *Lotmar* eingewendet wurden und das Fundament für *Sinzheimers* Verbandstheorie bildeten. Die Argumente gelten

---

958 Überblick bei *Carley/Hall*, ILJ 29 (2000), 103 (120), siehe auch *Deakin/Morris*, Labour Law, S. 869.

959 Department of Trade and Investment (December 1999) para 4, hier zitiert nach *Carley/Hall*, ILJ 29 (2000), 103 (120).

960 Vgl. *Jacobi*, Grundlehren des Arbeitsrechts, S. 248.

für die Beteiligungsvereinbarung nach allen Umsetzungsgesetzen.[961] Die Beteiligungsvereinbarung ist somit nach allen Umsetzungsgesetzen ein privatrechtlicher Kollektivvertrag *sui generis* mit normativer Wirkung.

Daneben kann die Beteiligungsvereinbarung keine zusätzlichen schuldrechtlichen Pflichten zwischen den Parteien begründen, wie es etwa beim Tarifvertrag üblich ist. Nach Abschluss der Vereinbarung erlischt das BVG in seiner Funktion[962]; eine schuldrechtliche Beziehung kann im Anschluss folglich nicht mehr bestehen. Gegenstände wie beispielsweise Durchführungspflichten, die in anderen Kollektivvertragstypen durch einen schuldrechtlichen Teil geregelt werden, müssen daher in dem normativen Regelwerk untergebracht werden.

4. Auslegung

Auch die Auslegung der Beteiligungsvereinbarung bestimmt sich nach innerstaatlichem Recht. In der Literatur wird weitgehend vertreten, dass die Beteiligungsvereinbarung aufgrund ihrer normativen Wirkung nach den für Normenverträge entwickelten Grundsätzen ausgelegt werden müsse.[963] Dieser Schluss ist zu pauschal. Es ist zunächst zu überprüfen, ob die Beteiligungsvereinbarung grundsätzlich objektiv auszulegen ist, bevor auf ihre Besonderheiten und deren Auswirkungen auf die Auslegung zurückzukommen ist.

a) Grundsatz

Der Beteiligungsvereinbarung wurde eine normative Wirkung zugesprochen. Diese Eigenschaft weisen auch der Tarifvertrag und die Betriebsvereinbarung auf, was zu Besonderheiten in der Auslegung führt. Grundsätzlich werden Verträge nach §§ 133, 157 BGB ausgelegt, wobei der tatsächliche Wille zu ermitteln ist. Durch die Normwirkung erstreckt sich der Geltungsbereich des Vertrags jedoch auch auf Dritte, die nicht unmittelbar an den Vertragsverhandlungen beteiligt waren und außer dem Vertragsdokument häufig keine weiteren Anhaltspunkte haben. Es würde dem Bedürfnis nach Rechtssicherheit und Rechtsklarheit widersprechen, wenn durch

---

961 Zur Parallele zwischen **EBR** und **SE** bezüglich des Charakters Organisationsvertrag siehe *Blanke*, AG 2006, 493 (496); *Blanke*, Erweiterung der Beteiligungsrechte des SE-Betriebsrats durch Vereinbarung, Gutachten, S. 47.

962 Siehe oben, C. I. 3. a).

963 **EBR**: *Blanke*, EBRG, § 17 Rn. 15; *Däubler*, in: Däubler/Kittner/Klebe/Wedde, EBRG, § 17 Rn. 17; *Müller*, EBRG, § 17 Rn. 10. **SE**: *Kuffner*, Beteiligung der Arbeitnehmer in der SE, S. 151; *Oetker*, in: FS-Konzen, 635 (643); *Feuerborn*, in: KK-AktG, SEBG, § 21 Rn. 17 unter Verweis auf § 77 BetrVG; *Henssler*, in: Ulmer/Habersack/Henssler, SEBG, § 21 Rn. 17; *Jacobs*, in: MüKo-AktG, SEBG, § 21 Rn. 8; *Oetker*, in: Lutter/Hommelhoff/Teichmann, SEBG, § 21 Rn. 27. Anders konsequent *Hoops*, Mitbestimmungsvereinbarung, S. 109, die an einem schuldrechtlichen Charakter festhält.

Rückgriff auf den Willen der abschließenden Parteien ein Inhalt ermittelt würde, der für betroffene Dritte nicht erkennbar ist.[964]

Tarifverträge werden deshalb grundsätzlich objektiv ausgelegt.[965] Nach der sogenannten Andeutungstheorie dürfen nur solche Umstände in die Auslegung einbezogen werden, die in dem Vertragsdokument zumindest ansatzweise Erwähnung finden.[966] Allerdings bedeutet dieser Grundsatz der objektiven Auslegung nicht, dass der Tarifvertrag wie ein Gesetz auszulegen ist, denn einerseits sind die Vertragstypen das Ergebnis einer Auseinandersetzung zwischen zwei Parteien und andererseits setzen sie ihr Recht autonom.[967] Im Ergebnis bewegt sich die Auslegung daher zwischen den Grundsätzen der Auslegung von Verträgen und der von Normen, wodurch ein Ausgleich zwischen dem Willen der Parteien und der Rechtsklarheit, also dem Schutz der Normunterworfenen, geschaffen wird.[968] Zum Tarifvertrag führt das BAG aus, dass bei Unklarheiten „der Gesichtspunkt der Normenklarheit [gebietet], letztlich der Auslegung den Vorzug zu geben, die bei einem unbefangenen Durchlesen der Regelung, d. h. ohne Rückgriff auf die anerkannten Auslegungsmethoden und Auslegungsgesichtspunkte, als näherliegend erscheint und folglich von den Normadressaten typischerweise als maßgeblich empfunden wird."[969]

Die Auslegungsgrundsätze, die für den Tarifvertrag entwickelt wurden und auf die Betriebsvereinbarung angewendet werden, können grundsätzlich auch für die Beteiligungsvereinbarung übernommen werden. Auch sie gilt gegenüber Dritten, die nicht an den Verhandlungen beteiligt sind und so keinen Zugriff auf den Willen der abschließenden Parteien haben; gleichzeitig ist sie aber auch das Ergebnis einer Auseinandersetzung zwischen zwei Parteien.[970] Für eine objektive Auslegung ist auch anzuführen, dass der Gesetzgeber durch Auffangregelungen, Mindestinhalte und qualifizierte Mehrheiten mittelbar gestaltend auf den Inhalt der Vereinbarungen einwirkt.[971] Auch die Auslegungsregelung der §§ 1 III SEBG; 1 III SCEBG; 1 III MgVG deutet auf eine objektive Auslegung hin. Diese Regelung bestimmt, dass sich eine Auslegung bei Zweifeln am (objektiven) Vorher-Nachher-Prinzip der Richtlinien

---

964 **Tarifvertrag**: *Löwisch/Rieble*, in: Löwisch/Rieble, TVG, § 1 Rn. 1459; *Waas*, in: BeckOK-Arbeitsrecht, TVG, § 1 Rn. 48; BAG, Urteil v. 22.4.2010, BAGE 134, 184–196. **Betriebsvereinbarung**: *Kania*, in: ErfK, BetrVG, § 77 Rn. 30; *Richardi*, in: Richardi, BetrVG, § 77 Rn. 115.

965 Bezüglich der **Betriebsvereinbarung** wird auf die Auslegung von Tarifverträgen verwiesen, siehe *Richardi*, in: Richardi, BetrVG, § 77 Rn. 115; BAG Urteil v. 27.08.1975-4 AZR 454/74 = AP BetrVG 1972 § 112 Nr. 2.

966 *Löwisch/Rieble*, in: Löwisch/Rieble, TVG, § 1 Rn. 1459.

967 *Löwisch/Rieble*, in: Löwisch/Rieble, TVG, § 1 Rn. 1460f.

968 *Franzen*, in: ErfK, TVG, § 1 Rn. 92.

969 BAG, Urteil v. 22. 4. 2010–6 AZR 962/08 = NZA 2011, 1293.

970 **SE**: So auch *Forst*, Beteiligungsvereinbarung, S. 189.

971 Zu den näheren Konsequenzen sogleich.

ausrichtet und wendet sich insofern gegen eine Berücksichtigung des Willens der abschließenden Parteien.[972]

b) *Auslegungsregelung der §§ 1 III SEBG; 1 III SCEBG; 1 III MgVG*

Als Besonderheit ist zunächst die Auslegungsregelung der §§ 1 III SEBG; 1 III SCEBG; 1 III MgVG[973] zu nennen, die keine Entsprechung in den Richtlinien finden.

> *„Die Vorschriften dieses Gesetzes sowie die nach Absatz 2 zu treffende Vereinbarung sind so auszulegen, dass das Ziel der Europäischen Gemeinschaft, die Beteiligung der Arbeitnehmer in der [entstehenden Gesellschaft] sicherzustellen, gefördert wird.“*

Die Regelung ist ein Gebot der mitbestimmungsfördernden Auslegung. Zu der Norm gibt es Gesetzgebungsmaterialien[974], die in der Diskussion bislang noch nicht beachtet wurden:

> *„Aufgrund des Vorrangs des Rechts der Europäischen Gemeinschaft sind sowohl die Vorschriften dieses Gesetzes als auch getroffene Vereinbarungen über die Beteiligung der Arbeitnehmer in der [entstehenden Gesellschaft] im Zweifel so auszulegen, dass die von der Richtlinie angestrebte Sicherung der Beteiligungsrechte der Arbeitnehmer erreicht wird.“*

Gesetzliche Regelung und Gesetzgebungsmaterialien klingen zwar ähnlich, weisen jedoch einen unterschiedlichen Abstraktionsgrad auf. Während die gesetzliche Regelung von einem „Ziel der Europäischen Gemeinschaft“ spricht, sprechen die Gesetzgebungsmaterialien bereits von einem Ziel der Richtlinie. Die gesetzlichen Regelungen beziehen sich nur auf eine „Förderung der Arbeitnehmerbeteiligung“, während die Gesetzgebungsmaterialien bereits vorgeben, auf welche Art diese Förderung zu erfolgen hat: Durch eine „Sicherung der Beteiligungsrechte“. Mit Beteiligungsrechten sind die bereits erworbenen Rechte gemeint, mithin bezieht man sich auf das Vorher-Nachher-Prinzip der Richtlinien.[975] Darüber hinaus wird der Anwendungsbereich der Auslegungsregelung in den Gesetzgebungsmaterialien deutlich verengt, indem eine entsprechende Auslegung nur bei Zweifeln zu erfolgen hat. Zweifel liegen vor, wenn eine Auslegung anhand des klassischen Auslegungskanons kein eindeutiges Ergebnis ergibt. Somit kann man den Gesetzgebungsmaterialien

---

972 Dieses Argument gilt nur eingeschränkt, weil die §§ 1 III SEBG, 1 III SCEBG, 1 III MgVG hier für richtlinienwidrig gehalten werden – allerdings nicht aus Gründen der Autonomie. Dazu sogleich.

973 Sowohl in § 1 III MgVG als auch in den BT-Drs. 16/2922 S. 19 wird der Begriff „Mitbestimmung“ statt „Beteiligung“ verwendet.

974 **SE**: BT-Drs. 15/3405, S. 43; **SCE**: BT-Drs. 16/1025 S. 65; **GV**: BT-Drs. 16/2922 S. 19.

975 Dafür sprechen neben dem Wortsinn insbesondere die Richtlinien, die das Wort „Sicherung“ nur in Zusammenhang mit dem Vorher-Nachher-Prinzip verwenden, siehe Erwägungsgründe 18 SE-RL; 21 SCE-RL.

entnehmen, dass die §§ 1 III SEBG; 1 III SCEBG; 1 III MgVG eine Vorrangregelung für den Fall der Kollision unterschiedlicher innerstaatlicher Auslegungsmethoden ist.[976]

Die Auslegungsregelung ist aus zwei Gründen richtlinienwidrig.[977] Zum einen gestaltet der deutsche Gesetzgeber den Richtlinieninhalt unter dem Deckmantel vermeintlicher Richtlinienkonformität nach eigenen Wünschen um, indem er das Vorher-Nachher-Prinzip für höchstrangig und im Kollisionsfall für überwiegend erklärt.[978] Zum anderen ist die Regelung ein zusätzliches Instrument zur Sicherung der bestehenden Arbeitnehmermitwirkung. Der europäische Gesetzgeber hat mit der Auffangregelung und dem Bedürfnis qualifizierter Mehrheiten jedoch eigene Sicherungsinstrumente geschaffen. Abgesehen von diesen Ausnahmen herrscht der Grundsatz von autonomen Verhandlungen auf Augenhöhe.[979] Die Richtlinien geben nicht zu erkennen, dass die Mitgliedstaaten dieses Gleichgewicht durch die Einführung zusätzlicher Sicherungsinstrumente stören können.

In der Literatur sieht man die Gesetzgebungsmaterialien nicht, hält aber jedenfalls die Ausdehnung der Auslegungsregelung auf die Vereinbarung für richtlinienwidrig.[980] Als Grund wird der Eingriff des Gesetzgebers in den Parteiwillen genannt, welcher wegen der durch die Richtlinien garantierten Autonomie nicht gerechtfertigt sei („Domestizierung des Parteiwillens").[981] Unabhängig davon, dass der Gesetzgeber der Autonomie Schranken setzen kann, greift die Auslegungsregelung nur bei Zweifeln.[982] Zweifel können bei einem klaren Parteiwillen nicht bestehen. Zweifel sind jedenfalls auch dann ausgeschlossen, wenn es durch Vereinbarung zu einer Minderung bestehender Mitbestimmung gekommen ist. Denn wenn die Parteien die Auffangregelung hinter sich gelassen und qualifizierte Mehrheiten gestemmt haben, deutet alles darauf hin, dass sie auf eine Wahrung des Vorher-Nachher-Prinzips keinen Wert legen. Im Übrigen ist der nicht ausdrücklich erklärte oder zumindest

---

976 **SE**: Für eine Vorrangregelung mit anderer Begründung *Oetker*, in: FS-Konzen, 635 (644).

977 **SE**: Für eine Richtlinienwidrigkeit der Auslegungsregelung für die Vereinbarung im Ergebnis auch *Donner*, Kollektivrechtliche Vereinbarungslösungen, S. 348; wohl auch *Forst*, Beteiligungsvereinbarung, S. 188.

978 **SE**: *Forst*, Beteiligungsvereinbarung, S. 188; *Henssler*, in: Ulmer/Habersack/Henssler, SEBG, § 1 Rn. 4 sprechen ebenfalls von einer Interpretation ohne Mandat. Anders *Feuerborn*, in: KK-AktG, SEBG, § 1 Rn. 15, welcher der Auslegungsregelung nur eine Klarstellungs- und Appellfunktion zumisst. Dass das Vorher-Nachher-Prinzip auch Einschränkungen unterliegt, wurde oben ermittelt, B. VI.

979 **SE**: Dazu *Forst*, Beteiligungsvereinbarung, S. 189f.

980 **SE**: *Donner*, Kollektivrechtliche Vereinbarungslösungen, S. 348; *Forst*, Beteiligungsvereinbarung, S. 188.

981 **SE**: *Krause*, BB 2005, 1221 (1223); *Donner*, Kollektivrechtliche Vereinbarungslösungen, S. 348; *Forst*, Beteiligungsvereinbarung, S. 188; *Feuerborn*, in: KK-AktG, SEBG, § 1 Rn. 17.

982 **SE**: So auch *Oetker*, in: FS-Konzen, 635 (642), jedoch ohne Berufung auf die Gesetzgebungsmaterialien.

angedeutete Parteiwille aufgrund der im Grundsatz objektiven Auslegung ohnehin unbeachtlich. Eine Richtlinienwidrigkeit besteht daher nur aus den beiden oben genannten Gründen, nicht aber aus Gründen der Autonomie.

c) *Existenz einer Auffanglösung*

Eine weitere Besonderheit der Beteiligungsvereinbarung ist die Existenz einer Auffanglösung, an der sich die Vereinbarungen orientieren.[983] Diese Orientierung erfolgt aus zwei Gründen. Zum einen ist die Auffanglösung eine gesicherte Rechtsposition der Arbeitnehmer, die häufig Ausgangspunkt der Verhandlungen ist. Zum anderen ist die (zumindest teilweise) Einigung auf die Auffangregelung einfacher und kostengünstiger als die Erarbeitung individueller Vorschriften.[984] Aus der Eigenschaft der gesicherten Rechtsposition kann folgen, dass Abweichungen von der Auffangregelung mitunter Zugeständnisse an anderer Stelle bedingen.[985] Solche Kompromisse bzw. Austauschverhältnisse sind – ähnlich dem Tarifvertrag – als Ergebnis einer bipolaren Auseinandersetzung und damit als Ausgangspunkt einer teleologischen Auslegung zu begreifen.[986] Der zweite Grund der Orientierung an der Auffanglösung, die Kosteneffizienz, kann ebenfalls Schlüsse zulassen. Wenn die Parteien die komplizierte und teure Erarbeitung individueller Vorschriften auf sich nehmen, verfolgen sie damit ein bestimmtes Ziel, das im Rahmen einer teleologischen Auslegung in besonderem Maße zu berücksichtigen ist. Jedoch können aus Gründen der Rechtssicherheit und Rechtsklarheit sowohl Kompromisse als auch spezielle Ziele nur dann besonders berücksichtigt werden, wenn sie in der Vereinbarung oder in gegebenenfalls zugänglichen Materialien zumindest angedeutet sind.

In diesem Zusammenhang stellt sich zudem die Frage, wie Vereinbarungen auszulegen sind, die mit der Auffanglösung ganz oder teilweise identisch sind. Bei einer solchen Identität kann Telos der Bestimmung die Anerkennung der gesetzgeberischen Regelung sein. Die teleologische Auslegung der Vereinbarung bietet insofern ein Einfallstor für die Auslegung der gesetzlichen Auffanglösung, der aber aufgrund der ohnehin im Ansatz objektiven Auslegung nur selten eine Bedeutung zukommen wird. In dem umgekehrten Fall, bei Lücken in der Vereinbarung, wird in der Literatur ein Rückgriff auf die Bestimmungen der gesetzlichen Auffanglösung

---

983 Verlässliche Zahlen gibt es zu der EBR-Vereinbarung. Zwischen 2009 und 2012 stimmten 93% der abgeschlossenen Vereinbarungen in sieben oder mehr Punkten mit der gesetzlichen Auffanglösung überein. Siehe *ETUI*, Benchmarking Working Europe, S. 101.

984 Das Argument der Kosteneffizienz wird von Gewerkschaftsseite häufig für das Bedürfnis einer gesetzlichen Regelung der Mitbestimmung vertreten, siehe dazu DGB Themenheft, Mitbestimmung – ein Gewinn für Deutschland und Europa, S. 8.

985 Siehe dazu oben, B. V. 2.

986 *Löwisch/Rieble*, in: Löwisch/Rieble, TVG, § 1 Rn. 1460.

gefordert.[987] Zusammengefasst wird argumentiert, dass die Auffanglösung ein vom Gesetzgeber geschaffenes Grundmodell ist, welches sich zur Lückenfüllung besonders eignet.[988] Dabei wird übersehen, dass die Auffanglösung nicht nur Grundmodell, sondern häufig vor allem Ausgangsmodell ist. Fehlen Vorschriften in der Vereinbarung, wird dies unter Umständen mit Absicht geschehen sein.[989] In der Praxis spielt diese Frage kaum eine Rolle, da bei Unklarheiten eine einfache Auslegung in aller Regel schon keine Lücken entstehen lässt. Sollten sie doch einmal entstehen, sind sie aus den oben genannten Gründen durch Analogie und teleologische Reduktion zu schließen.[990]

d) Ergebnis

Die Untersuchung ergibt, dass sich eine Auslegung in allen Rechtsakten an den Pfeilern Rechtssicherheit, Rechtsklarheit und Einfluss der Auffanglösung orientiert. Spezifischen gesetzlichen Auslegungsregelungen und dem Verhältnis zur Satzung kommt für die Auslegung keine eigenständige Bedeutung zu. Die Auslegung der Beteiligungsvereinbarung nach EBRG, SEBG, SCEBG und MgVG erfolgt daher nach gleichen Grundsätzen.

5. Folgen von Mängeln

Die Vereinbarung kann an den verschiedensten Stellen Mängel aufweisen. Beispielsweise könnte gegen die Regelungen über die Zusammensetzung des BVG, die Grenze des Regelungsauftrages oder den Grundsatz der vertrauensvollen Zusammenarbeit verstoßen worden sein. Wenn ein Mangel beachtlich ist, stellt sich die Frage nach den Konsequenzen. Weder Richtlinien noch Umsetzungsgesetze verraten, was für Folgen in Betracht kommen und welche Folge jeweils eintritt. Die folgende Untersuchung versucht, der Konzeption der Richtlinien Folgen zu entnehmen, steht aber häufig an der Schwelle zu Regelungen *de lege ferenda*. Beachtlich

---

987 **EBR**: *Däubler*, in: Däubler/Kittner/Klebe/Wedde, EBRG, § 17 Rn. 17; *Giesen*, in: Henssler/Willemsen/Kalb, EBRG, Rn. 34. **SE**: *Hoops*, Mitbestimmungsvereinbarung, S. 110; *Feuerborn*, in: KK-AktG, SEBG, § 21 Rn. 17; *Hohenstatt/Dzida*, in: Henssler/Willemsen/Kalb, SEBG, Rn. 39; *Jacobs*, in: MüKo-AktG, SEBG, § 21 Rn. 8; *Oetker*, in: Lutter/Hommelhoff/Teichmann, SEBG, § 21 Rn. 27.

988 **EBR**: Wohl auch *Däubler*, in: Däubler/Kittner/Klebe/Wedde, EBRG, § 17 Rn. 17; *Giesen*, in: Henssler/Willemsen/Kalb, EBRG, Rn. 34; **SE**: *Oetker*, in: FS-Konzen, 635 (642); *Hoops*, Mitbestimmungsvereinbarung, S. 110; ähnlich *Scheibe*, Mitbestimmung der Arbeitnehmer, S. 100; *Oetker*, in: Lutter/Hommelhoff/Teichmann, SEBG, § 21 Rn. 27 unter Berufung auf § 1 III SEBG, der dort aber anders ausgelegt wird als hier.

989 **SE**: Ähnlich *Forst*, Beteiligungsvereinbarung, S. 191; gegen einen Rückgriff auf die Auffanglösung auch *Schwarz*, SE-VO, Einleitung Rn. 292.

990 **SE**: Überzeugend *Forst*, Beteiligungsvereinbarung, S. 190f.

ist, dass die Literatur zu den Folgen einer mangelhaften EBR-Vereinbarung nahezu vollständig schweigt.

a) Beachtlichkeit eines Mangels

Folgen sind nur dann zu befürchten, wenn der Mangel beachtlich ist. Die Beachtlichkeit eines Mangels kann nicht einheitlich definiert werden, jedoch sind bei der Beurteilung einige Grundlinien zu bedenken. Zunächst ist zu berücksichtigen, dass das Verhandlungsverfahren komplex und dadurch fehleranfällig ist; hinzu kommt, dass die Parteien sich in der Regel auf Neuland bewegen.[991] Das Verfahren ist aufwendig und veranschlagt viel Zeit und Geld; gleichzeitig ist es aufgrund der Brisanz des Verhandlungsgegenstandes bzw. seiner Voraussetzung für eine Eintragung dringend. Den Rechtsakten kann man daher die Tendenz entnehmen, dass gegenüber Mängeln grundsätzlich eine hohe Toleranz aufzubringen ist.[992] Keine Toleranz ist in der Regel dort geboten, wo die Mängel mit dem Zweck der Verhandlungen oder den Schutzvorschriften zugunsten der Arbeitnehmer kollidieren.

b) Denkbare Folgen

Falls der Mangel beachtlich ist, sind verschiedene Folgen denkbar: Die Parteien könnten den Mangel selbst beheben, indem sie in Nachverhandlungen eintreten, oder, sofern der Mangel auf ein Legitimationsdefizit zurückzuführen ist, die Genehmigung betroffener Dritter einholen (aa). Alternativ könnte die Vereinbarung ganz oder teilweise unwirksam sein und es könnte, ebenfalls ganz oder teilweise, die Auffanglösung eingreifen (bb). In diesem Zusammenhang stellt sich auch die Frage, wie mit bereits in Vollzug gesetzten Beteiligungsvereinbarungen umzugehen ist (dd).

aa) Keine Behebung des Mangels durch die Parteien

Die Möglichkeit einer Nachverhandlung ergibt sich nicht aus dem Wortlaut der Rechtsakte. Problematisch ist, dass sich das BVG nach Abschluss einer Vereinbarung auflöst und für den Fall von Nachverhandlungen neu gründen müsste.[993] In systematischer Hinsicht spricht die durch den Gesetzgeber getroffene strikte Vorgabe eines maximalen Verhandlungszeitraums gegen die Möglichkeit von Nachverhandlungen: Eine Fortgeltung der mangelhaften Vereinbarung wird in den meisten Fällen kaum hinnehmbar sein, sodass eine Verlängerung des Zeitraums ohne gültige

---

991 **SE**: *Henssler*, ZHR 173 (2009), 222 (236f.).

992 Vgl. für die **SE**: *Jacobs*, in: MüKo-AktG, SEBG, § 21 Rn. 8b; *Henssler*, in: Ulmer/Habersack/Henssler, SEBG, § 21 Rn. 62. Anders *Hoops*, Mitbestimmungsvereinbarung, S. 185, die zumindest bei inhaltlichen Mängeln stets eine Nichtigkeit annimmt. Siehe auch *Henssler*, ZHR 173 (2009), 222 (237), der aber abschließend fixierte Nichtigkeitsgründe fordert, die dann auch ein Eintragungshindernis darstellen sollen.

993 Zur Amtszeit des BVG siehe oben, C. I. 3.

Vereinbarung zu befürchten ist. Lässt man jedoch keine Nachverhandlung zu, wäre die Konsequenz der meisten Mängel das (teilweise) Eingreifen der Auffanglösung. Das Ziel der Richtlinie, eine an Unternehmen und Mitwirkungskulturen angepasste Lösung, wäre dann vorerst nicht mehr erreichbar. Doch so wünschenswert eine Anpassung wäre, sie stößt auf Schwierigkeiten und scheint vom Gesetzgeber nicht vorgesehen zu sein. Somit eignen sich Nachverhandlungen nicht zur Behebung von Mängeln einer Vereinbarung. Etwas anderes gilt nur für inhaltliche Mängel, sofern sich die Parteien auf die Möglichkeit einer Anpassung verständigt haben. Von der Nachverhandlung ist der Fall der Neuverhandlung zu unterscheiden.[994]

Fraglich ist weiterhin, ob ein in einem Legitimationsdefizit wurzelnder Mangel durch eine Genehmigung der betroffenen Dritten geheilt werden kann. Kann beispielsweise eine Vereinbarung, die unzulässige echte Mitbestimmungsrechte des EBR vorsieht, durch eine Genehmigung der übrigen Unternehmensleitungen und gegebenenfalls der Anteilseigner wirksam werden? Für eine solche Möglichkeit spricht zunächst, dass freiwillige Vereinbarungen über die Arbeitnehmermitwirkung außerhalb der hier behandelten Richtlinien und Umsetzungsgesetze grundsätzlich möglich sind.[995] Gleicht man die Legitimationsdefizite der Rechtsakte aus, dürfte sich zu diesen Vereinbarungen kein Unterschied ergeben. Allerdings ist diese Möglichkeit durch die Rechtsakte schlicht nicht vorgesehen. Außerdem würde dieser Weg zu praktischen Schwierigkeiten führen, da der Gesetzgeber diesen weiterreichenden Vereinbarungen keine normative Wirkung zuspricht. Die Beteiligungsvereinbarungen hätten dann normative und schuldrechtliche Komponenten, neu hinzutretende Arbeitnehmer und Unternehmen wären von letzteren nicht unmittelbar erfasst und die Vereinbarung könnte durch Individualabsprachen unterlaufen werden.

bb) Unwirksamkeit der Vereinbarung und Eingreifen der Auffanglösung

Damit bleibt als Konsequenz eines beachtlichen Mangels die Unwirksamkeit der Vereinbarung. Eine Vereinbarung kann auch nur teilweise unwirksam sein, außer „wenn der verbliebene wirksame Vereinbarungsteil keine sinnvolle und in sich geschlossene Regelung mehr darstellt“[996]. Inwiefern die teilweise Anwendung der Auffangregelung zu einer solchen geschlossenen Regelung beitragen kann, ist sogleich festzustellen.

Angesichts des Schutzzwecks der Richtlinien steht fest, dass sich die Folge eines beachtlichen Mangels nicht auf die Unwirksamkeit der Vereinbarung beschränken

---

994 Zur Neuverhandlung siehe unten, D. II. 6. c) und d).

995 Siehe etwa *Seibt*, AG 2005, 413 (415). Auch wurden beispielsweise schon vor Erlass der EBR-RL wirksame Vereinbarungen zur Errichtung von EBR getroffen.

996 In Anlehnung an die Betriebsvereinbarung für die **SE**: *Feuerborn*, in: KK-AktG, SEBG, § 21 Rn. 80. So auch *Oetker*, in: FS-Konzen, 635 (658); *Henssler*, in: Ulmer/Habersack/Henssler, § 21 Rn. 66; *Hohenstatt/Müller-Bonanni*, in: Habersack/Drinhausen, SE-Recht, § 21 Rn. 7; *Jacobs*, in: MüKo-AktG, SEBG, § 21 Rn. 8b; *Oetker*, in: Lutter/Hommelhoff/Teichmann, SEBG, § 21 Rn. 93.

kann. Teilweise wird vertreten, dass die Unternehmensleitung zur erneuten Einleitung des Verhandlungsverfahrens verpflichtet ist.[997] Zwar besteht grundsätzlich die Möglichkeit von Neuverhandlungen[998], allerdings ist die Arbeitgeberseite jedenfalls nach Ablauf der Verhandlungsfrist und außerhalb der gesetzlich vorgesehenen Fälle nicht verpflichtet, Verhandlungen aufzunehmen. Die Folge einer unwirksamen Vereinbarung ergibt sich vielmehr aus dem Gesetz.[999] Danach greift die Auffanglösung, wenn innerhalb des Verhandlungszeitraums keine Vereinbarung zustande gekommen ist. „Keine Vereinbarung" in diesem Sinne liegt auch dann vor, wenn die Parteien eine mit beachtlichen Mängeln versehene Vereinbarung getroffen haben.[1000]

Fraglich ist in diesem Zusammenhang, ob die Auffanglösung bei Mängeln immer insgesamt zur Anwendung gelangt – oder ob bei inhaltlichen Mängeln auch eine teilweise Anwendung möglich ist. Gegen eine teilweise Anwendung spricht der Wortlaut der soeben zitierten Normen, welche die anzuwendenden Normen exakt vorgeben. Zudem wurde oben bereits dargelegt, dass sich die Auffanglösung nur bedingt zur Lückenfüllung eignet.[1001] Grundlage dieser Überlegung war, dass Lücken aufgrund der Eigenschaft der Auffanglösung als Blaupause unter Umständen absichtlich geschaffen wurden. Mit absichtlich geschaffenen Lücken können Mängel jedoch nicht verglichen werden. Für eine auch teilweise Anwendung der Auffanglösung spricht der Zweck der Richtlinien. Der Schaffung einer an Mitwirkungskulturen und Unternehmen angepassten Regelung widerspräche es, wenn die gesamte Vereinbarung fällt und ein einheitliches, vom Gesetzgeber vorgegebenes Modell zur Anwendung gelangt. Somit sprechen die besseren Gründe dafür, die Auffanglösung auch nur teilweise anwenden zu können.[1002]

cc) Gesellschaftsrechtliche Folgen

Weiterhin ist über die Folgen in den Fällen nachzudenken, in denen eine Regelung über die Arbeitnehmermitwirkung Voraussetzung für die Eintragung der Gesellschaft ist. Nach Artt. 12 II SE-VO; 11 II SCE-VO; 16 III GV-RL i.V.m. 12 II SE-VO kann die Gesellschaft nur eingetragen werden, wenn eine Vereinbarung abgeschlossen wurde, ein Beschluss des BVG über die Nichtaufnahme oder den Abbruch der

---

997 **SE**: *Oetker*, in: FS-Konzen, 635 (659); ähnlich *Jacobs*, in: MüKo-AktG, SEBG, § 21 Rn. 8c.

998 Siehe unten, D. II. 6. c) und d).

999 Artt. 7 I EBR-RL; 7 I b) SE-RL; 7 I b) SCE-RL; 16 III e) GV-RL i.V.m. 7 I b) SE-RL bzw. §§ 21 I 2 EBRG; 22 I Nr. 2, 34 I SEBG; 22 I Nr. 2 SCEBG, 34 I SCEBG; 23 I Nr. 2 MgVG.

1000 **SE**: Angesichts dieser Rechtsfolge besteht keine Regelungslücke, sodass auch keine analoge Anwendung von § 18 III SEBG in Betracht kommt. So aber *Forst*, Beteiligungsvereinbarung, S. 341ff.; *Hoops*, Mitbestimmungsvereinbarung, S. 194f.

1001 Siehe oben, D. II. 4. c).

1002 **SE**: Dafür ohne Begründung auch *Feuerborn*, in: KK-AktG, SEBG, § 21 Rn. 80; *Henssler*, in: Ulmer/Habersack/Henssler, SEBG, § 21 Rn. 66; *Oetker*, in: Lutter/Hommelhoff/Teichmann, SEBG, § 21 Rn. 93.

Verhandlungen vorliegt oder die Verhandlungsfrist ergebnislos verstrichen ist. Soeben wurde dargelegt, dass im Falle eines beachtlichen Mangels die Auffanglösung ganz oder teilweise eingreift. Damit besteht eine vergleichbare Situation zum ergebnislosen Fristablauf. Dem Zweck der Regelung, zunächst klare Verhältnisse über die Arbeitnehmermitwirkung zu schaffen, wird damit ausreichend Rechnung getragen. Daneben wird in der Literatur auf eine lediglich formelle Prüfungspflicht des Registergerichts[1003] und vergleichend auf die Behandlung von fehlerhaften Bestimmungen in der Satzung[1004] verwiesen.

dd) Schwierigkeiten bei einer Unwirksamkeit ex tunc?

Die Beteiligungsvereinbarung ist ein Rechtsgeschäft, mithin wirkt grundsätzlich – zumindest bei Anwendung des deutschen Vertragsstatuts – die Nichtigkeit der Vereinbarung *ex tunc*. Es stellt sich die Frage, inwiefern eine solche Wirkung Schwierigkeiten hervorrufen kann. Grundsätzlich besteht im Bereich von Dauerschuldverhältnissen und andauernden Rechtsbeziehungen das Problem, dass eine Rückabwicklung häufig schwierig oder gar unmöglich ist und gegebenenfalls Dritte auf die Gültigkeit vertraut haben. Durch Unterrichtung und Anhörung können keine Rechtsgeschäfte abgeschlossen werden, mithin müsste im Falle einer Unwirksamkeit *ex tunc* weder eine Rückabwicklung erfolgen, noch besteht ein schutzwürdiges Vertrauen Dritter auf deren Gültigkeit. Etwas anderes gilt im Bereich der Mitbestimmung. Beschlüsse und Vereinbarungen mit der Unternehmensleitung wären unwirksam und müssten gegebenenfalls rückabgewickelt werden, jedenfalls im Falle einer monistischen Leitungsstruktur wären auch die Interessen Dritter betroffen.

Allerdings sehen die Umsetzungsgesetze der Rechtsakte, die eine Mitbestimmung ermöglichen, ein Statusverfahren vor.[1005] Danach muss der Vorstand bzw. der Vorsitzende des Verwaltungsrats die maßgebenden Vorschriften bekanntmachen, wenn er der Ansicht ist, dass der Aufsichtsrat bzw. Verwaltungsrat nicht nach „den für ihn maßgebenden gesetzlichen Vorschriften“ zusammengesetzt ist. Oben wurde festgestellt, dass im Falle der Unwirksamkeit einer Beteiligungsvereinbarung die gesetzliche Auffanglösung ganz oder teilweise eingreift.[1006] Ist also

---

1003 Umstritten, für die **SE**: Dafür: *Kiem*, ZHR 173 (2009), 155 (172ff.); *Wißmann*, in: FS-Richardi, S. 841 (845); *Donner*, Kollektivrechtliche Vereinbarungslösungen, S. 344f.; *Jacobs*, in: MüKo-AktG, SEBG, § 21 Rn. 8c; *Rieble*, in: ZAAR Band 12, § 3 Rn. 69. Für eine (eingeschränkte) materielle Prüfungspflicht: *Oetker*, in: BB-Special, 1/2005, 25 (5); *Forst*, Beteiligungsvereinbarung, S. 323f.; *Hoops*, Mitbestimmungsvereinbarung, S. 187; *Henssler*, in: Ulmer/Habersack/Henssler, § 21 Rn. 67ff.

1004 **SE**: *Jacobs*, in: MüKo-AktG, SEBG, § 21 Rn. 8c; *Oetker*, in: FS-Konzen, 635 (658f.); *Oetker*, in: Lutter/Hommelhoff/Teichmann, SEBG, § 21 Rn. 95.

1005 **SE**: Monistische Struktur: § 25 SEAG; dualistische Struktur: §§ 17 III 1 SEAG i.V.m. 97ff. AktG. **SCE**: Monistische Struktur: §§ 19 II 1 SCEAG i.V.m. 97ff. AktG; dualistische Struktur: §§ 15 SCEAG i.V.m. 97ff. AktG. **GV**: §§ 24 II 2 MgVG i.V.m. 97ff. AktG.

1006 Siehe oben, D. II. 5. b) bb).

eine Beteiligungsvereinbarung nichtig und richtet sich die Zusammensetzung des Aufsichts- bzw. Verwaltungsrats nach ihren Bestimmungen, dann gelten nicht die „für ihn maßgebenden gesetzlichen Vorschriften". Der Anwendungsbereich des Statusverfahrens ist demnach eröffnet.[1007] Folge des Verfahrens ist, dass die gesetzlichen Vorschriften aus der Bekanntmachung – die Bestimmungen der Auffanglösung – gelten, wenn nicht innerhalb eines Monats nach der Bekanntmachung das zuständige Gericht angerufen wird.[1008] Der Vorstand bzw. Verwaltungsrat hat bis zur Beendigung der ersten Hauptversammlung nach Ablauf der Anrufungsfrist und spätestens bis zum Ablauf von sechs Monaten Zeit, um die Zusammensetzung des Organs an die gesetzliche Auffanglösung anzupassen, denn mit Ablauf dieser Frist erlischt das Amt der bisherigen Mitglieder.[1009] Daraus folgt zugleich, dass der Aufsichts- bzw. Verwaltungsrat bis zu diesem Zeitpunkt im Amt bleibt; folglich sind die durch ihn abgeschlossenen Rechtsgeschäfte bis dahin gültig.[1010] Somit bedarf es keiner Rückabwicklung und die Interessen Dritter werden nicht berührt.

Davon ist der Fall abzugrenzen, dass die Beteiligungsvereinbarung selbst wirksam ist, aber ein Mangel in der Umsetzung vorliegt – beispielsweise durch eine Verletzung der Wahlvorschriften. Diese Konstellation ist nicht Gegenstand der Arbeit, weil sie keinen Mangel der Vereinbarung darstellt. Bei der Bearbeitung der Frage, ob eine „Lehre von der fehlerhaften Beteiligungsvereinbarung"[1011] entwickelt werden sollte, sind jedoch einige Besonderheiten zu beachten. Zunächst sind die anerkannten Lehren durch Rechtsfortbildung entstanden und nicht ohne weiteres

---

1007 **SE**: *Teichmann*, in: Lutter/Hommelhoff/Teichmann, SE, Anh. Art. 43 SE-VO (§ 25 SEAG) Rn. 13, vgl. auch *Hoops*, Mitbestimmungsvereinbarung, S. 194f. A.A. ist *Forst*, Beteiligungsvereinbarung, S. 336f., der das Statusverfahren für unanwendbar hält, wenn die Unwirksamkeit einer Beteiligungsvereinbarung im Raum steht. Dem kann nicht gefolgt werden. § 25 I 1 SEAG nennt ausdrücklich auch die vertraglichen Vorschriften, verlangt lediglich Zweifel und formuliert keine darüber hinausgehende Einschränkung. Allerdings will *Forst* im Falle einer unwirksamen Vereinbarung auch nicht die Auffanglösung eingreifen lassen, sondern nach § 18 III SEBG analog neue Verhandlungen durchführen. Dadurch verschiebt sich die Problemstellung.

1008 **SE**: §§ 17 III 1 SEAG i.V.m. 97 II 1 AktG bzw. § 25 II 1 SEAG. **SCE**: §§ 15 SCEAG i.V.m. 97 II 1 AktG bzw. §§ 19 II 1 SCEAG i.V.m. 97 II 1 AktG. **GV**: §§ 24 II 2 MgVG i.V.m. 97 II 1 AktG.

1009 **SE**: §§ 17 III 1 SEAG i.V.m. 97 II 2, 3 AktG bzw. § 25 II 2, 3 SEAG. **SCE**: §§ 15 SCEAG i.V.m. 97 II 2, 3 AktG bzw. §§ 19 II 1 SCEAG i.V.m. 97 II 2, 3 AktG. **GV**: §§ 24 II 2 MgVG i.V.m. 97 II 2, 3 AktG.

1010 **SE**: *Teichmann*, in: Lutter/Hommelhoff/Teichmann, SE, Anh. Art. 43 SE-VO (§ 25 SEAG) Rn. 13.

1011 *Forst*, Beteiligungsvereinbarung, S. 336f. bejaht die Anwendung der Lehre vom fehlerhaften Organ, die richterrechtlich für die AG anerkannt ist, über Art. 10 SE-VO.

verallgemeinerungsfähig; nicht für jedes Dauerschuldverhältnis kann bereits aus Gründen von Rückabwicklungsschwierigkeiten eine Unwirksamkeit *ex nunc* abgeleitet werden.[1012] Daneben sollte das neuere Urteil des BGH beachtet werden, wonach die Lehre vom fehlerhaften Organ grundsätzlich nicht auf den Aufsichtsrat anzuwenden ist.[1013] Ferner ist zu bedenken, dass der Gesetzgeber durch das Vorher-Nachher-Prinzip erheblichen Aufwand betrieben hat, um bestehende Mitbestimmungsrechte zu schützen.[1014] Es wäre zu prüfen, inwiefern eine Unwirksamkeit *ex tunc* die vergangene Mitbestimmung beeinflusst und das Ziel des Schutzes erworbener Rechte untergraben kann. Schließlich ist auch zu berücksichtigen, dass bereits eine hohe Toleranz gegenüber Mängeln hergeleitet wurde und auch schon auf diese Weise ein Schutz erzeugt wird.

ee) Ergebnis

Insgesamt ist festzuhalten, dass eine Vereinbarung nach ihrem Abschluss grundsätzlich der Einwirkung der Parteien entzogen ist. Die Parteien können folglich Mängel nicht mehr selbst beheben. Etwas anderes gilt nur, wenn es sich um inhaltliche Mängel handelt und eine Anpassung für diese Fälle ausdrücklich vorgesehen wurde. Wenn die Vereinbarung mit einem beachtlichen Mangel behaftet ist, kommt die Auffanglösung ganz oder teilweise zur Anwendung. Sofern der Mangel in einer Überschreitung des Kompetenzbereichs liegt, ist der Teil schlicht unwirksam; die gegebenenfalls bestehende Möglichkeit einer Genehmigung durch betroffene Dritte führt zu praktischen Schwierigkeiten und lässt sich mit der normativen Wirkung der Vereinbarung schwerlich vereinbaren. Bei einer teilweisen Unwirksamkeit und der gegebenenfalls eintretenden Teilanwendung der Auffangregelung besteht die Vereinbarung nur weiter, wenn sie sinnvoll und in sich geschlossen ist. Anderenfalls kommt die Auffangregelung insgesamt zur Anwendung. Der durch die Auffanglösung behobene Mangel kann auch nur eine Übergangslösung darstellen, falls die Parteien die erneute Aufnahme von Verhandlungen beschließen.[1015] Eine nichtige Beteiligungsvereinbarung führt im Bereich der Mitbestimmung nie dazu, dass bereits abgeschlossene Rechtsgeschäfte rückabgewickelt werden müssen. Es ist ein Statusverfahren einzuleiten, durch das die Zusammensetzung des Organs an die gesetzliche Auffanglösung angepasst wird und bis zu dessen Ende das bisherige Organ im Amt bleibt.

1012 Vergleiche *Busche*, in: MüKo-BGB, § 142 Rn. 17.
1013 BGH, Urteil vom 19.02.2013 – II ZR 56/12.
1014 Zum Vorher-Nachher-Prinzip oben, B. VI.
1015 Siehe unten, D. II. 6. d).

c) *Folgen einzelner Mängel*

aa) *Nichtbeachtung der essentialia negotii*

Oben wurde festgestellt, dass die Richtlinien und Umsetzungsgesetze einen Katalog mit Gegenständen enthalten, zu denen die Parteien eine Aussage treffen müssen.[1016] Insofern ist nach den Folgen zu fragen, wenn die Parteien dem nicht nachkommen und die Lücke durch Auslegung nicht geschlossen werden kann.

Die gewöhnliche Folge einer Nichteinigung über *essentialia negotii* ist grundsätzlich das Nichtzustandekommen des Vertrags.[1017] Grund dafür ist, dass diese Vertragsbestandteile eben essentiell sind und ohne Einigung über selbige ein Vertrag sinnvollerweise nicht zustande kommen kann. Diese Überlegung lässt sich nicht auf die *essentialia negotii* der Beteiligungsvereinbarung übertragen.[1018] Zwar gilt auch hier, dass eine Vereinbarung ohne Einigung über die in den Katalogen genannten Vorschriften die Arbeitnehmermitwirkung kaum sinnvoll gestalten kann. Allerdings besteht die Möglichkeit einer teilweisen Anwendung der Auffanglösung. Der Anwendung kann man nicht entgegenhalten, dass den Parteien auf diese Weise eine autonome Gestaltung ihrer Angelegenheiten verwehrt wird. Denn die Alternative wäre die vollständige Unwirksamkeit der Vereinbarung mit der Folge einer vollständigen Anwendung der Auffanglösung, sodass die Autonomie der Parteien noch weiter eingeschränkt wäre.[1019] Somit bietet sich bei Mängeln, die in einer Nichtbeachtung der *essentialia negotii* bestehen, eine teilweise Anwendung der Auffanglösung unter der oben hergeleiteten Voraussetzung einer dann insgesamt sinnvollen und in sich geschlossenen Regelung an.

Doch nicht immer liefert die subsidiäre Anwendung der Auffanglösung zufriedenstellende Regelungen. *Essentiale negotii* ist beispielsweise auch die Festlegung der Modalitäten der Kündigung. Doch die Auffanglösungen enthalten selbst mangels Vertragscharakter logischerweise keine ausdrückliche Regelung. Sofern also eine Teilanwendung der Auffanglösung erforderlich wird, die Auffanglösung in diesem Punkt aber keine Regelung trifft, muss in der jeweils anwendbaren nationalen Vertragsordnung nach Regelungen gesucht werden.[1020] Dabei kann man auf erhebliche Schwierigkeiten stoßen.[1021]

1016 Dies trifft nicht auf den Katalog des richtlinienwidrigen § 18 I EBRG zu, der bloß als Orientierungshilfe zu verstehen ist.

1017 Siehe *Busche*, in: MüKo-BGB, § 154 Rn. 3; *Eckert*, in: BeckOK-BGB, § 154 Rn. 8.

1018 **SE**: Anderer Ansicht ist *Heinze*, Mitbestimmung, S. 285, der bei einer bewussten Nichtregelung von der Nichtigkeit der Vereinbarung insgesamt ausgeht.

1019 Dennoch für die gesamte Anwendung der Auffanglösung wohl: **SE**: *Evers/Hartmann*, in: Manz/Mayer/Schröder, SEBG, § 21 Rn. 10.

1020 Zur anwendbaren Rechtsordnung siehe oben, B. III.

1021 Dazu unten, D. II. 7. a) aa).

bb) Verstöße gegen den Grundsatz der vertrauensvollen Zusammenarbeit

Auch der Verstoß gegen den Grundsatz der vertrauensvollen Zusammenarbeit behaftet die Vereinbarung mit einem Mangel. Ein Verstoß liegt beispielsweise vor, wenn das nach den Vorschriften der deutschen Umsetzungsgesetze zustande gekommene BVG streikt, wenn die Arbeitgeberseite begründeten Wünschen während des Verhandlungsprozesses nicht stattgegeben hat oder wenn Verhandlungen grundlos verweigert wurden.[1022] Es lässt sich jedoch keine pauschale Folge für einen solchen Verstoß formulieren. Denn nicht jede zurückgehaltene Information kann zur Unwirksamkeit der Vereinbarung führen; andersherum kann eine erzwungene Regelung nicht einfach hingenommen werden. Die Beachtlichkeit eines Verstoßes sollte sich auch hier am Zweck der Vereinbarung messen. Schränkt das Verhalten einer Partei die Suche nach einem an Unternehmen und Kulturen angepassten Verhandlungsmodell wesentlich ein und hätten die Parteien bei korrektem Verhalten eine Vereinbarung diesen Inhalts nicht abgeschlossen, so ist der Mangel beachtlich. Eine Beachtlichkeit wird demnach in aller Regel in den Fällen der Täuschung, Drohung und einer durch Streik[1023] erzwungenen Regelung anzunehmen sein.

Die in diesen Fällen eintretende unmittelbare Unwirksamkeit weicht von der Konzeption der Anfechtung wegen arglistiger Täuschung oder Drohung gemäß § 123 BGB ab. Dort tritt die Nichtigkeit erst ein, wenn die betroffene Partei die Anfechtung erklärt. Zweck des Erfordernisses einer Erklärung ist, dass dem Betroffenen ein Wahlrecht bezüglich der Gültigkeit zukommen soll.[1024] Mit der Konzeption der Richtlinien lässt sich ein Wahlrecht nicht vereinbaren, weil der Gesetzgeber die vertrauensvolle Zusammenarbeit ausdrücklich formuliert und so zur Voraussetzung erhoben hat. Außerdem gestalten die Parteien nicht allein ihre eigenen Verhältnisse, sondern verfolgen ein vom Gesetzgeber gestecktes Ziel und treffen eine Vereinbarung, die aufgrund ihrer normativen Wirkung auch für Dritte gilt.

cc) Inhalts- und Erklärungsirrtum

In der Literatur streitet man sich darüber, welche Vorschriften bei Willensmängeln der Parteien anzuwenden sind.[1025] Oben wurde ermittelt, welche Rechtsordnung jeweils anzuwenden ist.[1026] Doch zunächst muss geklärt werden, ob sich nicht bereits der Konzeption der Richtlinien eine spezielle Regelung bezüglich des Umgangs mit Willensmängeln entnehmen lässt. Nachzudenken ist allein über den Inhalts- und

---

1022 Siehe dazu oben, D. I. 1. b) dd).

1023 Das Streikverbot gilt nur nach den deutschen Umsetzungsgesetzen, siehe dazu oben D. I. 1. b) dd) (2).

1024 Singer, in: *Staudinger*, BGB, § 123 Rn. 1, 87; *Armbrüster*, in: MüKo-BGB, § 123 Rn. 2.

1025 Für eine Anwendung des DCFR: **SE**: *Forst*, Beteiligungsvereinbarung, S. 318. Für eine Anwendung des BGB: **SE**: *Hoops*, Mitbestimmungsvereinbarung, S. 186. *Rieble*, in: ZAAR Band 12, § 3 Rn. 78 mit Einschränkungen. Für eine Entwicklung „aus dem Europarecht selbst“: **SE**: *Rehberg*, in: ZAAR Band 12, § 2 Rn. 20.

1026 Siehe oben, B. III.

Erklärungsirrtum, weil auf Drohung und Täuschung beruhende Mängel bereits über die soeben behandelten Folgen eines Verstoßes gegen den Grundsatz der vertrauensvollen Zusammenarbeit erfasst werden.

Inhalts- und Erklärungsirrtum sind Mängel, die in der Sphäre des Erklärenden liegen. Der deutsche Gesetzgeber hat sich in § 119 BGB für eine Anfechtbarkeit mit der möglichen Folge eines Schadensersatzanspruchs des Anfechtungsgegners entschieden, weil einerseits die Bestandskraft der Erklärung nur schwerlich mit der Privatautonomie zu vereinbaren ist und andererseits der Rechtsverkehr hinreichend geschützt werden muss.[1027] Die Anfechtung hat in diesem Fall also einen Kompromisscharakter. Dieser Kompromiss ist keinesfalls selbstverständlich.[1028] Beispielsweise lässt II.-7:201 DCFR eine Anfechtung nur zu, wenn der Anfechtungsgegner einen Beitrag zum Irrtum geleistet hat und gibt auf diese Weise dem Verkehrsschutz den Vorrang.[1029]

Bei der Beurteilung der Beachtlichkeit von Inhalts- und Erklärungsirrtum ist folglich zunächst festzustellen, ob überhaupt ein vergleichbares Spannungsfeld zwischen Autonomie und Verkehrsschutz besteht. Auf Seiten der Autonomie ist zu beachten, dass die Parteien nicht „ins Blaue hinein" erklären. Wer trotz der Möglichkeit der Hinzuziehung von Sachverständigen und der Anwesenheit von Gewerkschaftsvertreten, trotz der Existenz von Beratungsrechten, Auffanglösung und Formvorschriften irrt, ist weniger schutzbedürftig. Auf der anderen Seite besteht ein gesteigertes Bedürfnis an einer Geltung der Vereinbarung, das eine hohe Toleranz gegenüber Mängeln gebietet.[1030] Das Verhältnis zwischen Autonomie und Verkehrsschutz[1031] fällt somit deutlich stärker zuungunsten der Autonomie aus, als es bei gewöhnlichen schuldrechtlichen Verträgen der Fall ist. Bereits dieses Verhältnis rechtfertigt es, unabhängig vom Prinzip der Bestandskraft der Vereinbarung und der Intensität des Irrtums, eine generelle Unbeachtlichkeit von Inhalts- und Erklärungsirrtum aus den Richtlinien zu folgern. Im Ausnahmefall kann sich ein Anspruch auf Anpassung der Vereinbarung aus dem Grundsatz der vertrauensvollen Zusammenarbeit ergeben.

dd) Überschreitung des Regelungsauftrags

Überschreiten die Parteien ihren Regelungsauftrag[1032] und schaffen Bestimmungen, die mit „Unterrichtung und Anhörung" bzw. „Arbeitnehmerbeteiligung" in keinem

---

1027 *Armbrüster*, in: MüKo-BGB, § 119 Rn. 1f.; *Singer*, in: Staudinger, BGB, § 119 Rn. 2.

1028 Die Behandlung war insbesondere vor Erlass des BGB sehr umstritten, siehe dazu den Überblick bei *Armbrüster*, in: MüKo-BGB, Vorbemerkung § 116ff. Rn. 21.

1029 Vgl. *Forst*, Beteiligungsvereinbarung, S. 319.

1030 Siehe oben, D. II. 5. a).

1031 Verkehrsschutz meint in diesem Zusammenhang nicht das Vertrauen des Erklärungsempfängers auf die Gültigkeit der Erklärung, sondern das oben ermittelte allgemeine Interesse an der Geltungskraft der Vereinbarung.

1032 Siehe zur Grenze des Regelungsauftrags oben, D. II. 2. c) bb) (1).

Zusammenhang stehen, sind diese Vereinbarungsteile nichtig.[1033] Zu solchen Vereinbarungen zählen beispielsweise die Ausstattung des EBR mit „echten“ Mitbestimmungsrechten[1034] oder sachfremde Versprechen durch die Arbeitgeberseite, mit denen Mitbestimmungsrechte „abgekauft“ werden sollen.[1035] Gerade in letzterem Fall ist besonders zu prüfen, ob der verbleibende Teil der Vereinbarung noch sinnvoll und in sich geschlossen ist. Versprechen an einer Stelle bedingen nicht selten Zugeständnisse an einem anderen Ort. Erklärt man nur eines von beiden für nichtig, ist die Regelung nicht mehr in sich geschlossen.

ee) Fehlerhafte Zusammensetzung des BVG

Nicht jede fehlerhafte Zusammensetzung des BVG führt zur Unwirksamkeit der Vereinbarung. Zweck der Vorschriften über die Besetzung des Gremiums ist vorrangig die Abbildung der unterschiedlichen Mitwirkungskulturen.[1036] Auf diese Weise soll der Zweck der Vereinbarung – der Ausgleich zwischen den Kulturen – erreicht werden. Nur nachrangig bezwecken die Vorschriften eine Legitimation des Gremiums.[1037] Daraus folgt, dass bei einer mangelhaften Zusammensetzung des BVG differenziert werden muss. Ein Mangel ist jedenfalls dann beachtlich, wenn die Mitwirkungskultur eines Mitgliedstaats, welche berücksichtigt werden müsste, gänzlich unberücksichtigt bleibt. Von einer Berücksichtigung ist auszugehen, wenn im BVG wenigstens ein Mitglied aus dem entsprechenden Mitgliedstaat vertreten ist. Ein Mangel ist auch immer dann beachtlich, wenn er in einem Verstoß gegen wesentliche Verfahrens- und Schutzvorschriften besteht.[1038] Schutz bezweckt vor allem die Vorgabe über die Besetzung mit Gewerkschaftsvertretern sowie die erforderte qualifizierte Mehrheit im Falle der Nichtaufnahme oder des Abbruchs von Verhandlungen bzw. der Minderung[1039] der Mitbestimmung.

Liegt der Mangel außerhalb dieser Bereiche, die stets zur Beachtlichkeit führen, kann er vor dem Hintergrund der oben ermittelten Leitlinien unbeachtlich sein. Eine Unbeachtlichkeit ist insbesondere dann anzunehmen, wenn die fehlerhafte Besetzung versehentlich geschah und bei korrekter Besetzung kein wesentlich anderes

---

1033 Für eine Unwirksamkeit insgesamt bei der **SE**: *Hoops*, Mitbestimmungsvereinbarung, S. 185.

1034 Siehe dazu oben D. II. 2. c) cc) (2) (b).

1035 Dazu oben, B. V. 2.

1036 Siehe oben, C. I. 2. b) bb).

1037 Siehe dazu oben, C. I. 2., für die **SE** auch: *Oetker*, in: Lutter/Hommelhoff/Teichmann, SEBG, § 4 Rn. 6.

1038 In Anlehnung an die Literatur zur Betriebsvereinbarung, für die **SE**: *Feuerborn*, in: KK-AktG, SEBG, § 21 Rn. 79; *Hohenstatt/Müller-Bonanni*, in: Habersack/Drinhausen, SE-Recht, § 21 Rn. 6; *Oetker*, in: FS-Konzen, 635 (658); *Jacobs*, in: MüKo-AktG, SEBG, § 21 Rn. 8b.

1039 **SE**: *Hoops*, Mitbestimmungsvereinbarung, S. 184; *Feuerborn*, in: KK-AktG, SEBG, § 21 Rn. 79; *Henssler*, in: Ulmer/Habersack/Henssler, § 21 Rn. 64.

Ergebnis zu erwarten gewesen wäre.[1040] Findet sich bei der Zusammensetzung des BVG ein beachtlicher Mangel, kann die Wahl angefochten werden.[1041] In der Folge ist die Auffanglösung anzuwenden.

6. Änderungen, Anpassungen und Neuverhandlungen

a) Änderungen

Nur die EBR-RL enthält Aussagen über die Möglichkeit einer Änderung der geltenden Vereinbarung. Nach Erwägungsgrund Nr. 28 und Art. 6 II g) EBR-RL gehört eine Regelung der Änderung zu den *essentialia negotii*. Die Auffanglösung regelt die Änderung hingegen nicht; der Gesetzgeber überlässt das „ob" und „wie" von Änderungen also gänzlich den Parteien. Fehlt die Regelung in der Vereinbarung[1042] oder kommt die Auffanglösung zur Anwendung, bleibt folglich nur die Neuverhandlung der Vereinbarung. Diese Systematik kommt auch in Erwägungsgrund Nr. 40 S. 2, 3 EBR-RL zum Ausdruck. § 18 I Nr. 7 EBRG entspricht der Richtlinienvorgabe.

Die SE-RL, SCE-RL und GV-RL enthalten hingegen keine Aussagen zur Änderung der Vereinbarung. Gleiches gilt für die Umsetzungsgesetze. Gleichwohl können sich die Parteien autonom einigen, ob die Vereinbarung nach ihrem Abschluss der Änderung zugänglich sein soll und das Verfahren festlegen.

b) Anpassung bzw. Neuverhandlung bei „strukturellen Änderungen"

Das Gesetz knüpft an strukturelle Änderungen besondere Folgen. Eine Ausnahme dazu bildet nur die GV-RL bzw. das MgVG. Betrachtet man die Richtlinien in ihrer zeitlichen Reihenfolge, kann man durchaus von einer Evolution der Folgen struktureller Änderungen sprechen. Die Entwicklung ist in Zusammenhang mit der Mitteilung der Kommission zur Rolle der EU in Umstrukturierungsprozessen[1043] zu sehen.

1040 Weiter noch für die **SE**: *Hoops*, Mitbestimmungsvereinbarung, S. 183 („Eine solche Nichtigkeit der Wahl liegt jedoch nur in Ausnahmefällen vor, nämlich wenn in so hohem Maße gegen die Grundsätze einer ordnungsgemäßen Wahl verstoßen wurde, dass selbst der Anschein einer Wahl nicht mehr gegeben ist.").

1041 **SE**: *Hoops*, Mitbestimmungsvereinbarung, S. 184; *Henssler*, in: Ulmer/Habersack/Henssler, SEBG, § 21 Rn. 63.

1042 Zu den Folgen einer Nichteinigung über *essentialia negotii* siehe unten, D. II. 5. c) aa).

1043 KOM(2005) 120 endgültig: „Umstrukturierung und Beschäftigung – Umstrukturierungen antizipieren und begleiten und die Beschäftigung fördern: die Rolle der Europäischen Union". Mit dieser Mitteilung wurde zugleich die zweite Phase der Anhörung der Sozialpartner zur Novellierung der EBR-RL eingeleitet.

aa) EBR

In der Fassung der EBR-RL von 1994 haben strukturelle Änderungen noch keine Rolle gespielt.[1044] Im Rahmen der Anhörung der Sozialpartner durch die Kommission hat die Arbeitnehmerseite schon in der ersten Anhörungsphase im April 2004 geäußert, dass die Auswirkungen von Umstrukturierungen auf die Vereinbarung geregelt werden sollten.[1045] Die „Unsicherheiten bezüglich der Zukunft der Europäischen Betriebsräte bei Zusammenschlüssen, Übernahmen und anderen Änderungen der Größenordnung" sah die Kommission als eine der großen Herausforderungen bei der Novellierung der Richtlinie.[1046] Die neugefasste EBR-RL 2009 nimmt sich dieser Problematik an. Nach Erwägungsgrund Nr. 40 und Art. 13 bedarf es bei wesentlichen strukturellen Änderungen der Anpassung des bestehenden EBR. Die Parteien sollen nach Art. 6 II g) EBR-RL schon in der Beteiligungsvereinbarung vorsehen, wie die Anpassung zu erfolgen hat oder wann Neuverhandlungen einzuleiten sind. Treffen sie keine Bestimmungen, sind nach Art. 13 EBR-RL neue Verhandlungen unter Beteiligung von mindestens drei Mitgliedern des bestehenden EBR einzuleiten. § 37 I, II EBRG setzt diese Vorgaben um.

Der Normzweck ergibt sich unmittelbar aus dem Zweck der Vereinbarkeit der Arbeitnehmermitwirkung. Den Parteien wurde die autonome Gestaltung überlassen, damit sie eine an Unternehmen und Kulturen angepasste Arbeitnehmermitwirkung schaffen können. Ändert sich das Unternehmen, ist die Vereinbarung mitunter nicht mehr angepasst und bedarf ihrerseits der Korrektur. Gleiches gilt, wenn zum Unternehmen eine neue und in der Beteiligungsvereinbarung nicht berücksichtigte Mitwirkungskultur hinzutritt.

Das Gesetz definiert den Begriff der wesentlichen strukturellen Änderungen nicht, nennt aber einige Regelbeispiele. Als Änderung in diesem Sinne gelten demnach der Zusammenschluss, die Spaltung und die Verlegung von Unternehmen oder Unternehmensgruppen sowie die Verlegung oder Stilllegung von Betrieben, soweit sie Auswirkungen auf die Zusammensetzung des EBR haben können.

bb) SE

(1) SE-RL

Weniger deutlich sind die Vorgaben der SE-RL. Der einzige Anhaltspunkt findet sich in Erwägungsgrund Nr. 18 S. 3. Danach sollte „dieser Ansatz [das Vorher-Nachher-Prinzip] auch für strukturelle Veränderungen einer bereits gegründeten SE und für die von den strukturellen Änderungsprozessen betroffenen Gesellschaften gelten."

1044 Allerdings enthielt das EBRG schon damals in § 18 I 2 Nr. 6 eine Regelung. Dazu *Däubler*, in: FS-Schaub, 95 (112f.).

1045 Siehe die Anhörung der europäischen Sozialpartner zur Änderung der Richtlinie 94/45/EG, C/2008/660 vom 20.2.2008, S. 2.

1046 Siehe die Anhörung der europäischen Sozialpartner zur Änderung der Richtlinie 94/45/EG, C/2008/660 vom 20.2.2008, S. 4.

Damit ist allein der Bereich der Mitbestimmung betroffen.[1047] Daneben sieht Art. 4 II h) SE-RL vor, dass die Parteien in der Beteiligungsvereinbarung die Neuverhandlung regeln sollen, jedoch wird die Norm durch den fehlenden Verweis auf strukturelle Änderungen nicht so deutlich wie Art. 6 II h) EBR-RL. Eine mit Art. 13 EBR-RL vergleichbare Vorschrift fehlt gänzlich.

Es wird folglich ein anderer Zweck als im Rahmen der EBR-RL verfolgt. Als Folge der strukturellen Änderung nimmt man nicht die erforderliche Anpassung der Vereinbarung an die geänderten Umstände im Unternehmen in den Fokus, sondern maßgeblich die Gefahr der Minderung bereits erworbener Beteiligungsrechte.

(2) SEBG

Ein Erwägungsgrund Nr. 18 S. 3 entsprechender Inhalt ergibt sich aus § 1 I, IV SEBG. In § 21 IV SEBG werden die Parteien dazu aufgefordert, in der Vereinbarung die Verhandlungen im Falle struktureller Änderungen zu regeln.[1048] Daneben enthält § 18 III SEBG detaillierte Vorgaben, die nicht durch die Beteiligungsvereinbarung abbedungen werden können.[1049] Falls die Verhandlungen scheitern, greift nach §§ 18 IV, 22 II, 34 I SEBG die Auffangregelung.

(a) Voraussetzung des § 18 III SEBG

§ 18 III SEBG hat in der Literatur viel Kritik erfahren; die Norm wird als „rechtsdogmatischer Stolperstein“[1050] oder gar als richtlinienwidrig[1051] bewertet und rechtspolitisch[1052] kritisiert. Zumindest die Richtlinienwidrigkeit kann man nicht annehmen, denn § 18 III SEBG verwirklicht den Gedanken des Erwägungsgrund Nr. 18 S. 3 SE-RL.[1053] In der Tat bereitet es jedoch Probleme, den Inhalt der Norm zu bestimmen.[1054] Denn wann liegt eine strukturelle Änderung vor und in welchen Fällen ist sie geeignet, Beteiligungsrechte der Arbeitnehmer zu mindern?

1047 Siehe dazu oben, B. VI.

1048 Zur praktischen Bedürfnis einer Regelung siehe *Teichmann*, in: FS-Hellwig, 347 (368f.).

1049 BT-Drs. 15/3405 S. 51; siehe auch *Jacobs*, in: MüKo-AktG, SEBG, § 21 Rn. 25. Kritisch *Teichmann*, in: FS-Hellwig, 347 (369f.).

1050 **SE**: *Teichmann*, GPR 2010, 85 (91); *Jacobs*, in: MüKo-AktG, SEBG, § 18 Rn. 7.

1051 **SE**: Zweifelnd: *Grobys*, NZA 2005, 84 (91); *Kallmeyer*, ZIP 2004, 1442 (1443f.).

1052 **SE**: Stellungnahme des BDA, BDI, DIHK, GDV, BdB und DAI zum Referentenentwurf SEEG vom 3.5.2004, S. 10: Es wird kritisiert, dass im Falle des Scheiterns der Verhandlungen die Auffanglösung greift. Stellungnahme des DGB zum Referentenentwurf SEEG vom 25.5.2004: Es wird kritisiert, dass in dem alternativen Verhandlungsmodell keine Gewerkschaftsvertreter mehr anwesend sind.

1053 **SE**: Herrschende Meinung, siehe: *Forst*, Beteiligungsvereinbarung, S. 175; *Hoops*, Mitbestimmungsvereinbarung, S. 66; *Feuerborn*, in: KK-AktG, SEBG, § 18 Rn. 17; *Jacobs*, in: MüKo-AktG, SEBG, § 18 Rn. 7.

1054 **SE**: *Henssler*, ZHR 173 (2009), 222 (244): „erhebliche Rechtsunsicherheit“; *Hommelhoff*, ZHR 2010, 48 (67): „Auslegung und Anwendung als ausgesprochen schwierig“.

Der Begriff der *strukturellen Änderung* ist auch im SEBG nicht näher erläutert. Allein die Gesetzgebungsmaterialien enthalten einen Beispielsfall[1055], aus dem man jedoch keine Definition für die abstrakte Bestimmung schlussfolgern kann.[1056] Teilweise wird ein enges Verständnis des Merkmals gefordert, wahlweise durch eine Beschränkung auf gründungsähnliche Vorgänge[1057] und/oder korporative Akte von erheblichem Gewicht[1058]. Begründet wird dies mit der „massiven Belastung des Unternehmens durch Neuverhandlungen" und „den mühsam gefundenen Kompromiss einer etwaigen Beteiligungsvereinbarung".[1059] Diese Erwägungen mögen zutreffend sein, sind aber nichts weiter als rechtspolitische Bedenken. Im Übrigen war dem Gesetzgeber die Belastung durchaus bewusst. Er hat deshalb die Möglichkeit geschaffen, auf Arbeitnehmerseite den SE-BR anstelle eines neu zu bildenden BVG verhandeln zu lassen.[1060] Andere ziehen zur Begründung einer engen Auslegung Erwägungsgrund Nr. 18 SE-RL heran. Dort, so die Argumentation, werden strukturelle Änderungen mit der Neugründung gleichgesetzt, sodass sie einen gründungsähnlichen Charakter aufweisen müssen.[1061] Auch diese Erwägung ruft Bedenken hervor. Es erfolgt keine Gleichsetzung, sondern primär ein durchgehender Schutz der erworbenen Rechte in Konstellationen, die auch verschieden sein dürfen.[1062] Schließlich wird für ein enges Verständnis Art. 103 II GG herangezogen. Hintergrund ist, dass die strukturelle Änderung unter weiteren Voraussetzungen den Missbrauchstatbestand nach § 43 SEBG erfüllen kann. Da dieser nach § 45 I Nr. 2 SEBG strafbewehrt ist, muss die Strafbarkeit entsprechend Art. 103 II GG gesetzlich bestimmt sein – dies sei nur durch eine restriktive Auslegung zu erreichen.[1063] Dem kann nicht gefolgt werden.[1064] Abstrakten Normen ist es immanent, dass sie

---

1055 BT-Drs. 15/3405 S. 50: „[...] wenn eine SE ein mitbestimmtes Unternehmen mit einer größeren Zahl von Arbeitnehmern aufnimmt, in der SE aber bisher keine Mitbestimmung gilt."

1056 *Hoops*, Beteiligungsvereinbarung, S. 57; *Feuerborn*, in: KK-AktG, SEBG, § 18 Rn. 25.

1057 *Feldhaus/Vanscheidt*, BB 2009, 2247; *Krause*, BB 2005, 1221 (1228); *Müller-Bonanni/Müntefering*, BB 2009, 1699 (1702); *Wollburg/Banerjea*, ZIP 2005, 277 (278); *Feuerborn*, in: KK-AktG, SEBG, § 18 Rn. 24; *Henssler*, in: Ulmer/Habersack/Henssler, SEBG, § 18 Rn. 8; *Hohenstatt/Dzida*, in: Henssler/Willemsen/Kalb, SEBG, Rn. 32; *Jacobs*, in: MüKo-AktG, SEBG, § 18 Rn. 12.

1058 *Seibt*, AG 2005, 413 (427); *Rieble*, BB 2006, 2018 (2022); *Wollburg/Banerjea*, ZIP 2005, 277 (278f.); Henssler, ZHR 173 (2009), 222 (244).

1059 *Henssler*, in: Ulmer/Habersack/Henssler, SEBG, § 18 Rn. 8.

1060 Der Gesetzgeber hat dies ausdrücklich mit dem organisatorischem Aufwand der Neubildung des BVG begründet, BT-Drs. 15/3405 S. 49.

1061 *Feuerborn*, in: KK-AktG, SEBG, § 18 Rn. 24; *Jacobs*, in: MüKo-AktG, SEBG, § 18 Rn. 12.

1062 Ähnlich *Hoops*, Beteiligungsvereinbarung, S. 59.

1063 *Wollburg/Banerjea*, ZIP 2005, 277 (278); *Jacobs*, in: MüKo-AktG, SEBG, § 18 Rn. 12; in diese Richtung auch *Donner*, Kollektivrechtliche Vereinbarungslösungen, S. 371.

1064 Dagegen auch, über einen anderen Weg, *Hoops*, Beteiligungsvereinbarung, S. 57f; *Teichmann*, in: FS-Hellwig, 347 (364f.).

in einem gewissen Maße unbestimmt sind. Ihr Inhalt ist – innerhalb der äußersten Grenzen des Wortlauts – durch Auslegung näher zu bestimmen. Nur wenn dabei Unklarheiten entstehen, kann im Zuge einer verfassungskonformen Auslegung eine restriktive Auslegung geboten sein. Daher ist zunächst eine „gewöhnliche" Auslegung vorzunehmen.

Zunächst spricht der Wortlaut für ein weites Verständnis. Unter Struktur ist die Anordnung der Teile eines Ganzen zueinander zu verstehen. Das „Ganze" ist die SE, während die „Teile" ihre Organe, Tochtergesellschaften und Betriebe sind. Ändert sich die Anordnung dieser Teile oder kommen neue Teile hinzu, liegt eine strukturelle Änderung vor.[1065] Dieses Verständnis wird vom Zweck der Regelung getragen.[1066] Ziel des § 18 III SEBG ist nicht die Bewältigung einer strukturellen Änderung, sondern die Bewältigung ihrer negativen Folgen für bereits erworbenen Rechte. Für diesen Zweck spielt es keine Rolle, ob die Rechte der Arbeitnehmer durch strukturelle Änderungen von geringer oder starker Intensität gemindert werden.[1067] Viel sinnvoller ist es, entsprechende Korrekturen über das Kriterium der Beachtlichkeit einer Minderung herbeizuführen.

Fraglich ist, welche *Arbeitnehmer* durch § 18 III SEBG gemeint sind. Angesichts des Beispielsfalls aus den Gesetzgebungsmaterialien[1068] und der Folge des § 18 III 2 SEBG sind jedenfalls jene Arbeitnehmer erfasst, die neu zur SE hinzutreten.[1069] Doch dem Wortlaut unterfallen auch die Arbeitnehmer, welche bereits vor der strukturellen Änderung der SE zuzuordnen waren.[1070] Für diese sind jedoch kaum Fallgestaltungen denkbar, in denen eine strukturelle Änderung die Beteiligungsrechte bedrohen kann.[1071] Zwischen den beiden Gruppen von Arbeitnehmern ist bei der folgenden Untersuchung zu trennen.

Unklar ist die Voraussetzung der *Beteiligungsrechte*. Die Richtlinie spricht in Erwägungsgrund Nr. 18 von „Rechten der Arbeitnehmer über ihre Beteiligung an

---

1065 Ähnlich *Oetker*, in: Lutter/Hommelhoff/Teichmann, SEBG, § 18 Rn. 24, der unter strukturellen Änderungen ebenfalls nicht nur solche im gesellschaftsrechtlichen Sinn, sondern auch tatsächlicher Art begreift.

1066 Ähnlich *Rehberg*, ZGR 2005, 859 (883); *Freis*, in: Nagel/Freis/Kleinsorge, SEBG, § 18 Rn. 11.

1067 Ähnlich *Freis*, in: Nagel/Freis/Kleinsorge, SEBG, § 18 Rn. 11; *Oetker*, in: Lutter/Hommelhoff, SEBG (1. Aufl. 2008), § 18 Rn. 16, die angesichts des Normzwecks eine Einschränkung auf bestimmte Änderungen für zweifelhaft halten. Zweifel wirft auch auf: *Schäfer*, in: ZAAR Band 12, § 1 Rn. 16f.

1068 BT-Drs. 15/3405 S. 50.

1069 *Schäfer*, in: ZAAR Band 12, § 1 Rn. 15; *Henssler*, in: Ulmer/Habersack/Henssler, SEBG, § 18 Rn. 10; *Oetker*, in: Lutter/Hommelhoff/Teichmann, SEBG, § 18 Rn. 32.

1070 So auch *Feuerborn*, in: KK-AktG, SEBG, § 18 Rn. 30; *Jacobs*, in: MüKo-AktG, SEBG, § 18 Rn. 14.

1071 Aber beispielsweise die Sitzverlegung, siehe *Ringe*, NZG 2006, 931 (932f.); *Schäfer*, in: ZAAR Band 12, § 1 Rn. 15. *Hoops*, Mitbestimmungsvereinbarung, S. 63 sieht keine denkbaren Konstellationen.

Unternehmensentscheidungen". Oben wurde ausführlich dargelegt, dass darunter lediglich Mitbestimmungsrechte zu verstehen sind.[1072] Beteiligungsrechte nach § 18 III SEBG erfassen nach § 2 IX SEBG auch Unterrichtungs- und Anhörungsrechte.[1073] Die Bestimmung ist damit zu weitgehend.[1074] Fraglich ist weiterhin, auf welche Mitbestimmungsrechte sich § 18 III SEBG bezieht. Für neu zur SE hinzutretende Arbeitnehmer sind dies zweifelsfrei jene Rechte, die sie vor ihrem Eintritt erworben haben. Doch welche Rechte sind gemeint, wenn die strukturelle Änderung Arbeitnehmer der SE betrifft, für die bereits eine Beteiligungsvereinbarung gilt? Die Rechte, die vor Eintritt in die SE bestanden haben, oder die Rechte, die durch die Beteiligungsvereinbarung erworben wurden? Die Systematik führt in beide Richtungen. Einerseits bezieht sich das Vorher-Nachher-Prinzip stets auf die Rechte, welche die Arbeitnehmer vor Gründung der SE erworben haben. Andererseits wird dem Prinzip durch Mechanismen wie die Auffangregelung oder qualifizierte Mehrheiten bereits ausreichend Rechnung getragen. Es ist nicht ersichtlich, wieso neue Verhandlungen geführt werden sollen, wenn durch eine strukturelle Änderung die Rechte nach der Beteiligungsvereinbarung gewahrt bleiben. Zusammenfassend kann festgehalten werden, dass das Merkmal der Beteiligungsrechte nach § 18 III SEBG die Mitbestimmungsrechte meint, die für die Arbeitnehmer unmittelbar vor Durchführung der strukturellen Änderung tatsächlich bestehen. Folglich greift § 18 III SEBG nicht ein, wenn in der SE Schwellenwerte überschritten werden, die in den nationalen Rechtsordnungen das Eingreifen von Mitbestimmung zur Folge hätten. Denn Rechte, die eintreten würden, wurden nicht tatsächlich erworben.[1075]

Die strukturelle Änderung müsste sich eignen, die Rechte der Arbeitnehmer zu *mindern*. Der Begriff der Minderung ergibt sich aus Art. 3 IV 4 SE-RL bzw. § 15 IV SEBG. Fraglich ist jedoch, wann strukturelle Änderungen zur Minderung *geeignet* sind. Für die Arbeitnehmer, die bereits in der SE vertreten waren, liegt eine Eignung bei jeder durch die Änderung herbeigeführten negativen Abweichung von

---

1072 Siehe oben, B. VI.

1073 Das der deutsche Gesetzgeber dies auch so meint, wird auch an § 18 III 3 SEBG deutlich. Die Auffangregelung wird nicht auf die Bestimmungen der Mitbestimmung beschränkt.

1074 So im Ergebnis auch *Kallmeyer*, ZIP 2004, 1442 (1444); *Donner*, Kollektivrechtliche Vereinbarungslösungen, S. 370; mit falscher Begründung auch *Grobys*, NZA 2005, 84 (91). A.A.: *Feldhaus/Vanscheidt*, BB 2008, 2246 (2248); *Hoops*, Beteiligungsvereinbarung, S. 62; *Scheibe*, Mitbestimmung, S. 161.; *Jacobs*, in: MüKo-AktG, SEBG, § 18 Rn. 15; siehe dazu bereits oben, B. VI. Anderer Ansicht ohne Berücksichtigung der RL; *Feuerborn*, in: KK-AktG, SEBG, § 18 Rn. 29; *Oetker*, in: Lutter/Hommelhoff/Teichmann, SEBG, § 18 Rn. 31.

1075 Die Problematik der Schwellenwerte wird in der Literatur beim Merkmal der strukturellen Änderung diskutiert, siehe beispielsweise *Ziegler/Gey*, BB 2009, 1750 (1756); *Feuerborn*, in: KK-AktG, SEBG, § 18 Rn. 23; *Jacobs*, in: MüKo-AktG, SEBG § 18 Rn. 12. Tatsächlich ist sie, wie hier, dem Merkmal der Beteiligungsrechte zuzuordnen.

den Mitbestimmungsrechten gemäß der Beteiligungsvereinbarung vor. Wie bereits erwähnt, sind wenige strukturelle Änderungen denkbar, die dies bewirken können. Komplizierter ist die Lage bei neu hinzutretenden Arbeitnehmern. Das Merkmal der Eignung zur Minderung kann jedoch zufriedenstellend durch Normzweck und Systematik bestimmt werden. Normzweck ist die Ausdehnung des Vorher-Nachher-Prinzips über das Gründungsstadium hinaus. In der Systematik der Richtlinien sind zwei wesentliche Ausprägungen zu erkennen, die dieses Prinzip verwirklichen.[1076] Das ist zum einen die Auffanglösung und zum anderen das Erfordernis qualifizierter Mehrheiten bei der Minderung von Mitbestimmungsrechten. Von einer Eignung zur Minderung im Sinne des § 18 III SEBG ist auszugehen, wenn in der hypothetischen Situation[1077] des zeitlichen Zusammenfalls von Gründung und struktureller Änderung die Mitbestimmungsrechte der von der strukturellen Änderung betroffenen Arbeitnehmern durch eines dieser Sicherungsinstrumente geschützt worden wären. Konkret wäre dies der Fall, wenn in dieser Situation die Mitbestimmungsrechte der von der strukturellen Änderung betroffenen Arbeitnehmer Gegenstand der Auffanglösung gewesen wären oder wenn einer der Schwellenwerte des Art. 3 IV 3 SE-RL bzw. § 15 III 2 SEBG überschritten worden wäre. Mit anderen Worten: Eine Eignung zur Minderung wird nur in den Fällen angenommen, in denen der Gesetzgeber den Arbeitnehmern Instrumente zur Verteidigung vor einer Minderung an die Hand gegeben hätte.[1078]

(b) Folgen des § 18 III SEBG

Liegen die Voraussetzungen vor, finden nach § 18 III 1 SEBG „auf Veranlassung der Leitung der SE oder des SE-BR Verhandlungen über die Beteiligungsrechte der Arbeitnehmer der SE statt". Gemeint ist eine erneute Einleitung des Verhandlungsverfahren gemäß den §§ 4ff. SEBG. Allerdings wird für den Verhandlungspartner auf Arbeitnehmerseite eine Alternative geschaffen, indem statt eines neu zu bildenden BVG auch der SE-BR nebst betroffenen Arbeitnehmervertretern eingesetzt werden kann. Der Gesetzgeber hält diese Möglichkeit für sinnvoll, „da einerseits die Neubildung des BVG organisatorischen Aufwand erfordern würde und andererseits der SE-BR als Vertretungsorgan der Arbeitnehmer bereits vorhanden ist"[1079]. Die Verständigung auf den alternativen Verhandlungspartner muss nach § 18 III 2 SEBG

1076 Siehe dazu oben, B. VI.

1077 Einen ähnlichen Ansatz verfolgt *Scheibe*, Mitbestimmung der Arbeitnehmer, S. 156ff., zustimmend *Hoops*, Beteiligungsvereinbarung, S. 60. Beide wollen die hypothetische Situation jedoch bilden, um das Merkmal der strukturellen Änderung zu bestimmen.

1078 Dieser Ansatz ist vor zwei Hintergründen auch interessengerecht. Zum einen sollen Arbeitnehmer nicht allein dadurch bevorteilt werden, dass sie später zur SE hinzutreten. Zum anderen ist die Auffanglösung in der Regel der Ausgangspunkt der Verhandlungen. Siehe dazu oben, B. V. 2. und 3.

1079 **SE**: BT-Drs. 15/3405 S. 49.

einvernehmlich erfolgen. Einvernehmen muss ausweislich der Gesetzgebungsmaterialien zwischen allen Beteiligten bestehen, also nicht nur zwischen der Leitung und dem SE-BR, sondern auch mit den von den strukturellen Änderungen betroffenen Arbeitnehmervertretern.[1080]

Kommen die Verhandlungen zu keinem Ergebnis, greift nach § 18 III 3 SEBG die gesetzliche Auffanglösung. Problematisch ist dies in Situationen, in denen allein die Arbeitnehmer der SE betroffen sind und für diese bereits eine Beteiligungsvereinbarung gilt. Der Zweck des § 18 III SEBG ist hier die Sicherung der Rechte nach der Beteiligungsvereinbarung. Es spricht daher viel dafür, in diesen Fällen die Beteiligungsvereinbarung als gesetzliche Auffanglösung anzusehen.[1081] Allerdings ist eine solche Auslegung angesichts des eindeutigen Wortlauts problematisch, schließlich zitiert § 18 III SEBG die anzuwendenden Vorschriften exakt.[1082] Gegebenenfalls wäre der Gesetzgeber gefragt. Praktische Auswirkungen sind angesichts der wenigen Möglichkeiten, durch strukturelle Änderungen die Mitbestimmungsrechte einer Beteiligungsvereinbarung zu mindern, nicht zu erwarten.

(c) Zusammenhang mit § 43 S. 2 SEBG

§ 18 III SEBG wird durch § 43 S. 2 SEBG flankiert, wonach ein Missbrauch vermutet wird, „wenn ohne Durchführung eines Verfahrens nach § 18 Abs. 3 innerhalb eines Jahres nach Gründung der SE strukturelle Änderungen stattfinden, die bewirken, dass den Arbeitnehmern Beteiligungsrechte vorenthalten oder entzogen werden." Ein Missbrauch wird nach § 45 I Nr. 2 SEBG mit Freiheitsstrafe bis zu zwei Jahren oder mit Geldstrafe geahndet.

cc) SCE

Die SCE-RL lehnt sich an die SE-RL an, enthält jedoch konkretere Bestimmungen. So deckt sich Erwägungsgrund Nr. 21 SCE-RL weitgehend mit Nr. 18 SE-RL, bestimmt jedoch weitergehend Regelbeispiele. Als strukturelle Änderung sind demnach auch die Sitzverlegung und das nachträgliche Überschreiten von Schwellenwerten zu begreifen.[1083] Diese Regelbeispiele sind äußerst bemerkenswert. Beide Fälle wurden

---

1080 **SE**: BT-Drs. 15/3405 S. 50; *Jacobs*, in: MüKo-AktG, SEBG, § 18 Rn. 20.

1081 *Jacobs*, in: MüKo-AktG, SEBG, § 18 Rn. 22; wohl auch *Henssler*, in: Ulmer/Habersack/Henssler, SEBG, § 18 Rn. 28; *Ege/Grzimek/Schwarzfischer*, DB 2011, 1205 (1208) Fn. 32.

1082 Ähnlich *Hohenstatt/Dzida*, in: Henssler/Willemsen/Kalb, SEBG Rn. 33, die eine solche Lösung für zweckmäßig halten aber erkennen, dass der Gesetzgeber die Frage nicht regelt. *Nikoleyczik/Führ*, DStR 2010, 1748f. sprechen sich dafür aus, als Auffanglösung die Rechte heranzuziehen, die in den ursprünglichen Gründungsgesellschaften gegolten haben.

1083 Das Regelbeispiel der Überschreitung von Schwellenwerten wurde auf Bestreben des Europäischen Parlaments aufgenommen, siehe Änderungsvorschlag Nr. 8, ABl. C 67 E vom 17.3.2004, S. 170.

in der Literatur zur SE intensiv diskutiert und von der ganz herrschenden Meinung als Fälle einer strukturellen Änderung abgelehnt.[1084] Neu ist Erwägungsgrund Nr. 14 SCE-RL. Danach sollen die Mitgliedstaaten „durch entsprechende Bestimmungen sicherstellen, dass die Vereinbarungen über die Beteiligung der Arbeitnehmer im Fall struktureller Veränderungen nach der Gründung einer SCE gegebenenfalls neu ausgehandelt werden können." In diese Richtung geht auch Art. 4 II h) SCE-RL, der gegenüber Art. 4 II h) SE-RL um einen Halbsatz erweitert wurde. Danach soll in der Beteiligungsvereinbarung die Fälle der Neuaushandlung und das dabei anzuwendende Verfahren geregelt werden, „gegebenenfalls auch für den Fall struktureller Veränderungen [...]".

Im Umsetzungsgesetz entspricht der Wortlaut des § 18 III SCEBG exakt dem des § 18 III SEBG. Vor dem Hintergrund der geänderten Regelungen in der SCE-RL sind jedoch zwei Anmerkungen zu machen. Zum einen wird man § 18 III SCEBG vor dem Hintergrund des klaren Regelungsauftrages in Erwägungsgrund Nr. 14 SCE-RL nicht mehr den Vorwurf der Richtlinienwidrigkeit machen können, wie dies vereinzelt bei § 18 III SEBG geschehen ist.[1085] Zum anderen ist aufgrund von Erwägungsgrund Nr. 21 S. 4, 5 SCE-RL unter dem Begriff der strukturellen Änderung nun auch die Sitzverlegung sowie das nachträgliche Überschreiten von Schwellenwerten zu verstehen. Im Übrigen ist auf die Ausführungen zur SE-RL bzw. zum SEBG oben zu verweisen.[1086] Anzumerken ist auch, dass sich § 21 IV SEBG nun in § 21 III Nr. 4 SCEBG wiederfindet, was die Anknüpfung an der Mitbestimmung verdeutlicht.

dd) Grenzüberschreitende Verschmelzungen

Die GV-RL ist angesichts ihrer weitreichenden Verweise auf die SE-RL ähnlich wenig aussagekräftig. Hinzu kommt, dass nicht auf Erwägungsgrund Nr. 18 SE-RL verwiesen wird und so kein Anknüpfungspunkt besteht.

§ 22 II MgVG fordert die Parteien gleichwohl auf, den Umgang mit strukturellen Änderungen zu regeln. Eine Richtlinienwidrigkeit ist nicht zu befürchten, da die Bestimmung nicht zwingend ist. Eine § 18 III SEBG entsprechende Regelung fehlt ganz; ansonsten werden nur an „nachfolgende innerstaatliche Verschmelzungen" gemäß § 30 MgVG besondere Konsequenzen geknüpft.[1087]

1084 **SE**: Sitzverlegung: *Wollburg/Banerjea*, ZIP 2005, 277 (283); *Forst*, Beteiligungsvereinbarung, S. 176ff.; *Hoops*, Mitbestimmungsvereinbarung, S. 60; *Henssler*, in: Ulmer/Habersack/Henssler, SEBG, § 18 Rn. 19; *Oetker*, in: Lutter/Hommelhoff/Teichmann, SEBG, § 18 Rn. 35 (anders noch in der 1. Aufl. 2008, § 18 Rn. 21). Überschreiten von Schwellenwerten: *Feldhaus/Vanscheidt* BB 2008, 2247; *Grobys*, NZA 2005, 84 (91); *Teichmann*, FS-Hellwig, S. 367; *Hoops*, Mitbestimmungsvereinbarung, S. 60; *Jacobs*, in: MüKo-AktG, SEBG, § 18 Rn. 18. A.A.: *Freis*, in: Nagel/Freis/Kleinsorge, SEBG, § 18 Rn. 11; wohl auch *Niklas*, NZA 2004, 1200 (1205).

1085 Dazu oben, D. II. 6. b) bb) (2) (a).

1086 Siehe oben, D. II. 6. b) bb).

1087 *Müller-Bonanni/Müntefering*, BB 2009, 1699 (1702f.).

ee) Ergebnis

In den Rechtsakten sind die Folgen struktureller Änderungen für die Beteiligungsvereinbarung höchst unterschiedlich ausgestaltet. Während bei EBR-Beteiligungsvereinbarungen als Prinzip die Kontinuität der bereits errungenen Vereinbarung gilt, bezweckt man in SE und SCE vor allem die Kontinuität der bereits erworbenen Mitbestimmungsrechte. Dieser Unterschied zeigt sich deutlich an dem gewählten Vorgehen („Anpassung" vs. „Neuverhandlung") sowie an der Zwangsrepräsentation bestimmter Gruppen bei der neuen Zusammensetzung des Verhandlungspartners auf Arbeitnehmerseite. Die Unterschiede zwischen EBR-RL bzw. EBRG einerseits und SE-RL, SCE-RL bzw. SEBG, SCEBG andererseits sind insofern auf das nur in letzteren geltende Vorher-Nachher-Prinzip zurückzuführen. In der GV-RL bzw. im MgVG werden hingegen allein an innerstaatliche Verschmelzungen Folgen geknüpft.

Gemeinsam haben Richtlinien und Umsetzungsgesetze, dass sie – sofern sie Folgen an strukturelle Änderungen knüpfen – den Parteien schon für die ursprüngliche Beteiligungsvereinbarung die Regelung des Verfahrens der Anpassung bzw. Neuverhandlung bei strukturellen Änderungen überlassen. Werden die Parteien nicht tätig, mischt sich der Gesetzgeber auch nicht in bestehende Vereinbarungen ein, sondern ordnet schlicht die Neuverhandlung an.

c) Neuverhandlungen bei Abbruch oder Nichtaufnahme der Verhandlung

Beschließt das BVG die Nichtaufnahme oder den Abbruch von Verhandlungen, kann zwei Jahre nach diesem Beschluss ein erneuter Antrag auf Bildung eines BVG gestellt werden.[1088] Die Parteien können schriftlich eine kürzere Frist festlegen.

Die erforderlichen Quoren für diesen Beschluss sind unterschiedlich. Im Bereich des EBR wird auf das Quorum verwiesen, das für die ursprüngliche Errichtung des BVG gilt. Für SE und SCE wird ein eigenes Quorum geschaffen, das bei mindestens 10 Prozent der Arbeitnehmer oder ihrer Vertreter liegt. Übergreifend gilt, dass die Auffanglösung für den Fall des Scheiterns der Neuverhandlungen nicht greift.[1089]

d) Kein allgemeiner Neuverhandlungsanspruch, aber freiwillige Neuverhandlungen

Aus der Pflicht zur vertrauensvollen Zusammenarbeit kann kein allgemeiner Neuverhandlungsanspruch abgeleitet werden, weil abschließende Normen mit

---

1088 Artt. 5 V UAbs. 3 EBR-RL; 3 VI UAbs. 4 SE-RL; 3 VI UAbs. 4 SCE-RL bzw. 15 II EBRG; 18 I SEBG; 18 I SCEBG. Eine Ausnahme dazu bildet wiederum nur die GV-RL bzw. das MgVG.

1089 Artt. 7 I 3. Spiegelstrich EBR-RL; 3 VI UAbs. 4 2 SE-RL; 3 VI UAbs. 4 2 SCE-RL bzw. §§ 21 II EBRG; 18 II, 22 I Nr. 2 SEBG; 18 II, 22 I Nr. 2 SCEBG.

detaillierten Voraussetzungen für den Fall von Neuverhandlungen bestehen.[1090] Allerdings können die Parteien freiwillig die Neuverhandlung beschließen. Entweder, indem sie die Modalitäten für den Fall der Neuverhandlung bereits in der Beteiligungsvereinbarung festhalten, oder, indem das gebildete Gremium mit der Unternehmensleitung die Neuaufnahme beschließt.

7. Beendigung und Nachwirkung

Probleme werfen Voraussetzungen und Folgen der Beendigung einer Beteiligungsvereinbarung auf. Besonders bei der Untersuchung dieses Bereichs muss berücksichtigt werden, dass die Autonomie der Parteien nicht mit Privatautonomie gleichgesetzt werden kann.[1091] Der Gesetzgeber wünscht eine Einigung über den Gegenstand der Arbeitnehmermitwirkung und nimmt zumindest mittelbar gestaltenden Einfluss.[1092] Dieses Grundprinzip strahlt auf Möglichkeiten und Folgen der Beendigung einer Vereinbarung aus.

a) Möglichkeiten und Voraussetzungen der Beendigung

Die Materialien lassen drei Möglichkeiten erkennen, durch die eine Vereinbarung beendigt werden kann: Kündigung, Laufzeitende und Abschluss einer neuen Vereinbarung.

aa) Kündigung

(1) Vereinbartes Kündigungsrecht

Die Modalitäten über die Kündigung einer Vereinbarung können Gegenstand der Beteiligungsvereinbarung sein. Für die EBR-Vereinbarung sind sie nach Erwägungsgrund Nr. 28, Art. 6 II g) EBR-RL bzw. § 18 I Nr. 7 EBRG sogar Bestandteil der *essentialia negotii.*[1093] Die Parteien können vereinbaren, dass nach einer Kündigung keine neuen Verhandlungen eingeleitet werden, sondern die Auffangregelung zur Anwendung gelangt.[1094] Es kann allerdings nicht vereinbart werden, dass nach einer Kündigung auf die Mitwirkung dauerhaft verzichtet wird. Denn diese Folge knüpft das Gesetz an strenge Voraussetzungen und überlässt die Entscheidung darüber allein dem BVG.[1095]

1090 **SE**: ArbG Stuttgart, Beschluss v. 29.4.2008–12 BV 109/07 jurisRn. 114; *Forst*, Beteiligungsvereinbarung, S. 175.

1091 Siehe dazu oben, D. II. 2. a) aa).

1092 Siehe dazu oben, B. V. 2. und 3; D. II. 2. a) aa).

1093 Zu der Eigenschaft der Gegenstände des Kataloges als essentialia negotii siehe oben, D. II. c) bb) (3).

1094 **SE**: *Forst*, EuZW 2011, 333 (333).

1095 Siehe dazu unten, D. II. 7. b) aa).

(2) Kein gesetzliches Kündigungsrecht

Fraglich ist, ob die Vereinbarung auch gekündigt werden kann, wenn die Parteien dem Regelungsauftrag nicht nachkommen. Richtlinien und Umsetzungsgesetze enthalten dazu keine direkt anwendbare Regelung. Die Frage ist überaus komplex und nicht leicht zu beantworten, schließlich resultiert die Möglichkeit der Kündigung aus dem Spannungsverhältnis zwischen Privatautonomie, Verkehrsschutz und Vertrauen. Dieses Verhältnis ist bei der Beteiligungsvereinbarung anders gelagert als etwa bei schuldrechtlichen Verträgen oder Betriebsvereinbarungen. Das Verhältnis muss geklärt werden, um zu bestimmen, ob bezüglich der Kündigung auf die nationalen Vertragsordnungen zurückgegriffen werden kann[1096] oder ob der Richtlinienkonzeption eine eigene, abschließende Rechtsfolge zu entnehmen ist. Es ist auch wichtig, um die Voraussetzungen einer Analogie überprüfen zu können. Ausgangspunkt der Überlegung bildet der Zweck, wobei zwischen ordentlicher und außerordentlicher Kündigung differenziert wird.

Zweck einer Kündigung ist die Auflösung eines bestehenden Dauerschuldverhältnisses. Bei der ordentlichen Kündigung rechtfertigt dies die Privatautonomie, mit der eine für alle Zeiten bestehende Bindung nicht vereinbar ist – gleichwohl wird durch bestimmte Voraussetzungen auf den Rechtsverkehr Rücksicht genommen, der auf die Gültigkeit bestehender Vereinbarungen vertraut. Hingegen wird die Auflösung durch eine außerordentliche Kündigung durch einen wichtigen Grund erforderlich, der eine Fortsetzung des Vertragsverhältnisses unzumutbar macht.

Bei der Beteiligungsvereinbarung ist die Lage gänzlich anders. Die Arbeitgeberseite kann sich vom Gegenstand der Arbeitnehmermitwirkung nie einseitig und endgültig lossagen. Auch für die Arbeitnehmerseite ist dies nur unter strengen Voraussetzungen möglich: Die einzig denkbare Konsequenz einer Kündigung ist die Einleitung eines erneuten Verhandlungsverfahrens.[1097] Die Regelung der Mitwirkung ergibt sich dann erneut, entweder aus einer neuen Vereinbarung oder aus der Auffanglösung. Folglich schließt sich die Frage an, wozu das Instrument der Kündigung in der Beteiligungsvereinbarung überhaupt benötigt wird. Warum sollte die Vereinbarung vor dem Hintergrund ihrer gesetzesvertretenden Funktion einseitig und grundlos beendet werden können? Welcher wichtige Grund kann – neben der schon geregelten strukturellen Änderung – vorliegen, damit eine Fortführung der Vereinbarung unzumutbar und eine neue Verhandlung erforderlich wird? Lassen sich bestehende Probleme nicht lückenlos durch eine Anpassung der Vereinbarung erreichen?

In der Literatur bejaht man die Möglichkeit der ordentlichen sowie der außerordentlichen Kündigung gleichwohl und zumeist ohne Begründung. Für die

1096 Grundsätzlich bestimmt sich die Vertragsordnung nach der Rom I-VO, dazu oben, B. III.

1097 Siehe dazu unten, D. II. 7. b) aa).

ordentliche Kündigung wird dazu § 77 V BetrVG analog[1098] herangezogen, für die außerordentliche Kündigung überwiegend § 314 BGB (analog)[1099]. Doch die Voraussetzungen einer Analogie sind schon vor dem Hintergrund der obigen Feststellungen nicht erfüllt, weil schlicht keine vergleichbare Interessenlage besteht. Eine Analogie scheitert unabhängig davon aus anderen Gründen. Die Rechtsfolge der Kündigung – Neuverhandlungen – ist vom Gesetz an einigen anderen Stellen zu finden, was die Planwidrigkeit einer Regelungslücke fraglich macht. Bezüglich § 77 V BetrVG ist auf die nur sehr bedingte Vergleichbarkeit von Beteiligungsvereinbarung und Betriebsvereinbarung zu verweisen, insbesondere im Punkt Freiwilligkeit.[1100]

Erwähnung soll auch die Ansicht von *Forst* zur außerordentlichen Kündigung finden. Er vertritt, dass die Möglichkeit der außerordentlichen Kündigung ein „allgemeiner Grundsatz" ist, der sich in deutschen wie europäischen Rechtsordnungen findet.[1101] Der Grundsatz bestehe, weil sich die Parteien in Folge einer durch geschwundenes gegenseitiges Vertrauen unzumutbaren Fortführung des Vertragsverhältnisses lösen können müssen.[1102] Unabhängig davon, dass „allgemeine Grundsätze" methodisch nicht ohne Weiteres zur Rechtsfortbildung herangezogen werden können und die Bewältigung zerrütteten Vertrauens nicht die einzige Funktion der außerordentlichen Kündigung ist, wird nicht im Ansatz deutlich, wieso zerstörtes Vertrauen eine Kündigung der Beteiligungsvereinbarung erforderlich machen soll. Zwar ist Vertrauen stets ein Grundsatz der Arbeitnehmermitwirkung, jedoch zieht kein Gesetz bei fehlendem Vertrauen die vollständige Beendigung der Mitwirkung nach sich. Hinzu kommt, dass zumindest auf Arbeitnehmerseite ein Misstrauen gegenüber dem Arbeitgeber das Interesse an einer Mitwirkung eher stärkt als schwächt – Mitwirkung wird für die Arbeitnehmerseite häufig gerade dann nötig, wenn es im Verhältnis zur Arbeitgeberseite zu Spannungen kommt. Bestehende Vertrauensprobleme müssen daher auf anderem Weg als über die Kündigung gelöst werden. Einen normativen Anknüpfungspunkt bietet dafür der Grundsatz der vertrauensvollen Zusammenarbeit aus den Umsetzungsgesetzen[1103], aus dem auch

---

1098 **EBR**: *Däubler*, in: Däubler/Kittner/Klebe/Wedde, EBRG, § 20 Rn. 4; *Blanke*, EBRG, § 18 Rn. 20. **SE**: *Forst*, Beteiligungsvereinbarung, S. 210. Ohne normativen Anknüpfungspunkt *Hoops*, Mitbestimmungsvereinbarung, S. 129.

1099 **EBR**: Ohne Begründung und ohne normativen Anknüpfungspunkt *Eckhoff*, EBR, S. 287; *Däubler*, EuroAS 1998, 68 (71). **SE**: *Seibt*, AG 2005, 413 (428); *Hoops*, Mitbestimmungsvereinbarung, S. 129; *Feuerborn*, in: KK-AktG, SEBG, § 21 Rn. 36 (Fn. 100); *Jacobs*, in: MüKo-AktG, SEBG, § 21 Rn. 16a. Ohne normativen Anknüpfungspunkt: *Evers/Hartmann*, in: Manz/Mayer/Schröder, SEBG, § 21 Rn. 16; *Henssler*, in: Ulmer/Habersack/Henssler, SEBG, § 21 Rn. 22.

1100 **SE**: Vgl. *Henssler*, in: Ulmer/Habersack/Henssler, SEBG, § 21 Rn. 23, der die kurze Frist nicht für passend hält und Konflikte mit der Regelung der Neuverhandlung sieht.

1101 **SE**: *Forst*, Beteiligungsvereinbarung, S. 210f.

1102 **SE**: *Forst*, Beteiligungsvereinbarung, S. 211.

1103 Siehe zu diesem Grundsatz oben, C. I. 3. c).

Ansprüche abgeleitet werden können. Es ist auch deutlich interessengerechter, im Falle geschwundenen Vertrauens an einzelnen Personen anzuknüpfen, anstatt das gesamte System zu kippen und neu zu verhandeln.

Im Ergebnis ist festzuhalten, dass ein gesetzliches Kündigungsrecht wohl nicht erforderlich, jedenfalls aber nicht zielführend ist. Probleme, die bei anderen Vertragstypen die Möglichkeit einer Kündigung begründen, können bei der Beteiligungsvereinbarung durch eine Anpassung gelöst werden. Dies setzt zwar ein Einvernehmen der Parteien voraus, in Grenzfällen können aber Ansprüche aus dem Grundsatz der vertrauensvollen Zusammenarbeit geltend gemacht werden. Zu beachten ist weiterhin, dass das Gesetz die Rechtsfolge, die bei einer Kündigung eintreten würde, bereits an anderer Stelle unter weiteren Voraussetzungen anordnet.

bb) Ende der Laufzeit

Ein weiterer wichtiger Beendigungstatbestand ist der Zeitablauf einer Vereinbarung. Auch die Vereinbarung über die Laufzeit ist Bestandteil der *essentialia negotii.*[1104] In der Praxis ist dies auch durchaus üblich, die durchschnittliche Dauer liegt bei vier bis sieben Jahren.[1105]

cc) Einvernehmliche Beendigung durch Abschluss einer neuen Vereinbarung

Eine Vereinbarung wird immer dann beendigt, wenn eine neue Vereinbarung abgeschlossen wurde. Die Modalitäten der Neuverhandlung sind ebenfalls Gegenstand der *essentialia negotii.*[1106] Auch strukturelle Änderungen können Neuverhandlungen bedingen. Oben wurde dargelegt, dass Neuverhandlungen jederzeit freiwillig beschlossen werden können.[1107] Auf diese Weise kann die Vereinbarung durch die Parteien auch ohne ausdrückliche Regelung einvernehmlich beendet werden. Allerdings bedarf es stets des Umwegs über neue Verhandlungen – eine einvernehmliche Beendigung ohne Abschluss einer neuen Vereinbarung ist nicht vorgesehen.

dd) Partielle Anwendung von Beendigungstatbeständen der Auffanglösung

Wie erwähnt, sind die Modalitäten der Kündigung und der Laufzeit überwiegend Teil der *essentialia negotii.* Oben wurde ermittelt, dass die Nichteinigung über *essentialia negotii* das partielle Eingreifen der Auffangregelung begründen kann.[1108] Die Auffangregelung enthält logischerweise keine Aussagen über Kündigung und Laufzeit der Vereinbarung. Jedoch ist der Beschluss zur Aufnahme von

---

1104 Artt. 6 II g) EBR-RL, 4 II h) SE-RL; 4 II h) SCE-RL; 16 III b) GV-RL i.V.m. 4 II h) SE-RL bzw. §§ 18 I Nr. 7 EBRG; 21 I Nr. 6 SEBG; 21 I Nr. 6 SCEBG; 22 I Nr. 2 MgVG.

1105 **SE**: *Forst*, EuZW 2011, 333.

1106 Artt. 6 II g) EBR-RL, 4 II h) SE-RL; 4 II h) SCE-RL; 16 III b) GV-RL i.V.m. 4 II h) SE-RL bzw. §§ 18 I Nr. 7 EBRG; 21 I Nr. 6 SEBG; 21 I Nr. 6 SCEBG; 22 I Nr. 2 MgVG.

1107 Siehe oben, D. II. 6. d).

1108 Siehe dazu oben, D. II. 5. c) aa).

Neuverhandlungen geregelt.[1109] Danach kann der EBR, SE-BR bzw. SCE-BR vier Jahre nach seiner Einsetzung beschließen, ob neue Verhandlungen eingeleitet werden oder die bisherige Regelung weiter gelten soll. Entschließt er sich für Ersteres, kann auch die Auffanglösung zur Anwendung gelangen. Der Beschluss über die Aufnahme von Neuverhandlungen hat also den gleichen Effekt, wie ihn eine Kündigung oder der Ablauf der Laufzeit hätte.[1110] Regeln die Parteien weder die Modalitäten der Neuverhandlungen noch die der Änderung, der Laufzeit oder der Kündigung, ist die Beteiligungsvereinbarung unter den oben ermittelten Voraussetzungen[1111] um diesen Aspekt zu ergänzen. Diese Erwägung gilt mangels Anknüpfungspunkt nicht bei grenzüberschreitenden Verschmelzungen.

b) Folgen von Kündigung und Laufzeitende

Auch bezüglich der Folgen der Beendigung durch Kündigung oder Laufzeitende gilt, dass diese vorrangig durch die Beteiligungsvereinbarung geregelt werden sollen.[1112] Für den Fall der Nichtregelung enthält das Gesetz keine ausdrücklichen Aussagen.[1113] Festzustellen ist daher zunächst, welche Konsequenzen generell in Betracht kommen, bevor auf die genauen kurz- und langfristigen Folgen zu sprechen zu kommen ist.

aa) Kein Ausbleiben von Mitwirkung, kein Eingreifen der Auffanglösung

Denkbare Folgen einer Beendigung sind das vollständige Ausbleiben von Mitwirkung, das Eingreifen der Auffanglösung, die Einleitung von Neuverhandlungen und die Fortwirkung der beendigten Vereinbarung.

Das vollständige Ausbleiben der Mitwirkung ist keine Option. Das ergibt sich zunächst aus der Systematik der Richtlinien: Der vollständige Verzicht auf Mitwirkung ist an strenge Voraussetzungen geknüpft und wird nur im Ausnahmefall zugelassen – in jedem Fall obliegt er dem BVG und kann folglich, wenn dieses

---

1109 Anhang I Abs. 1 f) EBR-RL; Anhang Teil 1 g) SE-RL; Anhang Teil 1 g) SCE-RL bzw. §§ 33 S. 1 EBRG; 26 I SEBG; 26 I SCEBG.

1110 Zu den Folgen der Beendigung sogleich, B. II. 7. b).

1111 Siehe oben, D. II. 5. c) aa). Es wurde festgestellt, dass die Auffangregelung bei einer Nichteinigung über *essentialia negotii* partiell eingreifen kann, wenn die Beteiligungsvereinbarung dann noch eine sinnvolle und in sich geschlossene Regelung darstellt.

1112 Dies gilt insbesondere für die Nachwirkung. Nach den Artt. 6 II g) EBR-RL, 4 II h) SE-RL; 4 II h) SCE-RL; 16 III b) GV-RL i.V.m. 4 II h) SE-RL bzw. §§ 21 I Nr. 6 SEBG; 21 I Nr. 5 SCEBG; 21 I Nr. 2 MgVG ist das „anzuwendende Verfahren" zu regeln, worunter auch die Nachwirkung fallen kann. § 18 I Nr. 7 EBRG nennt eine „Übergangsbestimmung" sogar als Regelbeispiel.

1113 Eine Ausnahme bildet § 20 EBRG, an dessen Richtlinienkonformität aber Zweifel bestehen. Dazu unten, D. II. 7. b) dd).

untätig bleibt, nicht auf andere Weise hergeleitet werden.[1114] In Zusammenhang damit steht für die Mitbestimmung das Vorher-Nachher-Prinzip, welches sich über das Gründungsstadium hinaus erstreckt und mit dem das Ende von bereits erworbenen und gesicherten Rechten nicht zu vereinbaren ist.[1115] Ähnliches gilt für die Unterrichtung und Anhörung. Oben wurde dargelegt, dass die Richtlinien hier ein Mindestniveau wünschen, dass für alle Unternehmen gilt.[1116] Zusammenfassend ist festzuhalten, dass der Gesetzgeber erheblichen Aufwand bezüglich des Schutzes von Mitwirkungsrechten betrieben hat. Diesen Bestrebungen widerspricht es, wenn die Mitwirkung durch die schlichte Beendigung der Beteiligungsvereinbarung vollständig aufgehoben werden könnte.

Auch gegen die Anwendung der Auffangregelung bestehen durchgreifende Bedenken, schließlich formuliert das Gesetz die Voraussetzungen ihres Eingreifens exakt.[1117] Den Fall der Beendigung sieht es dabei nicht als auslösenden Grund.[1118] Überdies ist diese Folge mit dem Zweck der Richtlinien, maßgeschneiderte Mitwirkungsmodelle zu entwickeln, nur schwerlich zu vereinbaren. Die Auffanglösung kann aber in neuen Verhandlungen vereinbart werden bzw. im Falle ihres Scheiterns zur Anwendung gelangen. Hält man allerdings die sogleich dargelegten Folgen für methodisch nicht herleitbar, dann bleibt als Möglichkeit wohl nur eine – für die Praxis schwierige – analoge (übergangsweise) Anwendung der Auffangregelung.

bb) Langfristige Folge: Neue Verhandlungen

Damit bleiben als Folgen nur noch die Einleitung von neuen Verhandlungen und die Fortgeltung der beendeten Vereinbarung. Letzteres ist langfristig keine Option, weil die Beendigung der Vereinbarung dann überflüssig wäre. Die Konsequenz der Einleitung neuer Verhandlungen deckt sich mit der Systematik der Richtlinie. Auch bei strukturellen Änderungen wird, sofern die Parteien nicht selbst eine Regelung treffen, das Verhandlungsverfahren neu eingeleitet. Der *Arbeitskreis Aktien- und Kapitalmarktrecht* empfiehlt *de lege ferenda* die Einfügung eines § 18 IV SEBG, wonach im Falle der Beendigung ähnliche Folgen wie im Falle struktureller Änderungen – also neue Verhandlungen – eintreten sollen.[1119] Eine solche Normierung dient der Klarstellung und wäre auch für die anderen Rechtsakte empfehlenswert.

1114 Siehe oben, D. I. 2. a). **SE** *Jacobs*, in: MüKo-AktG, SEBG, § 21 Rn. 16a.
1115 **SE**: *Forst*, EuZW 2011, 333 (334).
1116 Siehe oben, D. II. 2. c) cc) (1).
1117 Siehe Artt. 7 I EBR-RL; 7 I SE-RL; 7 I SCE-RL; 16 III e) GV-RL i.V.m. 7 I SE-RL bzw. §§ 21 I EBRG; 22 I, 34 I SEBG; 22 I, 34 I SCEBG; 23 I MgVG.
1118 **SE**: *Forst*, EuZW 2011, 333 (334f.).
1119 *Arbeitskreis Aktien- und Kapitalmarktrecht*, ZIP 2004, 2221 (2224). Eine Abweichung gilt bezüglich der Auffangregelung. Hier soll auf die Auffangregelung abgestellt werden, die zum Zeitpunkt der Gründung bestanden hat.

cc) *Kurzfristige Folge: Nachwirkung?*

Problematisch ist hingegen, was zwischen der Beendigung der Vereinbarung und dem Abschluss des neuen Verhandlungsverfahrens gelten soll. Die Problematik entsteht allerdings nur in den Fällen, in denen die Parteien eine Laufzeit oder ein Kündigungsrecht vereinbart haben ohne die Folgen zu regeln. In den anderen Fällen existiert nach der hier vertretenen Auffassung kein gesetzliches ordentliches oder außerordentliches Kündigungsrecht und bei den anderen Beendigungsmöglichkeiten tritt die Beendigung der Vereinbarung erst im Zeitpunkt des Abschlusses des neuen Verhandlungsverfahrens ein, sodass kein zu überbrückender Zeitraum entsteht.

Für die problematischen Fälle ist hingegen zu ermitteln, wie ein Ausbleiben der Mitwirkung vermieden werden kann. Zunächst besteht die Möglichkeit, den theoretisch mitwirkungsfreien Zeitraum „auf Null" zu verknappen. Dies kann gelingen, indem man im Bereich der Kündigung die Kündigungsfristen an die – gesetzlich festgelegte – Dauer von Neuverhandlungen angleicht. So kann unmittelbar nach der Erklärung der Kündigung ein neues Verfahren eingeleitet werden und die Gefahr eines mitwirkungsfreien Zeitraums ist gebannt. Sofern eine Laufzeit vereinbart wurde, haben die Parteien es ohnehin in der Hand, das Verfahren rechtzeitig wieder einzuleiten. Die Beendigung einer Vereinbarung ist keine Voraussetzung für die Einleitung neuer Verhandlungen. Auch im Falle struktureller Änderungen soll das Verfahren bereits im Planungsstadium eingeleitet werden.[1120]

Sollte beides nicht möglich sein, bleibt als einzig sinnvolle Alternative die Nachwirkung der beendeten Vereinbarung. In der Literatur wird eine solche Möglichkeit bejaht.[1121] Begründet wird dies mit der normativen Rechtswirkung der Vereinbarung.[1122] Diese kann jedoch allein noch keine Nachwirkung begründen, nicht umsonst wird die Nachwirkung in § 4 V TVG oder § 77 VI BetrVG ausdrücklich angeordnet. Bei der SE wird zur Begründung ferner der Rechtsgedanke des § 26 II 2 SEBG herangezogen.[1123] Danach gilt die gesetzliche Auffanglösung fort, wenn Verhandlungen in Folge eines Neuverhandlungsbeschlusses scheitern. Doch auch daraus lässt sich keine Nachwirkung ableiten. Die Regelung betrifft den Zeitraum nach Scheitern der Verhandlungen, während die Nachwirkung gerade im Zeitraum davor gelten soll. Die Ansatzpunkte der Literatur zeigen allein, dass die Mitwirkung durch die Beendigung einer Vereinbarung nicht dauerhaft ausbleiben kann. Eine Nachwirkung vermögen sie jedoch nicht zu begründen.

1120 Siehe oben, D. II. 6. b).

1121 **SE**: *Forst*, EuZW 2011, 333 (335) über eine ergänzende Vertragsauslegung; *Jacobs*, in: MüKo-AktG, SEBG, § 21 Rn. 16a.

1122 **SE**: *Jacobs*, in: MüKo-AktG, SEBG, § 21 Rn. 16a.

1123 **SE**: *Oetker*, in: FS-Konzen, 635 (647); *Jacobs*, in: MüKo-AktG, SEBG, § 21 Rn. 16a. Beide ziehen ferner Art. 12 II SE-VO heran. Doch auch diese Vorschrift zeigt allein, dass die Mitwirkungsfreiheit als Folge einer Beendigung nicht in Betracht kommt.

Festzuhalten bleibt, dass eine Nachwirkung praktisch zweifelsfrei zu begrüßen ist, es jedoch am normativen Anknüpfungspunkt fehlt.[1124] So stellt sich die Frage, wie eine Nachwirkung methodisch begründet werden kann. Eine Möglichkeit wäre, aus dem Grundsatz der vertrauensvollen Zusammenarbeit eine Pflicht zur Annahme eines Angebots auf Verlängerung der Beteiligungsvereinbarung herzuleiten. Diese Herangehensweise steht zwar auf wackeligen Beinen, anders lässt sich eine Nachwirkung jedoch nicht begründen. Die Konsequenz wäre dann, wie schon angesprochen, die übergangsweise analoge Anwendung der Auffangregelung, was angesichts des damit verbundenen Aufwands und des kurzen Verhandlungszeitraums in aller Regel wenig zielführend sein wird.[1125] Der *Arbeitskreis Aktien- und Kapitalmarktrecht* fordert *de lege ferenda* eine ausdrückliche Anordnung der Fortgeltung in einem neuen § 21 Abs. 7 SEBG,[1126] die auch für die anderen Rechtsakte begrüßenswert wäre.

dd) Sonderfall EBR

Die EBR-RL 2009 enthält im Gegensatz zu ihrer Vorgängerin sowie den anderen Rechtsakten einige Aussagen zur Fortgeltung. Nach Erwägungsgrund Nr. 7 ist die Ermöglichung der „Fortdauer geltender Vereinbarungen" einer der Hauptgründe für die Novellierung der Richtlinie. Besonders widmet sich die Richtlinie der Fortgeltung bei Neuverhandlungen in Folge der Planung struktureller Änderungen. Das wird besonders in Erwägungsgrund Nr. 40 S. 4 und Art. 13 UAbs. 3 EBR-RL deutlich. Jedoch wird damit nicht die Fortgeltung im eigentlichen Sinne erfasst, da die Beendigung der ursprünglichen Vereinbarung und der Abschluss der neuen Vereinbarung zeitlich nicht auseinander fallen. Die Regelungen dienen der Klarstellung, dass die Beendigung erst mit Abschluss der neuen Vereinbarung eintritt.

Deutlicher wird das Umsetzungsgesetz. Nach § 18 I Nr. 7 EBRG wird die „Übergangsregelung" als Beispiel für das zu regelnde Verfahren bei der Änderung, Kündigung oder Neuverhandlung gesehen – was Art. 6 II g) EBR-RL so nicht bestimmt. Einen Sonderfall bildet auch § 20 EBRG. Danach gilt eine Beteiligungsvereinbarung fort, wenn vor ihrer Beendigung das Antrags- oder Initiativrecht nach § 9 I EBRG ausgeübt worden ist. An der Richtlinienkonformität dieser Regelung kann gezweifelt werden, denn einerseits sieht die Richtlinie eine solche Bestimmung nicht vor und andererseits folgt aus der Norm, dass im Falle eines ausbleibenden Antrags die Mitwirkung vollständig beendet wird – was, wie dargelegt, nicht mit der Systematik der Richtlinie in Einklang zu bringen ist.

Zusammenfassend kann gesagt werden, dass sich die Aussagen des Gesetzgebers zur Fortgeltung wohl auf den Appell beschränken, die Nachwirkung in der Beteiligungsvereinbarung zu regeln. Kommen die Parteien dem nicht nach, ergibt sich kein anderes Ergebnis als in den anderen Rechtsakten.

1124 **SE**: *Forst*, EuZW 2011, 333 (335).
1125 Vgl. dazu für die **SE** auch: *Forst*, EuZW 2011, 333 (335).
1126 *Arbeitskreis Aktien- und Kapitalmarktrecht*, ZIP 2010, 2221 (2226).

c) Ergebnis

Der Gesetzgeber überlässt es den Parteien, das Schicksal der Vereinbarung selbst zu regeln. Er fordert sie dazu auf, Regelungen über die Beendigung und Nachwirkung zu schaffen. Es darf allerdings nicht vereinbart werden, dass die Beendigung das vollständige Ausbleiben der Arbeitnehmermitwirkung zur Folge hat. Als Folge kann die Einleitung von Neuverhandlungen oder das Eingreifen der Auffanglösung vereinbart werden.

Kommen die Parteien dem Regelungsauftrag nicht nach, besteht weder ein gesetzliches ordentliches noch ein außerordentliches Kündigungsrecht. Die Vereinbarung kann einvernehmlich über den Umweg der freiwilligen Einleitung von Neuverhandlungen beendet werden. Ansonsten müssen sich die Parteien mit dem Instrument der Anpassung der Vereinbarung begnügen. Werden Anpassung, Neuverhandlung und Kündigung nicht geregelt, kommt EBR, SE-BR und SCE-BR nach vier Jahren ein Recht auf Einleitung von Neuverhandlungen zu.

Regeln die Parteien zwar eine Laufzeit oder die Möglichkeit der Kündigung, nicht aber deren Folgen, kommt es zur Nachwirkung der beendeten Vereinbarung. Diese kann methodisch allein über einen Anspruch auf Annahme eines Angebots auf Verlängerung der Vereinbarung aus dem Grundsatz der vertrauensvollen Zusammenarbeit konstruiert werden. Hält man dies nicht für möglich, kommt nur die übergangsweise analoge Anwendung der Auffanglösung in Betracht. Hier wäre eine Klarstellung durch den Gesetzgeber wünschenswert.

E. Exkurs: Auswirkungen auf Transnationale Unternehmensvereinbarungen

I. Einführung

Neben der Vereinbarung zwischen BVG und Unternehmensleitung hat sich in der Praxis ein weiterer Vereinbarungstyp etabliert: Das durch die Beteiligungsvereinbarung geschaffene Arbeitnehmervertretungsgremium schließt seinerseits mit der Unternehmensleitung Vereinbarungen ab. In den vergangenen Jahren ist hier vor allem der EBR in Erscheinung getreten. *Platzer* hat 2012 in einer Studie 82 EBR aus der Metallindustrie befragt und ist zu dem Ergebnis gekommen, dass 75% der Befragten einen Bedarf an Vereinbarungen sehen und sich etwa die Hälfte bereits als Verhandlungspartner versteht.[1127] Das wichtigste Betätigungsfeld ist die Restrukturierung.[1128] Hier hat sich die Vereinbarung als wirkungsvolles Mittel bestätigt, um als Belegschaft Abschwächungen gemeinsam zu tragen und sich so transnational zu solidarisieren. Aber auch in anderen Bereichen werden solche Vereinbarungen geschlossen, beispielsweise zum Datenschutz, Gesundheitsschutz oder zu Fragen der Diskriminierung.[1129] Dieses offenkundige praktische Bedürfnis erklärt sich vor dem Hintergrund zunehmender zentralisierter Unternehmensentscheidungen, welche einheitlicher Standards bedürfen, sowie der Möglichkeit, *best-practice* Regelungen zu erkennen und grenzüberschreitend anzuwenden.[1130] Auch die Tatsache, dass diese Vereinbarungen mit Arbeitnehmern anstatt mit externen Gewerkschaften geschlossen werden, soll zur Beliebtheit des Regelungsinstruments beitragen.[1131]

Die bestehende Literatur zur Unternehmensvereinbarung ist unübersichtlich. Dies überrascht nicht, denn die Möglichkeit der Unternehmensvereinbarung ist – wie sich zeigen wird – abhängig von den Grundlagen der Beteiligungsvereinbarung, die aber als ungeklärt gelten. Erschwerend kommt hinzu, dass angesichts des praktischen Bedürfnisses[1132] offenbar häufig der Wunsch Vater des Gedankens ist.

1. Begriff der Unternehmensvereinbarung und Gegenstand der Untersuchung

Die Europäische Kommission definiert transnationale Unternehmensvereinbarungen (im Folgenden: Unternehmensvereinbarungen) folgendermaßen:

1127 *Platzer*, WSI-Mitteilungen 2012, 457 (461f.).

1128 *Platzer*, WSI-Mitteilungen 2012, 457 (461). Das berühmteste Beispiel ist die Vereinbarung um die Restrukturierung bei General Motors, dazu unten E. I. 3. a).

1129 Zu den Handlungsfeldern des **EBR:** *Heimann*, Vereinbarungen EBR, S. 69ff.

1130 *Meißner/Ritschel*, in: Symposium-Kothe, 53 (57).

1131 *Meißner/Ritschel*, in: Symposium-Kothe, 53 (57).

1132 *Rieble/Kolbe*, EuZA 2008, 453 (476).

„[...] an agreement comprising reciprocal commitments the scope of which extends to the territory of several States and which has been concluded by one or more representatives of a company or a group of companies on the one hand, and one or more workers' organisations on the other hand, and which covers working and employment conditions and/ or relations between employers and workers or their representatives."[1133]

Der Begriff ist durch die Einbeziehung aller Arbeitnehmervertretungen sehr weit. An anderer Stelle führt die Europäische Kommission aus:

"Transnational texts involve different sorts of parties and signatories: European Works Councils (EWCs), international and European Union organisations as well as national unions and national works councils. Over one third of the European and mixed transnational texts recorded and about two thirds of the global ones involve a combination of parties."[1134]

Trotz der praktischen Bedeutung von sogenannten Mischvereinbarungen beschränkt sich die vorliegende Untersuchung auf die Auswirkungen des ersten Teils dieser Arbeit und somit auf den EBR, SE-BR und SCE-BR als Verhandlungspartner auf Arbeitnehmerseite, die im Folgenden als „Vertretungsgremien" bezeichnet werden. Als Unternehmensvereinbarungen werden die Vereinbarungen bezeichnet, welche durch eines dieser Gremien mit der Arbeitgeberseite abgeschlossen werden.[1135]

Gegenstand dieser Untersuchung sind die Auswirkungen der oben gewonnenen Erkenntnisse zur Beteiligungsvereinbarung, welche nicht unterschätzt werden sollten. Schließlich bestimmt diese Vereinbarung Kernelemente wie die Zusammensetzung oder die Aufgaben und Rechte der Vertretungsgremien, welche die Unternehmensvereinbarungen abschließen. Nicht thematisiert werden mit der Beteiligungsvereinbarung in keinem Zusammenhang stehende Fragestellungen, wie beispielsweise das Verhältnis zu nationalen Arbeitnehmervertretungen oder zur Tarifautonomie.[1136] Diese Arbeit beschränkt sich außerdem auf freiwillig abgeschlossene Unternehmensvereinbarungen. Jene Vereinbarungen, durch die gegebenenfalls vereinbarte betriebliche Mitbestimmungsrechte ausgeübt werden, finden nur am Rande Beachtung.[1137]

1133 Commission Staff Working Document (SEC(2008) 2155), Fn. 2.; siehe auch *Hendrickx*, KritV 2009, 412 (414).

1134 Europäische Kommission, Mapping of transnational texts negotiated at corporate level, EMPL F2 EP/bp 2008 (D) 14511, S. 8.

1135 Zur weiteren Abgrenzung von Modifikationen der Beteiligungsvereinbarung und der Regelung interner Angelegenheiten siehe unten, E. II. 2. b).

1136 Siehe dazu etwa *Heimann*, Vereinbarungen EBR, S. 97, 156ff., 175ff.

1137 Betriebliche Mitbestimmungsrechte können durch die Beteiligungsvereinbarung für den SE-BR oder SCE-BR vereinbart werden, siehe dazu oben, D. II. 2. c) cc) (2) (c). Sie spielen aber in der Praxis keine Rolle. Gleichwohl gelten die meisten der nachfolgenden Überlegungen auch für diese Vereinbarungen.

2. Zusammenhang mit der Entwicklung des fakultativen Rechtsrahmens für Europäische transnationale Unternehmensvereinbarungen

Die Entwicklung von Unternehmensvereinbarungen auf Europäischer Ebene ist in Zusammenhang mit der Entwicklung eines fakultativen Rechtsrahmens für Europäische transnationale Unternehmensvereinbarungen zu sehen. Der Startschuss für die Entwicklung dieses Rechtsrahmens erfolgte durch die Europäische Kommission mit der Sozialagenda 2005:

> *„Die Bereitstellung eines optionalen Rahmens für transnationale Kollektivverhandlungen auf Unternehmens- oder auf Branchenebene könnte den Unternehmen und Branchen bei der Bewältigung von Problemen in den Bereichen Arbeitsorganisation, Beschäftigung, Arbeitsbedingungen oder Fortbildung helfen. Dieser wird den Sozialpartnern eine Grundlage für den Ausbau ihrer Handlungsfähigkeit auf transnationaler Ebene bieten. [...] Die Kommission plant die Annahme eines Vorschlags, der darauf abzielt, den Sozialpartnern ein Instrument an die Hand zu geben, das es ihnen ermöglicht, grenzübergreifend Kollektivverhandlungen zu führen und die dabei erzielten Ergebnisse zu formalisieren.“*[1138]

Bei dem Rechtsrahmen soll es sich also um ein Instrument für die Sozialpartner handeln. Gleichwohl lohnt ein Blick in die Entwicklung, denn häufig wird auf den EBR bzw. die SE-RL Bezug genommen.[1139] Eine Studie der Gruppe um Professor *Edoardo Ales*, die von der Europäischen Kommission in Auftrag gegeben wurde, beschäftigt sich bei der Analyse bereits existierender transnationaler Mittel ausführlich mit der EBR-RL und teilweise auch mit der SE-RL.[1140] Die Studie begrüßt die Schaffung transnationaler Verhandlungsstrukturen.[1141] Daneben wird jedoch kritisiert, dass die Richtlinien den Regelungsauftrag auf die Errichtung eines Vertretungsgremiums beschränken – darüber hinausgehende Regelungen seien aufgrund von Legitimationsdefiziten, die aus divergierenden Regelungen über die Zusammensetzung abgeleitet werden, unmöglich.[1142] Kritisiert wird auch die fehlende Berücksichtigung

---

1138 Europäische Kommission, Sozialpolitische Agenda 2005, KOM(2005) 33 endgültig vom 9.2.2005, S. 9.

1139 Berichte, Studien und weitere Informationen zu diesem Thema sind auf der Internetseite der Europäischen Kommission zusammengefasst: http://ec.europa.eu/social/main.jsp?catId=707&langId=de&intPageId=214 (Stand: 16.4.2015).

1140 *Ales, Engblom, Jaspers, Laulom, Sciarra, Sobczak, Valdés Dal-Ré*, Transnational collective bargaining: past, present and future, Final Report, Februar 2006.

1141 *Ales, Engblom, Jaspers, Laulom, Sciarra, Sobczak, Valdés Dal-Ré*, Transnational collective bargaining: past, present and future, Final Report, Februar 2006, S. 20; siehe auch *Heimann*, Vereinbarungen Europäischer Betriebsräte, S. 217; *Weiss*, in: FS-Birk, 957 (970).

1142 *Ales, Engblom, Jaspers, Laulom, Sciarra, Sobczak, Valdés Dal-Ré*, Transnational collective bargaining: past, present and future, Final Report, Februar 2006, S. 20, 23f., 33.

von Gewerkschaften im EBR[1143] und die von Mitgliedstaat zu Mitgliedstaat unterschiedliche Rolle von Gewerkschaften beim Abschluss von Unternehmensvereinbarungen[1144]. Der zweite Teil der Studie schlägt eine Richtlinie vor, die einen optionalen Rechtsrahmen zum Abschluss von Unternehmensvereinbarungen stecken soll.[1145] Als Akteur auf Arbeitnehmerseite werden die Europäischen Gewerkschaften empfohlen, dem EBR soll lediglich ein Antragsrecht auf ihr Tätigwerden[1146] und unter Umständen ein Beratungsrecht[1147] zukommen.[1148]

3. Unternehmensvereinbarungen in der Praxis

Wie erwähnt, werden Unternehmensvereinbarungen vor allem in den Bereichen Restrukturierung, Datenschutz, Gesundheitsschutz und bezüglich Fragen der Diskriminierung abgeschlossen. Drei dieser Vereinbarungen sollen überblicksartig vorgestellt werden. Ausführliche Fallstudien finden sich in der Literatur.[1149] Lohnenswert ist auch ein Blick in die Datenbank der Europäischen Kommission, welche bislang 277 Unternehmensvereinbarungen gesammelt, ausgewertet und veröffentlicht hat.[1150]

a) Restrukturierung: General Motors Europe

Berühmtheit hat die Unternehmensvereinbarung erlangt, die zwischen der Konzernleitung von General Motors Europe, dem EBR[1151] sowie dem Europäischen

---

1143 *Ales, Engblom, Jaspers, Laulom, Sciarra, Sobczak, Valdés Dal-Ré,* Transnational collective bargaining: past, present and future, Final Report, Februar 2006, S. 20, 23f., 33.

1144 *Ales, Engblom, Jaspers, Laulom, Sciarra, Sobczak, Valdés Dal-Ré,* Transnational collective bargaining: past, present and future, Final Report, Februar 2006, S. 23f.; dazu auch *Rodríguez, Ahlberg, Davulis, Fulton, Gyulavári, Humblet, Jaspers, Miranda, Marhold, Valdés, Zimmer,* Study on the characteristics and legal effects of agreements between companies and workers' representatives, Executiv Summary, S. 1.

1145 *Ales, Engblom, Jaspers, Laulom, Sciarra, Sobczak, Valdés Dal-Ré,* Transnational collective bargaining: past, present and future, Final Report, Februar 2006, S. 33ff.

1146 *Ales, Engblom, Jaspers, Laulom, Sciarra, Sobczak, Valdés Dal-Ré,* Transnational collective bargaining: past, present and future, Final Report, Februar 2006, S. 37.

1147 *Ales, Engblom, Jaspers, Laulom, Sciarra, Sobczak, Valdés Dal-Ré,* Transnational collective bargaining: past, present and future, Final Report, Februar 2006, S. 37, 39.

1148 Dazu kritisch *Heimann,* Vereinbarungen EBR, S. 218f.

1149 *Rüb, Platzer, Müller,* Transnationale Unternehmensvereinbarungen, S. 99ff.; siehe auch *Heimann,* Vereinbarungen EBR, S. 69ff.

1150 http://ec.europa.eu/social/main.jsp?catId=978&langId=de (Stand: 17.4.2015).

1151 Bei General Motors heißt der EBR „Europäisches Arbeitnehmerforum“. Hier wird es dennoch als EBR bezeichnet.

Metallgewerkschaftsbund im Dezember 2004 abgeschlossen wurde.[1152] Zuvor hatte General Motors Europe angekündigt, 12.000 Arbeitsplätze in Europa abzubauen und ein Werk ganz zu schließen. Nach heftigen Auseinandersetzungen wurde die vorgenannte Unternehmensvereinbarung abgeschlossen, welche im Wesentlichen die gleichmäßige Verteilung der Nachteile von Umstrukturierungsmaßnahmen, die Vermeidung betriebsbedingter Kündigung sowie die Erhaltung aller Werke vorsah.[1153] Umstrukturierungsmaßnahmen sollten außerdem nur im Einvernehmen zwischen Unternehmensleitung und Arbeitnehmervertretungen erfolgen; überwacht werden sollte die Vereinbarung durch den EBR.[1154]

b) Datenschutz: Porr AG

Am 3.12.2003 wurde zwischen der Leitung der Porr AG und dem EBR eine Unternehmensvereinbarung zum Thema Datenschutz abgeschlossen. Gegenstand der Vereinbarung ist die Handhabung von personenbezogenen Daten, insbesondere deren Weitergabe an Dritte, sowie die Regelung der Auswertung und Weitergabe erfasster Datenaufzeichnungen. Letzteres dient dem Ziel, Aufzeichnungen und Statistiken zu vereinfachen, eine effiziente Personaldisposition und Entwicklung zu gewährleisten und die zentrale Personalarbeit in dezentralen Konzernstrukturen zu erleichtern.

c) Gesundheit und Sicherheit am Arbeitsplatz: Rheinmetall AG

Am 20.6.2012 wurde zwischen der Konzernleitung der Rheinmetall AG und dem EBR eine „Rahmenvereinbarung zum Gesundheitsmanagement des Rheinmetall Konzerns" abgeschlossen. Ziel der Vereinbarung ist die Erhaltung der Leistungsbereitschaft und Leistungsfähigkeit der Arbeitnehmer „durch Maßnahmen des betrieblichen Gesundheitsmanagements"[1155], die sich von der Prävention bis zur Rehabilitation erstrecken. Akteure zur Umsetzung sind der Vorstand, der die Einhaltung der Vereinbarung sicherstellen soll, sowie das örtliche Management und die Arbeitnehmervertretungen, welche die Vereinbarung umsetzen sollen. Auf betrieblicher Ebene soll überdies ein „Lenkungskreis Gesundheitsmanagement" mit einem Gesamtverantwortlichen geschaffen werden. Die Vereinbarung enthält viele

---

1152 Text abrufbar unter: http://ec.europa.eu/employment_social/empl_portal/transnational_agreements/ GM_RestructuringFramework_EN.pdf (Stand: 19.4.2015). Dazu ausführlich *Weiss*, in: FS-Birk, 957 (970).

1153 *Weiss*, in: FS-Birk, 957 (970); siehe auch das Info-Schreiben des Europäischen Metallgewerkschaftsbunds, abrufbar unter http://www.euro-betriebsrat.de/pdf/embgm.pdf (Stand: 19.4.2015).

1154 Siehe *Weiss*, in: FS-Birk, 957 (970).

1155 Rahmenvereinbarung zum Gesundheitsmanagement des Rheinmetall Konzerns, S. 2. Abrufbar unter http://ec.europa.eu/employment_social/empl_portal/transnational_agreements/Rheinmetall_H&S_DE.pdf (Stand: 17.4.2015).

weitere Bestimmungen, etwa zum Reporting und Monitoring, zur Qualifizierung und Beratung sowie zu Meinungsverschiedenheiten und Sanktionsmöglichkeiten.

II. Der Verhandlungspartner auf Arbeitnehmerseite

1. EBR, SE-BR und SCE-BR als Vertretungsgremien

Wie erwähnt, beschränkt sich die Untersuchung auf EBR, SE-BR und SCE-BR als Vertretungsgremien. Diese Gremien entstehen entweder durch den Abschluss einer Beteiligungsvereinbarung oder durch das Eingreifen der gesetzlichen Auffanglösung.

2. Kompetenz zum Abschluss einer Unternehmensvereinbarung

Fraglich ist, ob die Vertretungsgremien mit der Unternehmensleitung eine Unternehmensvereinbarung überhaupt abschließen können. Eine Kompetenz könnte unmittelbar aus Richtlinie oder Umsetzungsgesetz folgen, möglicherweise aber auch aus einer Beteiligungsvereinbarung.

a) Die Frage nach der Kompetenz ist eine Frage nach der Rechtsfähigkeit

Scheinbar wird häufig davon ausgegangen, dass es sich bei der Befugnis zum Abschluss von Unternehmensvereinbarungen um ein Mitbestimmungsrecht handelt. Tatsächlich kann eine Unternehmensvereinbarung den Begriff der Mitbestimmung erfüllen, allerdings handelt es sich nicht um einen Anspruch. Der Abschluss einer Unternehmensvereinbarung ist – ähnlich § 88 BetrVG – stets vom Willen der Arbeitgeberseite abhängig; Rechte und Pflichten sollen erst durch diese begründet werden. Die Frage nach der Befugnis zum Abschluss von Unternehmensvereinbarungen ist daher eine Frage nach der Rechtsfähigkeit des Vertretungsgremiums. Den Gremien kommt jedenfalls keine allgemeine, sondern nur eine eingeschränkte, aufgabenbezogene Rechtsfähigkeit zu.[1156] Ob die Aufgabe des Abschlusses von Unternehmensvereinbarungen besteht oder vereinbart werden kann, ist zu ermitteln.

b) Die Rechtsfähigkeit der Vertretungsgremien an anderer Stelle

Die Vertretungsgremien können Vereinbarungen abschließen, welche noch keine Unternehmensvereinbarungen darstellen. Diese Möglichkeiten sollen vorweg beleuchtet werden, insbesondere, weil aus ihnen unzulässige Schlüsse für die Unternehmensvereinbarung gezogen werden oder sogar keine Differenzierung erfolgt.

1156 **EBR**: Ähnlich *Thüsing/Forst*, NZA 2009, 408 (410); *Horcher*, Internationale betriebliche Vereinbarungen, S. 264ff. („durch den Zweck des Gesetzes begrenzt Rechtsfähigkeit"); *Däubler*, in: Däubler/Kittner/Klebe/Wedde, EBRG, § 18 Rn. 15.

aa) Neuvereinbarung oder Modifikation der Beteiligungsvereinbarung

Die Vertretungsgremien werden vom Gesetzgeber im Falle struktureller Änderungen in die Neuverhandlungen mit einbezogen, Art. 13 UAbs. 2 EBR-RL; §§ 37 II EBRG; 18 III 2 SEBG; 18 III 2 SCEBG.[1157] Daraus lassen sich jedoch noch keine Schlüsse auf die Rechtsfähigkeit der Vertretungsgremien ziehen, denn sie schließen die Vereinbarungen nicht allein ab. Entweder entsendet das Vertretungsgremium einige seiner Mitglieder in das neu zu bildende BVG, oder es wird um weitere betroffene Arbeitnehmervertreter ergänzt – jedenfalls aber entsteht ein neues Gremium. Die Vertretungsgremien werden an den Neuverhandlungen beteiligt, weil einerseits die erneute Konstituierung des BVG kostenintensiv und aufwendig wäre und andererseits die Kontinuität der Arbeit des bereits errichteten Gremiums ermöglicht werden soll. Der Zweck beschränkt sich insofern auf punktuelle Effizienzsteigerungen. Darüber hinausgehende allgemeine Aussagen zur Rechtsfähigkeit vermag er nicht zu geben.

Die Vertretungsgremien können allerdings durch die Beteiligungsvereinbarung zur eigenständigen Modifikation selbiger ermächtigt werden. Denn eine Klausel zur Änderung der Beteiligungsvereinbarung ist gemäß Art. 6 II g) EBR-RL bzw. § 18 I Nr. 7 EBRG Teil der *essentialia negotii*.[1158] Auch gemäß Artt. 4 II h) SE-RL; 4 II h) SCE-RL bzw. § 21 I Nr. 6 SEBG; 21 I Nr. 6 SCEBG ist das bei Neuverhandlungen anzuwendende Verfahren zu regeln. In beiden Fällen kann das jeweilige existierende Vertretungsgremium mit dieser Aufgabe befasst werden[1159] und ist dann insofern rechtsfähig.

bb) Vereinbarungen zu internen organisatorischen Fragen

Zu Vereinbarungen über interne organisatorische Fragen wird teilweise auf § 27 I 3, 4 EBRG verwiesen, der §§ 24 II 2, 3 SEBG; 24 II 2, 3 SCEBG entspricht. Aus dieser Norm, nach der Zeitpunkt und Ort der Sitzungen sowie zusätzliche Sitzungen mit der Leitung abzustimmen sind, wird der Rechtsgedanke einer allgemeinen Vereinbarungsbefugnis über die Organisation der eigenen Angelegenheiten abgeleitet.[1160] Die erforderliche Regelungslücke einer solchen analogen Anwendung besteht jedoch nicht: Sofern das Vertretungsgremium durch die Auffanglösung gebildet wird, ist die Organisation kraft Gesetzes geregelt. Im Falle einer Entstehung durch Vereinbarung sind die organisatorischen Regelungen Teil der *essentialia negotii*, welche – sofern sie nicht geregelt werden – durch die Bestimmungen der Auffangregelung

---

1157 Siehe zu strukturellen Änderungen oben, D. II. 6. b).

1158 Zur Qualität der Katalogs als essentialia negotii siehe oben, D. II. c) bb) (3).

1159 **EBR**: *Forst*, ZESAR 2009, 469 (471); *Blanke*, EBRG, § 18 Rn. 12; *Müller*, EBRG, § 18 Rn. 10.

1160 **EBR**: *Horcher*, Internationale betriebliche Vereinbarungen, S. 268f.; *Klebe/Kunz*, in: FS-Däubler, 823 (835). Darauf ebenfalls verweisend, jedoch nicht so weitreichende Schlüsse ziehend *Schiek*, RdA 2001, 218 (233). Wohl auch *Däubler*, in: Däubler/Kittner/Klebe/Wedde, EBRG, § 18 Rn. 14; *Däubler*, in: FS-Schaub, 95 (111).

Ergänzung finden.[1161] Allerdings kann durch die Beteiligungsvereinbarung bestimmt werden, dass das Vertretungsgremium sich in organisatorischen Fragen selbst mit der Unternehmensleitung einigt.

cc) Ergebnis

Die Untersuchung liefert zwei wichtige Erkenntnisse. Erstens: Die soeben behandelten Vereinbarungstypen beziehen sich stets auf die Beteiligungsvereinbarung. Einmal, indem sie die Beteiligungsvereinbarung selbst modifizieren und einmal, indem Regelungen, die eigentlich in der Beteiligungsvereinbarung getroffen werden sollten, auf die Vertretungsgremien delegiert werden. Durch diesen engen Bezug gelten für beide Vereinbarungstypen die Grenzen der Beteiligungsvereinbarung. Aus der Existenz dieser Vereinbarungstypen kann nicht auf eine Befugnis zum Abschluss von Unternehmensvereinbarungen geschlossen werden. Zweitens: Die Ermächtigung zum Abschluss dieser Vereinbarungen erfolgt stets durch die Beteiligungsvereinbarung und nie unmittelbar durch das Gesetz.

c) Unternehmensvereinbarungen

Damit nähern wir uns der entscheidenden Frage: Erstreckt sich die Rechtsfähigkeit der Vertretungsgremien auf den Abschluss von Unternehmensvereinbarungen? Diese Aufgabe und eine damit einhergehende Rechtsfähigkeit kann sich aus verschiedenen Quellen ergeben.

aa) Richtlinien und Umsetzungsgesetze

Art. 127 des Entwurfs der SE-RL von 1970[1162] befähigte den EBR ausdrücklich zum Abschluss von Betriebsvereinbarungen mit dem Vorstand der SE. Das Europäische Parlament hat in seiner Stellungnahme vom 11.7.1974 sogar vorgeschlagen, die Betriebsvereinbarung mit einer normativen Wirkung auszustatten.[1163] Von alldem lässt sich in den geltenden Richtlinien nichts mehr finden.[1164] Für die neugefasste EBR-RL von 2009 ist dies erstaunlich, denn der EBR hat sich in der Praxis schon lange vorher als Vereinbarungspartner etabliert – eine Aussage des Gesetzgebers wäre wünschenswert gewesen. Dies gilt vor allem vor dem Hintergrund, dass der *Ales-Report* sehr konkret bestehende Schwachstellen aufgedeckt hat.[1165] Die von

---

1161 Siehe dazu oben, D. II. 5. c) aa).

1162 Vorschlag der Kommission zu einer Verordnung (EWG) des Rates über das Statut für europäische Aktiengesellschaften, ABlEG C 124/1 v. 10.10.1970.

1163 Stellungnahme des Europäischen Parlaments zu dem Vorschlag der Kommission der Europäischen Gemeinschaften an den Rat für eine Verordnung betreffend das Statut der Europäischen Aktiengesellschaft, ABlEG C 93/52 v. 7.8.1974.

1164 **EBR**: *Rademacher*, EBR, S. 132.

1165 *Ales, Engblom, Jaspers, Laulom, Sciarra, Sobczak, Valdés Dal-Ré*, Transnational collective bargaining: past, present and future, Final Report, Februar 2006, S. 20.

Schiek[1166] gezogene Parallele zu Art. 2 I MassenentlassungsRL[1167] und Art. 7 Nr. 2 BetriebsübergangsRL[1168], welche den Dialog als Vorstufe zum Abschluss einer „Einigung“ bzw. „Übereinkunft“ regeln, ist methodisch nicht verwertbar. Aus den beiden Bestimmungen kann nicht abgeleitet werden, dass Arbeitnehmervertretungen im Unionsarbeitsrecht generell als Vereinbarungspartner gesehen werden.[1169]

Auch die deutschen Umsetzungsgesetze geben auf die Frage nach der Rechtsfähigkeit keine Antwort. Anders haben hier der französische und der schwedische Gesetzgeber zumindest den EBR ausdrücklich mit einer Rechtsfähigkeit ausgestattet.[1170] Im Ergebnis ist festzuhalten, dass die Rechtsfähigkeit der Vertretungsgremien zum Abschluss von Unternehmensvereinbarungen den Richtlinien[1171] und deutschen Umsetzungsgesetzen nicht unmittelbar entnommen werden kann. Dieses Ergebnis entspricht der Sicht der Literatur. Häufig wird daneben der Schluss gezogen, dass die Rechtsakte den Abschluss von Unternehmensvereinbarungen „jedenfalls nicht verbieten“.[1172] Doch diese Aussage ist wertlos, denn sofern man von einer aufgabenbezogenen Rechtsfähigkeit der Vertretungsgremien ausgeht, kann eine Kompetenz ohne Aufgabenzuweisung nicht begründet werden.

bb) Beteiligungsvereinbarung

Die Aufgabe des Abschlusses von Unternehmensvereinbarungen könnte den Vertretungsgremien jedoch aus der Beteiligungsvereinbarung erwachsen. In der Praxis

---

1166 **EBR**: *Schiek*, RdA 2001, 218 (228f.): Sie sieht zwar in den Vorschriften keine unmittelbare Grundlage für den Abschluss von Vereinbarungen, zieht aber den Schluss, dass die Richtlinien die Möglichkeit einer Vereinbarung nicht ausschließen.

1167 Richtlinie 98/59/EG des Rates vom 20. Juli 1998 zur Angleichung der Rechtsvorschriften der Mitgliedstaaten über Massenentlassungen, ABlEG L 225/16 v. 12.8.1998.

1168 Richtlinie 2001/23/EG des Rates vom 12. März 2001 zur Angleichung der Rechtsvorschriften der Mitgliedstaaten über die Wahrung von Ansprüchen der Arbeitnehmer beim Übergang von Unternehmen, Betrieben oder Unternehmens- oder Betriebsteilen, ABlEG L 082 v. 22.3.2001.

1169 So aber für den **EBR** *Schiek*, RdA 2001, 218 (229): „[Die Richtlinien] [...] belegen aber, dass das Gemeinschaftsarbeitsrecht die Arbeitnehmervertretungen nicht per se auf Information und Meinungsaustausch beschränkt, sondern betriebliche Arbeitnehmervertretungen durchaus auch als Partnerinnen von Vereinbarungen mit den Unternehmen sieht.“ Gegen diese Ansicht mit anderer Begründung auch *Heimann*, EBR Vereinbarungen, S. 132f.

1170 Siehe dazu: *Horcher*, Internationale betriebliche Vereinbarungen, S. 264; *Blanke*, KJ 1999, 497 (513, 516).

1171 **EBR**: So auch *Rehberger*, NZA 2013, 73 (75); *Hanau*, in: FS-Vieregge, 319 (334); *Rademacher*, EBR, 132.

1172 **EBR**: *Schiek*, RdA 2001, 218 (229); *Heimann*, EBR Vereinbarungen, S. 133f. *Marassi*, A legal assessment of IFA and EFA, S. 29 vertritt gar “if it is not forbidden, it is allowed”, allerdings in Bezug auf European framework agreements (abrufbar unter http://arno.uvt.nl/show.cgi?fid=122251, Stand: 14.05.2015).

wird dies längst so gehandhabt – die ersten Unternehmen waren hier *Air France*, *Phoenix* und *Vogel & Noot*.[1173] 2001 sahen 5% der Beteiligungsvereinbarungen eine solche Klausel vor.[1174]

(1) SE-BR bzw. SCE-BR: Befugnis bei betrieblichen Mitbestimmungsrechten

Für den SE-BR bzw. SCE-BR liegt das Ergebnis auf der Hand. Nach der hier vertretenen Ansicht können den Gremien durch die Beteiligungsvereinbarung betriebliche Mitbestimmungsrechte zugesprochen werden.[1175] Diese Rechte werden im Rahmen des „positiven Konsensprinzips"[1176] ausgeübt. Die dazu erforderliche gemeinsame Entscheidung wird typischerweise durch eine Vereinbarung getroffen. Folglich können betriebliche Mitbestimmungsrechte nicht ausgeübt werden, wenn die Möglichkeit von Vereinbarungen ausgeschlossen ist. Daher muss der SE-BR bzw. SCE-BR mit einer entsprechenden Rechtsfähigkeit ausgestattet werden können. Die Gefahr eines Zirkelschluss besteht nicht, da betriebliche Mitbestimmungsrechte jedenfalls vereinbart werden können müssen.[1177] Allerdings gilt diese Begründung nur für die in der Beteiligungsvereinbarung vorgesehenen Gegenstände der Mitbestimmungsrechte. Ob die Gremien daneben auch zum Abschluss von „freiwilligen" Unternehmensvereinbarungen ermächtigt werden können, bleibt zu klären.

(2) „Befugnisse" des Vertretungsgremiums als Regelungsauftrag

Eine entsprechende Kompetenz könnte den Parteien der Beteiligungsvereinbarung aus der Ermächtigung erwachsen, die „Befugnisse" des Vertretungsgremiums zu regeln.[1178] Teilweise wird eingewendet, dass die Parteien angesichts des Regelungsauftrages „Unterrichtung und Anhörung" bzw. „Arbeitnehmerbeteiligung" keine Kompetenz besitzen, um die Vertretungsgremien mit einer Vereinbarungsbefugnis auszustatten.[1179] Tatsächlich wurde oben bereits festgestellt, dass der Abschluss von Vereinbarungen den Begriff der Anhörung überdehnt.[1180] Allerdings differenziert die

---

1173 **EBR**: Siehe *Carley*, Bargaining at European level?, S. 10f., die entsprechenden Klauseln sind dort abgedruckt. *Blanke*, Erweiterung der Beteiligungsrechte des SE-BR durch Vereinbarung, S. 22ff. mit weiteren Beispielen.

1174 **EBR**: Zu den Zahlen von 2001 siehe *Carley*, Bargaining at European level?, S. 10.

1175 Dazu oben D. II. 2. c) cc) (2) (c).

1176 Vgl. *Richardi*, in: Richardi, BetrVG, § 87 Rn. 6.

1177 Siehe dazu oben, D. II. 2. c) cc) (2) (c).

1178 Artt. 6 II c) EBR-RL; 4 II c) SE-RL; 4 II c) SCE-RL bzw. §§ 18 I Nr. 3 EBRG; 21 I Nr. 3 SEBG; 21 I Nr. 3 SCEBG. So für den **EBR**: *Klebe/Kunz*, in: FS-Däubler, 823 (835), allerdings nur für die „Gegenstände der Beteiligung".

1179 **EBR**: *Rehberg*, NZA 2013, 73 (75f.). Ohne Begründung auch *Rieble/Kolbe*, EuZA 2008, 452 (476). Siehe auch: *Europäische Kommission*, Commission Staff Working Document, Transnational company agreements: realising the potential of social dialogue, SWD(2012) 264 final v. 10.9.2012, S. 8. Für die **SE** lässt sich dies schwerlich vertreten, siehe dazu oben D. II. 2. c) bb) (1).

1180 Siehe oben, E. II. 2. a).

Kritik nicht zwischen Rechten und Rechtsfähigkeit. Denn die ermittelten Grenzen beziehen sich auf Mitwirkungsrechte. Der Erwerb der Rechtsfähigkeit begründet jedoch keine Ansprüche. Rechte und Pflichten entstehen erst durch den tatsächlichen Abschluss einer Vereinbarung, welcher vom Willen der Arbeitgeberseite abhängig ist – hier gilt es zwischen Gerüstbauer und Maler zu unterscheiden. Mithin stehen die oben festgelegten Grenzen einer Kompetenz zur Ausstattung der Vertretungsgremien mit einer Vereinbarungsbefugnis nicht entgegen. Die Befugnis zum Abschluss von Unternehmensvereinbarungen kann also Gegenstand der Beteiligungsvereinbarung sein.[1181] Inwiefern die Grenzen der Beteiligungsvereinbarung auch Grenzen der Unternehmensvereinbarung sein können und welche Rechtswirkung die Unternehmensvereinbarung entfaltet, bleibt festzustellen.[1182]

Teile der Literatur zum EBR versuchen, die Möglichkeit der Vereinbarungsbefugnis auf anderem Wege herzuleiten. So vertritt *Däubler*: „Wenn das BVG selbst Abmachungen mit normativer Wirkung schließen kann [...], muss es eine solche Befugnis auch auf den EBR delegieren können."[1183] Im Ansatz ist diese Ansicht richtig – wie festgestellt, können die Vertretungsgremien zur Modifikation der Beteiligungsvereinbarung ermächtigt werden.[1184] In diesen Fällen müssen sich die Parteien allerdings innerhalb der oben festgestellten Grenzen bewegen.[1185] Unternehmensvereinbarungen können durch die Delegation eigener Befugnisse nicht abgeschlossen werden. *Heimann* weicht von der hier vertretenen Ansicht in gleich zwei Beziehungen ab, indem sie zunächst die Befugnis zum Abschluss von Vereinbarungen als Mitbestimmungsrecht versteht und sodann vertritt, dass Mitbestimmungsrechte Gegenstand der Beteiligungsvereinbarung sein können.[1186] *Blanke* vertritt, dass eine Befugnis angesichts des „Partizipationsgedankens der RL" und der „Kooperation zwischen zentraler Leitung und EBR" bestehen muss.[1187] Das mögen wünschenswerte Punkte sein, sie können aber nicht zur Auslegung genutzt werden. Gleiches gilt für den Ansatz von *Schiek*: „Wenn sie das Recht haben, durch einfachen Beschluss die Arbeitnehmer des Konzerns völlig um das Recht auf eine europäische Vertretung zu bringen, müssen sie nicht auch in der Lage sein, ihre Position gegenüber dem in der Richtlinie Vorgesehenen zu verbessern?"[1188]

1181 **EBR**: Im Ergebnis ähnlich *Schiek*, RdA 2001, 218 (233); *Gießen*, in: Henssler/Willemsen/Kalb, EBRG Rn. 37 (bzgl. „Einzelfragen der Unterrichtung und Anhörung"); *Däubler*, in: Däubler/Kittner/Klebe/Wedde, EBRG, § 18 Rn. 14 (bzgl. „Maßnahmen, auf die sich die Anhörung bezieht").

1182 Siehe dazu unten, E. III. 3.

1183 **EBR**: *Däubler*, in: Däubler/Kittner/Klebe/Wedde, EBRG, § 18 Rn. 14; ähnlich *Blanke*, EBRG, § 18 Rn. 12 („Was dem BVG nach § 17 recht ist, ist dem EBR billig.").

1184 Siehe oben, E. II. b) aa).

1185 Zu den Grenzen der Beteiligungsvereinbarung siehe oben, D. II. 2.

1186 **EBR**: *Heimann*, EBR Vereinbarungen, S. 147f. Zur Vereinbarkeit von Mitbestimmungsrechten siehe oben, D. II. 2. c) cc) (2) (b).

1187 **EBR**: *Blanke*, EBRG, § 18 Rn. 12.

1188 **EBR**: *Schiek*, in: Däubler, TVG, S. 303.

Umstritten ist schließlich, ob die Vereinbarungsbefugnis schon in der ursprünglichen Beteiligungsvereinbarung angelegt sein muss oder auch später durch eine modifizierende Vereinbarung ergänzt werden kann.[1189] Nach der hier vertretenen Ansicht kann die Beteiligungsvereinbarung nur modifiziert werden, wenn die Gremien dazu durch sie ermächtigt wurden.[1190] Sofern dies getan wurde, kann den Vertretungsgremien auch nachträglich die Vereinbarungsbefugnis eingeräumt werden. Konkludent kann dies angesichts des Schriftformerfordernisses jedenfalls nicht erfolgen.[1191]

cc) Artt. 154, 155 AEUV

Teilweise wird die Möglichkeit erörtert, eine Befugnis zum Abschluss von Unternehmensvereinbarungen aus Art. 155 I AEUV zu folgern.[1192] Danach kann „der Dialog zwischen den Sozialpartnern auf Unionsebene [...] zur Herstellung vertraglicher Beziehungen einschließlich des Abschlusses von Vereinbarungen führen". Erwägungsgrund Nr. 31 EBR-RL bezeichnet zumindest das BVG und die zentrale Leitung als Sozialpartner, jedoch scheint damit nicht der Begriff im Sinne des Art. 155 I gemeint zu sein. Denn in der englischen und französischen Sprachfassung gibt es keine begrifflichen Überschneidungen zwischen Erwägungsgrund Nr. 31 EBR-RL und Art. 155 I AEUV.[1193]

Der Begriff des Sozialpartners wird durch das Gesetz nicht definiert, jedoch rechtfertigt der Zweck des sozialen Dialogs – die Gestaltung der Sozialpolitik – die Voraussetzung eines unternehmensübergreifenden Moments.[1194] Ein Verständnis der Sozialpartner als „auf supranationaler Ebene angesiedelte Dachverbände nationaler Koalitionen oder industriepolitische Interessenverbände"[1195] liegt daher nahe. Den Parteien einer Unternehmensvereinbarung fehlt es erkennbar an der

1189 **EBR**: Für eine Verankerung in der ursprünglichen Beteiligungsvereinbarung: *Rehberg*, NZA 2013, 73 (76) Fn. 23 unter Berufung auf Verfahrensvorschriften. Für die nachträgliche Möglichkeit: *Heimann*, EBR Vereinbarungen, S. 148f.; *Horcher*, Internationale betriebliche Vereinbarungen, S. 270f. Beide gehen offenbar davon aus, dass der EBR auch ohne entsprechende Ermächtigung zur Modifizierung der Beteiligungsvereinbarung befugt ist.

1190 Siehe dazu oben, E. II. 2. b) aa).

1191 Artt. 5 III EBR-RL; 3 III 1 SE-RL; 3 III 1 SCE-RL bzw. §§ 18 I 1 EBRG; 21 I SEBG; 21 I SCEBG.

1192 **EBR**: *Horcher*, Internationale betriebliche Vereinbarungen, S. 257ff.; *Heimann*, Vereinbarungen EBR, 150ff.; beide im Ergebnis jedoch ablehnend.

1193 Art. 155 I AEUV: „social partners" bzw. „partenaires sociaux"; Erwägungsgrund Nr. 31: „parties concerned" bzw. „parties intéressées".

1194 **EBR**: So auch *Heimann*, Vereinbarungen EBR, S. 152.f. Anders *Horcher*, Internationale betriebliche Vereinbarungen, S. 258f.

1195 *Benecke*, in: Grabitz/Hilf/Nettesheim, EU-Recht, AEUV, Art. 152 Rn. 2, Art. 154 Rn. 7.

unternehmensübergreifenden Eigenschaft.[1196] Eine Befugnis kann folglich nicht aus Art. 155 I AEUV abgeleitet werden.

dd) Art. 28 GRCh

Ferner wird vertreten, dass eine Befugnis zum Abschluss von Unternehmensvereinbarungen aus Art. 28 GRCh folgt.[1197] Doch wie oben bereits festgestellt wurde, haben die Normen aufgrund ihres Verweises auf das „Gemeinschaftsrecht" und die „einzelstaatlichen Rechtsvorschriften und Gepflogenheiten" kaum einen eigenständigen Aussagegehalt.[1198] Schon deshalb kann eine Befugnis nicht allein Art. 28 GRCh entnommen werden.

d) Ergebnis

Die Befugnis der Vertretungsgremien zum Abschluss von Vereinbarungen kann sich generell nur durch ausdrückliche Anordnung in der Beteiligungsvereinbarung ergeben. Die Befugnis zum Abschluss von Unternehmensvereinbarungen ist von der Befugnis zur Modifikation der Beteiligungsvereinbarung sowie der Befugnis zur Regelung organisatorischer Fragen zu trennen, insbesondere ist von der Möglichkeit letzterer nicht auf die Möglichkeit von Unternehmensvereinbarungen zu schließen. Allerdings können die Vertretungsgremien bei Vorliegen einer Befugnis zur Modifikation der Beteiligungsvereinbarung selbst mit der Unternehmensleitung schriftlich[1199] eine Befugnis zum Abschluss von Unternehmensvereinbarungen vereinbaren.

3. Vereinbarungsmöglichkeiten bei fehlender Kompetenz

Fehlt es an einer Befugnis des Vertretungsgremiums, selbstständig mit der Unternehmensleitung Unternehmensvereinbarungen abzuschließen, kommen unselbstständige Vereinbarungsbefugnisse in Betracht. Zunächst kann das Vertretungsgremium als Vertreter der nationalen Vertretungsgremien eingesetzt und auf diese Weise „von unten" legitimiert werden.[1200] Alternativ ist auch die Umsetzung einer ohne Befugnis getroffenen Vereinbarung durch die nationalen Arbeitnehmervertretungen

---

1196 **EBR**: So auch *Heimann*, Vereinbarungen EBR, S. 153.

1197 **EBR**: *Heimann*, Vereinbarungen EBR, S. 139ff.

1198 Siehe dazu oben B. VII.

1199 Das Schriftformerfordernis der Artt. 5 III EBR-RL; 3 III 1 SE-RL; 3 III 1 SCE-RL bzw. §§ 18 I 1 EBRG; 21 I SEBG; 21 I SCEBG gilt auch für spätere Änderungen der Beteiligungsvereinbarung.

1200 **EBR**: Vgl. dazu *Rieble/Kolbe*, EUZA 2008, 453 (474f., 476); *Weiss*, in: FS-Birk, 957 (970, 975) („[...] setzt [...] eine enge Kooperation der EBR mit den nationalen Arbeitnehmermitwirkungsinstitutionen [...] voraus [...]". **SE**: Siehe auch *Forst*, Beteiligungsvereinbarung, S. 231 zur Frage, ob Aufgaben nationaler Arbeitnehmervertretungen durch diese auf den SE-BR übertragen werden können.

denkbar.[1201] Hier muss aber beachtet werden, dass eine solche Möglichkeit nicht in allen Mitgliedstaaten besteht und angesichts der fehlenden Bindungswirkung kein zufriedenstellendes Ergebnis liefert. Daneben können die Mitglieder der Vertretungsgremien unter Umständen außerhalb ihrer Funktion als Vertretungsgremium handeln.[1202] Diese Möglichkeiten sind nicht Gegenstand dieser Arbeit.

III. Die Unternehmensvereinbarung

1. Anwendbare Vertragsordnung

Die anwendbare Vertragsordnung bestimmt sich nach der Rom I-VO, denn die Unternehmensvereinbarung ist ein schuldrechtlicher Vertrag[1203] in Zivilsachen mit Verbindung zum Recht verschiedener Mitgliedstaaten und erfüllt insofern die Voraussetzungen von Art. 1 I 1 Rom I-VO.[1204] Es liegt keine Bereichsausnahme nach Art. 1 II Rom I-VO vor. Daher haben die Parteien nach Art. 3 I Rom I-VO die freie Rechtswahl.

Wird keine Rechtswahl getroffen, bestimmt sich das anzuwendende Vertragsstatut nach Art. 4 Rom I-VO. Maßgebliche Bedeutung wird dessen Absatz 4 zukommen. Danach „unterliegt der Vertrag dem Recht des Staats, zu dem er die engste Verbindung aufweist“. Das Merkmal der engsten Verbindung befindet sich für die Unternehmensvereinbarung in reger Diskussion. Vorweggenommen sei, dass angesichts des Wortlauts („Vertrag“) der exakte Anknüpfungspunkt von Relevanz für die vertragliche Beziehung sein muss.[1205] Die von Teilen der Literatur vorgeschlagene Anknüpfung am Ort der Verhandlungen[1206] oder der größten Anzahl betroffener Arbeitnehmer[1207] ist schon deshalb, ungeachtet weiterer Kritikpunkte[1208], ungeeignet.

1201 **EBR**: *Hanau*, in: FS-Vieregge, 319 (334).

1202 **EBR**: Dazu *Rehberg*, NZA 2013, 73 (76).

1203 Siehe dazu unten, E. III. 3.

1204 **EBR**: *Heimann*, Vereinbarungen EBR, S. 126f. Zu TCA (zum Begriff oben, E. I. 1.) *van Hoek/Hendrickx*, International private law aspects and dispute settlement related to transnational company agreements, S. 9 (abrufbar unter http://ec.europa.eu/social/BlobServlet?docId=4815&langId=en, Stand: 14.05.2015).

1205 *Spickhoff*, in: BeckOK-BGB, Rom I-VO, Art. 4 Rn. 82.

1206 **EBR**: *van Hoek/Hendrickx*, International private law aspects and dispute settlement related to transnational company agreements, S. 12; *Heimann*, Vereinbarungen EBR, S. 128. Überdies knüpfen sie am Ort der regulären EBR-Sitzungen an, der sich aus der Beteiligungsvereinbarung ergibt. Zum Abschluss einer Unternehmensvereinbarung ist jedoch keine reguläre Sitzung erforderlich.

1207 *Rehberg*, NZA 2013, 73 (77).

1208 Gegen den Ort der Verhandlungen: *Rehberg*, NZA 2013, 73 (76f.): „Willkürlich, weil leicht beeinflussbar“. Gegen die Anzahl betroffener Arbeitnehmer: Problematik unterschiedlicher Gegenstände in einer Vereinbarung; Schwankungen in der Arbeitnehmeranzahl, dazu *Heimann*, Vereinbarungen EBR, S. 128.

Für eine Anknüpfung kommen die Vertragsparteien, der Vertragsgegenstand oder vertragliche Pflichten in Betracht.[1209] Bezüglich der Vertragsparteien bietet die Partei auf Arbeitnehmerseite ebenfalls keinen geeigneten Anknüpfungspunkt; die Vertretungsgremien können keinem Staat zugeordnet werden und ihre Mitglieder stehen gleichberechtigt nebeneinander. Anderes gilt für die Partei auf Arbeitgeberseite. Da diese der Unternehmensleitung zugeordnet wird, kann der Sitzstaat ein Anknüpfungspunkt sein.[1210] Ob der konkrete Vertragsgegenstand oder vertragliche Pflichten eine engere Verbindung ergeben, ist im Einzelfall zu prüfen. Dies könnte beispielsweise im Falle einer Unternehmensvereinbarung, welche eine Restrukturierung regelt, der Staat sein, in dem die konkrete Maßnahme erfolgen soll.

2. Rechtsnatur

Die Unternehmensvereinbarung ist wie schon die Beteiligungsvereinbarung ein Kollektivvertrag, weil die Vertretungsgremien als Arbeitnehmervertreter auftreten und insofern eine kollektive Urheberschaft besteht. Die Vereinbarung kann keinem im deutschen Recht bestehenden Kollektivvertragstyp zugeordnet werden. Insbesondere eine Betriebsvereinbarung nach §§ 77 bzw. 88 BetrVG ist ausgeschlossen, weil die Vertretungsgremien kein Betriebsrat, Gesamtbetriebsrat oder Konzernbetriebsrat im Sinne des BetrVG sind.[1211] Die Unternehmensvereinbarung ist ein Kollektivvertrag *sui generis*.

3. Rechtswirkung

Die Rechtswirkung ist auch im Rahmen der Unternehmensvereinbarung umstritten. Hier geht man allerdings nur teilweise von einer normativen Wirkung aus, während sich die herrschende Meinung für eine lediglich schuldrechtliche Wirkung ausspricht.

a) Bedürfnis nach einer normativen Wirkung?

Die normative Wirkung der Beteiligungsvereinbarung wurde oben im Wesentlichen mit drei Erwägungen begründet.[1212] Erstens: Die Beteiligungsvereinbarung ist ein Organisationsvertrag und begründet keine klassische Austauschbeziehung.

1209 *Spickhoff*, in: BeckOK-BGB, Rom I-VO, Art. 4 Rn. 82.

1210 Ähnlich für den **EBR** *van Hoek/Hendrickx*, International private law aspects and dispute settlement related to transnational company agreements, S. 9.; *Heimann*, Vereinbarungen EBR, S. 128, die jedoch am Sitzstaat der zentralen Leitung anknüpfen. Der Vertragspartner der Unternehmensvereinbarung muss aber nicht mit dem der Beteiligungsvereinbarung identisch sein – für erstere kann auf Arbeitgeberseite auch ein anderes Gremium handeln.

1211 **EBR**: So auch *Heimann*, Vereinbarungen EBR, S. 195f.; ohne Begründung *Weiss*, in: FS-Birk, 957 (971).

1212 Siehe oben, D. II. 3. d).

Zweitens: Ihre Bestimmungen sollen für alle Arbeitnehmer gelten, auch wenn diese erst nach Abschluss zum Unternehmen hinzutreten. Drittens: Die Bestimmungen sollen nicht durch Individualabsprachen abbedungen oder sonst wie unterlaufen werden können.

Die Unternehmensvereinbarung ist kein Organisationsvertrag.[1213] Jedoch soll sich ihre Wirkung in aller Regel wohl auch auf zukünftig hinzutretende Arbeitnehmer erstrecken. Bezüglich des Schutzes vor Individualabsprachen ist das Bild geteilt. Der Abschluss der Unternehmensvereinbarung ist, sofern es sich nicht um die Ausübung betrieblicher Mitbestimmungsrechte handelt[1214], für die Arbeitgeberseite vollständig freiwillig. Die Vertretungsgremien haben keine Machtinstrumente, um in irgendeiner Weise Druck auszuüben. Entsprechend müsste auf Arbeitgeberseite ein Interesse am Vereinbarungsgegenstand bestehen, was das Schutzbedürfnis der Arbeitnehmer vor abweichenden Vereinbarungen in Frage stellt. Ein Schutz könnte aber bei wechselseitigen Zugeständnissen oder vor dem Hintergrund von Ungleichbehandlungen geboten sein. Man kann zu dem Ergebnis kommen, dass eine normative Wirkung der Unternehmensvereinbarung sinnvoll ist.

b) Keine normative Wirkung kraft Gesetz

Doch selbst wenn man auf diesem Standpunkt steht, können allein daraus noch keine Folgen hergeleitet werden. Die Erwägungen im Rahmen der Beteiligungsvereinbarung stehen nicht im luftleeren Raum, sie wurden in einer systematischen und teleologischen Auslegung angestellt.[1215] Für die Unternehmensvereinbarung besteht kein normativer Anknüpfungspunkt.[1216] Folglich ergibt sich die normative Wirkung jedenfalls nicht aus einer gesetzgeberischen Anordnung.[1217]

c) Anordnung der normativen Wirkung durch die Beteiligungsvereinbarung?

Somit stellt sich die Frage, ob eine normative Wirkung durch die Beteiligungsvereinbarung angeordnet werden kann. Dies ist durch Auslegung des Autonomiebegriffs von Richtlinien und Umsetzungsgesetzen zu bestimmen, sodass bei der folgenden Bearbeitung auf die oben gewonnenen Grundsätze zurückgegriffen wird.

1213 **EBR**: So auch *Heimann*, Vereinbarungen EBR, S. 199f., die darin den entscheidenden Punkt gegen eine Übertragbarkeit der Rechtswirkung sieht.

1214 Diese Möglichkeit besteht nur für den SE-BR bzw. SCE-BR. Siehe dazu oben, D. II. 2. c) cc) (2) (c).

1215 Siehe dazu oben, D. II. 3. d).

1216 **EBR**: So auch *Heimann*, Vereinbarungen EBR, S. 197ff.; *Horcher*, Internationale betriebliche Vereinbarungen, S. 263.

1217 **EBR**: *Giesen*, in: Henssler/Willemsen/Kalb, EBRG, Rn. 37.

aa) *Auslegung des Autonomiebegriffs anhand von Wortlaut, Telos und Systematik*

Teilweise wird die Möglichkeit einer Anordnung mit der Begründung bejaht, dass BVG und Unternehmensleitung auch selbst einen Vertrag mit normativer Wirkung abschließen können, sodass auch die Möglichkeit der Delegation dieser Befugnis bestehen muss.[1218] Doch diese Ansicht verkennt die Grenzen der Beteiligungsvereinbarung.[1219] BVG und Unternehmensleitung haben keine Befugnis zum Abschluss von Unternehmensvereinbarungen, sodass eine entsprechende Delegation nicht stattfinden kann.[1220] Andere Befürworter stützen ihre Argumentation auf einen Vergleich zum nationalen Recht. Die Autonomie zur Ausgestaltung der Beteiligungsvereinbarung müsse soweit reichen, um „ein dem nationalen Recht der Arbeitnehmervertretung gleichwertiges „Vereinbarungsstatut" schaffen [zu] können"[1221]. Tatsächlich wurde oben festgestellt, dass zur Verwirklichung des Ziels der Vereinbarungsmöglichkeit – ein Ausgleich zwischen den Mitwirkungskulturen – vorbehaltlich weiterer Grenzen jedenfalls das vereinbart werden können muss, was in mindestens einem Mitgliedstaat bereits Standard ist.[1222] In Deutschland entfaltet die Betriebsvereinbarung eine normative Wirkung. Eine teleologische Auslegung spricht somit für die Möglichkeit einer Anordnung der normativen Wirkung durch die Beteiligungsvereinbarung.

In systematischer Hinsicht wird die Autonomie durch den Regelungsauftrag der Parteien begrenzt.[1223] Diese Grenze spielt hier zwar keine unmittelbare Rolle, da durch die Anordnung einer normativen Wirkung noch keine Rechte und Pflichten begründet werden. Allerdings kommt es zu mittelbaren Auswirkungen, denn die Regelungen über die Zusammensetzung des BVG – und damit seine Legitimation – sind auf den Regelungsauftrag zugeschnitten.[1224]

Somit spricht der Zweck der Autonomie für die Möglichkeit der Anordnung einer normativen Wirkung, während Wortlaut und Systematik eher Gegenteiliges vermuten lassen.

1218 **EBR**: *Däubler*, in: Däubler/Kittner/Klebe/Wedde, EBRG, § 18 Rn. 14; ähnlich *Blanke*, EBRG, § 18 Rn. 12 („Was dem BVG nach § 17 recht ist, ist dem EBR billig."). Zu diesem Argument bereits oben, E. II. 2. c) bb) (2). Wohl auch *Meißner/Ritschel*, in: Symposium-Kothe, 53 (64).

1219 Zu den Grenzen siehe oben, D. II. 2. c) bb) (1).

1220 **EBR**: Ähnlich *Horcher*, Internationale betriebliche Vereinbarungen, S. 263, der jedoch die Möglichkeit einer Delegation infrage stellt.

1221 EBR: *Schiek*, RdA 2001, 218 (234).

1222 Siehe dazu oben, D. II. 2. c) aa).

1223 Siehe dazu oben, D. II. 2. c) bb) (1).

1224 Siehe dazu oben, C. I. 2.

bb) Verfassungskonforme Auslegung

Auch wenn sich die Erwägungen zur Legitimation bereits im Zuge einer systematischen Auslegung verwerten lassen, liegt das eigentliche Problem in tieferen Schichten. Legitimationsdefizite beschränken sich nicht auf die einfachgesetzliche Ebene, sondern schlagen schnell auf die verfassungsrechtlich gewährleisteten Positionen der Normunterworfenen durch. Mangels eindeutiger Vorgaben des Gesetzgebers und in unterschiedliche Richtungen deutende Auslegungsergebnisse könnte, sofern sich die Bedenken bewahrheiten, einer Auslegungsmethode im Zuge einer verfassungskonformen Auslegung der Vorrang gebühren. Dazu bedarf es zunächst eines genaueren Blicks auf die vorgenannten verfassungsrechtlichen Bedenken.

Ausgangspunkt ist die Tatsache, dass eine normative Wirkung Regelungen auf Arbeitnehmer unabhängig von deren Willen erstreckt. Angesichts dieser Fremdwirkung bedarf es einer anderweitigen Legitimation.[1225] Im Rahmen der Beteiligungsvereinbarung wurde diese Legitimation in der gesetzgeberischen Anordnung der normativen Wirkung gesehen, welche durch Auslegung ermittelt wurde.[1226] Zwar wurde auch festgehalten, dass es bei der Normsetzung durch nicht-staatliche Gremien grundsätzlich noch einer weiteren Legitimation bedarf; diese wurde aber wegen des starken Einflusses des Gesetzgebers auf das Zustandekommen des BVG, das Verhandlungsverfahren sowie die Vereinbarung ausnahmsweise für nicht erforderlich erachtet.

Für die Unternehmensvereinbarung ordnet der Gesetzgeber die normative Wirkung, wie festgestellt, nicht an. Doch unabhängig davon, ob dem die Anordnung durch die Beteiligungsvereinbarung gleichgesetzt werden kann, bedarf es jedenfalls einer zusätzlichen Legitimation der Vertretungsgremien gegenüber den Normunterworfenen. Denn die Erwägungen, welche diese Legitimation im Rahmen der Beteiligungsvereinbarung ausnahmsweise entbehrlich gemacht haben, greifen nicht für die Unternehmensvereinbarung: Der Gesetzgeber nimmt keinen Einfluss auf ihr Zustandekommen, die von ihm gesteckten Grenzen gelten größtenteils nicht[1227] und die Berührung der Normunterworfenen ist eher Regel als Ausnahme, weil Gegenstand der Vereinbarung nicht mehr die abstrakte Gestaltung von Mitwirkungsregelungen, sondern die konkrete Regelung von Unternehmensbelangen ist. Eine Legitimation durch eine „binnendemokratische Organisationsstruktur"[1228] ist jedenfalls nicht gegeben. Nicht der Gesetzgeber bestimmt die Zusammensetzung der Vertretungsgremien, sondern die Parteien der Beteiligungsvereinbarung.[1229] Ob sie sich bei der Gestaltung der Zusammensetzung von Legitimations- oder Effektivitätsaspekten, vielleicht aber auch von ganz anderen Erwägungen leiten lassen,

1225 Siehe dazu oben, D. II. 3. d) hh).
1226 Siehe dazu oben, D. II. 3. d) hh).
1227 Siehe dazu unten, E. III. 4.
1228 Siehe zu diesem Erfordernis oben, D. II. 3. d) hh).
1229 Artt. 6 II b) EBR-RL; 4 II b) SE-RL; 4 II b) SCE-RL bzw. §§ 18 I Nr. 2 EBRG; 21 I Nr. 2 SEBG; 21 I Nr. 2 SCEBG.

ist ungewiss. Erschwerend kommt hinzu, dass eine Legitimation des BVG durch die Arbeitnehmer fragwürdig ist.[1230] Eine Legitimation über den Individualvertrag gemäß dem Vertragshelfermodell[1231] ist ebenso fraglich. Tendenziell behandeln die Vertretungsgremien grenzüberschreitende Angelegenheiten und in aller Regel nicht „das betriebliche Umfeld des einzelnen Arbeitsverhältnisses"[1232]. Im Ergebnis wird aber auch hier die genaue Aufgabe durch die Beteiligungsvereinbarung festgelegt. Festzuhalten bleibt, dass die Vertretungsgremien nicht gegenüber den Arbeitnehmern legitimiert sind.

Daher wäre ein Autonomiebegriff, der den Parteien die Anordnung der normativen Wirkung einer Unternehmensvereinbarung erlaubt, verfassungswidrig. „Der Staat [würde] seine Normsetzungsbefugnis [...] in beliebigem Umfang außerstaatlichen Stellen überlassen und den Bürger [...] schrankenlos der normsetzenden Gewalt autonomer Gremien ausliefern [...], die ihm gegenüber nicht demokratisch bzw. mitgliedschaftlich legitimiert sind."[1233] Wortlaut und Systematik gebührt daher im Zuge einer verfassungskonformen Auslegung der Vorrang gegenüber dem Telos. Eine normative Wirkung kann somit nicht durch die Beteiligungsvereinbarung angeordnet werden.

Etwas anderes kann sich freilich dann ergeben, wenn eine sogenannte Mischvereinbarung abgeschlossen wurde, an der neben den hier behandelten Vertretungsgremien noch andere Arbeitnehmervertreter mitwirken.[1234]

cc) Kein Legitimationsdefizit bei Entscheidungen in der Sphäre des Arbeitgebers?

In diesem Zusammenhang könnte der Ansatz von *Rieble* weiterhelfen, der in der Diskussion um Legitimationsdefizite bei Zustandekommen der Betriebsvereinbarung entwickelt wurde.[1235] *Rieble* vertritt, dass eine Legitimation der Vertretungsgremien gegenüber den Normunterworfenen nicht notwendig sei. Aufgabe des Betriebsrats sei die Einschränkung der Autonomie des Arbeitgebers.[1236] Er könne nur dort eine Vereinbarung abschließen, wo der Arbeitgeber auch alleine handeln kann; es handele sich also um eine reine Tätigkeit innerhalb der Sphäre des Arbeitgebers, die mangels Fremdwirkung keiner Legitimation bedarf.[1237]

1230 Siehe dazu oben, C. I. 6.
1231 Siehe dazu bereits oben, D. II. 3. d) hh).
1232 *Beuthien*, ZfA 1988, 1 (14).
1233 BVerfG, Beschluss v. 24.5.1977, BVerfGE 44, 322–353; ähnlich BVerfG, Urteil v. 14.6.1983, BVerfGE 64, 208–216; BVerfG, Beschluss v. 25.2.1988 BVerfGE 78, 32–38. Dazu bereits oben, D. II. 3. d) dd) (3).
1234 Vgl. dazu oben, E. I. 1.
1235 *Rieble*, Arbeitsmarkt und Wettbewerb, Rn. 1422f.
1236 *Rieble*, Arbeitsmarkt und Wettbewerb, Rn. 1422.
1237 *Rieble*, Arbeitsmarkt und Wettbewerb, Rn. 1423.

Für die Betriebsvereinbarung wurde dieser Ansatz als unbrauchbar abgetan, weil sehr wohl eigenständig belastende Maßnahmen denkbar sein.[1238] Doch für die Unternehmensvereinbarungen bleibt der Ansatz aufgrund ihres rein freiwilligen Charakters interessant: Bedarf es dort einer Legitimation des Vertretungsgremiums, wo der Arbeitgeber alleine entscheiden darf? Die Antwort fällt negativ aus, weil der Ansatz von *Rieble* für den hier behandelten Vereinbarungstyp an einer Schwachstelle leidet. Die Entscheidung durch Vereinbarung findet zwar ihren Ursprung in der Sphäre des Arbeitgebers, erstreckt sich durch die normative Wirkung aber darüber hinaus und belastet die Arbeitnehmer stärker, als dies bei einer alleinigen Entscheidung des Arbeitgebers der Fall wäre: Bei einer normativen Wirkung ist es den Arbeitnehmern mangels Günstigkeitsprinzips unmöglich, individuell von der Vereinbarung abzuweichen. Als Folgeproblem tritt hinzu, dass einmal abgeschlossene Vereinbarungen nicht einmal mehr durch die Parteien der Vereinbarung geändert werden können. Spätestens bei Eingriff in eine normativ wirkende Vereinbarung beschränkt sich die Tätigkeit nicht mehr auf die Sphäre des Arbeitgebers.

d) Ergebnis

Der Unternehmensvereinbarung kommt keine normative Wirkung zu. Die Richtlinien und Umsetzungsgesetze enthalten diesbezüglich keine Aussagen; eine Anordnung durch die Beteiligungsvereinbarung scheitert an der mangelhaften Legitimation des BVG. Der Unternehmensvereinbarung kann folglich nur eine schuldrechtliche Wirkung zukommen,[1239] sie gilt allein zwischen der Unternehmensleitung und der Arbeitnehmervertretung. Natürlich können die Parteien einen Vertrag zugunsten Dritter abschließen. Gegebenenfalls können, sofern deutsches Vertragsrecht anwendbar ist, von der Vereinbarung abweichende Maßnahmen gemäß dem Grundsatz *venire contra factum proprium* nach § 242 BGB nichtig sein und auf diese Weise eine Art Drittschutz entfalten. In jedem Fall haben die Vertretungsgremien die Aufgabe und Möglichkeit, über die Einhaltung der Vereinbarung zu wachen. Sofern die Unternehmensvereinbarung für die Arbeitnehmer nachteilige Folgen vorsieht, die nur mit deren Einverständnis eintreten können, bedarf es einer Transformation in die Arbeitsverträge, entweder durch eine legitimierte nationale Arbeitnehmervertretung oder durch den Arbeitnehmer selbst.

1238 *Hänlein*, RdA 2003, 26 (30); vgl. auch *Belling*, Die Haftung des Betriebsrats und seiner Mitglieder für Pflichtverletzungen, S. 178f.: „Fremdbestimmung im Rahmen einer Zwangsordnung".

1239 **EBR**: So im Ergebnis auch: *Giesen*, in: Henssler/Willemsen/Kalb, EBRG, Rn. 37; *Heimann*, Vereinbarungen EBR, S. 201; *Horcher*, Internationale betriebliche Vereinbarungen, S. 263.

4. Grenzen der Unternehmensvereinbarung

Oben wurde festgestellt, dass die Vertretungsgremien grundsätzlich durch die Beteiligungsvereinbarung mit einer Befugnis zum Abschluss von Unternehmensvereinbarungen ausgestattet werden können. Doch völlig offen ist, welche Grenzen dabei zu beachten sind.

a) Grenzen der Beteiligungsvereinbarung?

In diesem Zusammenhang stellt sich zunächst die Frage, ob die Grenzen der Beteiligungsvereinbarung auch für die Unternehmensvereinbarung gelten.

aa) Modifikationen der Beteiligungsvereinbarung

Völlig unstreitig muss sich die oben[1240] von der Unternehmensvereinbarung abgegrenzte modifizierende Vereinbarung innerhalb dieser Grenzen halten. Von einer modifizierenden Vereinbarung ist nicht nur bei einer ausdrücklichen Änderung der bestehenden Beteiligungsvereinbarung, sondern bei jeder Berührung mit dem ursprünglichen Regelungsauftrag auszugehen. Wann immer die Vertretungsgremien mit der Unternehmensleitung Gegenstände regeln wollen, welche die Mitwirkungsrechte der Arbeitnehmer in welcher Form auch immer betreffen, gelten die Grenzen der Beteiligungsvereinbarung. Denn ansonsten droht durch die Möglichkeit der Auslagerung kritischer Verhandlungsgegenstände eine Umgehung der Grenzen, die zu weiten Teilen aus Schutzvorschriften bestehen.

bb) Unternehmensvereinbarungen

Bezüglich der Unternehmensvereinbarungen im engeren Sinne – also Vereinbarungen, welche die Mitwirkungsrechte der Arbeitnehmer nicht betreffen – ist die Lage kompliziert.

Schwierigkeiten bereitet vor allem die Grenze des Regelungsauftrags.[1241] Wenn die Parteien der Unternehmensvereinbarung an den ursprünglichen Regelungsauftrag gebunden sind, werden ihre Möglichkeiten auf ein Minimum begrenzt. Oben wurde festgestellt, dass durch die Beteiligungsvereinbarung nur die vorgenannten abgegrenzten Mitwirkungsrechte geregelt werden können. Würde darin auch eine Grenze für die Unternehmensvereinbarung liegen, wären lediglich lose Absprachen ohne gegenseitige Verpflichtung möglich; die durch die Beteiligungsvereinbarungen erworbene Kompetenz zum Abschluss von Unternehmensvereinbarungen wäre nichts wert.

Die entscheidende Frage ist daher: Können die durch die Beteiligungsvereinbarung geschaffenen Gremien Rechte und Pflichten erwerben, welche ihnen nicht durch die Beteiligungsvereinbarung zugesprochen werden können? Auf den ersten

---

1240 Siehe oben E. II. 2. b) aa).
1241 Siehe dazu oben D. II. 2. c) bb) (1).

Blick mag man diese Frage verneinen. Schließlich gewinnen die Vertretungsgremien ihre Legitimation aus der Beteiligungsvereinbarung und es erschließt sich nicht unmittelbar, weshalb sie weiterreichende Absprachen treffen können sollen. Doch bei Betrachtung des Zwecks der Grenze Regelungsauftrag ergibt sich etwas anderes. Das BVG ist ein speziell eingerichtetes Gremium, bei dessen Zusammensetzung nicht die Repräsentation aller Arbeitnehmer, sondern die Abbildung aller Mitwirkungskulturen im Vordergrund steht.[1242] Es soll in einem engen zeitlichen Rahmen dort Regelungen treffen, wo der Gesetzgeber keine Einigung finden konnte. Die Grenze Regelungsauftrag ist mithin an Legitimations- und Effektivitätsaspekte geknüpft. Für das durch die Beteiligungsvereinbarung entstehende Gremium, welches sich nach anderen Regeln zusammensetzt und einen ganz anderen Aufgabenbereich hat, besteht diese Anknüpfung nicht. Folglich kann man dem Regelungsauftrag nicht entnehmen, dass der Gesetzgeber den Vertretungsgremien weitergehende Rechte versagen will. Offenbar will er allein, dass sich die Beteiligungsvereinbarung auf diese Gegenstände beschränkt. Somit gilt die Grenze des Regelungsauftrags der Beteiligungsvereinbarung nicht für die Unternehmensvereinbarung.

Die übrigen oben im Rahmen der Beteiligungsvereinbarung behandelten Grenzen spielen für die Unternehmensvereinbarung keine Rolle.

b) Autonomie Dritter

Aus den oben festgestellten Legitimationsdefiziten, die maßgeblich gegen eine normative Wirkung sprechen, folgt zugleich, dass Dritte durch die Vereinbarung nicht nachteilig betroffen werden können. Die Autonomie der Arbeitnehmer bildet also eine weitere Grenze für Regelungsgegenstände der Unternehmensvereinbarung. Da die Unternehmensvereinbarung einen schuldrechtlichen Charakter hat, wird diese Grenze durch das Verbot von Verträgen zu Lasten Dritter verwirklicht. Beispielsweise können dem Arbeitnehmer durch eine Unternehmensvereinbarung keine Pflichten auferlegt werden, ebenso wenig kann sie das Arbeitsverhältnis unmittelbar beenden oder in sonstiger Weise negativ gestalten.

c) Sonstige Grenzen

Im Übrigen wird vertreten, dass durch die Unternehmensvereinbarung nur grenzüberschreitende Angelegenheiten geregelt werden dürfen.[1243] Auch die Definition der Europäischen Kommission enthält dieses Merkmal.[1244] Diese Grenze findet ihre Geltung in dem Verhältnis zwischen der Regelungsbefugnis von EBR, SE-BR und SCE-BR einerseits und der der nationalen Arbeitnehmervertretungen andererseits,

---

1242 Die Verknüpfung zwischen Regelungsauftrag und Zusammensetzung des Gremiums wurde bereits oben dargestellt, siehe D. II. 2. c) bb) (1).

1243 **EBR**: *Heimann*, Vereinbarungen EBR, S. 155.

1244 Commission Staff Working Document (SEC(2008) 2155), Fn. 2 ("[...] scope of which extends to the territory of several States [...]").

das nicht Gegenstand dieser Arbeit ist.[1245] Im Übrigen darf durch die Unternehmensvereinbarung das vereinbart werden, was die Arbeitgeberseite auch alleine entscheiden dürfte.

IV. Ergebnis

Die in der Praxis immer wichtiger werdende Unternehmensvereinbarung kann durch die Vertretungsgremien nur abgeschlossen werden, wenn diese durch die Beteiligungsvereinbarung dazu ermächtigt wurden. Die Parteien haben weitgehende Gestaltungsfreiheit, allerdings kann der Unternehmensvereinbarung nur eine schuldrechtliche Wirkung zukommen. Die Arbeitnehmer können durch sie nicht nachteilig betroffen werden.

Die oben gewonnenen Erkenntnisse zur Beteiligungsvereinbarung sind folglich von immenser Bedeutung für die Unternehmensvereinbarung. Da die für die Unternehmensvereinbarung erforderliche Rechtsfähigkeit der Vertretungsgremien nur aus der Beteiligungsvereinbarung folgen kann, ist der Autonomiebegriff[1246] der Dreh- und Angelpunkt für die Bestimmung von Rechtswirkung, Reichweite und Grenzen der Unternehmensvereinbarung.

1245 **EBR**: Siehe dazu *Heimann*, Vereinbarungen EBR, S. 156ff.; *Schiek*, RdA 2001, 218 (234).

1246 Artt. 6 II EBR-RL; 4 II SE-RL, 4 II SCE-RL bzw. §§ 21 I SEBG; 21 I SCEBG; 17 S. 1 EBRG.

F. Vorschläge de lege ferenda

Abschließend werden Vorschläge für Regelungen *de lege ferenda* entwickelt. Vorrangig wird eine Änderung der Regelungstechnik vorgeschlagen (I.). Sollte der Gesetzgeber dem nicht nachkommen wollen, werden Änderungsvorschläge zur Optimierung des geltenden Modells unterbreitet (II.-IV.).

I. Regelungstechnik

1. Status quo

Der Gesetzgeber hat sich für die Regelungstechnik „Vereinbarung mit Auffanglösung" entschieden. Mit Vereinbarungen möchte er eine Anpassung der Arbeitnehmermitwirkung an Unternehmen und nationale Mitwirkungskulturen ermöglichen. Die Auffanglösung soll eine Regelung bereithalten, falls eine Einigung nicht gelingt. Vor allem aber soll sie dem BVG Verhandlungsmacht verleihen. Für die Mitbestimmung ist die Auffanglösung darüber hinaus eine Ausprägung des Vorher-Nachher-Prinzips. Sie soll nicht nur den Ausgangspunkt der Verhandlungen bilden, sondern möglichst auch ein Mindestniveau gewährleisten. Der Gesetzgeber sorgt durch weitere Bestimmungen für eine Absicherung dieses Mindestniveaus, beispielsweise durch qualifizierte Mehrheiten im Falle einer Minderung oder ihren vollständigen Ausschluss im Gründungsfall der Umwandlung.

Oben wurde herausgearbeitet, dass dieses Verhandlungsmodell eine Notlösung mit Kompromisscharakter ist. Den Parteien wurde nicht Autonomie gewährt, weil man eine freiheitliche Gestaltung für besonders geeignet hielt, sondern weil eine Einigung auf Zwang schlicht nicht möglich war. Die Schaffung von Autonomie war mehr Mittel als Zweck; sie wurde benutzt, um die Regelung von der ungeeigneten europäischen Ebene auf die unternehmerische Ebene heben zu können. Durch die mittelbaren Zwangseinwirkungen gerät das Verhandlungsmodell zum Zwitter; es wurde gewählt, weil „der Gesetzgeber den Weg vom zwingenden zum dispositiven Recht (noch) nicht gehen mag."[1247] Dieses Modell bereitet der Rechtswissenschaft große, teilweise nicht zu lösende Schwierigkeiten und für die Praxis entstehen Unsicherheiten und erhebliche Kosten. Gleichzeitig wird der mit den Zwangselementen beabsichtigte Zweck nicht lückenlos erreicht: Dort wo die Arbeitgeberseite unbedingt Arbeitnehmermitwirkung verhindern will, wird es ihr gelingen. Nur Beispiele sind komplizierte rechtliche Konstruktionen, das sogenannte „Einfrieren der Mitbestimmung"[1248], Druck auf die Arbeitnehmervertreter, das Ausnutzen ihrer Unerfahrenheit oder Zusprüche an anderer Stelle.[1249]

1247 *Bachmann*, JZ 2008, 11 (15), allgemein in Bezug auf „strenge" Optionsmodelle.
1248 Dazu etwa *Ege/Grzimek/Schwarzfischer*, DB 2011, 1205ff.; *Rieble*, BB 2006, 2018ff.
1249 Dazu oben B. IV 3.; B. V. 2.

2. Änderungsvorschläge

Aus den vorgenannten Gründen ist es gerechtfertigt, das Verhandlungsmodell als Übergangslösung zu begreifen. Über kurz oder lang sollte sich der Gesetzgeber entscheiden, ob er den Parteien mehr Autonomie zuspricht, oder wieder selbst eine tragende Rolle übernimmt.

a) Rückzug des Gesetzgebers: „Mehr Autonomie wagen"?

Sofern man die Literatur überhaupt in zwei Lager aufzuteilen vermag, spricht sich die überwiegende Ansicht für mehr Autonomie aus. Das sind insbesondere diejenigen Vertreter, die das Verhandlungsmodell grundsätzlich befürworten, jedoch den „Schatten des Rechts" kritisieren.[1250] Wenig überraschend steht auch die Arbeitgeberseite auf diesem Standpunkt, indem sie Verhandlungen begrüßt, aber ihren „Zwangscharakter"[1251] ablehnt. In eine ähnliche Richtung sind die Beschlüsse der *Davignon-Kommission* einzuordnen: Es wurde die „uneingeschränkte Freiheit der Parteien und Verzicht auf Mindestvorschriften"[1252] empfohlen, ausdrücklich sollte auf „eine Einschränkung der Autonomie der Parteien"[1253] möglichst verzichtet werden.[1254] Hauptgrund für den geforderten Rückzug des Gesetzgebers ist die Einschränkung der Autonomie der Parteien. Wo Regelungen aufgrund autoritären Einflusses entstehen, kann Autonomie kein tragendes Prinzip sein. Konsequenterweise gelten alle Vorteile, die man einer autonomen Gestaltung zuschreibt, nur eingeschränkt. Zu den Vorteilen zählen hier die Möglichkeit der Anpassung an Unternehmen und Kulturen, eine möglichst effektive Gestaltung und eine daraus resultierende Erhöhung der Wettbewerbsfähigkeit.

Voraussetzung einer autonomen Gestaltung ist grundsätzlich das Interesse am Vereinbarungsgegenstand. Es wurde festgestellt, dass sich das Interesse an Arbeitnehmermitwirkung auf Arbeitgeberseite in Grenzen hält.[1255] Zwar kann Mitwirkung die Wettbewerbsfähigkeit des Unternehmens erhöhen, jedoch sind erhebliche Einschränkungen zu machen: Der Effekt tritt nur mittelbar ein, er ist kaum zu skalieren, er hängt weitgehend von einer guten Arbeit der Vertretungsgremien ab und ist insofern mit Unsicherheiten behaftet. Außerdem stützt sich der Effekt auf die Faktoren Arbeitnehmerzufriedenheit und Wissenseinbeziehungen, beide können aber auch auf andere Wege als durch Mitwirkung gesteigert werden. Es bleibt festzuhalten: Der mögliche Vorteil der Erhöhung der Wettbewerbsfähigkeit ist für sich gesehen nur äußerst bedingt geeignet, um auf Arbeitgeberseite ein genuines Interesse an der

---

1250 Siehe dazu oben, B. V. 2.

1251 Stellungnahme BDA/BDI v. 15.3.1991, abgedruckt in Deppe, Euro-Betriebsräte, S. 209ff., dazu bereits oben, B. I. 1. b) aa) (2) (a) (cc).

1252 Davignon-Abschlussbericht Nr. 56, abgedruckt in BR-Drs. 572/97 vom 6.8.1997.

1253 Davignon-Abschlussbericht Nr. 57, abgedruckt in BR-Drs. 572/97 vom 6.8.1997.

1254 Dazu ausführlich oben, B. I. b) bb) (2).

1255 Siehe oben, B. IV.

Arbeitnehmermitwirkung zu erzeugen. Wer uneingeschränkte Autonomie für das richtige Gestaltungsmittel hält, wird zusätzliche Nachteile für die Arbeitgeberseite abbauen müssen – etwa, indem er die Arbeitnehmer an den Kosten[1256] beteiligt oder Haftungsregelungen einführt, um Risiken und Missbrauch zu minimieren.

Ganz grundlegend ist anzumerken, dass die Debatte um die Erhöhung der Wettbewerbsfähigkeit verfehlt ist. Arbeitnehmermitwirkung ist kein wirtschaftlicher Wert, der durch Austauschbeziehungen – je nach Vorteil für den Arbeitgeber – gewährt oder genommen werden sollte. Arbeitnehmermitwirkung ist ein Wert, der auf den Prinzipien Selbstbestimmung, Demokratisierung sowie Machtkontrolle beruht und in Artt. 27, 28 GrCH verankert ist. Die Diskussion sollte sich auf diese Prinzipien konzentrieren und die Frage klären, ob und wie ein Ausgleich mit der unternehmerischen Freiheit anzustreben ist. Wer die Erhöhung der Wettbewerbsfähigkeit, die eine vage Folge des Prinzips Selbstbestimmung ist, in den Mittelpunkt stellt und das „ob" der Mitwirkung von ihr abhängig macht, dreht sich im Kreis. Genau das wird aber geschehen, wenn man eine vollständig autonome Gestaltung ermöglicht.

b) Eine tragende Rolle des Gesetzgebers

Der Gesetzgeber sollte langfristig wieder eine tragende Rolle übernehmen und eine einheitliche Regelung entwickeln, die unmittelbar und ohne Umweg über Verhandlungen gilt. Sollte tatsächlich ein beiderseitiges Bedürfnis nach Anpassung auf Unternehmensebene bestehen, kann dieses durch Öffnungsklauseln gestillt werden.

Für sämtliche Fälle der behandelten Richtlinien und Umsetzungsgesetze, welche Unterrichtung und Anhörung zum Gegenstand haben, würde sich dadurch vordergründig nicht viel ändern: Eine einheitliche europäische gesetzgeberische Regelung besteht mit der Auffanglösung schon heute und in der Praxis kann diese auch jetzt schon als Ausgangslösung bezeichnet werden.[1257] „Verhandlungen mit Auffanglösung" würden so nur offiziell zur „Ausgangslösung mit Abweichungsbefugnis". Hinter den Kulissen würde sich durch diesen Ansatz hingegen eine ganze Menge bewegen: Beispielsweise wäre klar erkennbar, wann Autonomie ein tragendes Prinzip ist und wann nicht, die Legitimation des Mitwirkungsmodells wäre sichergestellt, es müsste sich an Grundrechten messen lassen und Verhandlungen müssten nur geführt werden, wenn sie von beiden Seiten als sinnvoll erachtet werden.

Für die Mitbestimmung gelten die zuletzt genannten Änderungen ebenfalls, jedoch gewährt die Auffanglösung kein einheitliches Maß, sondern verweist auf nationale Standards. Es wurde ausführlich dargelegt, dass die nationalen Mitwirkungskulturen der Grund für die jahrzehntelangen Gesetzgebungsverfahren und

---

1256 Vgl. auch: *Weizäcker*, in: Neumann, Ansprüche, Eigentums- und Verfügungsrechte, S. 148 nimmt ein Interesse auf Arbeitgeberseite an, wenn Arbeitnehmer aufgrund der Mitbestimmung zu Lohneinbußen bereit sind, welche höher als die Kosten der Mitbestimmung sind.

1257 Siehe oben, B. V. 2. und 3.

das zersplitterte System sind. Auf den ersten Blick mag es angesichts dieses langen und aussichtslosen Konflikts wenig sinnhaft erscheinen, erneut eine Lösung zu suchen. Doch es darf nicht vergessen werden, dass die letzten ernsthaften Versuche einer Vereinheitlichung Anfang der 1990er Jahre erfolgten.[1258] Die Ausgangsbedingungen haben sich seitdem erheblich verändert. Auf Seite der Mitgliedstaaten mit starken Mitbestimmungssystemen müsste sich allmählich die Erkenntnis durchgesetzt haben, dass eine „Flucht aus der Mitbestimmung" wohl nie gänzlich zu verhindern ist[1259] und zunehmend auch durch andere Rechtsformen[1260] betrieben wird. Die neuere Rechtsprechung des EuGH, insbesondere die Entscheidungen *Centros*[1261], *Überseering*[1262], *Inspire Art*[1263] und *SEVIC*[1264], trägt dazu bei, indem sie der Niederlassungsfreiheit zu mehr Geltung verhilft und so die Anwendung der Regelungen über die deutsche Unternehmensmitbestimmung erschwert. Daneben ist auch allgemein die Tendenz zu beobachten, dass die Fixierung auf die eigenen mitbestimmungsrechtlichen Pfründe nachlässt: *Reiner Hoffmann*, mittlerweile Vorsitzender des DGB, antwortete auf die Frage nach dem deutschen Mitbestimmungssystem, dass man „nicht so tun [solle] als sei das deutsche Modell das einzig wahre".[1265] Er sagte auch, dass „Mitbestimmung [...] in vielen europäischen Nachbarländern kein Fremdwort mehr [ist]".[1266] Damit behält er Recht: Ganz Europa ist mittlerweile mit der Arbeitnehmermitwirkung bekannt gemacht worden und aufgrund zahlreicher großer Konzerne, welche die Rechtsform der SE gewählt und Niederlassungen in vielen anderen Mitgliedstaaten haben, konnten vielerorts erste Erfahrungen mit der Mitbestimmung gemacht und so ihr Schreckenscharakter genommen werden. So sagte der Vorsitzende des EBR von Euro-Ford:

> *„Früher hatten sie große Angst, um Gottes willen, jetzt kommen die Betriebsräte auch nach Europa. Und heute ist man überrascht über das Gremium, dass man eigentlich so gut zusammenarbeiten kann. Das ist die totale Überraschung gewesen. Man hat da*

1258 Siehe oben, **EBR**: B. I. 1.b) aa) (2); **SE**: B. I. 1. b) bb) (2).

1259 Dazu oben, F. I. 1.

1260 Nach einer Studie von *Walter Bayer* haben sich in Deutschland bis Juni 2014 insgesamt 94 Unternehmen mit mehr als 500 Arbeitnehmern der Mitbestimmung im Aufsichtsrat durch die Wahl einer ausländischen Rechtsform entzogen, mehr als die Hälfte davon seit 2005. Die Studie wurde nicht veröffentlicht, zitiert nach *Sick*, Mitbestimmungsförderung S. 6ff., siehe auch http://www.boeckler.de/53045_53057.htm (Stand: 25.08.2015).

1261 EuGH, Urteil v. 9.3.1999, Rs. C-212/97, Slg 1999 I-1459-1498.

1262 EuGH, Urteil v. 05.11.2002, Rs. C-208/00, Slg. 2002, I-9919-9976. Zu den Folgen für die deutsche Unternehmensmitbestimmung siehe *Bayer*, AG 2004, 334ff.

1263 EuGH, Urteil v. 30.09.2003, Rs. C-167/01, Slg. 2003, I-10155-10238.

1264 EuGH, Urteil. v. 13.12.2005, Rs. C-411/03, Slg. 2005, I-10805, dazu bereits oben, B. I. 1. b) cc).

1265 Wirtschaftswoche v. 11.11.2013, S. 10.

1266 Wirtschaftswoche v. 11.11.2013, S. 10.

eine viel radikalere Vorgehensweise erwartet. Die hatten Angst vor den südeuropäischen Gewerkschaften. In dem Maß wie man sieht, dass das geht, kommt man auch Millimeterweise uns entgegen.“[1267]

Dieser Umstand ist eine direkte Folge der Einflussnahme des Gesetzgebers auf die Verhandlungslösung. Damit bezweckte er nämlich auch, den „Prozess gemeinschaftsweiter Gewöhnung an eine institutionalisierte Beteiligung der Arbeitnehmer voranzutreiben“.[1268] Man scheint sich also aufeinander zuzubewegen; zumindest besteht Hoffnung, dass der Nährboden reicher geworden ist.

Gleichwohl ist anzumerken, dass sich der deutsche Gesetzgeber offenbar nicht bewegen möchte. Anfang 2013 antwortete die Bundesregierung im Zuge der Verhandlungen um die Europäische Privatgesellschaft (SPE) auf die Frage, wie sie eine Aushebelung der Mitbestimmung zu verhindern mag, dass sie auf eine Sicherstellung achten werde und „dass das deutsche Mitbestimmungsniveau weder eingeschränkt noch ausgeweitet wird“.[1269] Diese Verhandlungsposition ist ungeeignet, um ein einheitliches europäisches Mitbestimmungssystem zu entwickeln. Auch in Deutschland hat sich die Mitbestimmung langsam entwickelt, denn sie greift in die unternehmerische Freiheit ein und setzt so Vertrauen voraus, welches sich nicht anordnen lässt, sondern schrittweise durch Erfahrungen gewonnen wird. Es ist nicht verwunderlich, dass sich die Mitgliedstaaten ohne eigene Mitbestimmungsregelungen dieses ausgewachsene System nicht von heute auf morgen verpflanzen lassen wollen. Dem deutschen Gesetzgeber ist anzuraten, tiefer zu beginnen – wo könnten wir heute sein, wenn er sich vor 40 Jahren auf ein geringeres Mitbestimmungsniveau eingelassen und seine Energie für Pflege und Wachstum des Mitbestimmungsgedankens statt für Blockade eingesetzt hätte.

Wenn man auf europäischer Ebene tatsächlich noch einmal mit dem Willen zu einem einheitlichen europäischen Modell an den Verhandlungstisch kommt, sollte eine ehrliche Debatte über die Wurzel des Problems geführt werden: Abseits der irreführenden Argumentation um die Steigerung der Wettbewerbsfähigkeit[1270] durch Mitbestimmung und des Feilschens um Positionen muss viel grundlegender diskutiert werden, ob die unternehmerische Freiheit zugunsten der Selbstbestimmung der Arbeitnehmer sowie der Demokratisierung und Machtkontrolle im Unternehmen eingeschränkt werden soll.

1267 Zitiert nach: *Kotthoff*, Lehrjahre des Europäischen Betriebsrats, S. 128. Zwar in Bezug auf den **EBR**, allerdings verdeutlicht dies allgemein, wie Erfahrungen zum Abbau von Vorbehalten gegen die Arbeitnehmermitwirkung beitragen können.

1268 *Wißmann*, in: FS-Wiedemann, S. 685 (696); *Donner*, Kollektivrechtliche Vereinbarungslösungen, S. 185.

1269 Siehe BT-Drs. 17/12245, S. 69 (Frage 143).

1270 Dazu ausführlich oben, B. IV. 1. a) aa), bb) und dd).

II. Alternative Ansatzpunkt zur Ausübung von Zwang

Sollte der Gesetzgeber den vorgeschlagenen Weg (noch) nicht gehen wollen, stellt sich die Frage, ob er auf die Verhandlungen nicht in anderer, besser geeigneter Weise Zwang ausüben kann.

1. Branchenspezifische Musterlösungen als gesetzliche Auffangregelung

Sofern man an der Gestaltung durch Vereinbarung festhält, wird sich die Notwendigkeit einer gesetzlichen Auffangregelung nicht erübrigen. Die damit zusammenhängende Tendenz von Verhandlungen „im Schatten des Rechts"[1271] läuft dem Zweck der Vereinbarungsfreiheit, die Möglichkeit der Anpassung an Unternehmen und Kulturen, entgegen. Dem könnte zumindest etwas entgegengesteuert werden, indem die Auffanglösung für bestimmte Branchen konkreter wird. Die Sozialpartner könnten – sofern eine Branche spezifischer Regelungen bedarf oder sich bestimmte Regelung als besonders brauchbar erwiesen haben – branchenspezifische Musterlösungen entwickeln, welche der Gesetzgeber als Auffanglösung anerkennt. Die subsidiären Regelungen würden dann in einem Stufenverhältnis gelten. Wenn eine branchenspezifische Musterlösung entwickelt wurde, gilt diese als gesetzliche Auffanglösung, anderenfalls greift wie gehabt die Auffanglösung ein, welche in den Richtlinien und Umsetzungsgesetzen festgelegt ist. Eine branchenspezifische Musterlösung würde zwar nach wie vor einen Schatten auf die Verhandlungen werfen, er wäre aber deutlich umrissener und lässt Unternehmensbelange nicht gänzlich außen vor. Durch dieses konkretere Modell wird auch der Weg zu individuellen Vorschriften weniger aufwendig und kostspielig.

2. Schlichtungsverfahren?

Schon früh wurde vorgeschlagen, für den Fall der Nichteinigung ein Schlichtungsverfahren einzuführen.[1272] Eine Empfehlung der Schlichtungsstelle soll auf beiden Seiten für Verhandlungsdruck sorgen und so die Verhandlungsbereitschaft fördern.[1273] Der Vorteil würde auch in einer flexibleren und sachgerechteren Lösung als der Anwendung der gesetzlichen Auffanglösung liegen.[1274] Jedoch wird stets darauf verwiesen, dass die endgültige Entscheidung über die Empfehlung der

---

1271 Siehe dazu oben B. V. 2.

1272 Stellungnahme des Wirtschafts- und Sozialausschusses zum Thema „Statut der Europäischen Aktiengesellschaft", AblEG Nr. C 129 v. 27.4.1998, S. 3; Mävers, Mitbestimmung der Arbeitnehmer, S. 392f.

1273 *Mävers*, Mitbestimmung der Arbeitnehmer, S. 392f.

1274 Stellungnahme des Wirtschafts- und Sozialausschusses zum Thema „Statut der Europäischen Aktiengesellschaft", AblEG Nr. C 129 v. 27.4.1998, S. 3.

Schlichtungsstelle bei den Parteien liegt.[1275] Damit bleibt die Arbeitnehmerseite in einer schwachen Verhandlungsposition, denn ob die Empfehlung der Schlichtungsstelle tatsächlich den Verhandlungsdruck auf Arbeitgeberseite erhöht, bleibt unklar. Ein verbindlicher Spruch der Schlichtungsstelle wäre hingegen kaum verfassungsrechtlich zu rechtfertigen.[1276]

3. „Comply or explain"?

Auch der Ansatz *comply or explain* verdient einen Gedanken, denn er versucht ebenfalls den Spagat zwischen Autonomie und gesetzgeberischen Zwang. Im deutschen Recht ist er aus § 161 AktG bekannt. Dort haben Vorstand und Aufsichtsrat öffentlich zu erklären, inwiefern den Empfehlungen der „Regierungskommission Deutscher Corporate Governance Kodex" entsprochen wurde. Im Falle von Abweichungen müssen sie die Gründe darlegen. Der dadurch entstehende Rechtfertigungsdruck soll dazu führen, dass sich die Unternehmen dem Kodex unterwerfen oder vergleichbare Regelungen schaffen, die plausibel erklärt werden können.[1277]

Übertragen auf die Beteiligungsvereinbarung müsste die Unternehmensleitung öffentlich darlegen, weshalb von den Regelungen der branchenspezifischen Musterlösungen abgewichen wurde. Doch fraglich ist, ob der Rechtfertigungsdruck hier eine Befolgung oder vergleichbare Gestaltung bewirken kann. Die Motivation dazu entsteht durch zu befürchtende Imageschäden oder Abschreckung von Anteilseignern im Falle negativer, nicht überzeugend zu erklärender Abweichungen. Bezüglich der Imageschäden ist festzuhalten, dass auch die heute bekannten negativen Abweichungen von der Auffanglösung – etwa in den Fällen der *Sixt SE* oder der *Zalando SE* – wohl keine Schäden bewirkt haben. Auf Seiten der Anteilseigner dürfte eine Abweichung – anders als bei § 161 AktG – eher auf Applaus als auf Bestrafung hinauslaufen. Allenfalls auf potentielle Nachwuchskräfte könnte die öffentliche Erklärung einen Effekt haben, doch ob diese sich bei der Wahl des Arbeitgebers von dem Maß der Mitwirkung leiten lassen, ist alles andere als klar.

Festzuhalten bleibt, dass der Ansatz *comply or explain* für die Beteiligungsvereinbarung nicht geeignet ist. Der Grund liegt in der Existenz guter und akzeptierter Gründe für eine Ablehnung von Arbeitnehmermitwirkung. Der Rechtfertigungsdruck macht eine Befolgung oder gleichwertige Gestaltung der Bestimmungen daher nicht einmal wahrscheinlicher.

1275 Stellungnahme des Wirtschafts- und Sozialausschusses zum Thema „Statut der Europäischen Aktiengesellschaft", AblEG Nr. C 129 v. 27.4.1998, S. 3; *Mävers*, Mitbestimmung der Arbeitnehmer, S. 394.

1276 Das hängt insbesondere mit der Legitimation der Schlichtungsstelle zusammen. Siehe bereits oben zu dem Problem der Auslieferung vor die normsetzenden Gewalt autonomer Gremien bereits oben, D. II. 3. d) dd) (3).

1277 *Goette*, in: MüKo-AktG, AktG, § 161 Rn. 1.

III. Legitimation des BVG durch die Arbeitnehmer

Eine Legitimation des BVG durch die Arbeitnehmer kann fragwürdig sein.[1278] Auch eine Legitimation durch den Gesetzgeber ist zweifelhaft, sie wurde oben mühsam mit der Einflussnahme des Gesetzgebers auf den Verhandlungsprozess begründet.[1279] Daher sollte unbedingt eine Legitimation des BVG durch die Arbeitnehmer sichergestellt werden. Dieser Weg würde außerdem die Handlungsfähigkeit des BVG stärken: Es wurde dargelegt, dass einige Schranken der Autonomie direkt auf Legitimationsdefizite zurückzuführen sind. Entfallen diese Schranken, wird das Ziel der Entwicklung maßgeschneiderter Mitwirkung deutlich gefördert.

Daher sollte die Legitimation des BVG durch die Arbeitnehmer das tragende Prinzip der Regelungen über die Zusammensetzung des Gremiums sein. Dazu müssen die Mitgliedstaaten zunächst dafür sorgen, dass ihre Wahl- bzw. Ernennungsverfahren der einzelnen Mitglieder eine Legitimation durch die Arbeitnehmer sicherstellen. Dieses Erfordernis sollte in die Artt. 5 II a) EBR-RL; 3 II b) SE-RL; 3 II b) SCE-RL und 16 III a) GV-RL i.V.m. 3 II b) SE-RL aufgenommen werden. Daneben erfordert eine Legitimation, dass die Arbeitnehmer im Gremium proportional repräsentiert werden. Die gegenwärtigen Regelungen stellen das nicht sicher, weil sie Minderheiten überproportional stark abbilden.[1280] Eine Nichtberücksichtigung dieser Minderheiten würde allerdings andere Legitimationsprobleme schaffen, während eine vollends korrekte Abbildung das Gremium aufblähen und so in seiner Arbeitsweise einschränken würde. Außerdem würden unverhältnismäßige Kosten entstehen. Ein Ausweg bietet eine Beibehaltung der Regelungen über die Zusammensetzung unter einer proportionalen Gewichtung der Stimmrechte. Im Ansatz wird dies teilweise bereits durch das Erfordernis „doppelter Mehrheiten“ verwirklicht.[1281] Ein anderer Weg wäre die Ratifizierung der Entscheidung durch die Arbeitnehmer,[1282] was aber für die Praxis wohl kaum geeignet ist.

IV. Entwicklung eines eigenen Vertragsstatuts

Falls an der derzeitigen Regelungstechnik von Vereinbarungen mit Auffanglösung und den weiteren Einflussnahmen des Gesetzgebers festgehalten wird, sollte ein eigenes europäisches Vertragsstatut für diesen Regelungstyp entwickelt werden.

1278 Siehe oben, C. I. 6.

1279 Siehe oben, D. II. 3. d) hh).

1280 Allerdings besteht gemäß Artt. 3 IV 1, VI UAbs. 2 SE-RL; 3 IV 1, VI UAbs. 2 SCE-RL; 16 III a) GV-RL i.V.m. 3 IV 1 SE-RL bzw. §§ 15 II, 16 I SEBG; 15 II, 16 I SCEBG; 17 II, 18 MgVG das Erfordernis einer sogenannten „doppelten Mehrheit“, welche den Effekt aber nur teilweise kompensiert. Für EBR fehlt diese Regelung, dazu kritisch *Thüsing/Forst*, NZA 2009, 408 (411).

1281 Dazu oben, C. I. 2. b) bb).

1282 So für den **EBR** und die **SE**: *Donner*, Kollektivrechtliche Vereinbarungslösungen, S. 410.

1. Schwierigkeiten des status quo

Die Untersuchung hat gezeigt, dass die gegenwärtige Rechtslage erhebliche Schwierigkeiten bereitet. Schon die Bestimmung des anzuwendenden Vertragsstatuts ist umstritten. Das Meinungsspektrum reicht von einer Rechtsfortbildung anhand der Regelungen des DCFR über eine Anwendung des Vertragsstatuts des Sitzstaates bis hin zur analogen oder direkten Bestimmung anhand der Rom I-VO. Sofern man sich für letztere entscheidet, kommt es zu Schwierigkeiten für Vereinbarungen, die sowohl die Unterrichtung und Anhörung als auch die Mitbestimmung regeln. Für die Mitbestimmung gilt eine Bereichsausnahme, sodass sich das anzuwendende Vertragsstatut nach dem Gesellschaftskollisionsrecht bestimmt und somit unter Umständen unterschiedliche Vertragsstatute anzuwenden sind.

Doch damit nicht genug. Selbst wenn das anzuwendende nationale Vertragsstatut feststeht, können nicht alle Regelungen unreflektiert übernommen werden. Der Systematik der Richtlinien und Umsetzungsgesetze sind teilweise eigene Bestimmungen zu entnehmen, welche den nationalen Vertragsstatuten als *lex specialis* vorgehen. Dies lässt sich maßgeblich auf den Einfluss des Gesetzgebers auf Verhandlungsverfahren und Vereinbarung zurückführen, der die Autonomie als tragendes Prinzip zurückdrängt. Bestimmungen in Vertragsstatuten, die auf diesem Prinzip beruhen oder den Ausgleich mit anderen Prinzipien suchen, erscheinen so schnell unpassend.

2. Eckpfeiler eines Vertragsstatuts für die Beteiligungsvereinbarung

Aus der bisherigen Untersuchung sollen Prinzipien abgeleitet werden, welche bei der Erarbeitung eines Vertragsstatuts berücksichtigt oder miteinander in Einklang gebracht werden müssen.

Disponibilität: Zuerst ist zu vermerken, dass die Bestimmungen eines Vertragsstatuts soweit wie möglich der Disposition der Parteien unterliegen sollten. Den Rechtsakten kann entnommen werden, dass die Parteien den Umgang mit der von ihnen geschaffenen Vereinbarung selbst regeln sollen. Beispiele sind die Kündigung, Nachwirkung und Anpassung der Vereinbarung, deren Regelung teilweise Gegenstände der *essentialia negotii* sind.[1283]

Autonomie: Der Autonomie kommt eine vergleichsweise geringe Rolle zu. Es wurde festgestellt, dass den Parteien die Autonomie nicht mit dem Ziel der Verwirklichung von Freiheit eingeräumt wurde, sondern weil Autonomie die Voraussetzung einer Regelung auf der besser geeigneten Unternehmensebene ist. Die Autonomie ist – mit anderen Worten – bloßes Mittel zu einem Zweck, der aus der Unmöglichkeit einer Einigung auf europäischer Ebene resultiert. Der Gesetzgeber macht durch die Ausübung von Zwang, wie die gesetzliche Auffanglösung, das

1283 Siehe dazu oben D. II. c) bb) (3); D. II. 7. a) aa) (1); D. II. 7. a) bb).

Vorher-Nachher-Prinzip oder dem Erfordernis qualifizierten Mehrheiten, deutlich, dass Autonomie nicht ein so dominantes Prinzip wie in anderen Vertragstypen ist.

Bestandskraft: Das Prinzip der Bestandskraft der Beteiligungsvereinbarung gilt aus zwei Erwägungen. Zum einen nimmt der Gesetzgeber durch die vorgenannten Mittel Einfluss auf die Vereinbarung, weil er dem Vereinbarungsgegenstand Arbeitnehmermitwirkung zur Geltung verhelfen will. Er möchte, dass Unterrichtung und Anhörung in allen Unternehmen gewährleistet wird[1284] und Mitbestimmung zumindest dort, wo sie zuvor[1285] bestand. Eine Vertragsordnung darf keine Möglichkeiten bereitstellen, durch welche auf den Vereinbarungsgegenstand unter Umgehung der vorgenannten Sicherungsmechanismen zugegriffen werden kann. Zum anderen ist das Verhandlungsverfahren komplex, zeitaufwendig, kostenintensiv und fehleranfällig, gleichzeitig ist es dringend. Daraus kann eine grundsätzlich hohe Toleranz gegenüber Mängeln abgeleitet werden.[1286]

Eilbedürftigkeit: Der Gesetzgeber begrenzt in allen Rechtsakten den Verhandlungszeitraum zwingend nach oben hin. Für die Verhandlungen zur Errichtung eines EBR beträgt dieser gemäß Art. 7 I Alt. 3 EBR-RL bzw. § 21 I 2 EBRG maximal drei Jahre, bei SE, SCE und grenzüberschreitenden Verschmelzungen gemäß Artt. 5 SE-RL; 5 SCE-RL; 16 III c) GV-RL i.V.m. 5 SE-RL bzw. §§ 20 SEBG, 20 SCEBG, 21 MgVG maximal ein Jahr. Mit der Begrenzung werden unterschiedliche Zwecke verfolgt. Im Rahmen der EBR-RL bzw. des EBRG sollen Unterrichtungs- und Anhörungsrechte nicht zu lange vorenthalten werden. Der deutlich kürzere Zeitraum bei SE, SCE und grenzüberschreitenden Verschmelzungen erklärt sich durch die Voraussetzung des Verhandlungsverfahrens für die Eintragung der Gesellschaft. Aus der zeitlichen Beschränkung lässt sich jedoch für alle Rechtsakte ableiten, dass eine Verzögerung des Verhandlungsverfahrens zu vermeiden ist.

Anpassung an geänderte Umstände: Die Beteiligungsvereinbarung verfolgt auch den Zweck, eine an Unternehmen und Mitwirkungskulturen angepasste Lösung zu entwickeln. Diesem Zweck muss auch nach Abschluss der Vereinbarung Rechnung getragen werden können, wenn sich Umstände ändern. Dem Gesetzgeber ist diese Notwendigkeit bewusst, denn er fordert die Parteien zur Regelung der Anpassungsmodalitäten auf und sieht selbst Fälle vor, in denen eine Anpassung zu erfolgen hat.[1287] Letzteres bezweckt allerdings nicht eine allgemeine Anpassung der Beteiligungsvereinbarung an geänderte Bedingungen, sondern den Schutz von bereits erworbenen Mitbestimmungsrechten.[1288]

1284 Siehe oben, D. II. c) cc) (1).
1285 Siehe oben, B. VI.
1286 Siehe oben, D. II. 5. a).
1287 Siehe oben, D. II. 6.
1288 Siehe oben, D. II. 6. b).

G. Ergebnis und Zusammenfassung in Thesen

Mit der Beteiligungsvereinbarung wurde ein neuer Kollektivvertragstyp geschaffen, der sich in vielen Beziehungen von bekannten Strukturen unterscheidet und der etliche Unklarheiten bezüglich seiner rechtlichen Behandlung hervorgerufen hat. Ziel dieser Arbeit war es, die grundlegenden Strukturprinzipien herauszustellen, wobei allgemeinen Prinzipien – die für die vier Rechtsakte in gleicher Weise gelten – besondere Aufmerksamkeit zukam. Die vorstehende Untersuchung hat viele Gemeinsamkeiten, aber auch bedeutende Unterschiede erkannt. Die nachstehende Auflistung fasst die gewonnenen Strukturprinzipien der Beteiligungsvereinbarung zusammen und weist auf Gemeinsamkeiten und Unterschiede hin (I. bis VII.). Zugleich fasst sie die Arbeit in Thesen zusammen (I. bis IX.).

I. Historische Entwicklung und Rechtsgrundlage

1. Der Hauptgrund für die Einführung der vereinbarten Arbeitnehmermitwirkung im europäischen Recht ist ihre vermeintliche Alternativlosigkeit. Der Gesetzgeber hätte eine zwingende gesetzliche Regelung erlassen, wenn man sich auf ein einheitliches Maß hätte einigen können. Das Vereinbarungsmodell hat starken Kompromisscharakter.
2. Die Entwicklung zeigt, dass der Gesetzgeber nicht an die Eignung einer vollständig freien Gestaltung der Arbeitnehmermitwirkung durch Vereinbarung glaubt. Er hält es für notwendig, an einigen Stellen durch Zwang auf Verhandlungen und Vereinbarung einzuwirken.
3. Die korrekte Rechtsgrundlage für die EBR-RL, SE-RL, SCE-RL und Art. 16 GV-RL ist Art. 153 I AEUV.

II. Anwendbare Vertragsordnung

1. Die Beteiligungsvereinbarung ist ein schuldrechtlicher Vertrag im Sinne von Art. 1 I Rom I-VO.
2. Für die Regelung der Unterrichtung und Anhörung ergibt sich die anzuwendende Vertragsordnung gemäß Art. 4 IV Rom I-VO aus dem Recht des Staats, in dem der Sitz der zentralen Leitung bzw. Unternehmensleitung liegt.
3. Für die Regelung der Mitbestimmung gilt die Bereichsausnahme des Art. 1 II f) Rom I-VO. Gleichwohl gilt auch hier das Recht des Staats, in dem die Gesellschaft ihren Sitz haben wird.
4. Teilweise können den Richtlinien und Umsetzungsgesetzen eigene Regelungen entnommen werden, die den Bestimmungen der anzuwendenden nationalen Vertragsordnung als *lex specialis* vorgehen.

III. Interessenlage, Regelungstechnik und Vorher-Nachher-Prinzip

1. Die Kompensierung eines fehlenden Interesses auf Arbeitgeberseite durch Zwangsmechanismen läuft dem Zweck einer Vereinbarung entgegen.
2. Zwischen einer „Vereinbarung mit Auffanglösung" und einem „Gesetz mit Abweichungsbefugnis" besteht im Ergebnis kaum ein Unterschied.
3. Der Zweck der Auffanglösung ist nicht nur die Bereitstellung von Regelungen im Fall der Nichteinigung. Zudem soll sie der Arbeitnehmerseite Verhandlungsmacht verleihen. Im Bereich der Mitbestimmung soll sie außerdem den Ausgangspunkt der Verhandlungen bilden. Tatsächlich erfolgt grundsätzlich in allen Bereichen eine Orientierung an der Auffangregelung.
4. Das Vorher-Nachher-Prinzip gilt nur für Mitbestimmungsrechte.
5. Die Tauglichkeit des Gestaltungsmittels Vereinbarung für den Gegenstand der Arbeitnehmermitwirkung ist angesichts der Interessenlage auf Arbeitgeberseite zu bezweifeln. Zwar kann ihr die Arbeitnehmermitwirkung bedeutende Vorteile schaffen. Die Abhängigkeit von einer funktionierenden Arbeitsweise der Vertretungsgremien behaftet diese Vorteile mit einem Unsicherheitsfaktor, der neben die allgemeinen Nachteile tritt und das Interesse der Arbeitgeberseite so erheblich schmälern kann. Hinzu kommt, dass die Vorteile der Mitwirkung auch auf andere Weise herbeigeführt werden können und die Mitwirkung so kein exklusives Mittel ist, was die Verhandlungsposition der Arbeitnehmer schwächt.

IV. Das Besondere Verhandlungsgremium (BVG)

1. Das BVG ist ein transnational besetztes, eigenverantwortlich und weisungsunabhängig handelndes Hilfsorgan nationalen Rechts.
2. Die Zusammensetzung erfolgt nach dem Grundsatz der proportionalen Repräsentation, welcher durch das Prinzip der mitgliedstaatlichen Mindestrepräsentation eingeschränkt wird. Negative Folgen dieser Einschränkung werden für die SE, SCE und für grenzüberschreitende Verschmelzungen durch das Erfordernis „doppelter Mehrheiten" abgedämpft.
3. Die Zusammensetzung bestimmt sich nach Zahlen, welche die zentrale Leitung bzw. die Leitungen den Arbeitnehmer(vertretern) überlassen. Die Zahlen müssen im Zeitpunkt der Information auf dem aktuellsten Stand sein. Die Zusammensetzung des BVG bestimmt sich folglich im Zeitpunkt der Information.
4. Änderungen während der Amtszeit des BVG, die zu einer anderen Zusammensetzung führen würden, sind nur zu berücksichtigen, wenn Gegenstand der Vereinbarung die Mitbestimmung sein kann. Die Verhandlungsfrist wird dadurch nicht beeinflusst.
5. Hauptziel der Vorschriften über die Zusammensetzung des BVG ist die Repräsentation der betroffenen Mitwirkungskulturen.
6. Die Richtlinien überlassen den Mitgliedstaaten die Regelung des Verfahrens zur Wahl oder Bestellung der jeweiligen Mitglieder, damit sich die nationalen Mitwirkungskulturen schon in der Besetzung des BVG widerspiegeln können.

7. Die Legitimation des BVG durch die Arbeitnehmer ist fraglich, da einerseits wegen des Prinzips der mitgliedstaatlichen Mindestrepräsentation eine verzehrte Besetzung erfolgt und andererseits die Richtlinien den Mitgliedstaaten die Regelung des Wahl- bzw. Ernennungsverfahren überlassen, ohne dabei zu verlangen, dass eine Legitimation durch die Arbeitnehmer sichergestellt wird.
8. Die Amtszeit des BVG endet mit dem Abschluss einer Vereinbarung oder mit dem Beschluss über den Abbruch oder die Nichtaufnahme von Verhandlungen.
9. In das BVG können auch externe Gewerkschaftsvertreter als Mitglieder entsendet werden. Für den EBR ergibt sich dies aus einer verfassungskonformen Auslegung der §§ 10, 11 EBRG im Lichte des Art. 9 III GG, im Übrigen aus den §§ 6 II 1 SEBG; 6 II 1 SCEBG; 8 II 1 MgVG. Externe können immer als Sachverständige hinzugezogen werden.
10. Informationsrecht der §§ 8 II EBRG, 13 II SEBG, 13 II SCEBG ist ein Anspruch, während § 15 II 1 MgVG als Obliegenheit einzustufen ist.

V. Der Verhandlungspartner auf Unternehmensseite

1. Die zentrale Leitung im Sinne des § 1 VI EBRG ist das Organ des herrschenden Unternehmens, dem Vertretung und Geschäftsführung zustehen. Das ergibt sich aus einer richtlinienkonformen Auslegung an Artt. 6 I, 2 I e) EBR-RL.
2. Bei der SE, SCE und bei grenzüberschreitenden Verschmelzungen kommt der Arbeitgeberseite eine vergleichsweise große Freiheit bei der Benennung ihres Verhandlungspartners zu.
3. Die Anteilseigner können auf eine Beteiligungsvereinbarung, welche Mitbestimmungsrechte zum Gegenstand hat, nur durch das Stellen von Verhandlungszielen oder einen Genehmigungsvorbehalt Einfluss nehmen. Ein ungeschriebener Zustimmungsvorbehalt besteht nicht. Eine mangelhafte Einbeziehung der Anteilseigner wirkt sich auf die Schranken der Autonomie aus.

VI. Das Verhandlungsverfahren

1. Der Zeitraum des Verhandlungsverfahrens deckt sich mit der Amtszeit des BVG.
2. Der Grundsatz der vertrauensvollen Zusammenarbeit gilt für den gesamten Zeitraum der Zusammenarbeit zwischen BVG und der zentraler Leitung bzw. den Leitungen.
3. Die Bedeutung des Grundsatzes der vertrauensvollen Zusammenarbeit kann sich nicht allein aus § 2 BetrVG ergeben.
4. Die Richtlinien enthalten keine Aussagen bezüglich eines Streikverbots. Nur dem Grundsatz der vertrauensvollen Zusammenarbeit nach den deutschen Umsetzungsgesetzen ist ein Streikverbot zu entnehmen.
5. Aus dem Grundsatz der vertrauensvollen Zusammenarbeit folgt grundsätzlich ein Verhandlungsanspruch des BVG. Teilweise kann dieser durch Verweigerung untergehen.

6. Das Verfahren kann vorzeitig durch eine gemeinsame Erklärung über das Scheitern der Verhandlungen beendet werden. Diese Erklärung ist als Verkürzung des Verhandlungszeitraums zu begreifen, sodass als Konsequenz die gesetzliche Auffanglösung eingreift.
7. An einen Rechtsmissbrauch im Laufe des Verhandlungsverfahrens sind hohe Anforderungen zu stellen. Eine für die Arbeitnehmer nachteilige Vereinbarung ist jedenfalls kein Missbrauch. Dem BVG kommt insofern eine große Verantwortung zu. Ebenfalls kein Missbrauch liegt vor, wenn das BVG auf das Niveau der Auffangregelung beharrt und sich auf Verhandlungen nicht einlässt.

VII. Die Vereinbarung

1. Sinn und Zweck der Möglichkeit von Vereinbarungen ist die Anpassung der Arbeitnehmermitwirkung auf zwei Ebenen. Einerseits soll sie an die nationalen Mitwirkungskulturen und andererseits an die Struktur des jeweiligen Unternehmens angepasst werden können.
2. Das Zustandekommen richtet sich nach nationalem Vertragsrecht. Wünscht das BVG eine Vertretung für die Erklärung seiner Beschlüsse, muss diese in einer Geschäftsordnung bestimmt werden.
3. Die „Autonomie der Parteien" ist vor dem Hintergrund der jahrzehntelangen Gesetzgebungsverfahren zu sehen. Diese wurden durch die unterschiedlichen nationalen Mitwirkungskulturen bedingt, welche ein einheitliches Maß an zwingender Mitwirkung unmöglich machten. Das gefundene Vereinbarungsmodell ist eine Notlösung und hat insofern einen Kompromisscharakter, der sich besonders an dem Einfluss des Gesetzgebers auf Verfahren und Vereinbarung zeigt.
4. Der Autonomiebegriff von Richtlinien und Umsetzungsgesetzen kann keinem bekannten Autonomietyp zugeordnet werden, weder der Vertragsfreiheit, noch der Tarif- oder Betriebsautonomie. Einer Zuordnung würde jedoch ohnehin nur eine geringe Bedeutung zukommen, Grenzen vermag sie nicht zu ziehen.
5. Die Grenzen der Autonomie bestimmen sich maßgeblich nach Sinn und Zweck sowie der Systematik. Der Sinn und Zweck, die Anpassung an Kulturen und Unternehmen, rechtfertigt ein weites Verständnis. Insbesondere muss das vereinbart werden können, was auf nationaler Ebene bereits Standard ist. In systematischer Hinsicht ist der Regelungsauftrag der Parteien die wichtigste Grenze. Die Satzungsstrenge ist keine eigene Grenze, Kollisionen sind hier jedoch schon wegen der Grenze des Regelungsauftrags nur sehr eingeschränkt möglich.
6. Die Gegenstände der Artt. 6 II EBR-RL; 4 II SE-RL; 4 II SCE-RL; Art. 16 III b) GV-RL i.V.m. Art. 4 II a), g), h) SE-RL sind *essentialia negotii* der Beteiligungsvereinbarung. Die Parteien müssen zu diesen Gegenständen eine Aussage treffen, auch wenn diese ablehnend ist. § 18 I EBRG ist richtlinienwidrig.
7. Die Parteien sind nicht an Grundrechte gebunden. Sie sind keine Hoheitsträger und ihnen werden keine staatlichen Befugnisse delegiert.
8. Die „Autonomie der Parteien" findet ihren Ursprung im Sekundärrecht und ist einer primärrechtskonformen Auslegung zugänglich. Die Grenze der Autonomie

liegt dort, wo in nicht gerechtfertigter Weise in Grundrechte Dritter eingegriffen würde.

9. Orientiert sich eine Bestimmung der Beteiligungsvereinbarung an der Auffanglösung und stellt sich dieser Teil der Auffanglösung als verfassungswidrig heraus, besteht ein Anspruch auf Neuverhandlung für die nachteilig betroffene Partei.
10. Wo Unterrichtungs- und Anhörungsrechte der Arbeitnehmer Gegenstand einer Vereinbarung sein können, muss ihnen im Ansatz zur Geltung verholfen werden. Bezüglich der Mitbestimmungsrechte sind die Parteien, bis auf den Fall der Umwandlung, gänzlich frei.
11. Der EBR kann keine Mitbestimmungsrechte durch die Beteiligungsvereinbarung erwerben. Etwas anderes gilt für SE-BR und SCE-BR. Diese Gremien können Träger betrieblicher und in Grenzen auch unternehmerischer Mitbestimmungsrechte werden.
12. Die Richtlinien machen keine genauen Vorgaben bezüglich Rechtsnatur und Rechtswirkung. Ihnen kann allerdings entnommen werden, dass von der Beteiligungsvereinbarung nicht durch Individualabsprachen abgewichen werden soll. Dadurch werden die nationalen Gesetzgeber in der Gestaltung der Rechtswirkung eingeschränkt.
13. In den deutschen Umsetzungsgesetzen ist die Beteiligungsvereinbarung ein privatrechtlicher Kollektivvertrag *sui generis* mit normativer Wirkung.
14. Die Beteiligungsvereinbarung ist grundsätzlich objektiv auszulegen.
15. Die Auslegungsregelung der §§ 1 III SEBG; 1 III SCEBG; 1 III MgVG ist eine Vorrangregelung für den Fall der Kollision unterschiedlicher innerstaatlicher Auslegungsmethoden. Die Bestimmungen sind richtlinienwidrig.
16. Die Existenz einer Auffanglösung ist eine Besonderheit, welche die Auslegung beeinflusst. Decken sich Beteiligungsvereinbarung und Auffanglösung (teilweise), kann unter Umständen auf die Auslegung der gesetzlichen Auffanglösung zurückgegriffen werden. Weicht die Beteiligungsvereinbarung negativ von der Auffanglösung ab und macht Zugeständnisse an anderer Stelle, ist dieses Austauschverhältnis der Ausgangspunkt einer teleologischen Auslegung. Fehlen solche Zugeständnisse, ist der negativen Abweichung besondere Aufmerksamkeit zu schenken.
17. Es gilt das Prinzip der Bestandskraft der Vereinbarung: Gegenüber Mängeln der Beteiligungsvereinbarung ist grundsätzlich eine hohe Toleranz aufzubringen. Eine Beachtlichkeit kann vorliegen, wenn eine Kollision mit dem Zweck der Vereinbarung oder mit Schutzvorschriften zugunsten der Arbeitnehmer vorliegt.
18. Die Folge eines beachtlichen Mangels ist die Unwirksamkeit der Beteiligungsvereinbarung und die Anwendung der Auffanglösung. Es kann auch zur Teilunwirksamkeit kommen, wenn der verbleibende Teil eine sinnvolle und in sich geschlossene Regelung ist. Eine teilweise Anwendung der Auffanglösung kann dazu beitragen. Eine Korrektur des Mangels durch die Parteien selbst oder durch die Genehmigung nachteilig betroffener Dritter kommt nicht in Betracht. Ebenso besteht kein Anspruch auf Einleitung von Neuverhandlungen.

19. Im Bereich der Mitbestimmung ist im Falle einer nichtigen Beteiligungsvereinbarung ein Statusverfahren einzuleiten, durch welches die Zusammensetzung des Organs anhand der Bestimmungen der gesetzlichen Auffanglösung erfolgt. Bis dahin bleiben die bisherigen Mitglieder im Amt.
20. Eine Nichtbeachtung der *essentialia negotii* führt zu einer Teilanwendung der Auffanglösung. Hält diese keine Regelungen bereit, ist in der anzuwendenden nationalen Vertragsordnung nach einer Regelung zu suchen.
21. Beachtliche Verstöße gegen den Grundsatz der vertrauensvollen Zusammenarbeit zwischen BVG und Unternehmensleitung, die insbesondere bei Täuschung oder Drohung vorliegen, führen zu einer Unwirksamkeit der Vereinbarung.
22. Inhalts- und Erklärungsirrtum sind unbeachtliche Mängel.
23. Treffen die Parteien Vereinbarungen außerhalb des Regelungsauftrags, sind diese Teile unwirksam. Der Voraussetzung einer sinnvollen und in sich geschlossenen Regelung kommt dann besondere Bedeutung zu.
24. Eine fehlerhafte Zusammensetzung des BVG ist beachtlich, wenn wesentliche Verfahrens- oder Schutzvorschriften missachtet wurden oder wenn die Mitwirkungskultur eines Mitgliedstaats, die berücksichtigt werden müsste, gänzlich unberücksichtigt bleibt.
25. Eine Beteiligungsvereinbarung kann nur geändert werden, wenn die Parteien dies ausdrücklich vorgesehen haben. Fehlt eine Regelung über die Änderung, kommen nur Neuverhandlungen in Betracht.
26. Bezüglich der Konsequenzen struktureller Änderungen treffen die Rechtsakte unterschiedliche Aussagen, die auf völlig unterschiedlichen Zielsetzungen basieren. Für den EBR ist der Zweck eine konsequente Fortführung des Zwecks der Vereinbarung, eine an Unternehmen und Kulturen angepasste Lösung auch nach Abschluss zu ermöglichen. Für SE und SCE sind die Regelungen eine Ausprägung des Vorher-Nachher-Prinzips, mithin beziehen sie sich allein auf die Mitbestimmung.
27. Die §§ 18 III SEBG; 18 III SCEBG sind nicht richtlinienwidrig. Der Begriff der strukturellen Änderung ist weit zu verstehen. Die Norm bezieht sich auf alle Arbeitnehmer. Geschützt werden allein Mitbestimmungsrechte. Für neu hinzutretende Arbeitnehmer liegt eine Eignung zur Minderung dieser Rechte nur vor, wenn sie im hypothetischen Fall einer Neugründung von den Schutzmechanismen erfasst worden wären. Nur § 18 III SCEBG erfasst die Sitzverlegung und das nachträgliche Überschreiten von Schwellenwerten als strukturelle Änderung.
28. Aus der Pflicht zur vertrauensvollen Zusammenarbeit folgt kein allgemeiner Neuverhandlungsanspruch. Neuverhandlungen können einvernehmlich eingeleitet werden.
29. Die Beteiligungsvereinbarung kann durch Kündigung oder Laufzeitende beendet werden, wenn dies in der Vereinbarung vorgesehen wurde. Ansonsten kann die Beteiligungsvereinbarung nur durch den Abschluss einer neuen Vereinbarung beendet werden. Fehlt eine Regelung über Kündigung oder Laufzeit, kann dem EBR, SE-BR oder SCE-BR unter weiteren Voraussetzungen ein Recht zum Beschluss über die Aufnahme neuer Verhandlungen nach vier Jahren zukommen.

30. Es besteht kein gesetzliches ordentliches oder außerordentliches Kündigungsrecht. Die Voraussetzungen einer analogen Anwendung anderer Kündigungstatbestände sind nicht gegeben. Probleme sind über eine Anpassung der Vereinbarung und in Grenzfällen über Ansprüche aus dem Grundsatz der vertrauensvollen Zusammenarbeit abzuleiten. Es ist auch interessengerechter, im Falle fehlenden Vertrauens an einzelnen Personen anzuknüpfen anstatt das gesamte System der Mitwirkung zu kippen und neu zu verhandeln.
31. Die Parteien können als Folge einer Beendigung durch Kündigung oder Laufzeitende das Eingreifen der Auffanglösung oder die Einleitung von Neuverhandlungen vereinbaren. Keine taugliche Folge ist das vollständige Ausbleiben von Mitwirkungsregelungen. Regeln sie keine Folge, kommen allein Neuverhandlungen in Betracht.
32. Eine Nachwirkung für den Zeitraum zwischen Beendigung und Abschluss einer neuen Vereinbarung kann, wenn sie vertraglich nicht geregelt ist, methodisch allein über den Weg eines Anspruchs auf Annahme eines Angebots auf Verlängerung der Beteiligungsvereinbarung aus dem Grundsatz der vertrauensvollen Zusammenarbeit hergeleitet werden. Hält man dies für nicht möglich, kommt nur die wenig sinnhafte übergangsweise analoge Anwendung der Auffangregelung in Betracht.

VIII. Auswirkungen auf Transnationale Unternehmensvereinbarungen

1. Die Erkenntnisse zur Beteiligungsvereinbarung sind von Bedeutung für die Grundlagen der Unternehmensvereinbarung.
2. Die Befugnis des Vertretungsgremiums auf Arbeitnehmerseite zum Abschluss von Unternehmensvereinbarungen ist kein Mitbestimmungsrecht, sondern eine Frage der Rechtsfähigkeit.
3. Die Rechtsfähigkeit zum Abschluss von Unternehmensvereinbarungen ergibt sich nicht aus den Richtlinien und den deutschen Umsetzungsgesetzen. Sie kann allein durch die Beteiligungsvereinbarung eingeräumt werden. Die Parteien werden dazu durch den Auftrag, die „Befugnisse" des Vertretungsgremiums zu regeln, ermächtigt.
4. Die Rom I-VO ist auf die Unternehmensvereinbarung anwendbar. Die anzuwendende Vertragsordnung richtet sich nach Art. 4 IV Rom I-VO. Für die „engste Verbindung" kann der Unternehmenssitz einen Anknüpfungspunkt bieten, jedoch kann sich im Einzelfall aus dem Vertragsgegenstand etwas anderes ergeben.
5. Die Unternehmensvereinbarung hat eine lediglich schuldrechtliche Wirkung. Eine normative Wirkung kann mangels normativen Anknüpfungspunkt nicht aus Richtlinien und Umsetzungsgesetzen gefolgert werden und aufgrund von Legitimationsdefiziten der Vertretungsgremien auch nicht durch die Beteiligungsvereinbarung angeordnet werden.

6. Wenn eine Unternehmensvereinbarung einen Gegenstand regelt, welche die Mitwirkungsrechte der Arbeitnehmer betrifft, gelten die Grenzen der Beteiligungsvereinbarung. Im Übrigen gelten diese Grenzen nicht.

IX. *De lege ferenda*

1. Die Regelungstechnik der Vereinbarung mit Auffanglösung bringt erhebliche Schwierigkeiten mit sich. Langfristig sollte sich der Gesetzgeber entscheiden, ob er mehr Autonomie zulässt oder selbst wieder eine tragende Rolle übernimmt. Die besseren Gründe sprechen für Letzteres.
2. Politisch wäre der erneute Versuch einer Einigung über ein einheitliches Modell der Arbeitnehmermitbestimmung nicht völlig aussichtslos. Der deutsche Gesetzgeber sollte auf europäischer Ebene ein Entgegenkommen signalisieren.
3. Der Gesetzgeber sollte branchenspezifische Musterlösungen der Sozialpartner als gesetzliche Auffanglösung anerkennen.
4. Der Ansatz „comply or explain" sowie Schlichtungsverfahren im Falle der Nichteinigung können eine Auffanglösung nicht ersetzen.
5. Eine Legitimation des BVG durch die Arbeitnehmer muss sichergestellt werden. Es sollte tragendes Prinzip der Regelungen über die Zusammensetzung und bei der Beschlussfassung sein.
6. Für Vereinbarungen mit Auffanglösung sollte eine eigene Vertragsordnung entwickelt werden. Dabei sind die Prinzipien Disponibilität, Autonomie, Bestandskraft, Eilbedürftigkeit und Anpassung an geänderte Umstände besonders zu berücksichtigen.

Literaturverzeichnis

Abeltshauser, Thomas: Der neue Statutsvorschlag für eine Europäische Aktiengesellschaft, AG 1990, 289–297.

Adomeit, Klaus: Zur Theorie des Tarifvertrages, RdA 1967, 297–305.

Ahrens, Dieter: Europäischer Betriebsrat: Fortgeltung und Änderung bestehender freiwilliger Vereinbarungen (§ 41 EBRG), AG 1997, 298–305.

Ales, Edoardo / Engblom, Samuel / Jaspers, Teun / Laulom, Sylvaine / Sciarra, Silvana / Sobczak, André / Valdés Dal-Ré, Fernando: Transnational Collective Bargaining: Past, Present and Future, Februar 2006.

Arbeitskreis Aktien- und Kapitalmarktrecht (AAK): Die 8 wichtigsten Änderungsvorschläge zur SE-VO, ZIP 2009 698–699.

Arbeitskreis Aktien- und Kapitalmarktrecht (AAK): Vorschläge zur Reform der Mitbestimmung in der Societas Europaea (SE), ZIP 2010, 2221–2228.

Bachmann, Gregor: Optionsmodelle im Privatrecht, JZ 2008, 11–20.

Bachner, Michael / Kunz, Olaf: Gesetz über Europäische Betriebsräte (EBRG) – der Entwurf zur Umsetzung der Europäischen Richtlinie, AuR 1996, 81–87.

Barnard, Catherine: EC Employment Law, Oxford 2006.

Basedow, Jürgen: Europäische Vertragsrechtsvereinheitlichung und deutsches Recht, Tübingen 2000.

Baums, Theodor / Lutter, Marcus: Verhandlungen sind kein trojanisches Pferd, Der Aufsichtsrat 11/2009, 153.

Bayer, Walter: Auswirkungen der Niederlassungsfreiheit nach den EuGH-Entscheidungen Inspire Art und Überseering auf die deutsche Unternehmensmitbestimmung, AG 2004, 534–538.

Bayer, Walter: Der Vertrag zugunsten Dritter, Tübingen 1995.

Beckedahl, Erik: Der Europäische Betriebsrat, Köln 1996.

Beck'scher Online-Kommentar Arbeitsrecht. Rolfs, Christian / Giesen, Richard / Kreikebohm, Ralf / Udsching, Peter (Hrsg.), München, Stand: 01.03.2015, Edition: 35.

Beck'scher Online-Kommentar BGB. Bamberger, Heinz Georg / Roth, Herbert (Hrsg.), München, Stand: 01.02.2013, Edition: 34.

Belling, Detlev: Die Haftung des Betriebsrats und seiner Mitglieder für Pflichtverletzungen, Tübingen 1990.

Bercusson, Brian: Maastricht: a fundamental change in European labour law, IRJ 1992 (23) 177–190.

Beuthien, Volker: Die Unternehmensautonomie im Zugriff des Arbeitsrechts, ZfA 1988, 1–30.

Blank, Michael: Europäische Kollektivverträge und Sozialer Dialog, in: Festschrift für Albert Gnade, Hrsg.: Däubler, Wolfgang, Köln 1992, 649–660.

Blanke, Thomas / Rose, Edgar: Die zeitliche Koordinierung der Informations- und Konsultationsansprüche Europäischer Betriebsräte und nationaler Interessenvertretungen bei grenzübergreifenden Umstrukturierungsmaßnahmen, RdA 2008, 65–81.

Blanke, Thomas: Die neue EBR-Richtlinie 2009/38/EG, AuR 2009, 242–250.

Blanke, Thomas: Erweiterung der Beteiligungsrechte des SE-Betriebsrats durch Vereinbarung, Düsseldorf 2006.

Blanke, Thomas: Europäische Aktiengesellschaft ohne Arbeitnehmerbeteiligung?, ZIP 2006, 789–792.

Blanke, Thomas: Europäische Beteiligungsvereinbarung und Betriebsverfassung, AG 2006, 493–499.

Blanke, Thomas: Recht und Praxis der Europäischen Betriebsräte, KJ 1999, 497–525.

Blanke, Thomas: Europäisches Betriebsräte-Gesetz: Europäische Mitbestimmung – SE, 2. Aufl., Baden-Baden, 2006.

Blanpain, Roger / Schmidt, Marlene/Schweibert, Ulrike: Europäisches Arbeitsrecht, 2. Aufl., Baden-Baden 1996.

Blanpain, Roger: European Labour Law, Alphen aan den Rijn 2010.

Blanquet, Françoise: Das Statut der Europäischen Aktiengesellschaft (Societas Europaea „SE“), ZGR 2002, 20–65.

Blumberg, Paul: Industrial Democracy: The Sociology of Participation, London 1968.

Breit, Peter Theodor: Societas Europaea (SE) und Societas Cooperativa Europaea (SCE), Berlin 2010.

Büggel, Anneliese / Buschak, Willy: Die Richtlinie über die Einsetzung Europäischer Betriebsräte, AiB 2000, 418–421.

Bydlinski, Franz: Zu den dogmatischen Grundfragen des Kontrahierungszwangs, AcP 180 (1980), 1–46.

Calle Lambach, Inés: Das Gesetz über die Beteiligung der Arbeitnehmer in einer Europäischen Gesellschaft (SE-Beteiligungsgesetz – SEBG), RIW 2005, 161–168.

Calliess, Christian / Ruffert, Matthias: EUV/AEUV Kommentar, 4. Aufl., München 2011.

Carley, Mark: Bargaining at European level? Joint texts negotiated by European Works Councils, European Foundation for the Improvement of Living and Working Conditions, 2001.

Carley, Mark / Hall, Mark: The Implementation of the European Works Councils Directive, ILJ Vol. 29 (2000), 103–124.

Coen, Martin: Beteiligung der Arbeitnehmer innerhalb der Europäischen Aktiengesellschaft, EuroAS 4/1998, 43–44.

Coen, Martin: Die Europäische Aktiengesellschaft, EuroAS 9/1997, 118–119.

Cooter, Robert / Marks, Stephen / Mnookin, Robert: Bargaining in the Shadow of the Law: A Testable Model of Strategic Behavior, JLS 1982, 225–251.

Däubler, Wolfgang: Der Europäische Betriebsrat kraft Vereinbarung – Rechtliche Rahmenbedingungen, EuroAS 6/1998, 68–71.

Däubler, Wolfgang: Die Vereinbarung zur Errichtung eines Europäischen Betriebsrats, in: Festschrift für Günter Schaub zum 65. Geburtstag, Hrsg.: Schlachter, Monika, München 1998, 95–115.

Däubler, Wolfgang: Privatautonome Betriebsverfassung?, in: Festschrift für Hellmut Wißmann zum 65. Geburtstag, Hrsg.: Kohte, Wolfhard, München 2005, 275–285.

Däubler, Wolfgang (Hrsg.): Tarifvertragsgesetz, 2. Aufl., Baden-Baden 2006.

Däubler, Wolfgang / Kittner, Michael / Klebe, Thomas /Wedde, Peter (Hrsg.): BetrVG: Betriebsverfassungsgesetz, 13. Aufl., Frankfurt a.M. 2012.

Däubler, Wolfgang / Klebe, Thomas: Der Euro-Betriebsrat, AiB 1995, 559–574.

Deakin, Simon / Morris, Gillian S.: Labour Law, 6. Aufl., Oxford 2012.

Deinert, Olaf: Internationales Arbeitsrecht und Tarifvertrag, in: Festschrift für Klaus Bepler zum 65. Geburtstag, Hrsg.: Thüsing, Gregor / Creutzfeld, Malte / Hanau, Peter / Wißmann, Hellmut, München 2012, 83–94.

Deinert, Olaf: Internationales Arbeitsrecht: Deutsches und Europäisches Arbeitskollisionsrecht, Tübingen 2013.

Deppe, Joachim (Hrsg.): Euro-Betriebsräte: Internationale Mitbestimmung, Konsequenzen für Unternehmen und Gewerkschaften, 1992.

Dietrich, Thomas: Die Grundrechtsbindung von Tarifverträgen, in: Festschrift für Günter Schaub zum 65. Geburtstag, Hrsg.: Schlachter, Monika, München 1998, 117–134.

Dietz, Rolf / Richardi, Reinhard: Betriebsverfassungsgesetz, 5. Aufl., München 1973.

Doelfs, Guntram: Niemand schreit vor Glück, Mitbestimmung 10/2014, 42–43.

Donner, Sven: Kollektivrechtliche Vereinbarungslösungen im Bereich der Arbeitnehmerbeteiligung, Hamburg 2009.

Dorssemont, Filip / van Hoek, Aukje: Collective action in labour conflicts under the Rome II regulation (part I), ELLJ Vol. 2 (2011) No. 1, 49–75.

Dorssemont, Filip / van Hoek, Aukje: Collective action in labour conflicts under the Rome II regulation (part II), ELLJ Vol. 2 (2011) No. 2, 101–118.

Drinhausen, Florian / Habersack, Mathias: SE-Recht: mit grenzüberschreitender Verschmelzung, 1. Aufl., München 2013.

Drinhausen, Florian / Keinath, Astrid: Die grenzüberschreitende Verschmelzung inländischer Gesellschaften nach Erlass der Richtlinie zur grenzüberschreitenden Verschmelzung von Kapitalgesellschaften in Europa, RIW 2006, 81–87.

Eckert, Dagmar Angelika: Artikel 13 der Richtlinie 94/45/EG des Europäischen Rates vom 22. September 1994 über die Einsetzung eines Europäischen Betriebsrats, Bonn 1997.

Eckhoff, Katrin: Der Europäische Betriebsrat, Köln 2004.

Ege, Andreas / Grzimek, Philipp / Schwarzfischer, Benjamin: Der Zementierungseffekt bei der Mitbestimmung bei Gründung einer SE und grenzüberschreitender Verschmelzung, DB 2011, 1205–1212.

Engels, Gerd / Müller, Christopher: Regierungsentwurf eines Gesetzes über Europäische Betriebsräte, DB 1996, 981–988.

Engels, Gerd: Fortentwicklung des Betriebsverfassungsrechts außerhalb des Betriebsverfassungsgesetzes, Teil I, AuR 2009, 10–29.

Erfurter Kommentar zum Arbeitsrecht. Müller-Glöge, Rudi / Preis, Ulrich / Schmidt, Ingrid (Hrsg.), 14. Aufl., München 2014.

European Trade Union Institute, Benchmarking Working Europe 2013, Brüssel 2013.

Feldhaus, Heiner / Vanscheidt, Carolin: „Strukturelle Änderungen" der Europäischen Aktiengesellschaft im Lichte von Unternehmenstransaktionen, BB 2008, 2246–2251.

Ferrari, Franco u. a.: Internationales Vertragsrecht, 2. Aufl., München 2012.

Fitting, Karl (Begr.): Betriebsverfassungsgesetz: Handkommentar, 26. Aufl., München 2012.

Fleischer, Holger: Der Einfluß der Societas Europaea auf die Dogmatik des deutschen Gesellschaftsrechts, AcP 2004, 502–543.

Fleischer, Holger: Der Rechtsmißbrauch zwischen Gemeineuropäischen Privatrecht und Gemeinschaftsprivatrecht, JZ 2006, 865–916.

Fleischer, Holger: Gesetz und Vertrag als alternative Problemlösungsmodelle im Gesellschaftsrecht, ZHR 168 (2004), 673–707.

Flume, Werner: Allgemeiner Teil des Bürgerlichen Rechts. Zweiter Band: Das Rechtsgeschäft, 3. Aufl., Berlin 1979.

Forst, Gerrit: Neues aus Luxemburg zur Arbeitnehmerbeteiligung bei der grenzüberschreitenden Verschmelzung von Gesellschaften, AG 2013, 588–592.

Forst, Gerrit: Folgen der Beendigung einer SE-Beteiligungsvereinbarung, EuZW 2011, 333–336.

Forst, Gerrit: Die Beteiligungsvereinbarung nach der neuen EBR-Richtlinie, ZESAR 2009, 469–476.

Forst, Gerrit: Die Beteiligungsvereinbarung nach § 21 SEBG, Köln 2010.

Forst, Gerrit: Zur Größe des mitbestimmten Organs einer kraft Beteiligungsvereinbarung mitbestimmten SE, AG 2010, 350–358.

Franzen, Martin: Die EU-Richtlinie 2009/38/EG über Europäische Betriebsräte, EuZA 2010, 180–197.

Franzen, Martin: Zwingende Wirkung der Betriebsverfassung, NZA 2008, 250–255.

Frick, Bernd / Kluge, Norbert / Streeck, Wolfgang (Hrsg.): Die wirtschaftlichen Folgen der Mitbestimmung, Frankfurt am Main 1999.

Freckmann, Anke / Blanke, Nikolas: Der Europäische Betriebsrat – ein unbekanntes Wesen? Ein Überblick, BB 2005, 17–24.

Gaul, Björn: Die Einrichtung Europäischer Betriebsräte, NJW 1995, 228–232.

Gaul, Björn: Das neue Gesetz über die Europäischen Betriebsräte, NJW 1996, 3378–3385.

Gester, Heinz / Bobke, Manfred: Europäischer Binnenmarkt und betriebliche Mitbestimmung der Arbeitnehmer, in: Festschrift für Albert Gnade, Hrsg.: Däubler, Wolfgang, Köln 1992, 729–752.

Giesen, Richard: Merkwürdiges Übergangsrecht bei der Reform des Europäischen Betriebsrats, NZA 2009, 1174–1176.

Girndt, Cornelia / Hasel, Margarete: „Das ist ein Meilenstein", Mitbestimmung 7+8/2014, 16–19.

Goos, Wolfgang: Kommt der Europäische Betriebsrat? NZA 1994, 776–781.

Grabitz, Eberhard / Hilf, Meinhard / Nettesheim, Martin: Das Recht der Europäischen Union: EUV/AEUV, 54. Ergänzungslieferung, München 2014.

Grobys, Marcel: SE-Betriebsrat und Mitbestimmung in der Europäischen Gesellschaft, NZA 2005, 84–91.

Grundmann, Stefan: European Company Law: Organization, Finance and Capital Markets, Antwerpen/Oxford 2007.

Güntzel, Volker: Die Richtlinie über die Arbeitnehmerbeteiligung in der Europäischen Aktiengesellschaft (SE) und ihre Umsetzung in das deutsche Recht, Frankfurt am Main 2006.

Habersack, Mathias: Schranken der Mitbestimmungsautonomie in der SE, AG 2006, 345–355.

Habersack, Mathias: Grundsatzfragen der Mitbestimmung in SE und SCE sowie bei grenzüberschreitenden Verschmelzungen, ZHR 171 (2007), 613–643.

Habersack, Mathias / Drinhausen, Florian: SE-Recht, München 2013.

Haipeter, Thomas: Der Europäische Betriebsrat bei General Motors – Auf dem Weg zur europäischen Mitbestimmung?, WSI Mitteilungen 2006, 617–623.

Hanau, Peter / Steinmeyer, Heinz-Dietrich / Wank, Rolf: Handbuch des europäischen Arbeits- und Sozialrechts, München 2002.

Hanau, Peter: Nationale Regelungen für internationale (europäische) Betriebsräte, in: Festschrift für Ralf Vieregge zum 70. Geburtstag, Hrsg.: Baur, Jürgen, Berlin 1995, 319–334.

Hanau, Peter: Neuer Anlauf zur mitbestimmten SE, RdA 1998, 231–233.

Hanau, Peter: Sicherung unternehmerischer Mitbestimmung, insbesondere durch Vereinbarung, ZGR 2001, 75–109.

Hänlein, Andreas: Die Legitimation betrieblicher Rechtsetzung, RdA 2003, 26–32.

Hauß, Thomas: Grenzüberschreitende Betriebsverfassung in Europa: Der Europäische Betriebsrat, Frankfurt am Main 1996.

Hayen, Ralf-Peter: Euro-Betriebsräte-Richtlinie, AiB 2008, 499–505.

Heimann, Elena: Substantielle Vereinbarungen Europäischer Betriebsräte: Praxis und Recht, Frankfurt am Main 2014.

Heinze, Meinhard: Die Europäische Aktiengesellschaft, ZGR 2002, 66–95.

Heinze, Meinhard: Ein neuer Lösungsweg für die Europäische Aktiengesellschaft, AG 1997, 289–297.

Heinze, Meinhard: Die Vertretung der Führungskräfte in der Europäischen Aktiengesellschaft, in: Festschrift für Peter Schwerdtner zum 65. Geburtstag, Hrsg.: Bauer, Jobst-Hubertus / Boewer, Dietrich, München 2003, 741–750.

Heinze, Wolfgang: Mitbestimmung in einer monistischen Europäischen Aktiengesellschaft, Münster 2009.

Heinze, Wolfgang / Seifert, Achim / Teichmann, Christoph: BB-Forum: Verhandlungssache – Arbeitnehmerbeteiligung in der SE, BB 2005, 2524–2530.

Hendrickx, Frank: The development of transnational company agreements in Europe, KritV 4/2009, 412–426.

Henssler, Martin / Strohn, Lutz (Hrsg.): Gesellschaftsrecht, 2. Aufl., München 2014.

Henssler, Martin: Bewegung in der deutschen Unternehmensmitbestimmung – Reformdruck durch Internationalisierung der Wirtschaft, RdA 2005, 330–337.

Henssler, Martin: Erfahrungen und Reformbedarf bei der SE – Mitbestimmungsrechtliche Reformvorschläge, ZHR 173 (2009), 222–249.

Henssler, Martin: Unternehmerische Mitbestimmung in der Societas Europaea, in: Festschrift für Peter Ulmer zum 70. Geburtstag, Hrsg.: Habersack, Mathias, Berlin 2003, 193–210.

Henssler, Martin / Willemsen, Heinz Josef / Kalb, Heinz-Jürgen: Arbeitsrecht Kommentar, 4. Aufl., Köln 2010.

Herfs-Röttgen, Ebba: Probleme der Arbeitnehmerbeteiligung in der Europäischen Aktiengesellschaft, NZA 2002, 358–365.

Herfs-Röttgen, Ebba: Arbeitnehmerbeteiligung in der Europäischen Aktiengesellschaft, NZA 2001, 424–429.

Hey, Thomas / Schröder, Anja: Die Zusammensetzung der europäischen Mitbestimmungsgremien bei Transaktion und Restrukturierung, BB 2012, 3014–3018.

Hinrichs, Lars / Plitt, David: Die Wahl der Mitglieder des besonderen Verhandlungsgremiums in betriebsratslosen Gesellschaften bei SE-Gründung / grenzüberschreitender Verschmelzung, NZA 2010, 204–209.

Hirte, Heribert: Die Europäische Aktiengesellschaft, NZG 2002, 1–10.

Hofmann, Harald: Mitbestimmung der Arbeitnehmer in Gesellschaftsorganen und grenzüberschreitende Unternehmenszusammenschlüsse in der Europäischen Gemeinschaft, Bonn 1976.

Hohenstatt, Klaus-Stefan / Kröpelin, Andrea / Bertke, Anne-Kathrin: Die Novellierung des Gesetzes über Europäische Betriebsräte (EBRG): Handlungsbedarf bei freiwilligen Vereinbarungen?, NZA 2011, 1313–1319.

Hohenstatt, Klaus-Stefan: Der Europäische Ausschuß, EuZW 1994, 427–430.

Hohenstatt, Klaus-Stefan: Der Europäische Betriebsrat und seine Alternativen, EuZW 1995, 169–172.

Höland, Armin: Mitbestimmung in Europa, Frankfurt am Main 2000.

Höpfner, Clemens: Die Tarifgeltung im Arbeitsverhältnis, Baden-Baden 2015.

Hommelhoff, Peter: Mitbestimmungsvereinbarungen zur Modernisierung der deutschen Unternehmensmitbestimmung, ZGR 2010, 48–74.

Hoops, Antje: Die Mitbestimmungsvereinbarung in der Europäischen Aktiengesellschaft (SE), Kenzingen 2009.

Höpfner, Martin: Wer beherrscht die Unternehmen? Shareholder Value, Managerherrschaft und Mitbestimmung in Deutschland, Frankfurt am Main 2003.

Hopt, Klaus: Europäische Aktiengesellschaft – per aspera ad astra?, EuZW 2002, 1.

Hopt, Klaus: Harmonisierung im europäischen Gesellschaftsrecht – Status quo, Probleme, Perspektiven –, ZGR 1992, 265–295.

Hopt, Klaus: Europäisches Gesellschaftsrecht – Krise und neue Anläufe, ZIP 1998, 96–106.

Horcher, Michael: Internationale betriebliche Vereinbarungen, Frankfurt am Main 2004.

Hornung-Draus, Renate: Euro-Betriebsräte – Praxistauglichkeit auf dem Prüfstand, EuroAS 12/1994, 4–6.

Hromadka, Wolfgang: Rechtsfragen zum Eurobetriebsrat, DB 1995, 1125–1131.

Hueck, Alfred / Nipperdey, Hans Carl: Lehrbuch des Arbeitsrechts, Band 2, 1. Halbband, 7. Aufl., Berlin und Frankfurt am Main 1966.

Hueck, Alfred: Das Recht des Tarifvertrages, Berlin 1920.

Hüffer, Uwe: Aktiengesetz, 11. Aufl., München 2014.

Jacobi, Erwin: Grundlehren des Arbeitsrechts, Leipzig 1927.

Jacobs, Matthias: Buchbesprechung Gerrit Forst, ZHR 176 (2013), 133–135.

Jacobs, Matthias: Privatautonome Unternehmensmitbestimmung in der SE, in: Festschrift für Karsten Schmidt zum 70. Geburtstag, Hrsg.: Bitter, Georg, Köln 2009, S. 795–815.

Jaich, Roman: Der Europäische Betriebsrat an der Schnittstelle zwischen gesetzlicher und vertraglicher Mitbestimmung, zfwu 2/1 (2001), 70–86.

Jannott, Dirk / Frodermann, Jürgen (Hrsg.): Handbuch der Europäischen Aktiengesellschaft – Societas Europaea, 1. Aufl., Heidelberg 2005.

Jarass, Hans: Charta der Grundrechte der Europäischen Union, 2. Aufl., München 2013.

Jensen, Michael / Meckling, Wiliam: Rights and Production Functions: An Application to Labor Managed Firms and Codetermination, Journal of Business, Vol. 52 (1979), No. 4, 1–54.

Junker, Abbo: Sechsundsiebzig verweht – Die deutsche Mitbestimmung endet in Europa, NJW 2004, 728–730.

Junker, Abbo: Der „Europäische Betriebsrat" in rechtsvergleichender Perspektive, JZ 1992, 1100–1106.

Kallmeyer, Harald: Die Beteiligung der Arbeitnehmer in der Europäischen Gesellschaft – Anmerkungen zum Regierungsentwurf des SE-Beteiligungsgesetzes, ZIP 2004, 1442–1445.

Kämmerer, Jörn Axel / Veil, Rüdiger: Paritätische Arbeitnehmermitbestimmung in der monistischen Societas Europaea – ein verfassungsrechtlicher Irrweg?, ZIP 2005, 369–376.

Kapschak, Rabea: Projekt Europäische Aktiengesellschaft – Politik, Recht und Wirtschaft, http://www.opus-bayern.de/uni-bamberg/volltexte/2009/211/.

Kerckhofs, Peter: Europäische Betriebsräte – Fakten und Zahlen 2006, Brüssel 2006 (nur Studie.).

Kiem, Roger: Vereinbarte Mitbestimmung und Verhandlungsmandat der Unternehmensleitung, ZHR 171 (2007), 713–730.

Kilian, Wolfgang: Kontrahierungszwang und Zivilrechtssystem, AcP 180 (1980), 47–83.

Kisker, Olaf: Unternehmerische Mitbestimmung in der Europäischen Gesellschaft, der Europäischen Genossenschaft und bei grenzüberschreitenden Verschmelzungen im Vergleich, RdA 2006, 206–213.

Klebe, Thomas: Euro-Betriebsrat, AiB 1994, 514–516.

Klebe, Thomas / Kunz, Olaf: Europäische Betriebsräte: Eine praktische und rechtliche Zwischenbilanz, in: Festschrift für Wolfgang Däubler zum 60. Geburtstag, Hrsg.: Klebe, Thomas, Frankfurt am Main 1999, 823–840.

Kleinsorge, Georg: Europäische Gesellschaft und Beteiligungsrechte der Arbeitnehmer, RdA 2002, 343–352.

Klinkhammer, Heiner / Welslau, Dietmar: Der Europäische Betriebsrat, AG 1994, 488–496.

Klinkhammer, Heiner / Welslau, Dietmar: Auf der Zielgeraden: Der Europäische Betriebsrat, AuR 1994, 326–332.

Koch, Malte: Die Beteiligung von Arbeitnehmervertretern an Aufsichtsrats- und Verwaltungsratsausschüssen einer Europäischen Aktiengesellschaft, Frankfurt am Main 2011.

Kölner Kommentar zum Aktiengesetz, Band 8/2: Art.43–70 SE-VO, §§ 1–47 SEBG, Zöllner, Wolfgang (Hrsg.), 3. Aufl., Köln 2010.

Kolvenbach, Walter: Die Europäische Gemeinschaft und die deutsche Mitbestimmung, DB 1986, 1973–1978.

Kolvenbach, Walter: EG-Richtlinie über die Information und Konsultation der Arbeitnehmer (Vredeling-Initiative), DB 1982, 1457–1466.

Kolvenbach, Walter: Europäische Betriebsräte – Neue Initiativen, DB 1991, 805–807.

Kolvenbach, Walter: Scheitert die Europa-AG an der Mitbestimmung?, NZA 1998, 1323–1328.

Kolvenbach, Walter: Vom „Europäischen Betriebsrat" zum „Europäischen Ausschuß", RdA 1995, 279–284.

Kolvenbach, Walter: Die weitere Entwicklung der Betriebsverfassung und Unternehmensmitbestimmung in den Mitgliedstaaten der Europäischen Union, in: Festschrift für Ulrich Everling, Hrsg.: Due, Ole, Baden-Baden 1995, 669–689.

Köstler, Roland: Das trojanische Pferd der verhandelten Mitbestimmung, Der Aufsichtsrat 10/2009, 137.

Köstler, Roland: Die Beteiligung der Arbeitnehmer in der Europäischen Aktiengesellschaft nach den deutschen Umsetzungsgesetzen, DStrR 2005, 745–750.

Köstler, Roland: Die Mitbestimmung in der SE, ZGR 2003, 800–809.

Kotthoff, Hermann: Lehrjahre des Europäischen Betriebsrats, Berlin 2006.

Krause, Rüdiger: Der Europäische Betriebsrat – Baustein für ein europäisches Kollektivarbeitsrecht, JJZ 1997, 91–128.

Krause, Rüdiger: Die Mitbestimmung der Arbeitnehmer in der Europäischen Gesellschaft (SE), BB 2005, 1221–1229.

Kraushaar, Martin: Europäische Aktiengesellschaft (SE) und Unternehmensmitbestimmung, BB 2003, 1614–1620.

Kraushaar, Martin: Verhandelte Mitbestimmung und das Problem der Arbeitnehmerpluralität, AG 2008, 809–816.

Krebber, Sebastian: Soziale Rechte in der Gemeinschaftsrechtsordnung, RdA 2009, 224–236.

Kromka, Franz: Freiheit und Zufriedenheit – Über das Glück des Tätigsein, Die Politische Meinung 7/2012 (Nr. 512), 69–74.

Kuffner, Andrea: Die Beteiligung der Arbeitnehmer in der Europäischen Aktiengesellschaft, Berlin 2003.

Kunz, Olaf: Das Gesetz über Europäische Betriebsräte, AiB 1997, 267–281.

Lehmann, Jürgen: Kritische Anmerkungen zum geänderten Vorschlag für eine Richtlinie über die Unterrichtung und Anhörung der Arbeitnehmer (Vredeling-Richtlinie), RdA 1984 160–164.

Leible, Stefan: Europäisches Privatrecht am Scheideweg, NJW 2008, 2558–2562.

Lerche, Christoph-N.: Der Europäische Betriebsrat und der deutsche Wirtschaftsausschuss: eine vergleichende Analyse der betrieblichen Mitwirkung der Arbeitnehmer vor dem Hintergrund der Globalisierung der Märkte, Frankfurt 1997.

Linden, Friederike: Die Mitbestimmungsvereinbarung der dualistisch verfassten Societas Europaea (SE), Köln 2011.

Lörcher, Klaus: Anforderungen, Defizite und Durchsetzungsmöglichkeiten bei der Umsetzung der Euro-Betriebsräterichtlinie 94/45/EG in innerstaatliches Recht, AuR 1996, 297–303.

Lotmar, Philipp: Der Arbeitsvertrag, 2. Aufl., Berlin 2001.

Löwisch, Manfred / Rieble, Volker: Tarifvertragsgesetz, 3. Aufl., München 2012.

Lunk, Stefan / Hinrichs, Lars: Die Mitbestimmung der Arbeitnehmer bei grenzüberschreitenden Verschmelzungen nach dem MgVG, NZA 2007, 773–780.

Lutter, Marcus / Bayer, Walter / Schmidt, Jessica: Europäisches Unternehmens- und Kapitalmarktrecht: Grundlagen, Stand und Entwicklung, 5. Aufl., Berlin 2012.

Lutter, Marcus / Hommelhoff, Peter (Hrsg.): GmbH-Gesetz, 18. Aufl., Köln 2012.

Lutter, Marcus / Hommelhoff, Peter: SE-Kommentar, 1. Aufl., Köln 2008.

Lutter, Marcus / Hommelhoff, Peter / Teichmann, Christoph: SE-Kommentar, 2. Aufl., Köln 2015.

Lutter, Marcus: Die Europäische Aktiengesellschaft – Rechtsfigur mit Zukunft?, BB 2002, 1–7.

Manz, Gerhard / Mayer, Barbara / Schröder, Albert (Hrsg.): Europäische Aktiengesellschaft: SE, 1. Aufl., Baden-Baden 2005.

Manz, Gerhard / Mayer, Barbara / Schröder, Albert (Hrsg.): Europäische Aktiengesellschaft: SE, 2. Aufl., Baden-Baden 2010.

Marassi, Stefania: A legal assessment of international framework agreements and European framework agreements, Tilburg 2011.

Martens, Klaus-Peter: Rechtsgeschäft und Drittinteressen, AcP 177 (1977), 113–188.

Maunz, Theodor / Dürig, Günter (Begr.): Grundgesetz Kommentar, München, 73. Ergänzungslieferung 2014.

Mävers, Gunther: Die Mitbestimmung der Arbeitnehmer in der Europäischen Aktiengesellschaft, Baden-Baden 2002.

Meißner, Doris / Ritschel, Andrea: Europäische Unternehmensvereinbarungen – Chancen für ein kollektives Arbeitsrecht, in: Übergänge im Arbeitsleben und

(Re)Inklusion in den Arbeitsmarkt: Symposium anlässlich des 65. Geburtstages von Prof. Dr. Wolfhard Kohte, Hrsg.: Busch, Dörthe / Feldhoff, Kerstin / Nebe, Katja, Baden-Baden 2012, 53–72.

Meyer, Jürgen / Bernsdorff, Norbert [Hrsg.]: Charta der Grundrechte der Europäischen Union, 4. Aufl., Baden-Baden 2014.

Molitor, Andreas: Vier Länder, eine Arbeitnehmerbank, Mitbestimmung 7+8/2014, 10–15.

Müller, Christoph: Europäische Betriebsräte-Gesetz (EBRG), 1. Aufl., Köln 1997.

Müller-Bonani, Thomas / Melot de Beauregard, Paul: Mitbestimmung in der Societas Europaea, GmbHR 2005, 195–200.

Müller-Bonani, Thomas / Müntefering, Michael: Grenzüberschreitende Verschmelzung ohne Arbeitnehmerbeteiligung? Praxisfragen zum Anwendungsbereich und Beteiligungsverfahren des MgVG, NJW 2009, 2347–2353.

Müller-Bonanni, Thomas / Müntefering, Michael: Arbeitnehmerbeteiligung bei SE-Gründung und grenzüberschreitender Verschmelzung im Vergleich, BB 2009, 1699–1703.

Müller, Matthias: Die Institution Betriebsrat aus personalwirtschaftlicher Sicht, WSI Mitteilungen 2005, 554–560.

Münchener Kommentar zum Aktiengesetz: AktG Band 7: Europäisches Aktienrecht, SE-VO, SEBG, Europäische Niederlassungsfreiheit, Goette, Wulf / Habersack, Mathias, 3. Aufl., München 2012.

Münchener Kommentar zum Bürgerlichen Gesetzbuch: BGB, Band 1, Säcker, Jürgen / Rixecker, Roland (Hrsg.), 6. Aufl., München 2012.

Münchener Kommentar zum Bürgerlichen Gesetzbuch: BGB, Band 10, Säcker, Jürgen / Rixecker, Roland (Hrsg.), 5. Aufl., München 2010.

Nagel, Bernhard / Freis, Gerhild / Kleinsorge, Georg: Beteiligung der Arbeitnehmer im Unternehmen auf der Grundlage des europäischen Rechts, 2. Aufl., Berlin 2009.

Nagel, Bernhard: Der EG-Richtlinienentwurf zum Europäischen Betriebsrat, AuR 1991, 161–166.

Nagel, Bernhard: Erosion der Mitbestimmung und EG-Kommissionsentwürfe zur Europa-AG, AuR 1990, 205–213.

Neumann, Manfred (Hrsg.): Ansprüche, Eigentum und Verfügungsrechte, Berlin 1984.

Neye, Hans-Werner: ECLR – Kein neuer Stolperstein für die Europäische Aktiengesellschaft, ZGR 2002, 377–982.

Neye, Hans-Werner: Die neue Richtlinie zur grenzüberschreitenden Verschmelzung von Kapitalgesellschaften, ZIP 2005, 1893–1898.

Niklas, Thomas: Beteiligung der Arbeitnehmer in der Europäischen Gesellschaft (SE) – Umsetzung in Deutschland, NZA 2004, 1200–1206.

Nikoleyczik, Tobias / Führ, Thorsten: Mitbestimmungsgestaltung im grenzüberschreitenden Konzern unter besonderer Berücksichtigung der SE und grenzüberschreitender Verschmelzungen, DStR 2010, 1743–1750.

Oechsler, Jürgen: Die Sitzverlegung der Europäischen Aktiengesellschaft nach Art. 8 SE-VO, AG 2005, 373–380.

Oetker, Hartmut: Das private Vereinsrecht als Ausgestaltung der Koalitionsfreiheit, RdA 1999, 97–107.

Oetker, Hartmut: Die Beteiligung der Arbeitnehmer in der Europäischen Aktiengesellschaft (SE) unter besonderer Berücksichtigung der leitenden Angestellten, BB 2005, 2–13.

Oetker, Hartmut (Hrsg.): Europäisches Arbeits- und Sozialrecht: EAS, Teil B: Systematische Darstellungen: B 5000 – B 9400, Heidelberg [u. a.], 1994.

Oetker, Hartmut: Unternehmensmitbestimmung in der SE kraft Vereinbarung, ZIP 2006, 1113–1121.

Oetker, Hartmut: Unternehmerische Mitbestimmung kraft Vereinbarung in der Europäischen Gesellschaft (SE), in: Festschrift für Horst Konzen zum siebzigsten Geburtstag, Hrsg.: Dauner-Lieb, Barbara u. a., Tübingen 2006, 635–662.

Pache, Eckhard: Die Europäische Grundrechtscharta – ein Rückschritt für den Grundrechtsschutz in Europa?, EuR 2001, 475–494.

Pateman, Carole: Participation and democratic theory, Cambridge 1974.

Platzer, Hans-Wolfgang / Müller, Torsten / Rüb, Stefan: Transnationale Unternehmensvereinbarungen und die Vereinbarungspolitik Europäischer Betriebsräte, WSI Mitteilungen 2012, 457–463.

Preis, Ulrich: Arbeitsrecht: Kollektivarbeitsrecht – Lehrbuch für Studium und Praxis, 3. Aufl., Köln 2012.

Rademacher, Ulf: Der Europäische Betriebsrat, Baden-Baden 1996.

Rasner, Henning: Die Europäische Aktiengesellschaft (SE) – ist sie wünschenswert?, ZGR 1992, 314–326.

Rauscher, Thomas: Europäisches Zivilprozess- und Kollisionsrecht, München 2010.

Rehberg, Markus: Die kollisionsrechtliche Behandlung „europäischer Betriebsvereinbarungen“, NZA 2013, 73–79.

Reichert, Jochem / Brandes, Stephan: Mitbestimmung der Arbeitnehmer in der SE: Gestaltungsfreiheit und Bestandsschutz, ZGR 2003, 767–799.

Reichold, Hermann: Unternehmensmitbestimmung vor dem Hintergrund europarechtlicher Entwicklungen, JZ 2006, 812–820.

Reichold, Hermann: Betriebsverfassung als Sozialprivatrecht, München 1995.

Reinhardt, Sarah: Die Sicherung der Unternehmensmitbestimmung durch Vereinbarungen, Hamburg 2011.

Richardi, Reinhard / Wlotzke, Otfried (Hrsg.): Münchener Handbuch zum Arbeitsrecht, Band 3, 2. Aufl., München 2000.

Richardi, Reinhard: Betriebsverfassungsgesetz mit Wahlordnung: Kommentar, 13. Aufl., München 2012.

Rieble, Volker / Kolbe, Sebastian: Vom Sozialen Dialog zum europäischen Kollektivvertrag?, EuZA 2008, 453–481.

Rieble, Volker / Junker, Abbo (Hrsg.): Vereinbarte Mitbestimmung in der SE: 5. ZAAR-Kongress, München 2008.

Rieble, Volker: Schutz vor paritätischer Unternehmensmitbestimmung, BB 2006, 2018–2023.

Rieble, Volker: Unternehmensmitbestimmung vor dem Hintergrund europarechtlicher Entwicklungen, NJW 2006, 2214–2217.

Rieble, Volker: Arbeitsmarkt und Wettbewerb, Berlin 1996.

Riesenhuber, Karl: Europäische Methodenlehre: Handbuch für Ausbildung und Praxis, 2. Aufl., Berlin 2010.

Ringe, Wolf-Georg: Mitbestimmungsrechtliche Folgen einer SE-Sitzverlegung, NZG 2006, 931–935.

Rüb, Stefan / Platzer, Hans-Wolfgang / Müller, Torsten: Transnationale Unternehmensvereinbarungen, Berlin 2012.

Sadowski, Dieter / Kühne, Kai: Der Europäische Betriebsrat – weder europäisch noch Betriebsrat?, in: Festschrift für Rolf Birk zum siebzigsten Geburtstag, Hrsg.: Konzen, Horst, Tübingen 2006, 771–787.

Sandmann, Bernd: Die Euro-Betriebsrats-Richtlinie 94/45/EG, Heidelberg 1996.

Scheibe, Andrea: Die Mitbestimmung der Arbeitnehmer in der SE unter besonderer Berücksichtigung des monistischen Systems, Frankfurt am Main 2007.

Schiek, Dagmar: Europäische Betriebsvereinbarungen, RdA 2001, 218–236.

Schiessl, Maximilian: Leitungs- und Kontrollstrukturen im internationalen Wettbewerb, ZHR 167 (2003), 235–256.

Schlachter, Monika: Bewährung und Reformbedürftigkeit des Betriebsverfassungsrechts, RdA 1993, 313–327.

Schlinkhoff, Katrin: Der Europäische Betriebsrat kraft Vereinbarung, Göttingen 2011.

Schmidt, Ingrid: Betriebliche Arbeitnehmervertretung insbesondere im Europäischen Recht, RdA 2001, 12–23.

Schmidt-Kessel, Martin (Hrsg.): Der Gemeinsame Referenzrahmen, München 2009.

Schulze, Reiner: Bürgerliches Gesetzbuch, 8. Aufl. 2014.

Schüren, Peter: Die Legitimation der tariflichen Normsetzung, München 1990.

Schwarz, Günter Christian: SE-VO, München 2006.

Schwarz, Günter Christian: Zum Statut der Europäischen Aktiengesellschaft, ZIP 2001, 1847–1861.

Schwarze, Jürgen (Hrsg.): EU-Kommentar, 3. Aufl., Baden-Baden 2012.

Seibt, Christoph: Privatautonome Mitbestimmungsvereinbarungen: Rechtliche Grundlagen und Praxishinweise, AG 2005, 413–429.

Seifert, Achim: Die horizontale Wirkung von Grundrechten – Europarechtliche und rechtsvergleichende Überlegungen, EuZW 2011, 696–702.

Sick, Sebastian: Der deutschen Mitbestimmung entzogen: Unternehmen mit ausländischer Rechtsform nehmen zu, Report der Mitbestimmungsförderung in der Hans-Böckler-Stiftung, Nr. 8, Februar 2015.

Sinzheimer, Hugo: Der korporative Arbeitsnormenvertrag, Leipzig 1907.

Spahlinger, Andreas / Wegen, Gerhard [u. a.]: Internationales Gesellschaftsrecht in der Praxis, München 2005.

Spindler, Gerald / Stilz, Eberhard: Kommentar zum Aktiengesetz, Band 2, 3. Aufl., München 2015.

Spinner, Günter: Die vereinbarte Betriebsverfassung: ein Vergleich verschiedener Vereinbarungen zur Organisation der Betriebsverfassung, Baden-Baden 2000.

Staudinger, Kommentar zum Bürgerlichen Gesetzbuch: Staudinger BGB – Buch 1: Allgemeiner Teil, 14. Aufl., Berlin 2012.

Staudinger, Kommentar zum Bürgerlichen Gesetzbuch: Staudinger BGB – EGBGB/IPR, Buch XIV, 14. Aufl., Berlin 2011.

Steinberg, Marcus: Mitbestimmung in der Europäischen Aktiengesellschaft: die Richtlinie 2001/86/EG zur Beteiligung der Arbeitnehmer in der SE, Hamburg 2006.

Streinz, Rudolf (Hrsg.): EUV/AEUV, 2. Aufl., München 2012.

Teichmann, Christoph: Gestaltungsfreiheit in Mitbestimmungsvereinbarungen, AG 2008, 797–808.

Teichmann, Christoph: Gestaltungsfreiheit im monistischen Leitungssystem der Europäischen Aktiengesellschaft, BB 2004, 53–60.

Teichmann, Christoph: Neuverhandlung einer SE-Beteiligungsvereinbarung bei „strukturellen Änderungen", in: Festschrift für Hans-Jürgen Hellwig zum 70. Geburtstag, Hrsg.: Hoffmann-Becking, Michael, Köln 2010, 347–372.

Teichmann, Christoph: Zum Geburtstag viel Buch: Eine Literaturauslese zum fünften Jahrestag der Societas Europaea (SE), GPR 2010, 85–92.

Thumann, Jürgen: 30 Jahre Unternehmensmitbestimmung – ein Erfolgsmodell?, ifo-Schnelldienst 2006, 3–9.

Thüsing, Gregor / Forst, Gerrit: Europäische Betriebsräte-Richtlinie: Neuerungen und Umsetzungserfordernisse, NZA 2009, 408–412.

Thüsing, Gregor: Rechtsfragen grenzüberschreitender Arbeitsverhältnisse – Grundlagen und Neuigkeiten im Internationalen Arbeitsrecht, NZA 2003, 1303–1312.

Thüsing, Gregor: SE-Betriebsrat kraft Vereinbarung, ZIP 2006, 1469–1478.

Ulmer, Peter / Habersack, Mathias / Henssler, Martin: Mitbestimmungsrecht, 3. Aufl., München 2013.

von der Groeben, Hans / Schwarze, Jürgen / Hatje, Armin: Europäisches Unionsrecht, 7. Aufl., Baden-Baden 2015.

van Hoek, Aukje / Hendrickx, Frank: International private law aspects and dispute settlement related to transnational company agreements, final report, 20.10.2009.

Van Hulle, Karel / Maul, Silja / Drinhausen, Florian: Handbuch zur Europäischen Gesellschaft (SE), München 2007.

Villiers, Charlotte: European company law: towards democracy?, Aldershot 1998.

Waltermann, Raimund: Rechtsetzung durch Betriebsvereinbarung zwischen Privatautonomie und Tarifautonomie, Tübingen 1996.

Weiss, Manfred: Arbeitnehmermitwirkung in Europa, NZA 2003, 177–184.

Weiss, Manfred: Die Umsetzung der Richtlinie über Europäische Betriebsräte, AuR 1995, 438–444.

Weiss, Manfred: Europäische Betriebsräte, ZRP 1992, 422–426.

Weiss, Manfred: Transnationale Kollektivvertragsstrukturen in der EG: Informalität oder Verrechtlichung?, in: Festschrift für Rolf Birk zum siebzigsten Geburtstag, Hrsg.: Konzen, Horst, Tübingen 2006, 957–975.

Willemsen, Heinz-Josef / Hohenstatt, Klaus-Stefan: Chancen und Risiken von Vereinbarungen gemäß Artikel 13 der „Euro-Betriebsrat"-Richtlinie, NZA 1995, 399–403.

Wisskirchen, Gerlind / Prinz, Thomas: Das Gesetz über die Beteiligung der Arbeitnehmer in einer Europäischen Gesellschaft, DB 2004, 2638–2643.

Wißmann, Hellmut: Die Mitbestimmung der Arbeitnehmer in der Europäischen Aktiengesellschaft (SE), RdA 1992, 320–330.

Wißmann, Hellmut: Die Arbeitnehmerbeteiligung in der „deutschen" SE vor Gericht, in: Festschrift für Reinhard Richardi zum 70. Geburtstag, Hrsg.: Annuß, Georg, München 2007, 841–858.

Wißmann, Hellmut: „Deutsche" Europäische Aktiengesellschaft und Mitbestimmung, in: Festschrift für Herbert Wiedemann zum 70. Geburtstag, Hrsg.: Wank, Rolf / Hirte, Heribert / Frey, Kaspar / Fleischer, Holger / Thüsing, Gregor, München 2002, 685–700.

Wißmann, Hellmut: Unternehmensmitbestimmung: Mehr Autonomie wagen?, in: Individuelle und kollektive Freiheit im Arbeitsrecht. Gedächtnisschrift für Ulrich Zachert, Hrsg.: Dieterich, Thomas, Baden-Baden 2010, 687–697.

Wittrock, Achim: Aus der Ratsarbeit, EuroAS 7/1994, 3–4.

Wlotzke, Otfried / Preis, Ulrich / Kreft, Burghard (Hrsg.): Betriebsverfassungsgesetz: BetrVG Kommentar, 4. Aufl., München 2009.

Wollburg, Ralph / Banerjea, Nirmal Robert: Die Reichweite der Mitbestimmung in der Europäischen Gesellschaft, ZIP 2005, 277–283.

Zachert, Ulrich: Die Arbeitnehmergrundrechte in einer Europäischen Grundrechtscharta, NZA 2001, 1041–1046.

Ziegler, Ulrich / Gey, Annika: Arbeitnehmermitbestimmung im Aufsichtsrat der Europäischen Gesellschaft (SE) im Vergleich zum Mitbestimmungsgesetz, BB 2009 1750–1758.

Zimmer, Reingard: Europäische Betriebsräte als Akteure der Anti-Diskriminierung, AiB 2007, 392–39.

Studien zum Arbeitsrecht und zur Arbeitsrechtsvergleichung

Herausgegeben von Manfred Weiss, Bernd Waas und Spiros Simitis

Band 1 Sebastian Fritzsche: Die Vereinbarkeit des Arbeitnehmer-Entsendegesetzes sowie der erfassten Tarifverträge mit höherrangigem Recht. 2001.

Band 2 Arnd Hermann: Outplacement. Eine Untersuchung der individualvertraglichen Gestaltung und kollektivarbeitsrechtlichen Aspekte eines neuen Instruments des Personalabbaus. 2001.

Band 3 Christoph Schmid: Das Personalrecht der Europäischen Zentralbank. Grundlagen und Grenzen der rechtlichen Bindungen der Europäischen Zentralbank unter besonderer Berücksichtigung der Bereiche Arbeitnehmervertretung, Kündigungsschutz und Datenschutz. 2002.

Band 4 Charis Chaldoupis: Auswirkungen neuer Technologien auf die Tarifautonomie. Funktionsfähigkeit und Legitimität qualitativer Tarifpolitik anhand der Rationalisierungsentwicklungen im industriellen Produktionsbereich. 2003.

Band 5 Robert Kretzschmar: Die Rolle der Koalitionsfreiheit für Beschäftigungsverhältnisse jenseits des Arbeitnehmerbegriffs. Zur Abgrenzung abhängiger von selbständiger Beschäftigung und zur Eröffnung kollektiver Handlungsformen für selbständig Beschäftigte durch Art. 9 Abs. 3 GG. 2003.

Band 6 Thilo Mahnhold: Compliance und Arbeitsrecht. Insiderrechtliche Verhaltenskonzepte im nationalen und multinationalen Unternehmen. 2004.

Band 7 Nicole Löblich: Transformation des kollektiven Arbeitsrechts in der Tschechischen Republik. 2004.

Band 8 Lena Huth: Voraussetzungen und Grenzen nachträglicher Sozialplanänderungen. 2004.

Band 9 Nisha Biswas: Vertrauensarbeitszeit und Arbeitszeitfreiheit im arbeitszeitrechtlichen und betriebsverfassungsrechtlichen Kontext. 2004.

Band 10 Dirk Schäfer: Der europäische Rahmen für Arbeitnehmermitwirkung. 2005.

Band 11 Jochen A. Keilich: Die Auswirkungen der Grundrechte / Menschenrechte für das Arbeitsrecht in Deutschland und England. 2004.

Band 12 Boris Kaehler: Rechtsprobleme betrieblicher Personalauswahl. Die Zulässigkeit eignungsdiagnostischer Maßnahmen im arbeitsvertraglichen Anbahnungsverhältnis. 2005.

Band 13 Natascha Ahmad: Rechtsschutz für und durch Gewerkschaften bei tarifwidrigem Arbeitgeberverhalten in Deutschland und Frankreich. 2005.

Band 14 Volker Güntzel: Die Richtlinie über die Arbeitnehmerbeteiligung in der Europäischen Aktiengesellschaft (SE) und ihre Umsetzung in das deutsche Recht. 2006.

Band 15 Peter Gumnior: Die Rechtmäßigkeit des Sympathiestreiks. 2007.

Band 16 Elena Benz: Auf dem Weg zum lebenslangen Lernen? Die Berufsbildungspolitik der Europäischen Union und die tatsächliche und rechtliche Situation der beruflichen Weiterbildung in der Bundesrepublik Deutschland. 2007.

Band 17 Cessy Kühl: Flexibilisierung von Arbeitsbedingungen. Vergleich ausgewählter arbeitsrechtlicher Gestaltungsmittel zwischen dem deutschen und dem tschechischen Individualarbeitsrecht. 2007.

Band 18 Carolin Siegrist: Einschränkung der unternehmerischen Entscheidungsfreiheit durch Arbeitnehmervertreter im deutsch-amerikanischen Vergleich. 2008.

Band 19 Ingebjörg Darsow-Faller: Kündigungsschutz in Deutschland und Spanien. Eine rechtsvergleichende Untersuchung mit besonderer Beachtung der Beendigung des Arbeitsverhältnisses gegen Abfindung. 2008.

Band 20 Enrico Iannone: Die Kodifizierung des Arbeitsvertragsrechts - ein Jahrhundertprojekt ohne Erfolgsaussicht? Eine Untersuchung vorangegangener Bemühungen um ein Arbeitsvertragsgesetz und Analyse möglicher Erfolgsaussichten des Reformprojekts. 2009

Band 21 Max Sleik: Arbeitnehmerbeteiligung in Deutschland und in Schweden. 2011.

Band 22 Christoph Gyo: Diskriminierung aufgrund der Religion im deutschen und französischen Arbeitsrecht. Völker-, europarechtliche und nationale Regelungen.

Band 23 Martina Büter: Die Befristung von Arbeitsverhältnissen in Deutschland und Frankreich. Eine rechtsvergleichende Untersuchung. 2013.

Band 24 Andreas Hofelich: Von der Bereichsausnahme zur Bereichseinschränkung. Grundfragen der dogmatischen Integration des Individualarbeitsrechts in das Recht der Allgemeinen Geschäftsbedingungen. 2013.

Band 25 Elena Heimann: Substantielle Vereinbarungen Europäischer Betriebsräte: Praxis und Recht. 2014.

Band 26 Mathias Kaufmann: Schadensersatz und Entschädigung in Folge von Diskriminierung im deutschen und englischen Arbeitsrecht. Eine rechtsvergleichende Studie unter Berücksichtigung des Europarechts. 2014.

Band 27 Elisa Theresa Hauch: International Framework Agreements. Hintergrund, Rechtsnatur und Justiziabilität. 2015.

Band 28 Christoph Löbig: Einstweilige Verfügungen und neue Arbeitskampfwirklichkeit. 2015.

Band 29 Willem Schulte: Vereinbarungen über die Arbeitnehmermitwirkung nach dem Recht der Europäischen Union. Strukturprinzipien eines neuen Kollektivvertragstypus. 2016.

www.peterlang.com

www.ingramcontent.com/pod-product-compliance
Ingram Content Group UK Ltd.
Pitfield, Milton Keynes, MK11 3LW, UK
UKHW022102051026
15623UKWH00003B/631

9 783631 671337